FUNDAMENTOS DE SOCIOLOGIA

S294f Schaefer, Richard T.
Fundamentos de sociologia / Richard T. Schaefer ; tradução: Maria Teresa Almeida Machado da Silva ; revisão técnica: Fernando Coutinho Cotanda. – 6. ed. – Porto Alegre : AMGH, 2016.
xxix, 402 p. : il. ; 23 cm.

ISBN 978-85-8055-570-7

1. Sociologia - Fundamentos. I. Título.

CDU 316

Catalogação na publicação: Poliana Sanchez de Araujo – CRB 10/2094

6ª EDIÇÃO

FUNDAMENTOS DE SOCIOLOGIA

RICHARD T. SCHAEFER
DePaul University

Tradução
Maria Teresa Almeida Machado da Silva

Revisão técnica
Fernando Coutinho Cotanda
Doutor em Sociologia pela Universidade
Federal do Rio Grande do Sul (UFRGS)
Professor e pesquisador do
Programa de Pós-graduação em Sociologia da UFRGS

AMGH Editora Ltda.

2016

Obra originalmente publicada sob o título:
Sociology Matters, 6th Edition

ISBN 0078026954/9780078026959

Gerente editorial: *Letícia Bispo de Lima*

Colaboraram nesta edição

Editora: *Priscila Zigunovas*

Assistente editorial: *Paola Araújo de Oliveira*

Capa: *Márcio Monticelli*

Imagem da capa: *©thinkstockphotos.com/NYCstocker*

Preparação de original: *Mônica Ballejo Canto*

Leitura final: *Leonardo Maliszewski da Rosa*

Editoração: *Bookabout Editoração Eletrônica – Roberto Carlos Moreira Vieira*

Av. Jerônimo de Ornelas, 670 – Santana
90040-340 – Porto Alegre – RS
Fone: (51) 3027-7000 Fax: (51) 3027-7070

Unidade São Paulo
Av. Embaixador Macedo Soares, 10.735 – Pavilhão 5 – Cond. Espace Center
Vila Anastácio – 05095-035 – São Paulo – SP
Fone: (11) 3665-1100 Fax: (11) 3667-1333

SAC 0800 703-3444 – www.grupoa.com.br

IMPRESSO NO BRASIL
PRINTED IN BRAZIL

Aos meus alunos, pelas suas
contribuições a cada semestre.

AUTOR

Richard T. Schaefer
Professor Titular, DePaul University
Licenciado em Artes e Humanidades pela Northwestern University
Mestre e Doutor pela University of Chicago

Richard T. Schaefer cresceu em Chicago em uma era de mudanças na composição racial e étnica dos bairros. Ele acompanhava com muita curiosidade os acontecimentos, as reações das pessoas e o reflexo dessas mudanças na cidade e no mercado de trabalho. O interesse pelas questões sociais atraiu-o para o programa de sociologia da Northwestern University, de onde sairia licenciado em sociologia.

"No início da graduação, eu queria estudar direito e ser advogado. Mas, depois de cursar algumas disciplinas da sociologia, quis conhecer melhor o que os sociólogos estudavam e acabei fascinado pelas questões que abordavam."

O fascínio levou-o ao mestrado e ao doutorado na University of Chicago. O interesse contínuo pelas relações de raça definiu o tema tanto da sua dissertação de mestrado – a filiação à Ku Klux Klan – quanto da sua tese de doutorado – o preconceito racial e as relações de raça na Grã-Bretanha.

Dr. Schaefer tornou-se professor titular de sociologia e é docente da DePaul University, de Chicago. Em 2004, em reconhecimento ao seu notório saber e à sua atuação no ensino de graduação, foi-lhe concedida a cátedra Vincent DePaul. Há mais de 35 anos, leciona introdução à sociologia na universidade e em programas de educação de adultos, cursos de enfermagem e até mesmo em um presídio de segurança máxima. O entusiasmo pela docência evidencia-se na sua interação com os alunos.

"Estou o tempo todo aprendendo com meus alunos e com o que eles escrevem. Seus *insights* sobre o que lemos ou discutimos a respeito dos acontecimentos presentes não raro incorporam-se à ementa de cursos futuros e aos meus próprios escritos."

Dr. Schaefer é autor da 10ª edição de *Sociology: A Brief Introduction* (McGraw-Hill, 2013), da 2ª edição de *Sociology in Modules* (McGraw-Hill, 2013) e da 13ª edição de *Sociology* (McGraw-Hill, 2012). É também autor de *Racial and Ethnic Groups,* em sua 13ª edição (2012), e de *Race and Ethnicity in the United States,* atualmente na 7ª edição (2013), ambas publicadas pela Pearson. Em parceria com William Zellner, foi coautor da 9ª edição de *Extraordinary Groups,* publicada pela Worth em 2011. Foi, ainda, editor geral da *Encyclopedia of Race, Ethnicity, and Society,* publicada pela Sage em três volumes em 2008. Tem artigos e resenhas de livros publicados em várias revistas, entre elas: *American Journal of Sociology; Phylon: A Review of Race and Culture; Contemporary Sociology; Sociology and Social Research; Sociological Quarterly;* e *Teaching Sociology.* Foi presidente da Midwest Sociological Society entre 1994 e 1995. O Dr. Schaefer aconselha seus alunos a "observar o material e estabelecer correlações com suas vidas e experiências pessoais. A sociologia irá transformá-lo em um observador mais atento ao modo como as pessoas interagem e funcionam em grupo e mais sintonizado com os diferentes interesses e necessidades de cada uma delas – talvez até mais disposto a trabalhar pelo bem comum, embora sempre reconhecendo a individualidade de cada um".

PREFÁCIO

A sociologia ocupa a minha vida há décadas. Em sala de aula e em meus livros, procuro despertar o interesse dos alunos pela disciplina, mostrando-lhes as implicações da sociologia na vida real. O meu objetivo é convencê-los de que a sociologia vai além da mera busca acadêmica, do exercício do saber pelo saber; ela ilumina o mundo à nossa volta – família, escola, bairro e outras instituições tão conhecidas, com as quais convivemos a vida inteira; ela amplia o nosso campo de visão sobre a nossa cultura e a nossa socialização – a maneira como nos tornamos quem somos; ela nos faz pensar com profundidade nos muros que nos separam, e nos que separam as diferentes raças, classes e etnias; ela nos obriga a reconhecer os efeitos do poder, dos avanços tecnológicos, das mídias eletrônicas e do processo cada vez mais acelerado de mudança social sobre nossas vidas. A sociologia é importante para você, para mim e para qualquer um que participe, de alguma forma, da sociedade em que vivemos.

Fundamentos de sociologia destina-se a professores que buscam um texto introdutório e sucinto. Os seus 11 capítulos podem, tranquilamente, ser utilizados em um curso trimestral, ou semestral, junto a outros materiais que os professores queiram acrescentar.

PRINCIPAIS DESTAQUES

Este livro apresenta uma visão panorâmica e equilibrada das principais perspectivas teóricas. O Capítulo 1 introduz, define e compara as perspectivas funcionalista, do conflito e interacionista, além da feminista – perspectiva que tem ganho cada vez mais importância. Capítulos posteriores retomam esses pontos de vista distintos para abordar questões como desvio (Capítulo 4); estratificação social (Capítulo 5); raça e etnia (Capítulo 6); gênero (Capítulo 7); instituições sociais (Capítulos 8 e 9); população, comunidade, saúde e meio ambiente (Capítulo 10); e movimentos sociais, mudança social e tecnologia (Capítulo 11).

O livro também traz uma extensa abordagem de gênero, raça, etnia e classe social. Há três capítulos inteiros dedicados a essas questões: o Capítulo 5 contempla a estratificação nos Estados Unidos e a desigualdade global; o Capítulo 6, raça e etnia; e o Capítulo 7, gênero. Discussões correlatas pontuam todo o livro. O Capítulo 3, por exemplo, aborda raça e gênero como posições sociais "atribuídas"; o Capítulo 4 trata do perfilhamento racial e da noção da gravidade do crime do colarinho branco; o Capítulo 10 aborda a relação entre saúde e classe social, raça, etnia e gênero do indivíduo; e o Capítulo 11 enfoca o papel do gênero nos movimentos sociais.

O livro comporta ainda uma vasta abrangência transcultural. O Capítulo 2 contempla o desenvolvimento da cultura ao redor do mundo. O Capítulo 4 contempla os índices internacionais de criminalidade. O Capítulo 5 trata da estratificação social sob uma ótica global, incluindo-se aí uma análise dos sistemas mundiais, a teoria da dependência, a teoria da modernização, o desenvolvimento de corporações internacionais e a economia global. O Capítulo 7 contempla as diferenças transculturais nos papéis de gênero. O Capítulo 8 trata a esfera familiar por meio da ótica global. O Capítulo 10, que começa com uma sinopse sobre o vazamento de óleo no Golfo do México, aborda problemas ambientais globais. Por fim, o Capítulo 11 contempla a mudança social global.

DESTAQUES

Este livro oferece uma série de complementos didáticos destinados a ajudar os estudantes a entender e a rever conceitos básicos, dentre os quais:

- Sumário do capítulo
- Iniciando o capítulo – um breve relato que ilustra a ideia geral
- *Use a sua imaginação sociológica* – série de exercícios que estimulam os estudantes a aplicar seus conhecimentos de sociologia ao mundo que os cerca
- Tabelas e figuras, algumas delas com legendas do tipo balão, e a série de questões *Pense nisto*
- Duas séries de tabelas – *Mapeando as perspectivas* e *Recapitulando* – que ajudam os leitores a rever o conteúdo do capítulo
- Fotografias e *cartoons*
- Palavras-chave em negrito
- No final de cada capítulo, a seção *A sociologia é importante* ressalta os conteúdos relevantes do capítulo para a vida dos estudantes
- Resumo do capítulo em 10 itens numerados
- No final de cada capítulo, lista das palavras-chave com indicação de página
- No final do livro, apêndice *Carreiras em sociologia*
- No final do livro, glossário dos principais termos

QUAIS SÃO AS NOVIDADES DESTA EDIÇÃO?

A seguir, as principais alterações realizadas nesta edição (ver também a listagem de novidades capítulo por capítulo nas páginas xiii-xvi).

Conteúdo

- Acréscimo de seis novas palavras-chave com as respectivas explicações: os conceitos de Pierre Bourdieu para *capital cultural* e *capital social* (Capítulo 1); *justi-*

ça diferenciada e *crimes indexados* (Capítulo 4); *Jim Crow** (Capítulo 6); e *modernização ecológica* (Capítulo 10).

- No Capítulo 8 foi acrescido um novo item sobre sexualidade humana e subitens sobre rotulagem** e sexualidade humana, e sobre relacionamentos *gays* e lésbicos.
- Explicações novas ou ampliadas sobre inúmeros tópicos, entre eles: a etnografia como uma das principais estratégias experimentais e a observação como um dos componentes da etnografia (Capítulo 1); o maior destaque dos sociobiólogos à natureza humana do que a indivíduos ou a grupos raciais/étnicos (Capítulo 2); o modo como posições sociais "atribuídas", como gênero, raça e etnia, são capazes de afetar a autoimagem dos indivíduos no âmbito das organizações formais (Capítulo 3); o mundo virtual Second Life (Capítulo 3); a tendência a uma maior leniência com os casos de crimes de colarinho branco do que com outros tipos de crime (Capítulo 4); o crime de ódio (Capítulo 4); as estatísticas criminais, com subitens que tratam de pesquisas sobre os índices de criminalidade e vitimização e de tendências da criminalidade (Capítulo 4); a escravidão e o tráfico de seres humanos na modernidade (Capítulo 5); os sistemas de castas na história dos Estados Unidos e da África do Sul (Capítulo 5); a atual tendência dos Estados Unidos a uma distribuição de renda bipolarizada e com propensão a acentuar-se em virtude de políticas fiscais federais e estaduais (Capítulo 5); o recuo na mobilidade intergeracional dos homens norte-americanos desde 1960 (Capítulo 5); as funções do Banco Mundial e do Fundo Monetário Internacional (Capítulo 5); os problemas sociais e ambientais associados à globalização (Capítulo 5); a tendência demográfica a uma "minoria majoritária" e a decorrente inflexão da linha de cor (Capítulo 6); as recentes constatações do censo sobre o aumento da população norte-americana de origem mexicana na última década (Capítulo 6); as novas leis estaduais que exigem que os eleitores apresentem identificação com foto como um exemplo de discriminação institucional (Capítulo 6); as desvantagens do papel tradicional de gênero para jovens do sexo masculino nos meios acadêmicos e no mercado de trabalho (Capítulo 7); a comparação da desigualdade de gênero entre ricos e pobres (Capítulo 7); o efeito do desemprego sobre a desigualdade de gênero (Capítulo 7); as concentrações de poder decorrentes da globalização (Capítulo 9); a elite do poder global (Capítulo 9); o distanciamento do governo federal dos princípios econômicos do liberalismo em prol do socorro a instituições financeiras e fabricantes de automóveis em dificuldades após a recente crise econômica (Capítulo 9); o passo dado por países comunistas e ex-comunistas na direção do capitalismo (Capítulo 9); a competição entre capitalistas chineses e multinacionais (Capítulo 9); o efeito cumulativo das diferen-

---

* N. de R.T.: Leis de Jim Crow: leis decretadas nos estados sulistas dos Estados Unidos, em vigor entre 1876 e 1965. Determinavam a segregação racial em todas as instalações públicas, afetando negativamente os afro-americanos.

** N. de R.T.: No Brasil, além de "rotulagem", o termo *labeling* também é conhecido como "teoria do etiquetamento", em inglês, *labeling approach*.

ças de classe social sobre a saúde (Capítulo 10); a poluição das águas superficiais e subterrâneas pela indústria e pela agricultura e os consequentes problemas de saúde (Capítulo 10); a globalização do movimento em prol da justiça ambiental (Capítulo 10); os movimentos sociais globais (Capítulo 11); a emergência de um movimento mundial de antiglobalização (Capítulo 11); a tendência global à terceirização do trabalho, inclusive a polêmica sobre o uso, pela Apple, de mão de obra terceirizada na China (Capítulo 11); a biotecnologia, inclusive a discussão sobre o controle eletrônico de membros artificiais e o uso de telefones celulares em vez de engenharia genética para melhorar a agricultura em países em desenvolvimento (Capítulo 11).

- Sete capítulos foram acrescidos de novas introduções sobre assuntos como: a abordagem sociológica às excursões pelo *campus* guiadas por estudantes (Capítulo 1); os significados culturais associados ao moletom com capuz (Capítulo 2); o contraste entre a pobreza no Níger e a colossal fortuna dos multibilionários do planeta (Capítulo 5); a tendência demográfica à "minoria majoritária" (Capítulo 6); a importância política e econômica do ataque de 11 de setembro ao World Trade Center (Capítulo 9); o vazamento de óleo do Golfo do México (Capítulo 10); e o movimento Occupy Wall Street (Capítulo 11).

Pedagogia

- Catorze novos exercícios da série *Use a sua imaginação sociológica* desafiam os estudantes a aplicar aquilo que aprenderam à sua própria experiência de vida.
- Sete capítulos com novos parágrafos de introdução estimulam o interesse do estudante.
- Cinco novos *cartoons* dão relevo a questões sociológicas.
- Duas novas figuras ilustram importantes acontecimentos e tendências sociológicas.
- Uma nova série de tabelas – *Mapeando as perspectivas* – ajuda a esclarecer as principais vertentes sociológicas.

ENSINANDO E APRENDENDO COM *FUNDAMENTOS DE SOCIOLOGIA*

Este livro proporciona a seus leitores, sejam alunos, sejam professores, acesso gratuito a uma série de recursos de ensino e aprendizagem. Os alunos se beneficiarão do livre acesso aos complementos didáticos disponíveis no *website* da McGraw-Hill, www.mhhe.com/schaefersm6e, entre os quais um glossário *on-line* e testes de autoavaliação contendo questões de múltipla escolha e de "verdadeiro/falso" (em inglês).

Os professores podem baixar um manual do professor, banco de testes e *slides* com o conteúdo dos capítulos em PowerPoint (em inglês). Em www.grupoa.com.br, acesse a página do livro por meio do campo de busca e clique em Área do Professor.

O QUE HÁ DE NOVO EM CADA CAPÍTULO?

Capítulo 1. A perspectiva sociológica

- Introdução à abordagem sociológica das excursões pelos *campi* guiadas por estudantes
- Discussão sobre as diferentes abordagens dos cientistas sociais quanto ao impacto da recessão global iniciada em 2008
- Discussão sobre o conceito difundido e equivocado de que a região da fronteira com o México, no sudoeste dos Estados Unidos, é uma área de criminalidade elevada
- Discussão sobre a elevada taxa de suicídios em Las Vegas, ilustrando a ênfase de Durkheim na relação entre suicídio e isolamento social
- Discussão ampliada sobre a contribuição de Pierre Bourdieu à sociologia, incluindo as palavras-chave *capital cultural* e *capital social*
- Discussão sobre a perspectiva feminista em relação aos esportes
- Discussão sobre a perspectiva interacionista acerca da nova forma de carona solidária conhecida como *slugging*
- Discussão sobre a relação entre o conhecimento relativo das pessoas e suas escolhas de noticiários como um exemplo de correlação
- Discussão da etnografia como uma das principais estratégias experimentais e da observação como um dos componentes da etnografia
- Discussão de análises de conteúdo sobre (a) estereotipagem de gênero nos livros de colorir infantis e (b) a cobertura televisiva dos esportes masculinos e femininos
- Discussão sobre o Northeast Florida Center for Community Initiatives, sediado na University of North Florida, e seu Projeto Magnólia como exemplos de sociologia aplicada

Capítulo 2. Cultura e socialização

- Introdução sobre os significados culturais atribuídos ao moletom com capuz e suas consequências para Mark Zuckerberg e Trayvon Martin
- Discussão sobre o desprezo pelos norte-americanos reinante na subcultura de funcionários dos serviços de teleatendimento na Índia
- Discussão sobre grupos ultraconservadores de milícias contraculturais dos Estados Unidos
- Discussão ilustrada sobre as constatações do censo de 2010 quanto ao uso de outras línguas que não o inglês como língua primária nos Estados Unidos
- Discussão sobre a forma como os pais ensinam as normas heterossexuais aos filhos pequenos
- Discussão sobre a maior ênfase dada pelos sociobiologistas à natureza humana como um todo do que a indivíduos ou a grupos raciais/étnicos
- Discussão sobre as influências negativas que as famílias negras são obrigadas a enfrentar ao criar seus filhos
- *Cartoon* sobre as mídias sociais

- Discussão sobre a pesquisa que alunos do ensino médio fazem sobre instituições de ensino superior como ilustração de socialização antecipatória
- Dois exercícios da série *Use a sua imaginação sociológica*

Capítulo 3. Interação social, grupos e estrutura social

- Introdução revista e atualizada sobre o mundo virtual Second Life, com exercícios da série *Use a sua imaginação sociológica*
- Discussão sobre como *status* atribuídos (gênero, raça e etnia) podem afetar a autoimagem da pessoa no contexto das organizações formais
- Exercício da série *Use a sua imaginação sociológica*

Capítulo 4. Desvio e controle social

- Discussão sobre justiça diferenciada
- Discussão sobre a sucessão étnica no crime organizado
- Discussão sobre a propensão a maior leniência jurídica com os crimes de colarinho branco do que com outros tipos de crime
- Subitem sobre crimes de ódio
- Seção amplamente revista e atualizada sobre estatísticas criminais, com subitens sobre (a) índices de criminalidade e levantamentos de vitimização e (b) tendências da criminalidade
- Discussão sobre a rápida escalada das taxas de homicídios nos países em desenvolvimento que fornecem drogas ilegais aos países industrializados

Capítulo 5. Estratificação e desigualdade global

- Introdução comparando a pobreza no Níger com a riqueza colossal dos multibilionários do planeta
- Discussão sobre a escravidão e o tráfico de seres humanos na modernidade
- Discussão sobre os sistemas históricos de castas dos Estados Unidos e da África do Sul
- Discussão sobre a atual tendência dos Estados Unidos a uma distribuição de renda bipolarizada
- Discussão sobre os métodos utilizados para medir a classe social das famílias que têm dupla carreira
- Discussão sobre a tendência das políticas fiscais federais e estaduais dos Estados Unidos a acentuar o viés de desigualdade de renda
- Discussão sobre o naufrágio do *Titanic* como exemplo da relação entre classes sociais e oportunidades de vida
- Discussão sobre a redução da mobilidade intergeracional entre os homens norte-americanos desde 1960

- Discussão sobre as funções do Banco Mundial e do Fundo Monetário Internacional
- Discussão sobre os problemas sociais e ambientais associados à globalização
- Três exercícios da série *Use a sua imaginação sociológica*

Capítulo 6. Desigualdade racial e étnica

- Discussão inicial sobre a tendência demográfica à "minoria majoritária" e a consequente inflexão da linha de cor
- Discussão inicial sobre as constatações do censo de que, entre 2000 e 2010, os norte-americanos de origem mexicana representaram 42% do crescimento demográfico nacional, e de que o número de nascidos nos Estados Unidos superou em muito o número de imigrados para o país
- As leis de Jim Crow como exemplo histórico de comportamento discriminatório
- Discussão inicial, com *cartoon* ilustrativo, sobre as novas leis estaduais que exigem que os eleitores norte-americanos apresentem documento de identidade com foto como exemplo de discriminação institucional

Capítulo 7. Desigualdade de gênero

- Discussão inicial sobre pais que ficam em casa
- Discussão inicial sobre as desvantagens do papel tradicional de gênero dos jovens do sexo masculino nos ambientes acadêmicos e no mercado de trabalho
- Discussão inicial sobre o empenho das Nações Unidas na defesa dos direitos das mulheres afegãs como exemplo da construção social dos papéis de gênero
- Comparação da desigualdade de gênero entre ricos e pobres, com discussão inicial sobre o efeito do desemprego nesse tipo de desigualdade
- Exercício da série *Use a sua imaginação sociológica*

Capítulo 8. Instituições sociais: família e religião

- Item "Sexualidade humana", com subitens sobre (a) sexualidade humana e rotulagem e (b) relacionamentos *gays* e lésbicos
- Discussão inicial sobre o uso do Twitter e do Facebook por organizações religiosas com o intuito de prestar assistência social
- Dois exercícios da série *Use a sua imaginação sociológica*

Capítulo 9. Instituições sociais: educação, governo e economia

- Introdução sobre a importância política e econômica global do atentado de 11 de setembro de 2001 ao World Trade Center

- Discussão inicial sobre a concentração de poder global ocasionada pela globalização
- Discussão inicial sobre o estudo da elite do poder global
- Discussão inicial sobre o movimento de afastamento do governo federal dos Estados Unidos do modelo econômico do *laissez-faire* para aderir ao socorro às instituições financeiras e às fabricantes de automóveis em apuros durante a crise econômica iniciada em 2008
- Discussão inicial sobre a recente adoção do capitalismo em países comunistas e ex-comunistas
- Figura "As maiores economias do mundo"
- Discussão inicial sobre a competição dos capitalistas chineses com as corporações multinacionais
- Discussão inicial sobre as críticas ao microfinanciamento, especialmente na Índia
- Dois exercícios da série *Use a sua imaginação sociológica*

Capítulo 10. População, comunidade, saúde e meio ambiente

- Introdução sobre o vazamento de óleo no Golfo do México
- Discussão inicial sobre o efeito cumulativo das diferenças de classe social sobre a saúde
- Discussão inicial sobre a poluição das águas superficiais e subterrâneas pela indústria e pela agricultura e os problemas de saúde consequentes
- Seção sobre modernização ecológica
- Discussão inicial sobre a globalização do movimento em prol da justiça ambiental

Capítulo 11. Movimentos sociais, mudança social e tecnologia

- Introdução sobre o movimento *Occupy Wall Street*
- Discussão inicial sobre os movimentos sociais globais
- Discussão inicial sobre a mobilização dos movimentos sociais por pessoas de dentro das instituições
- Discussão inicial sobre o surgimento de um movimento mundial de antiglobalização
- Subitem amplamente revisto e atualizado sobre terceirização global, contendo discussão inicial do uso pela Apple de mão de obra terceirizada na China
- Subitem amplamente revisto e atualizado sobre biotecnologia, contendo discussão inicial sobre (a) o controle eletrônico de membros artificiais e (b) o uso de telefones celulares para melhorar a agricultura nos países em desenvolvimento como alternativa às culturas geneticamente modificadas
- Dois exercícios da série *Use a sua imaginação sociológica*

AGRADECIMENTOS

Elizabeth Morgan, colaboradora na 1ª edição e em várias outras edições de meus livros de introdução destinados ao ensino de graduação, trouxe a sua experiência e o seu conhecimento à 6ª edição de *Fundamentos de sociologia*.

Sou profundamente grato aos meus editores por suas contribuições a este livro. Art Pomponio e Erin Melloy ajudaram a moldar esta nova abordagem à sociologia voltada para os estudantes de graduação. Esta edição também se beneficia da contribuição de Gina Boedeker, diretora gerente de produtos e mercados em sociologia, e de Rhona Robbin, diretora de desenvolvimento em sociologia, que já haviam emprestado sua competência e sua experiência a diversas edições anteriores deste livro.

Como estes agradecimentos claramente destacam, preparar um livro introdutório é, na verdade, um esforço em equipe. A figura mais importante deste esforço é, como sempre, minha esposa, Sandy, que supre o apoio tão necessário às minhas atividades criativas e intelectuais. Tenho a sorte de poder estar, há tantos anos, iniciando estudantes na sociologia. Recebo deles uma inestimável ajuda: a de instigarem a minha imaginação sociológica. Suas dúvidas em sala de aula e suas perguntas nos corredores estão entranhadas neste livro de maneiras que reconheço plenamente, mas que não tenho como agradecer na mesma escala.

Richard T. Schaefer
www.schaefersociology.net

REVISORES ACADÊMICOS

Este livro passou pela revisão de muitos sociólogos que contribuíram com avaliações minuciosas e construtivas do seu conteúdo. Quero agradecer aos seguintes revisores por suas valiosas ponderações sobre o texto original e sobre as características desta 6ª edição:

Gayle Gordon Bouzard
Texas State University–San Marcos

Jared D. Cootz
Lone Star College–Montgomery

Kathleen Grant
Macon State College

Clayton Peoples
University of Nevada–Reno

John Phelan
Western Oklahoma State College

Leonard A. Steverson
South Georgia College

Quero agradecer também aos revisores da 5ª edição por suas contribuições:

Todd E. Bernhardt
Broward Community College

Rosemarie Best
Warren County Community College

Henry Borne
Holy Cross College

Gayle Gordon Bouzard
Texas State University–San Marcos

Junell Chapman
Ohio Northern University

Cynthia Crisel
Arkansas State University–Mountain Home

Raymond De Vries
St. Olaf College

Furjen Deng
Sam Houston State University

Charles Edgley
University of Arkansas at Little Rock

Barbara Feldman
Seton Hall University

Cynthia Ganote
Vanderbilt University

William Gronfein
Indiana University–Purdue University Indianapolis

Bram Hamovitch
Lakeland Community College

Kristen Hefley
University of Oklahoma, Norman

Michelle Jacob
MiraCosta College

A. J. Jacobs
East Carolina University

Judy G. Kairath
College of the Desert and Copper Mountain College

Ho Hon Leung
SUNY College at Oneonta

Kathleen S. Lowney
Valdosta State University

Scott Lukas
Lake Tahoe College

Derek Martin
Southern Illinois University–Carbondale

Stephanie M. McClure
University of Georgia

Dennis McGrath
Community College of Philadelphia

Jenny McIver
South Georgia College

Melanie Moore
University of Northern Colorado

Angela Orend
University of Louisville

Nelson Pichardo
Central Washington University

James R. Robinson
Oklahoma State University

Josephine Ruggiero
Providence College

Claudia Scholz
University of Texas at San Antonio

Julia Spence
Johnson County Community College

Jim Spickard
University of Redlands

Alison M. St. John
Moraine Valley Community College

Leonard A. Steverson
South Georgia College

Laurel Tripp
University of Maine

Mary Valentine
College of the Canyons

Meifang Zhang
Midlands Technical College

SUMÁRIO

SUMÁRIO DETALHADO

CAPÍTULO

1

A PERSPECTIVA SOCIOLÓGICA

A cena repete-se várias vezes por semana nos *campi* universitários do país inteiro. Um aluno de graduação conduz um grupo de possíveis estudantes em uma excursão pelo que poderia vir a ser a nova casa deles. O grupo visita a biblioteca, o centro acadêmico, os equipamentos de lazer da escola. Mesmo seguindo um roteiro bem ensaiado que visa destacar os pontos fortes da escola, o guia esclarece perguntas sobre acomodações residenciais e lavanderias.

Como os sociólogos veriam este acontecimento corriqueiro? Em primeiro lugar, talvez pensem em quem não está ali presente: os inúmeros jovens que não irão concluir o ensino médio ou que não têm planos de cursar uma faculdade, nem mesmo em tempo parcial. Em segundo lugar, talvez notem a preocupação de alguns estudantes e pais com a questão financeira. Alguns poucos felizardos, aparentemente despreocupados com o custo anual dos estudos, mostram-se mais interessados nos programas de aprimoramento acadêmico, como viagens de estudo ou temporadas de estudo no exterior.

Os sociólogos talvez se interessem, também, pela composição demográfica desse grupo de potenciais estudantes. Há mais mulheres que homens, como na maioria dos *campi* universitários? Qual o grau de diversidade do grupo, em termos de idade, raça e etnia? Há, entre esses jovens, algum sinal de apreensão quanto à capacidade da escola de lidar com deficiências físicas ou de aprendizagem? Por último, os sociólogos talvez queiram deter-se em aspectos da organização da escola. Como é o relacionamento entre o corpo docente e a administração? E as relações entre as pessoas comuns e a comunidade acadêmica? São cordiais ou são tensas? Como é o entorno da universidade? Um aglomerado de repúblicas estudantis e pizzarias mambembes? Ou bairros residenciais fora das possibilidades financeiras dos estudantes? Ou uma mescla de ambos?

Não importa o tópico, os sociólogos estudam padrões sociais compartilhados por um grande número de pessoas. O foco no grupo é um traço distintivo da sociologia. Como escreveu há mais de meio século o sociólogo C. Wright Mills, se uma pessoa está desempregada e passando por dificuldades, isso é um problema pessoal dela, mas se milhares de pessoas estão desempregadas e passando por dificuldades, isso passa a ser um problema social. Os sociólogos buscam as causas originais desses padrões sociais no modo como a sociedade se organiza e é governada (Mills [1959] 2000a).

A sociologia é um campo de estudo extremamente amplo. Você irá deparar-se ao longo deste livro com a imensa gama de tópicos investigados pelos sociólogos – da tatuagem à "tuitagem", das turmas de rua aos padrões econômicos globais, da pressão exercida pelos pares à consciência de classe. Os sociólogos observam como o seu comportamento é afetado pelos outros; como você é afetado pelo governo, pela religião e pela economia; e como você afeta os outros. Não são questões meramente acadêmicas. A sociologia é importante pois ilumina a sua vida e o seu mundo, quer você estude, trabalhe para ganhar dinheiro ou esteja criando uma família.

Este primeiro capítulo apresenta a sociologia como uma ciência social, caracterizada por uma competência especial conhecida como imaginação sociológica. Iremos conhecer quatro pensadores pioneiros – Émile Durkheim, Max Weber, Karl Marx e W. E. B. Du Bois – e discutir os conceitos e as perspectivas teóricas que surgiram a partir de suas obras. Veremos como os sociólogos usam o método científico para investigar as muitas interrogações que suscitam. Os sociólogos pesquisam por meio de *surveys*, estudos etnográficos, experimentos e consultas às fontes disponíveis; não raro, debatem-se com questões éticas que surgem no decorrer de seus estudos. Examinaremos, no fim do capítulo, alguns usos práticos das suas pesquisas.

O QUE É SOCIOLOGIA?

Sociologia é o estudo científico do comportamento social e dos grupos humanos. Seu foco primordial é a influência dos relacionamentos sociais nos comportamentos e atitudes das pessoas e na forma como as sociedades se estabelecem e se transformam. Este livro aborda uma variedade de tópicos, como família, local de trabalho, gangues de rua, empresas, partidos políticos, engenharia genética, escolas, religiões e sindicatos; e também lida com assuntos como amor, pobreza, conformidade, discriminação, doença, tecnologia e comunidade.

A imaginação sociológica

Na tentativa de entender o comportamento social, os sociólogos recorrem a um tipo singular de pensamento criativo. C. Wright Mills descreveu esse pensamento como ***imaginação sociológica*** – uma ideia de como o indivíduo se relaciona com a sociedade, tanto no presente quanto no passado. Tal ideia permite que cada um de nós (e não apenas os sociólogos) entenda os vínculos entre o nosso contexto social imediato e pessoal e o mundo social remoto e impessoal que nos cerca e ajuda a nos moldar (Mills, [1959] 2000a).

Um elemento-chave da imaginação sociológica é a capacidade de olhar a nossa sociedade de fora, como um estranho, em vez de olhá-la somente pelo prisma das experiências pessoais e dos vieses culturais. Vejamos algo simples, como o hábito de comer em movimento. Nos Estados Unidos, as pessoas acham perfeitamente normal caminhar pela rua bebericando um café ou um chocolate. Os sociólogos veriam aqui um padrão de comportamento aceitável, já que os outros o consideram aceitável. Mas os sociólogos precisam extrapolar uma cultura e colocar a prática em perspectiva. Esse comportamento "normal" é assaz inaceitável em outras partes do mundo. No Japão, por exemplo, as pessoas não comem em movimento. Há, por todo lado, ambulantes e máquinas que vendem comida e bebida, mas os japoneses param para comer ou para beber aquilo que compraram antes de seguir caminho. Para eles, comer e fazer outra atividade ao mesmo tempo é um desrespeito com quem preparou a comida, mesmo quando ela é comprada em uma máquina.

A imaginação sociológica permite a extrapolação em cima de observações e experiências pessoais a fim de entender questões públicas e de alcance mais geral. O divórcio, por exemplo, é sem sombra de dúvida um drama pessoal para o casal que se separa. No entanto, C. Wright Mills recomendava o uso da imaginação sociológica para olhar o divórcio não como um simples problema pessoal de um homem ou de uma mulher, mas como uma questão social. Desse ponto de vista, a elevação na taxa de divórcios serve para redefinir uma das principais instituições sociais, a família. Nas famílias de hoje, é comum haver pais ou mães afins e meias-irmãs ou meios-irmãos com pais que se divorciaram e casaram novamente. Por meio das complexidades da família reconstituída, o drama privado torna-se uma questão pública que afeta escolas, empresas e instituições governamentais e religiosas.

A imaginação sociológica é uma ferramenta capacitadora. Ela nos permite superar um entendimento restrito das coisas e olhar o mundo e as pessoas por uma lente nova e mais poderosa do que a que usaríamos normalmente. Seja em algo simples como o porquê de um companheiro de quarto preferir música *country* a *hip-hop*, seja descortinando um modo inteiramente diferente de entender populações inteiras. Por exemplo, após os atentados terroristas de 11 de setembro de 2001, nos Estados Unidos, muitos cidadãos buscaram entender como o país era percebido pelos muçulmanos mundo afora, e o porquê de tais percepções. Aqui e ali, este livro proporcionará a você a oportunidade de exercitar a sua imaginação sociológica nas mais variadas situações. A começar por uma bem próxima a você.

A sociologia e as ciências sociais

Será a sociologia uma ciência? O termo ***ciência*** refere-se ao corpo de conhecimentos obtido por métodos baseados na observação sistemática. Assim como fazem os pesquisadores de outras disciplinas científicas, os sociólogos dedicam-se ao estudo sistemático e organizado dos fenômenos (no caso, o comportamento humano) visando ao seu melhor entendimento. Todo cientista, esteja ele estudando cogumelos ou facínoras, tenta reunir informações precisas, recorrendo a métodos de estudo objetivos. Ele o faz mediante o registro meticuloso das observações e da acumulação de dados.

Naturalmente, há uma grande diferença entre a sociologia e a física, entre a psicologia e a astronomia. Por isso, costuma-se dividir as ciências entre ciências naturais e ciências sociais. ***Ciência natural*** é o estudo das características físicas da natureza e de suas interações e mudanças. Astronomia, biologia, química, geologia e física são ciências naturais. ***Ciência social*** é o estudo dos variados aspectos da sociedade humana. Entre as ciências sociais estão a sociologia, a antropologia, a economia, a história, a psicologia e a ciência política.

Todas essas disciplinas das ciências sociais têm um mesmo foco – o comportamento social das pessoas –, mas cada uma delas tem a sua orientação específica. Os economistas investigam as formas pelas quais as pessoas produzem e trocam bens e serviços e, paralelamente a isso, o dinheiro e outros recursos. Os historiadores se interessam pelos povos e acontecimentos do passado e sua importância para a atualidade. Os cientistas políticos estudam as relações internacionais, o funcionamento interno de governos e o exercício do poder e da autoridade. Os psicólogos investigam a personalidade e o comportamento individuais. Qual é, então, o foco da *sociologia*? A sociologia privilegia a influência da sociedade sobre as atitudes e o comportamento das pessoas e o modo com que as pessoas moldam a sociedade. Os seres humanos são animais sociais; os sociólogos fazem, portanto, o estudo científico dos nossos relacionamentos sociais.

Use a sua imaginação sociológica

Você desce a pé uma rua da sua cidade natal ou da cidade onde mora. Olha em volta e não tem como não notar que pelo menos metade das pessoas ali está acima do peso. Como você explica essa sua observação? Se você fosse C. Wright Mills, que explicação você acha que ele daria?

Vejamos como os diferentes cientistas sociais estudariam o impacto da recessão global iniciada em 2008. Os historiadores sublinhariam o padrão de flutuações prolongadas nos mercados mundiais. Os economistas discutiriam os papéis desempenhados pelo governo, pelo setor privado e pelo sistema monetário mundial. Os psicólogos estudariam casos individuais de estresse emocional entre trabalhadores, investidores e empresários. Já os cientistas políticos estudariam o grau de cooperação – ou de falta de cooperação – entre os países na busca de soluções econômicas. E qual seria a abordagem dos sociólogos? Eles talvez percebessem alguma mudança dos padrões matrimoniais nos Estados Unidos. Desde o início da recessão, a idade média do primeiro casamento subiu para 28,7 anos entre os homens e 26,7 anos entre as mulheres. Os sociólogos talvez notassem também que o número de pessoas subindo ao altar caiu em relação ao passado. Se a taxa de casamentos dos Estados Unidos permanecesse igual à de 2006, cerca de 4 milhões a mais de norte-americanos teriam se casado até 2010.

De modo semelhante, os sociólogos poderiam avaliar o impacto da recessão sobre a educação. Nos Estados Unidos, as matrículas da pré-escola à última série do ensino médio em escolas privadas recuaram de 13,6% em 2006 para 12,8% em 2010, reflexo dos cortes nos gastos familiares considerados não essenciais. Os sociólogos poderiam até levar em conta o efeito da recessão sobre ações ambientais, como a carona solidária. Em todas as 50 maiores áreas metropolitanas dos Estados Unidos, com exceção de uma (Nova Orleans), o percentual de pessoas economicamente ativas na faixa dos 16 aos 64 anos caiu significativamente durante a recessão. A demissão de amigos e de colegas de trabalho provocou uma retração da carona solidária e mais gente voltou a usar o próprio carro para ir trabalhar (El Nasser e Overberg, 2011).

Os sociólogos acionam a imaginação sociológica em diversos tópicos, como gênero, família, ecologia humana e religião. Ao longo de todo este livro, você verá como os sociólogos desenvolvem teorias e pesquisas para estudar e entender melhor as sociedades e se sentirá estimulado a usar a sua própria imaginação sociológica para examinar os Estados Unidos (e outras sociedades) pela perspectiva de um observador respeitoso, mas questionador.

Sociologia e senso comum

A sociologia foca o estudo do comportamento humano. Ocorre, porém, que todos temos experiência com o comportamento humano e pelo menos algum conhecimento a respeito do assunto. Todos nós poderíamos ter teorias sobre o que leva as pessoas a comprar bilhetes de loteria, ou a morar na rua, por exemplo. As nossas teorias e opiniões são típicas emanações do "senso comum" – ou seja, das nossas experiências e conversas, das nossas leituras, do que assistimos na televisão, e assim por diante.

Recorremos diariamente ao senso comum para enfrentar muitas situações com que não temos familiaridade. No entanto, este conhecimento derivado do senso comum, embora às vezes preciso, nem sempre é confiável, pois repousa sobre crenças comuns e não sobre a análise sistemática dos fatos. Já foi "senso comum" aceitar a ideia de que a Terra era plana – visão devidamente questionada por Pitágoras e Aristóteles. As noções incorretas atreladas ao senso comum não são coisas de um passado remoto; elas nos acompanham até hoje.

Contrariando a máxima "O amor ao dinheiro é a raiz de todos os males", os sociólogos constataram que, na verdade, a riqueza propicia não só carros melhores e férias prolongadas, mas também melhores condições de saúde e a redução da exposição a todo tipo de poluição. "O amor é cego" é mais uma crença do senso comum que não resiste a uma pesquisa sociológica sobre namoro e casamento. A escolha de um companheiro para a vida é normalmente limitada pelas expectativas da sociedade e confinada a fronteiras definidas em decorrência da idade, do dinheiro, da educação, da etnia, da religião, até mesmo da estatura física. A flecha de Cupido dispara apenas em certas direções (Ruane e Cerulo, 2004).

Contrariando também a noção corriqueira de que as mulheres tendem a ser mais falantes do que os homens, os pesquisadores constataram que há pouca diferença entre os sexos no que tange à tagarelice. Depois de monitorar, ao longo de cinco anos, 396 universitários de diversas áreas em *campi* tanto do México quanto dos Estados Unidos mediante a instalação de microfones escondidos, a conclusão foi de que tanto as mulheres quanto os homens falam cerca de 16 mil palavras por dia (Mehl et al., 2007).

Nessa mesma linha, o senso comum alega que a violência criminal mantém em sobressalto permanente as comunidades da fronteira entre Estados Unidos e México, gerando um clima que faz lembrar o velho faroeste sem lei. A crer nas reportagens dos noticiários televisivos e nas preocupações manifestadas por autoridades eleitas em todo o Sudoeste dos Estados Unidos, parece uma alegação razoável; porém, não é verdadeira. Embora algumas comunidades do México tenham sucumbido ao controle dos cartéis de drogas, a história no lado norte-americano da fronteira é outra. Todos os dados disponíveis sobre criminalidade – inclusive as taxas de assassinato, extorsão, roubo e sequestro, quer denunciados, quer documentados em levantamentos com vítimas – demonstram que, na zona fronteiriça de mais de 1,5 quilômetro de largura que vai de San Diego, no sul da Califórnia, a Brownsville, no Texas, as taxas de criminalidade são significativamente inferiores às de cidades norte-americanas de porte equivalente fora dessa área. Além disso, a taxa de criminalidade vem caindo de modo mais acentuado junto à fronteira do que em outras comunidades norte-americanas de porte semelhante, pelo menos nesses últimos 15 anos (Gillum, 2011; Gomez et al., 2011).

Tal como os demais cientistas sociais, os sociólogos não reconhecem uma coisa como fato pela mera razão de que "todo mundo sabe disso". Muito pelo contrário, cada informação precisa ser testada e registrada e, depois, analisada em relação a outros dados. Os sociólogos necessitam de estudos científicos para descrever e entender um contexto social. Por vezes, suas constatações podem confundir-se com o senso comum, pois dizem respeito a facetas conhecidas da vida cotidiana. A diferença está no fato de serem constatações comprovadas por pesquisas. Hoje, o senso comum afirma que a Terra é redonda. Contudo, este postulado específico do senso comum está fundamentado em séculos de trabalho científico iniciado com as contribuições seminais de Pitágoras e Aristóteles.

O QUE É TEORIA SOCIOLÓGICA?

Por que as pessoas cometem suicídio? Uma resposta clássica do senso comum é que o desejo de se matar é hereditário. Outra resposta é que as manchas solares induzem as pessoas a pôr fim à própria vida. Explicações talvez não muito convincentes para os pesquisadores contemporâneos, mas que representam crenças vigentes até pelo menos o ano de 1900.

O interesse dos sociólogos não está exatamente no motivo que leva alguém a cometer suicídio, mas, sobretudo, na identificação das forças sociais sistemáticas que levam algumas pessoas a tirarem a própria vida. Para realizar essa pesquisa, os sociólogos desenvolvem uma teoria que propõe uma explicação geral para o comportamento suicida.

As ***teorias*** podem ser concebidas como tentativas de oferecer uma explicação abrangente para acontecimentos, forças, materiais, ideias ou comportamentos. Uma teoria eficaz pode ter, simultaneamente, o poder de explicar e o poder de prever. Ou seja, ela pode ajudar-nos a enxergar as relações entre fenômenos aparentemente isolados, e a perceber de que modo um tipo de mudança no contexto pode acarretar outras mudanças.

A Organização Mundial da Saúde (2010) calcula que quase 1 milhão de pessoas comete suicídio a cada ano. Há mais de cem anos, um sociólogo tentou olhar, de forma científica, as estatísticas de suicídio. Émile Durkheim ([1897] 1951) elaborou uma teoria extremamente original sobre a relação entre o suicídio e os fatores sociais. Seu interesse primordial não era a personalidade do suicida, mas as taxas de suicídio e a sua variação de um país para outro. Ele então comparou os números de suicídios registrados na França, na Inglaterra e na Dinamarca, em 1869, com a população total de cada país a fim de determinar a taxa de suicídios em cada um dos três países. Constatou que, contra apenas 67 registros de suicídio por milhão de habitantes na Inglaterra, a França tinha 135 registros e a Dinamarca, 277. Cabia então perguntar: "O que leva a Dinamarca a apresentar esta taxa comparativamente elevada de registros de suicídios?".

Durkheim investigou a fundo as taxas de suicídio, o que redundou na publicação, em 1897, da sua obra seminal *O suicídio*. Rejeitando a aceitação automática de quaisquer explicações não comprovadas para o suicídio, como as supostas relações com forças cósmicas ou com a hereditariedade, Durkheim concentrou-se em problemas como a coesão ou a falta de coesão de grupos religiosos, sociais e ocupacionais.

A pesquisa de Durkheim sugeria que o suicídio, a despeito de ser um ato solitário, está ligado à vida em grupo. As taxas de suicídio eram muito mais elevadas entre os protestantes do que entre os católicos; entre os solteiros do que entre os casados; entre os soldados do que entre os civis. Pareciam também ser mais elevadas em tempos de paz do que durante guerras e revoluções, e em épocas de instabilidade econômica e de recessão do que na prosperidade. Durkheim concluiu que a taxa de suicídio de uma sociedade refletia até que ponto as pessoas estavam ou não integradas à vida em grupo da sociedade.

Émile Durkheim, assim como muitos outros cientistas sociais, formulou uma teoria para explicar como o comportamento individual pode ser entendido no âmbito de um contexto social. Ele destacou a influência dos grupos e das forças sociais no que sempre fora visto como um ato extremamente pessoal. Era óbvio que a explicação de Durkheim para as causas do suicídio era mais científica do que a das manchas solares ou da hereditariedade. A teoria dele tem força preditiva, pois sugere que as taxas de suicídio vão subir e vão recuar em consonância com determinadas mudanças sociais e econômicas.

Naturalmente, uma teoria – mesmo a melhor delas – não é uma afirmação definitiva sobre o comportamento humano. A teoria do suicídio de Durkheim não foge à regra. Os sociólogos seguem examinando fatores que contribuem tanto para as discrepâncias entre as taxas de suicídio pelo mundo afora quanto para a taxa de suicídio de uma determinada sociedade. Em Las Vegas, por exemplo, observou-se que as probabilidades de morte por suicídio são extraordinariamente elevadas – o dobro das taxas norte-americanas como um todo. Atentos ao relevo conferido por Durkheim à correlação entre suicídio e isolamento social, os pesquisadores aventaram que o rápido crescimento e o constante influxo turístico de Las Vegas minaram a sensação de permanência da comunidade, até mesmo entre os antigos moradores. Muito embora o jogo – ou, mais precisamente, as perdas no jogo – possa parecer um fator que propicia os suicídios na cidade, o estudo criterioso dos dados permitiu aos pesquisadores descartar tal explicação. É possível que o que acontece em

Las Vegas permaneça em Las Vegas, mas talvez esteja faltando à cidade o senso de coesão comunitária desfrutado no restante do país (Wray et al., 2008, 2011).

Use a sua imaginação sociológica

Digamos que você dê continuidade à pesquisa de Durkheim sobre o suicídio. Como você investigaria os fatores que poderiam explicar o presente aumento das taxas de suicídio entre os jovens norte-americanos?

O DESENVOLVIMENTO DA SOCIOLOGIA

As questões sociológicas sempre despertaram curiosidade – nossas relações com outras pessoas, como provemos nosso sustento, quem escolhemos como nossas lideranças. Os filósofos e as autoridades religiosas das sociedades da Antiguidade e da Idade Média fizeram incontáveis observações sobre o comportamento humano. Nem testaram, nem comprovaram cientificamente as suas observações; mesmo assim, não raro, elas se tornaram os sustentáculos dos códigos morais. Alguns dos primeiros filósofos sociais previram o eventual surgimento de um estudo sistemático do comportamento humano. A partir do século XIX, teóricos europeus fizeram contribuições pioneiras para o desenvolvimento de uma ciência do comportamento humano.

Os primeiros pensadores: Comte, Martineau* e Spencer

O século XIX foi turbulento para a França. A revolução de 1789 havia deposto a monarquia francesa, seguindo-se a derrota de Napoleão no seu ímpeto de conquista da Europa. Em meio ao caos, os filósofos pensavam em como seria possível melhorar a sociedade. Auguste Comte (1798-1857), considerado o mais influente dos filósofos do início do século XIX, acreditava que era preciso uma ciência teórica da sociedade e uma investigação sistemática do comportamento para melhorar a sociedade francesa. Foi ele quem cunhou o termo *sociologia* para designar a ciência do comportamento humano.

Escrevendo no século XIX, Comte temia que os excessos da Revolução Francesa tivessem causado dano permanente à estabilidade da França. Esperava, porém, que o estudo sistemático do comportamento social acabasse infundindo mais racionalidade às interações humanas. Para Comte, a sociologia ocupava o topo da hierarquia das ciências. Na sua nomenclatura, a sociologia era a "rainha" e os seus praticantes, "clérigos-cientistas". O teórico francês, além de dar nome à sociologia, ainda lançou um desafio assaz ambicioso para a incipiente disciplina.

Os especialistas tomaram conhecimento das obras de Comte por meio, sobretudo, das traduções da socióloga inglesa Harriet Martineau (1802-1876). Como socióloga, Martineau foi uma desbravadora. Deixou observações perspicazes sobre

* N. de R.T.: Harriet Martineau (1802-1876): jornalista e ativista britânica considerada, nos Estados Unidos, uma das fundadoras da sociologia.

os costumes e as práticas sociais tanto na sua Inglaterra natal, quanto nos Estados Unidos. O seu livro *Society in America* (*A sociedade na América*) [(1837) 1962] examina a religião, a política, a criação dos filhos e a imigração na jovem nação. Esse livro revolucionário dá atenção especial a distinções de classe social e a fatores como gênero e raça. Martineau ([1838] 1989) também escreveu o primeiro livro sobre métodos sociológicos.

Os escritos de Martineau ressaltaram o potencial impacto da economia, da lei, do comércio, da saúde e da população sobre os problemas sociais. Ela defendeu abertamente os direitos das mulheres, a emancipação dos escravos e a tolerância religiosa. Mais para o fim da vida, a surdez não inibiu o seu ativismo. Na visão de Martineau ([1837] 1962), pensadores e especialistas não deveriam contentar-se com a mera observação das condições sociais; deveriam agir de acordo com suas convicções para o bem da sociedade. Foi o que a levou a pesquisar a natureza do emprego feminino e a sinalizar a necessidade de investigar a questão mais a fundo (Deegan, 2003; Hill e Hoecker-Drysdale, 2001).

Outra contribuição importante à sociologia foi a de Herbert Spencer (1820-1903). Inglês, vitoriano, relativamente próspero, Spencer (ao contrário de Martineau) não era movido pelo ímpeto de corrigir ou de melhorar a sociedade; queria apenas entendê-la melhor. Inspirando-se no estudo *A origem das espécies*, de Charles Darwin, aplicou o conceito de evolução das espécies às sociedades, com o propósito de explicar suas mudanças, ou evoluções, ao longo do tempo. Do mesmo modo, adaptou a visão evolucionista darwiniana da "sobrevivência do mais apto" sob o argumento de que é "natural" que alguns sejam ricos e outros sejam pobres.

Spencer pôde testemunhar em vida a imensa popularidade alcançada por sua abordagem sobre mudança social. Ao contrário de Comte, Spencer dava a entender que, perante a inevitabilidade das mudanças sociais, é inútil adotar uma postura radicalmente crítica frente às disposições sociais vigentes ou trabalhar ativamente pela mudança social. Esse ponto de vista agradou muita gente influente na Inglaterra e nos Estados Unidos interessada em manter o *status quo* e ressabiada com pensadores sociais que apoiavam a mudança.

Émile Durkheim

Já fizemos menção às múltiplas contribuições pioneiras de Émile Durkheim (1858-1917) à sociologia, incluindo a sua importante obra teórica sobre o suicídio. Filho de um rabino, foi educado entre a França e a Alemanha. Construiu notável reputação acadêmica e ocupou uma das primeiras cátedras de sociologia na França. Mais do que tudo, Durkheim será lembrado pela sua ênfase de que só é possível entender o comportamento enquadrando-o em um contexto social mais amplo, e não em termos meramente individualistas.

Vejamos um exemplo simples que ilustra essa ênfase. Durkheim ([1912] 2001) desenvolveu uma tese fundamental que ajuda a entender todas as formas de sociedade. Investigando a fundo a tribo australiana dos Arunta, concentrou-se nas funções desempenhadas pela religião e sublinhou o papel determinante da vida em grupo ao definir o que entendemos como religião. Concluiu que a religião, assim como outras formas de comportamento grupal, reforça a solidariedade do grupo.

Durkheim, como muitos sociólogos, não confinou seus interesses a um único aspecto do comportamento social. Ao longo deste livro, examinaremos o seu pensamento sobre crime e punição, sobre religião e sobre o local de trabalho. Poucos sociólogos tiveram um impacto tão poderoso sobre tantas áreas diferentes da disciplina.

Max Weber

Outra figura de destaque entre os primeiros teóricos foi Max Weber. Nascido na Alemanha, em 1864, Weber estudou história jurídica e econômica, mas pouco a pouco foi despertando para a sociologia. Mais tarde, tornou-se professor de várias universidades alemãs. Weber ensinava a seus alunos a necessidade de usar a ***Verstehen***, termo alemão que significa "compreender". Ressaltava a impossibilidade de se analisar boa parte do nosso comportamento social pelos mesmos critérios que medem o peso ou a temperatura. Para entender plenamente o comportamento, precisamos conhecer os significados subjetivos que as pessoas associam às suas próprias ações, ou seja, o modo como elas enxergam e explicam o seu próprio comportamento.

Devemos ainda a Weber uma ferramenta-chave conceitual: o tipo ideal. O ***tipo ideal*** é um construto, um modelo imaginário que funciona como parâmetro de avaliação de casos reais. Nas suas obras, Weber identifica diversas características da burocracia como do tipo ideal (ver Cap. 3 para uma discussão mais detalhada). Na sua apresentação desse modelo da burocracia, Weber não retratou uma organização específica, tampouco empregou o termo "ideal" no sentido de uma avaliação positiva. Buscou apenas propor um padrão útil para medir o grau de burocratização de uma organização real (Gerth e Mills, 1958). Mais adiante, nos deteremos no conceito de tipo ideal aplicado à análise da burocracia e ao estudo da família, da religião, da autoridade e dos sistemas econômicos.

Karl Marx

Karl Marx (1818-1883) compartilhou com Durkheim e Weber o duplo interesse pelas questões filosóficas abstratas e pela realidade da vida cotidiana. Ao contrário dos outros, Marx era tão crítico das instituições existentes que uma carreira acadêmica convencional lhe era inviável. Passou a maior parte da vida no exílio, longe da sua Alemanha natal.

Sua vida pessoal foi difícil. Após ter um artigo seu censurado, foi para a França. Em Paris, conheceu Friedrich Engels (1820-1895), com quem teve uma amizade para a vida inteira. Ambos viveram em uma época em que a vida econômica europeia e norte-americana era cada vez mais dominada pela atividade industrial em detrimento da agricultura.

Em 1847, em Londres, Marx e Engels participaram de reuniões secretas de uma coalizão de sindicatos conhecida como Liga Comunista. No ano seguinte, redigiram uma plataforma intitulada "O manifesto comunista", no qual argumentava que as massas de pessoas destituídas de outros recursos que não o próprio trabalho (chamadas por eles de proletariado) deveriam se unir na luta para derrubar as sociedades capitalistas.

Na análise de Marx, a sociedade dividia-se, fundamentalmente, em classes que colidem na defesa dos seus próprios interesses. Ao analisar as sociedades industriais da época, como Alemanha, Inglaterra e Estados Unidos, Marx avaliou que a fábrica era o centro do conflito entre os exploradores (donos dos meios de produção) e os explorados (os trabalhadores). Marx via esses relacionamentos como sistemáticos; em outras palavras, acreditava que havia todo um sistema de relacionamentos econômicos, sociais e políticos que mantinha o poder e o domínio dos proprietários sobre os trabalhadores. Por isso, argumentavam Marx e Engels, a classe trabalhadora precisava derrubar o sistema de classes vigente. A influência de Marx no pensamento da época foi colossal. Seus escritos inspirariam as lideranças das futuras revoluções comunistas na Rússia, China, Cuba, Vietnã, entre outras.

A importância de Marx, mesmo que dissociada das revoluções políticas fomentadas por sua obra, foi profunda. Ele enfatizou as associações e identificações de grupo que afetam a posição do indivíduo na sociedade, o que vem a ser o principal foco da sociologia contemporânea. Ao longo deste livro, veremos como a filiação a determinada classificação de gênero, faixa etária, grupo racial ou classe econômica afeta as atitudes e o comportamento de uma pessoa. Com a devida importância, podemos acompanhar os desdobramentos desse modo de entender a sociedade a partir da obra pioneira de Karl Marx.

W. E. B. Du Bois*

A obra de Marx estimulou os sociólogos a ver a sociedade pela ótica dos segmentos da população que raramente influem na tomada de decisões. Nos Estados Unidos, alguns dos primeiros sociólogos negros, como W. E. B. Du Bois (1868-1963), empreenderam pesquisas na esperança de contribuir na luta por uma sociedade racialmente igualitária. Du Bois acreditava que o conhecimento era essencial para combater o preconceito e para obter tolerância e justiça. Insistia que os sociólogos precisavam aplicar os princípios científicos ao estudo de problemas sociais como os vivenciados pelos negros nos Estados Unidos. Para distinguir a opinião do fato, defendia que a vida dos negros fosse objeto de uma pesquisa básica. Deixou uma importantíssima contribuição à sociologia com seus estudos sobre a vida urbana, tanto dos brancos quanto dos negros, em cidades como Filadélfia e Atlanta ([1899] 1995).

Assim como Durkheim e Weber, Du Bois percebeu a importância da religião para a sociedade. No entanto, tendeu a focar a religião pelo viés da comunidade e do papel da igreja na vida dos fiéis ([1903] 2003). Du Bois tinha pouca paciência para teóricos como Herbert Spencer, aparentemente satisfeito com o *status quo*. Acreditava que a concessão de plenos direitos políticos aos negros era essencial para o progresso social e econômico.

---

* N. de R.T.: W. E. B. Du Bois (1868-1963): ativista social e sociólogo norte-americano que conduziu importantes investigações empíricas sobre a condição dos negros nos Estados Unidos.

Como boa parte das suas ideias questionava o *status quo*, Du Bois não teve receptividade nem na esfera do governo, nem no mundo acadêmico. Isso o levou a um crescente envolvimento com organizações que questionavam a ordem social estabelecida. Em 1909, ajudou a fundar a National Association for the Advancement of Colored People (Associação Nacional pelo Progresso das Pessoas de Cor), hoje mais conhecida pela sigla em inglês NAACP (Wortham, 2008).

Os *insights* de Du Bois revelaram-se duradouros. Em 1897, ele cunhou a expressão ***dupla consciência*** para referir-se à cisão da identidade de um indivíduo entre duas ou mais realidades sociais. Usou o termo para descrever a experiência de ser negro em uma América de brancos. Hoje, os pais afro-americanos podem dizer a seus filhos que nada os impede de se tornar presidente dos Estados Unidos, a pessoa mais poderosa do país. Mas, para milhões de afro-americanos, ser negro nos Estados Unidos não configura uma realidade típica de poder ([1903] 1961).

Desdobramentos modernos

O atual desenvolvimento da sociologia nos Estados Unidos apoia-se nas sólidas raízes estabelecidas por Émile Durkheim, Max Weber, Karl Marx e W. E. B. Du Bois, mas isso não significa que, nestes últimos cem anos, a disciplina tenha permanecido estagnada. A despeito das continuadas contribuições europeias, sociólogos do mundo inteiro, principalmente dos Estados Unidos, fizeram a teoria e a pesquisa sociológica avançarem. Com seus novos *insights*, nos ajudaram a entender melhor o funcionamento da sociedade.

Charles Horton Cooley. Charles Horton Cooley (1864-1929) é um representante típico dos sociólogos que se destacaram no início do século XX. Nascido em Ann Arbor, Estado de Michigan, Cooley formou-se em Economia antes de se tornar professor de sociologia da University of Michigan. Como ocorreu com outros representantes dos primórdios da sociologia, o seu interesse pela "nova" disciplina despertou quando cursava uma área afim.

Cooley compartilhava com Durkheim, Weber, W. E. B. Du Bois e Marx o desejo de ampliar os seus conhecimentos sobre a sociedade. Mas, a bem da eficácia, optou por aplicar a perspectiva sociológica à análise preliminar de unidades mais restritas, ou seja, de grupos mais pessoais e íntimos, como famílias, gangues e redes de amizades. Ali estavam as sementeiras da sociedade, que moldavam ideais, crenças, valores e a índole social das pessoas. A obra de Cooley ampliou a nossa compreensão sobre grupos de porte relativamente pequeno.

Jane Addams. No início do século XX, muitos dos principais sociólogos dos Estados Unidos eram reformistas sociais voltados para o estudo sistemático e o subsequente aperfeiçoamento de uma sociedade corrupta. Nutriam uma preocupação genuína com a vida dos imigrantes nos centros urbanos em crescimento dos Estados Unidos – quer aqueles chegados da Europa, quer aqueles do Sul agrário do país. As primeiras sociólogas costumavam militar nas áreas urbanas pobres à frente de centros comunitários conhecidos como *settlement houses* (residências sociais). Foi o caso de Jane Addams (1860-1935), filiada à American Sociological Society e cofundadora da célebre Hull House, em Chicago.

Addams e outras sociólogas pioneiras costumavam alinhar a investigação intelectual, a assistência social e o ativismo político, buscando apoiar os desprivilegiados e criar uma sociedade mais igualitária. Em colaboração com a jornalista e educadora negra Ida Wells-Barnett, Addams conseguiu, por exemplo, barrar a segregação racial nas escolas públicas de Chicago. Seu empenho para instituir um sistema judicial juvenil e um sindicato de mulheres também sinaliza o foco pragmático de seu trabalho (Addams, 1910, 1930; Deegan, 1991; Lengermann e Niebrugge-Brantley, 1998).

Em meados do século XX, porém, o eixo da disciplina já havia mudado de direção. A maioria dos sociólogos limitava-se a teorizar e a reunir informações; o objetivo de transformar a sociedade cabia agora aos assistentes sociais, entre outros. O progressivo descaso com a reforma social foi acompanhado da crescente adesão a métodos de pesquisa científicos que pregavam a neutralidade na interpretação dos dados. Nem todos os sociólogos gostaram desse viés. Em 1950, criou-se uma nova organização, a Society for the Study of Social Problems, no intuito de lidar, de forma mais direta, com a desigualdade social, entre outras mazelas sociais.

Robert Merton. O sociólogo Robert Merton (1910-2003), nascido na Filadélfia e filho de um casal de imigrantes eslavos, contribuiu com a sua bem-sucedida conjugação da teoria com a pesquisa. Beneficiado com uma bolsa de estudos da Temple University, deu continuidade a seus estudos em Harvard, onde desenvolveu um interesse pela sociologia que perduraria pelo resto de sua vida. Merton construiu sua carreira docente vinculado à Columbia University.

Ele elaborou uma teoria que está entre as explicações mais citadas para o comportamento desviante, ao observar as diferentes formas com que as pessoas tentam obter sucesso na vida. Na visão de Merton, algumas pessoas podem desviar-se ou da meta socialmente pactuada de acúmulo de bens materiais, ou do modo socialmente aceito para se alcançar essa meta. Por exemplo, no esquema classificatório de Merton, os "inovadores" são pessoas que aceitam a meta de buscar riqueza material, mas o fazem por meios ilegais, por meio do roubo, do furto e da extorsão. Ele baseou a sua explicação para o crime no comportamento individual, influenciado por metas e meios aceitos pela sociedade. Mas tal explicação tem aplicações mais amplas: ela ajuda a esclarecer as altas taxas de criminalidade em bolsões de pobreza do país, visto que os pobres talvez não alimentem esperanças de que possam subir na vida por meio das vias tradicionais. O Capítulo 4 traz uma discussão mais detalhada da teoria de Merton.

Ele também salientou que os sociólogos deveriam esforçar-se para articular as abordagens "macro" e "micro" do estudo sociológico. A ***macrossociologia*** privilegia fenômenos de larga escala ou civilizações inteiras – o estudo transcultural do suicídio, elaborado por Durkheim, é um exemplo de análise macro. Já a ***microssociologia*** privilegia pequenos grupos e faz uso frequente de meios experimentais. As investigações no nível micro são especialmente úteis para sociólogos que estudam formas cotidianas de interação social, como os contatos de rotina no emprego e em lugares públicos.

Pierre Bourdieu. Os pensadores dos Estados Unidos inspiram-se cada vez mais nos *insights* de sociólogos de outros países. As ideias do sociólogo francês Pierre Bourdieu (1930-2002) atraíram incontáveis adeptos na América do Norte e em outros lugares do mundo. Quando era jovem, Bourdieu fez trabalho de campo na Argélia durante a guerra de independência contra a França. Os atuais pensadores debruçam-se sobre as técnicas experimentais e sobre as conclusões de Bourdieu.

Bourdieu escreveu sobre a maneira como o capital, nas suas múltiplas formas, contribui para a reprodução social, pois, além de englobar os bens materiais, engloba também os ativos culturais e sociais. Por ***capital cultural***, entende-se bens não econômicos, como "berço" e educação, que se refletem nos conhecimentos linguístico e artístico. O capital cultural, que não necessariamente está associado ao conhecimento luvisco, diz respeito ao tipo de educação que a elite social preza. Por exemplo, o conhecimento da culinária chinesa é cultura, mas não do tipo valorizado pela elite. Nos Estados Unidos, os imigrantes – especialmente os que chegaram em grandes levas e radicaram-se em enclaves étnicos – levaram, em geral, duas ou três gerações para atingir o nível de capital cultural desfrutado por grupos mais estabelecidos. Em termos comparativos, o ***capital social*** subentende o benefício coletivo das redes sociais, construídas com base na confiança mútua. Há uma extensa bibliografia sobre a importância das redes familiares e das redes de amizades na criação de oportunidades de progresso para as pessoas. Com a sua ênfase sobre o capital social e cultural, o trabalho de Bourdieu expande os *insights* de pensadores sociais seminais como Durkheim, Marx e Weber (Bourdieu e Passerson, 1990; Field, 2008).

Hoje, a sociologia reflete a diversidade das contribuições dos teóricos do passado. Ao abordar tópicos como divórcio, vício em drogas ou cultos religiosos, os sociólogos podem buscar subsídios nos *insights* teóricos dos pioneiros da disciplina. Um leitor atento pode perceber as vozes de Comte, Durkheim, Weber, Marx, DuBois, Cooley, Addams, entre muitos outros, nas páginas das pesquisas em curso atualmente. A sociologia extrapolou também as fronteiras intelectuais da América do Norte e da Europa, contando agora com contribuições de sociólogos que estudam e pesquisam o comportamento humano em outras partes do mundo. Para descrever o trabalho dos atuais sociólogos, vale a pena examinarmos uma série de abordagens (também ditas perspectivas) teóricas influentes.

AS PRINCIPAIS PERSPECTIVAS TEÓRICAS

Os sociólogos têm visões diferentes da sociedade. Alguns veem o mundo social como uma entidade fundamentalmente estável e contínua. Deslumbram-se com a resiliência da família, com a religião organizada e com outras instituições sociais. Outros veem a sociedade como uma série de grupos em conflito disputando recursos escassos. Para outros, ainda, os aspectos mais fascinantes do mundo social são as interações individuais cotidianas, que tantas vezes nos soam banais. Essas são as três visões mais correntes na sociologia e correspondem às perspectivas funcionalista, do conflito e interacionista. Em conjunto, elas representam um panorama introdutório da disciplina.

A perspectiva funcionalista

Imaginemos a sociedade como um organismo vivo cuja sobrevivência depende da contribuição de cada uma de suas partes. Esta é a visão da ***perspectiva funcionalista*** (também chamada de *abordagem estrutural funcionalista*). A perspectiva funcionalista privilegia o modo como as partes da sociedade estruturam-se para manter a estabilidade social. Ao examinar qualquer aspecto da sociedade, pois, os funcionalistas enfatizavam a contribuição desse aspecto para a estabilidade social como um todo.

Vejamos como os funcionalistas avaliariam os efeitos de uma catástrofe ambiental como o vazamento de óleo no Golfo do México. A calamidade teve início em abril de 2010 com uma monumental explosão em uma plataforma de perfuração da British Petrolium Deepwater Horizon (BP), seguida de um incêndio devastador. Onze trabalhadores morreram na explosão. Moradores do litoral sul dos Estados Unidos assistiram impotentes às repetidas e frustradas tentativas da BP de vedar o poço danificado. Embora a plataforma estivesse localizada em águas extremamente profundas e muito longe da costa, o vazamento de óleo não tardou a atingir as praias dos estados do Alabama, Louisiana, Mississipi, Flórida e Texas. Com as fotos de aves encharcadas de óleo e de praias imundas divulgadas maciçamente nos noticiários, os setores de turismo e de frutos do mar entraram em colapso e milhares de pessoas ficaram desempregadas da noite para o dia. Os Estados Unidos não enfrentavam um vazamento de óleo tão devastador desde o episódio do *Exxon Valdez*, encalhado na costa do Alasca duas décadas antes.

Na avaliação dos efeitos do vazamento, os funcionalistas destacariam a função de apoio solidário da sociedade. Sublinhariam a assistência material e espiritual prestada por igrejas e instituições filantrópicas às pessoas afetadas pela catástrofe. Talvez ressaltassem ainda o pleno emprego em determinadas ocupações, como a fabricação de barreiras de contenção, a despeito da escassez de empregos em outros setores. Mesmo apreensivos quanto à segurança da perfuração de poços de petróleo em alto mar, eles não se espantariam com a forte oposição do governador de Louisiana à moratória para o setor – que, afinal, fazia parte da economia do Golfo do México –, e talvez previssem que o movimento ambiental se revitalizaria, como acontecera na década de 1990 após os incêndios que devastaram o Parque Nacional de Everglades, na Flórida.

O sociólogo Talcott Parsons (1902-1979), da universidade de Harvard, foi figura-chave no desenvolvimento da teoria funcionalista. Parsons sofrera forte influência da obra de Émile Durkheim, de Max Weber e de outros sociólogos europeus. Por mais de quatro décadas, Parsons e a sua defesa do funcionalismo dominaram a sociologia dos Estados Unidos. Na sua visão, qualquer sociedade era uma vasta rede de peças interligadas, cada uma delas contribuindo para manter o sistema como um todo. Segundo a abordagem funcionalista, se um aspecto da vida social não contribuir para a estabilidade ou para a sobrevivência de uma sociedade – se não cumprir alguma função de utilidade identificável ou não promover consenso de valor entre os membros de uma sociedade –, ele não será repassado de geração em geração (Joas e Knobl, 2009; Knudsen, 2010).

Disfunções. Os funcionalistas admitem que nem todas as peças da sociedade contribuem o tempo todo para a sua estabilidade. Por ***disfunção***, entende-se um elemento ou um processo da sociedade efetivamente capaz de abalar o sistema social ou minar a sua estabilidade.

Muitos padrões de comportamento disfuncionais, como o homicídio, são tidos como indesejáveis. Contudo, não convém aplicar essa interpretação de maneira automática. A avaliação de uma disfunção depende dos valores de cada pessoa, ou, como se diz, "da cadeira que cada um ocupa". Por exemplo: a visão existente nas prisões americanas é que seria mais prático acabar com as gangues de detentos, pois elas são disfuncionais para a tranquilidade operacional. Mas, na verdade, alguns guardas passaram a encarar as gangues de detentos como um componente funcional de seu cargo. O perigo que elas representam cria uma "ameaça à segurança" que exige reforço na vigilância e um maior número de horas extras dos carcereiros, além de demandar quadros especiais para cuidar dos problemas ocasionados pelas gangues (G. Scott, 2001).

Função manifesta e função latente. O catálogo de uma universidade costuma enumerar as diversas funções da instituição. Ele talvez informe, por exemplo, que a universidade pretende "proporcionar a cada aluno uma formação abrangente no pensamento clássico e contemporâneo, nas humanidades, nas ciências e nas artes". Mas seria quase um escândalo deparar-se com um catálogo que declarasse: "Esta universidade foi fundada em 1895 para ajudar as pessoas a acharem um bom partido". Catálogo algum fará afirmação semelhante. No entanto, as instituições sociais cumprem múltiplas funções – algumas delas bastante sutis. A universidade, de fato, facilita a escolha de um companheiro.

Robert Merton (1968) estabeleceu uma importante distinção entre função manifesta e função latente. As ***funções manifestas*** das instituições são conscientes, declaradas, explícitas. Elas envolvem as consequências intencionais e reconhecidas de um aspecto da sociedade, como o papel da universidade em atestar a competência e a excelência acadêmica. As ***funções latentes***, pelo contrário, são inconscientes ou não intencionais, e talvez reflitam propósitos ocultos da instituição. Uma das funções latentes das universidades é servir de ponto de encontro para quem está interessado em arranjar um parceiro.

A perspectiva do conflito

Contrariando a ênfase dos funcionalistas na estabilidade e no consenso, os sociólogos do conflito veem o mundo social como um embate contínuo. Os proponentes da ***perspectiva do conflito*** postulam que o melhor entendimento do comportamento social se faz da tensão entre grupos pelo poder ou pela distribuição de recursos, como habitação, dinheiro, acesso aos serviços e representação política. Esse conflito não é necessariamente violento, podendo assumir configurações como negociações trabalhistas, política partidária, disputa de grupos religiosos pelos fiéis ou competição pelo orçamento federal.

A partir dessa concepção acerca da ordem social, os teóricos do conflito abordariam o vazamento do Golfo do México privilegiando a coerção e a exploração subjacentes às relações entre a indústria petrolífera e as comunidades do Golfo. A indústria petrolífera, salientariam, enquadra-se no ramo dos altos negócios, em que os lucros têm primazia sobre a saúde e a segurança dos trabalhadores. Os teóricos do conflito também destacariam o efeito – tão comumente negligenciado – do vazamento sobre as minorias que vivem em comunidades do interior, inclusive norte-americanos de origem vietnamita, norte-americanos de origem indígena e afro-americanos. Esses grupos, que viviam uma existência marginal antes do vazamento, enfrentaram dificuldades econômicas relevantes após o vazamento. Por fim, os teóricos do conflito observariam que, apesar da tendência dos noticiários a dar maior destaque a vazamentos de óleo que afetam países industriais ricos, os piores vazamentos muitas vezes atingem comunidades de países em desenvolvimento, e, portanto, menos favorecidos, como a Nigéria. Durante a maior parte do século XX, os defensores da perspectiva funcionalista levaram a melhor entre os sociólogos norte-americanos. Porém, o poder de convencimento dos proponentes da abordagem do conflito vem crescendo desde o fim da década de 1960. A agitação social generalizada resultante dos confrontos em torno dos direitos civis, das acirradas divergências acerca da guerra do Vietnã, da ascensão do movimento feminista e do movimento em prol das liberdades dos *gays*, do escândalo de Watergate, dos quebra-quebras urbanos, dos tumultos em clínicas de aborto e das minguantes perspectivas econômicas da classe média tem dado sustentação à abordagem do conflito – a visão de que o nosso mundo social caracteriza-se pelo embate contínuo entre grupos rivais. Atualmente, os sociólogos aceitam a teoria do conflito como um meio válido de sondar as entranhas da sociedade.

A visão marxista. Como observamos anteriormente, Karl Marx via a luta das classes sociais como inevitável face à exploração dos trabalhadores no capitalismo. Problematizando as concepções de Marx, sociólogos e outros cientistas sociais passaram a ver no conflito não apenas um mero fenômeno de classes, mas um componente da existência cotidiana em todas as sociedades. Ao estudar qualquer cultura, organização ou grupo social, os sociólogos querem saber quem ganha, quem sofre e quem domina à custa dos outros. Interessam-se pelos conflitos entre homens e mulheres, pais e filhos, cidades e periferias, brancos e negros, entre inúmeros outros. Os teóricos do conflito interessam-se pela forma como as instituições da sociedade – inclusive a família, o governo, a religião, a educação e os meios de comunicação – contribuem para preservar os privilégios de alguns grupos e manter outros em posição subalterna. A ênfase na mudança social e na redistribuição dos recursos confere aos teóricos do conflito um perfil mais "radical" e "ativista" quando comparados aos funcionalistas (Dahrendorf, 1959).

A perspectiva feminista. A despeito da sua longa tradição em várias outras disciplinas, a perspectiva feminista começou a ser adotada pelos sociólogos na década de 1970. Os proponentes da ***perspectiva feminista*** veem a desigualdade baseada no gênero como eixo de todo comportamento e de toda organização. Por enfocar um único aspecto da desigualdade, essa perspectiva é associada à perspectiva do conflito. Mas, ao contrário dos teóricos do conflito e dos interacionistas, os adeptos da perspectiva feminista tendem a privilegiar as relações do dia a dia. Bebendo na obra de Marx e Engels, muitas teóricas feministas veem a subordinação das mulheres como inerente às sociedades capitalistas. Algumas teóricas, porém, consideram que a opressão das mulheres é inevitável em *toda* sociedade dominada pelos homens, seja ela capitalista, socialista ou comunista.

Um dos primeiros exemplos da perspectiva feminista (muitíssimo anterior à adoção deste rótulo pelos sociólogos) está na vida e nos escritos de Ida Wells-Barnett (1862-1931). Seguindo suas revolucionárias publicações na década de 1890 sobre a prática de linchamento de norte-americanos negros, Wells-Barnett aderiu à campanha pelos direitos das mulheres, especialmente à luta pelo direito ao voto feminino. Assim como os teóricos feministas que a sucederam, usou a sua análise da sociedade como ferramenta de resistência à opressão. Pesquisou o que significava ser mulher e negra nos Estados Unidos (Giddings, 2008; Wells-Barnett, 1970).

A produção intelectual feminista expandiu o nosso entendimento sobre o comportamento social ao extrapolar a análise para além do ponto de vista masculino. Vejamos, por exemplo, os esportes. As teóricas feministas estudam como assistir a esportes ou participar de esportes reforça os papéis desempenhados por homens e por mulheres no contexto mais amplo da sociedade:

- Embora normalmente promovam a boa forma física e a saúde, os esportes também podem ter consequências nocivas para os praticantes. Os homens são mais propensos a recorrer ao uso de esteroides ilegais (p. ex., fisiculturistas e jogadores de beisebol); as mulheres, a dietas exageradas (p. ex., ginastas e patinadoras artísticas).
- As expectativas de gênero estimulam as atletas a serem passivas e delicadas, qualidades incompatíveis com a competitividade inerente aos esportes. Consequentemente, é difícil para as mulheres competir em esportes tradicionalmente dominados por homens, como a Fórmula Indy ou a Nascar.

- A despeito do aumento dos valores pagos às atletas profissionais, eles normalmente não se equiparam aos valores pagos aos atletas homens.

A perspectiva interacionista

A interação com colegas no local de trabalho, os encontros em lugares públicos, como pontos de ônibus e parques, o comportamento em pequenos grupos, todos esses são aspectos da microssociologia que capturam a atenção dos interacionistas. Ao contrário dos funcionalistas e dos teóricos do conflito, que analisam padrões de comportamento de toda uma sociedade, os proponentes da ***perspectiva interacionista*** generalizam formas corriqueiras de interação social buscando um entendimento da sociedade como um todo. Perante a crescente apreensão frente ao custo e à disponibilidade da gasolina, os interacionistas começaram a investigar uma nova forma de comportamento dos *commuters* ("migrantes diários", em tradução livre), conhecida como "*slugging*" (de *slug*, ou "lesma", em português). Trata-se de um tipo de carona solidária em que, para poder dispensar o carro na ida ao trabalho, os *commuters* reúnem-se em locais predeterminados para pegarem carona com pessoas totalmente estranhas. Quando um carro encosta em um estacionamento ou em um terreno baldio e o motorista anuncia seu destino, o primeiro da fila de caronas que está indo para a mesma direção entra no carro. Regras de etiqueta foram criadas para facilitar a interação entre motorista e carona: nem um nem o outro pode comer ou fumar; o carona não pode ajustar as janelas ou o rádio, tampouco falar ao celular. Levando os caronas, que viajam de graça, o motorista pode ter direito a trafegar pelas faixas seletivas reservadas ao transporte coletivo (Slug-Lines.com, 2011).

Use a sua imaginação sociológica

Você é um(a) sociólogo(a) que usa a perspectiva do conflito para estudar diversos aspectos da nossa sociedade. Como você interpretaria a prática da prostituição? Contraponha essa visão à perspectiva funcionalista. Você acha que os seus comentários seriam outros se você adotasse a visão feminista? Em que sentido?

Em seus estudos sobre a ordem social, os interacionistas dão especial relevo às percepções compartilhadas do comportamento cotidiano. Uma análise interacionista do vazamento de óleo no Golfo do México focalizaria o nível micro, ou seja, a forma como o vazamento moldou os relacionamentos pessoais e o comportamento social cotidiano. As horas difíceis, por exemplo, costumam estreitar os vínculos entre vizinhos e familiares, que dependem do apoio recíproco. Mas, por outro lado, os acontecimentos estressantes podem propiciar rupturas sociais, como o divórcio ou o suicídio. Observações nessa linha foram feitas duas décadas atrás, após o vazamento de óleo do *Exxon Valdez*.

A abordagem funcionalista e a abordagem do conflito surgiram na Europa, mas o interacionismo nasceu nos Estados Unidos. George Herbert Mead (1863-1931) é considerado o fundador da perspectiva interacionista. Mead lecionou na University of Chicago de 1893 até sua morte. Sua análise sociológica, assim como a de Charles Horton Cooley, focava as interações humanas em situações de contato individual e em pequenos grupos. Mead queria observar as formas de comunicação mais ínfimas – como sorrir, franzir o cenho, balançar de leve a cabeça em sinal de assentimento – e entender como esse comportamento individual era afetado pelo contexto mais amplo de um grupo ou de uma sociedade. A despeito das suas visões inovadoras, Mead raramente escrevia artigos e jamais escreveu um livro. Era um professor extremamente popular; a maioria de seus *insights* chegou até nós por meio de palestras suas editadas e publicadas pelos seus alunos após a sua morte.

O interacionismo é um enquadramento sociológico em que os seres humanos são vistos habitando um mundo de objetos investidos de significado. Tais "objetos" incluem coisas materiais, ações, outras pessoas, relacionamentos, e até mesmo símbolos. A perspectiva interacionista é também chamada de *perspectiva interacionista simbólica*, pois nela os símbolos são vistos como uma peça extremamente importante da comunicação humana. Os símbolos carregam significados sociais compartilhados, normalmente reconhecidos por todos os membros de uma sociedade. Por exemplo, um aceno é um sinal de respeito, ao passo que um punho cerrado é um símbolo de desafio.

Use a sua
imaginação sociológica

Quais símbolos, em sua faculdade ou universidade, têm um significado especial para os estudantes?

Diferentes culturas podem usar símbolos diferentes para transmitir uma mesma ideia. Vejamos, por exemplo, as diferentes mímicas com que diferentes sociedades denotam o suicídio sem recorrer a palavras: nos Estados Unidos, aponta-se um dedo para a cabeça (tiro); no Japão urbano, leva-se o punho fechado ao estômago (apunhalamento); e na tribo dos South Fore, de Papua Nova Guiné, aperta-se a garganta com a mão (enforcamento). Essas interações simbólicas são classificadas como formas de ***comunicação não verbal***, ao lado de vários outros gestos, expressões faciais e posturas (Masuda et al., 2008).

A abordagem sociológica

Que perspectiva deveria um sociólogo aplicar ao estudar o comportamento humano – a funcionalista, a do conflito, a interacionista ou a feminista? A despeito das suas diferenças, os proponentes desses pontos de vista têm muito em comum. Todos concordariam, por exemplo, que as catástrofes são temas dignos de investigação. Todos admitiriam que há muito mais coisas a desvendar a respeito do vazamento de óleo no Golfo do México do que uma única perspectiva teórica é capaz de abordar. Na verdade, os sociólogos recorrem a todas as perspectivas apresentadas na Tabela 1.1, pois cada uma delas propicia diferentes *insights* sobre uma mesma questão. A compreensão mais abrangente possível da nossa sociedade pode, pois, mes-

Tabela 1.1 Comparação entre as principais perspectivas teóricas

	Funcionalista	Conflito	Interacionista	Feminista
Visão sobre a sociedade	É estável e integrada	Caracteriza-se pela tensão e disputa entre os grupos	Atua no sentido de influenciar e de afetar a interação social cotidiana	Caracteriza-se pela desigualdade de gênero, que tem causas e soluções variadas
Sobre o indivíduo	As pessoas são socializadas para desem-penhar funções na sociedade	As pessoas são moldadas pelo poder, pela coerção e pela autoridade	As pessoas manipulam símbolos e criam o seu mundo social por meio da interação	As pessoas diferem conforme a sua classe social, raça, etnia, idade, orientação sexual e capacidade física.
Sobre a ordem social	É mantida pela cooperação e pelo consenso	É mantida pela força e pela coerção	É mantida pelo entendimento compartilhado do comportamento cotidiano	É mantida por visões que excluem a mulher
Sobre a mudança social	A mudança é previsível e fortalecedora	A mudança é ininterrupta e pode ter consequências positivas	Tem reflexos na posição social das pessoas e na sua comunicação com os outros	É essencial para promover a igualdade
Exemplo	As punições públicas fortalecem a ordem social	As leis fortalecem a posição dos ocupantes do poder	As pessoas respeitam ou desrespeitam as leis com base na sua experiência pregressa	É preciso acabar com a violência doméstica, o estupro e a desigualdade econômica

clar subsídios extraídos de todas as principais abordagens, observando-se atentamente os pontos em que elas se superpõem e os pontos em que divergem.

Embora não exista uma abordagem "correta", e os sociólogos bebam em todas elas para fins variados, muitos deles tendem a privilegiar uma determinada perspectiva em relação às demais. A orientação teórica de um sociólogo influencia a sua abordagem de modo importante. A escolha do que estudar, como fazê-lo e que questões levantar (ou não levantar) pode ser afetada pela orientação teórica do pesquisador. No próximo item deste capítulo, veremos como os sociólogos adaptaram o método à sua disciplina e como esse método é aplicado em *surveys*, estudos de caso e experimentos, sem esquecer que, mesmo obedecendo com todo rigor o passo a passo completo do método científico, o trabalho do pesquisador sempre será norteado pelo seu ponto de vista teórico. Os resultados de pesquisas, assim como as teorias, iluminam certos pontos do palco, deixando outros em relativa penumbra.

O QUE É O MÉTODO CIENTÍFICO?

Os sociólogos interessam-se pelas questões cruciais da nossa época. A família está em colapso? Por que tanta criminalidade? O mundo tem condições de alimentar uma população cada vez maior? São questões que preocupam muita gente, com ou sem formação acadêmica. No entanto, ao contrário do cidadão comum, o sociólogo tem o compromisso de aplicar o método científico ao estudo da sociedade. O ***método científico*** é uma série sistemática e organizada de passos que assegura máxima objetividade e consistência na investigação de um problema.

Muitos de nós jamais participaremos de fato de uma pesquisa científica. Por que, então, é tão importante entendermos o método científico? Porque ele desempenha um papel importantíssimo no funcionamento de nossa sociedade. Quem mora nos Estados Unidos é constantemente bombardeado por "fatos" ou por "dados". Um repórter de televisão informa que "um em cada dois casamentos no país acaba em divórcio". Um anunciante cita estudos supostamente científicos para comprovar a superioridade de determinado produto. Tais afirmações podem ser precisas ou podem ser exageradas. Podemos avaliá-las melhor – e, consequentemente, não seremos enganados com tanta facilidade – se estivermos familiarizados com os padrões da pesquisa científica.

Esses padrões são assaz rigorosos e exigem estrita adesão a eles. O método científico requer a preparação meticulosa da pesquisa em curso. Do contrário, os dados de pesquisa coletados talvez não se comprovem precisos. O método científico usado pelos sociólogos e pelos demais pesquisadores consta de cinco passos básicos: (1) definir o problema, (2) rever a bibliografia, (3) formular a hipótese, (4) selecionar a estratégia experimental antes de coletar e analisar os dados e (5) elaborar a conclusão (ver Fig. 1.1). Usaremos um exemplo real para mostrar como o método científico funciona.

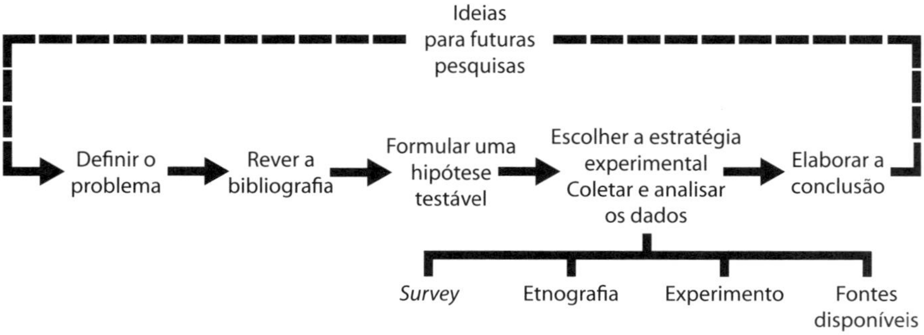

Figura 1.1 O método científico.

Definir o problema

"Compensa" fazer uma faculdade? Há quem faça grandes sacrifícios e trabalhe duro para conseguir cursar o ensino superior. Pais fazem empréstimos para pagar a anuidade dos filhos. Estudantes arrumam empregos de meio período ou até de período integral e estudam à noite ou nos fins de semana. Compensa? Ser formado implica retornos monetários? O primeiro passo, em qualquer projeto de pesquisa, é formular com a maior clareza possível o que se pretende investigar – em outras palavras, *definir o problema*. No caso, estamos interessados em verificar a relação entre grau de escolaridade e renda. Precisamos descobrir qual é a renda de pessoas com diferentes graus de escolaridade.

Como etapa preliminar, todo pesquisador em ciências sociais precisa elaborar uma ***definição operacional*** de cada conceito que está sendo estudado. Definição operacional é uma explicação de um conceito abstrato com especificidade suficiente para permitir ao pesquisador avaliá-lo. Por exemplo, um sociólogo interessado no *status* pode usar como definição operacional de *status* o fato de a pessoa pertencer ao quadro social de clubes exclusivos. Alguém que estuda o preconceito poderia estabelecer como definição operacional de preconceito a má vontade de alguém em contratar ou em trabalhar com pessoas de grupos minoritários. No nosso exemplo, devemos elaborar duas definições operacionais – uma para escolaridade, outra para renda – a fim de averiguar se a formação superior compensa.

A princípio, adotaremos uma perspectiva funcionalista (mas nada impede que venhamos a incorporar outras abordagens). A nossa tese pressupõe que as oportunidades de aumentar a capacidade de renda estão relacionadas ao grau de escolaridade e que as faculdades preparam os alunos para o mercado de trabalho.

Rever a bibliografia

Ao *rever a bibliografia* – o acervo de estudos e informações relevantes na área de especialidade –, os pesquisadores depuram o problema em tela, esclarecem possíveis técnicas a serem usadas na coleta de dados e eliminam ou reduzem os erros evitáveis. No nosso exemplo, faríamos uma análise das informações salariais de diferentes ocupações. Verificaríamos se os empregos que exigem formação acadêmica mais extensa são mais bem remunerados. Seria também conveniente rever outros estudos sobre a correlação entre educação e renda.

A revisão bibliográfica não tardaria a mostrar-nos que muitos outros fatores além dos anos de escolaridade, influem no potencial de renda. Descobriríamos, por exemplo, que os filhos de pais mais abastados têm uma maior probabilidade de fazer uma faculdade do que os filhos de famílias mais modestas. Como corolário, poderíamos aventar a possibilidade de os pais mais abastados também ajudarem os filhos a conseguir empregos mais bem remunerados depois de formados.

Formular a hipótese

Depois de rever as pesquisas anteriores e de assimilar as contribuições dos teóricos da sociologia, os pesquisadores podem então formular a ***hipótese***, que é uma afirmação especulativa sobre a relação entre dois ou mais fatores conhecidos como variáveis. Renda, religião, ocupação e gênero podem igualmente ser variáveis em um estudo. A ***variável*** pode ser definida como um traço ou uma característica mensurável e sujeita a mudar conforme as circunstâncias.

Os pesquisadores, ao formularem uma hipótese, normalmente precisam sinalizar como um aspecto do comportamento humano influenciaria ou afetaria outro aspecto. A variável que por hipótese irá redundar ou influir em outra é chamada de ***variável independente***. A segunda variável é chamada ***variável dependente***, já que sua ação "depende" da influência da variável independente. A nossa hipótese é que quanto mais elevado o grau de instrução da pessoa, mais dinheiro ela ganhará. A variável independente a ser medida é o grau de escolaridade. Também é preciso medir a variável que presumivelmente "depende" dela.

Identificar as variáveis independentes e dependentes é fundamental para esclarecer relações de causa e efeito. A ***lógica causal*** envolve a relação entre uma condição, ou variável, e uma determinada consequência, em que um acontecimento leva ao outro. Segundo a lógica causal, estar menos integrado à sociedade (variável independente) pode relacionar-se diretamente com a probabilidade de suicídio (variável dependente). Analogamente, a faixa de renda dos pais (variável independente) pode influir na probabilidade de os filhos cursarem a universidade (variável dependente). Em uma etapa posterior da vida, o grau de escolaridade alcançado pelos filhos (variável independente) pode relacionar-se diretamente com o nível de renda dos filhos (variável dependente). Vale notar que o nível de renda pode ser tanto uma variável independente quanto dependente, conforme a relação causal estabelecida.

A ***correlação*** ocorre quando uma mudança em uma variável coincide com uma mudança em outra variável. As correlações sinalizam a possível presença de causalidade, sem necessariamente implicar causação. Por exemplo, os dados indicam que pessoas que preferem assistir o noticiário pela televisão são menos informadas do que as que leem jornais e revistas de atualidades. Essa correlação entre o conhecimento relativo da pessoa e a respectiva opção pelos veículos de notícias parece ter alguma lógica, pois é compatível com a crença comum de que a televisão veicula informações mastigadas. Mas a correlação entre as duas variáveis é, na verdade, causada por uma terceira variável – a capacidade relativa de se assimilar grandes volumes de informação. Pessoas com alguma deficiência de leitura são mais propensas a acompanhar as notícias pela televisão, ao passo que as mais instruídas ou mais qualificadas costumam preferir a imprensa escrita. O hábito de assistir televisão apresenta uma correlação, porém não de causalidade, com a menor capacidade de entender as notícias. Os sociólogos buscam identificar o vínculo causal entre as variáveis; normalmente, o suposto vínculo causal é descrito na hipótese (Neuman, 2009).

Coletar e analisar os dados

Como testar uma hipótese para determinar se ela tem ou não fundamento? É preciso coletar informações, valendo-se de uma das estratégias experimentais descritas mais adiante neste capítulo. A estratégia experimental norteia o pesquisador na coleta e na análise dos dados.

Selecionar a amostra Na maioria dos estudos, os cientistas sociais precisam selecionar cuidadosamente o que é conhecido como amostra. ***Amostra*** é uma seleção efetuada no âmbito de uma população mais abrangente que seja estatisticamente representativa. Há muitos tipos de amostras, mas a de uso mais comum entre os cientistas sociais é a ***amostra aleatória***, em que, cada um dos membros da população em estudo tem igual chance de ser selecionado. Assim, se os pesquisadores querem examinar as opiniões de pessoas listadas em um cadastro da cidade (um catálogo que, diferentemente do telefônico, lista todos os domicílios), eles podem, com a ajuda de um computador, pinçar nomes deste cadastro aleatoriamente. Tal seleção seria a amostra aleatória. A vantagem de usar técnicas especializadas de amostragem é eximir os sociólogos da necessidade de consultar a totalidade dos membros da população (Igo, 2007).

É muito fácil confundir as criteriosas técnicas científicas utilizadas em uma amostragem representativa com as múltiplas pesquisas de opinião *não científicas* a que os meios de comunicação dedicam muito mais atenção. Por exemplo, telespectadores e ouvintes de rádio são estimulados a enviar mensagens eletrônicas opinando sobre as manchetes do dia ou sobre as disputas políticas. Tais pesquisas de opinião nada refletem além das opiniões dos que, por acaso, assistiam ao programa na televisão (ou escutavam no rádio) e se deram ao trabalho, nem sempre tão simples, de registrar suas opiniões. Esses dados não refletem necessariamente (e até mesmo podem distorcer) as opiniões da população como um todo. Nem todo mundo tem acesso à televisão ou ao rádio, tempo para assistir ou ouvir um programa, ou meios e disposição para mandar um *e-mail*. Problemas parecidos são suscitados pelos questionários, comuns em muitas revistas, e pelas entrevistas relâmpago em *shoppings*, em que os compradores são inquiridos sobre algum tópico. Mesmo quando essas técnicas suscitam respostas de dezenas de milhares de pessoas, sua precisão será muitíssimo inferior à de uma amostra representativa e criteriosamente selecionada de 1,5 mil respondentes.

Para prosseguir com o nosso exemplo de pesquisa, usaremos informações coletadas no Current Population Survey norte-americano feito pelo Bureau of the Census. Todo ano, o Bureau realiza um *survey* em aproximadamente 77 mil domicílios, cobrindo todo o território dos Estados Unidos. A partir desses dados, técnicos do Bureau estimam a população total do país.

Assegurar a validade e a confiabilidade O método científico exige que os resultados da pesquisa sejam, ao mesmo tempo, válidos e confiáveis. A ***validade*** diz respeito a até que ponto uma medida ou uma escala reflete o fenômeno em estudo. A validade de uma medida de renda depende do rigor dos dados coletados. Estudos variados demonstram que as pessoas costumam informar com razoável precisão quanto dinheiro ganharam no último ano. Uma redação dúbia da pergunta, porém, pode comprometer a precisão dos dados resultantes. Por exemplo, os respondentes a uma pergunta dúbia sobre renda talvez informem a renda dos pais ou do cônjuge em vez da sua própria renda. A ***confiabilidade*** diz respeito a até que ponto uma medida gera resultados consistentes. Um problema que afeta a confiabilidade é o fato de algumas pessoas não divulgarem informações exatas, embora a maioria o faça.

Elaborar a conclusão

Os estudos científicos, inclusive aqueles realizados por sociólogos, não buscam responder todas as indagações existentes acerca de um determinado tema. Por conseguinte, a conclusão de um estudo de pesquisa representa simultaneamente um fim e um começo. Ao concluir uma fase específica da investigação, deve-se gerar ideias para estudos futuros.

Corroborando as hipóteses No nosso exemplo, constatamos que os dados corroboram a nossa hipótese. Pessoas com maior instrução formal de fato ganham mais dinheiro. Como demonstra a Figura 1.2, os detentores de um diploma de ensino médio ganham mais do que quem não concluiu o ensino médio, mas quem concluiu um curso técnico de nível superior ganha mais do que quem não foi além do ensino médio. A relação se mantém nos graus de escolaridade mais avançados; os que ganham mais são os que têm diplomas de pós-graduação.

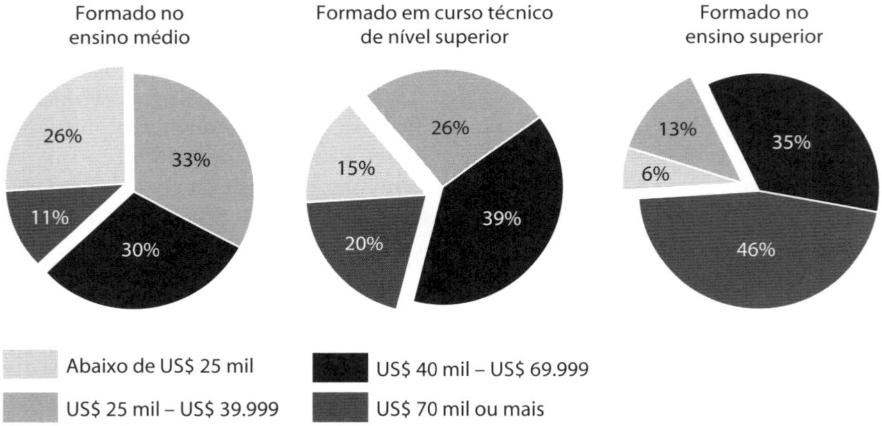

Figura 1.2 O impacto do ensino superior na renda. Níveis mais elevados de escolaridade relacionam-se com um aumento significativo da renda, benefício que se acumula ao longo da vida do trabalhador.

Nota: Dados de renda informados unanimemente por trabalhadores com 25 anos de idade ou mais. O ensino médio inclui o supletivo.

Fonte: Análise do autor com base em DeNavas-Walt, 2012, Detailed Table (Tabela Detalhada) PINC-03.

Pense nisto

Que tipos de conhecimentos e de competências possui alguém com formação de nível superior, no mínimo curso técnico, comparado com alguém que concluiu apenas o ensino médio, ou nem isso? Por que motivo esses conhecimentos e competências devem ser valorizados pelos empregadores?

Os estudos sociológicos nem sempre geram dados que corroboram a hipótese original. Em muitos casos, a hipótese é refutada, e os pesquisadores são obrigados a reformular suas conclusões. Resultados inesperados também podem levar à revisão da metodologia e à alteração da estratégia experimental.

Controlando outros fatores Uma ***variável de controle*** é um fator que é constantemente mantido para testar o impacto relativo da variável independente. Por exemplo, se quisessem saber como se sentem os adultos perante as restrições ao fumo em locais públicos nos Estados Unidos, os pesquisadores provavelmente tentariam usar o comportamento de um respondente fumante como variável de controle. Em outras palavras, como se sentem os fumantes e os não fumantes quanto a fumar em locais públicos? Os pesquisadores compilariam estatísticas em separado sobre como se sentem fumantes e não fumantes perante as normas de repressão ao fumo.

O nosso estudo sobre a influência da educação na renda sugere que nem todos desfrutam das mesmas oportunidades educacionais, disparidade que é considerada uma das causas da desigualdade social. Visto que a educação afeta a renda da pessoa, talvez queiramos recorrer à perspectiva do conflito para ir mais fundo neste tópico. Qual o impacto da raça ou do gênero da pessoa? Qual a probabilidade de uma mulher com diploma de graduação ganhar a mesma coisa que um homem com escolaridade equivalente? Mais adiante neste livro, iremos nos deter sobre esses outros fatores e variáveis. Veremos o impacto da educação na renda enquanto controlamos variáveis como gênero e raça, por exemplo.

Recapitulando: o método científico

Vamos resumir o processo do método científico recapitulando o nosso exemplo. *Definimos um problema* (compensa ou não obter um diploma universitário?), *fizemos a revisão da bibliografia* (outros estudos sobre a relação entre educação e renda) e *formulamos uma hipótese* (quanto mais avançado o grau de escolaridade da pessoa, maior a sua remuneração). *Coletamos e analisamos os dados*, resguardando a representatividade da amostra e a validade e a confiabilidade dos dados. Por fim, *elaboramos a conclusão*. Os dados corroboram a nossa hipótese sobre a influência da educação na renda.

Use a sua
imaginação sociológica

Que efeitos uma formação de nível superior poderia ter na sociedade como um todo? Imagine alguns dos potenciais efeitos sobre a família, o governo e a economia.

AS PRINCIPAIS ESTRATÉGIAS DE PESQUISA

Um aspecto importante da pesquisa sociológica é decidir como proceder à coleta de dados. A ***estratégia de pesquisa*** é um método ou um plano detalhado para a obtenção científica dos dados. Sua escolha requer criatividade e engenhosidade e terá influência direta sobre o custo do projeto e sobre o tempo necessário para colher os resultados da pesquisa. As estratégias de pesquisa usadas com mais regularidade pelos sociólogos incluem *surveys*, estudos etnográficos, experimentos e fontes disponíveis.

Surveys

Quase todos nós já respondemos a algum tipo de *survey*. Talvez tenhamos sido inquiridos sobre que detergente usamos, em que candidato à presidência cogitamos votar, qual o nosso programa de televisão preferido. Um ***survey*** é um estudo, em geral sob a forma de entrevista ou de questionário, que fornece aos pesquisadores informações sobre como as pessoas pensam e agem. Entre os *surveys* de opinião mais conhecidos nos Estados Unidos estão a pesquisa Gallup e a Harris. Como é do conhecimento de qualquer pessoa que acompanha os noticiários, essas pesquisas tornaram-se o feijão com arroz da vida política.

Ao se preparar para conduzir um *survey*, os sociólogos, além de estabelecerem uma amostra representativa, precisam formular bem as perguntas. Uma boa pergunta precisa ser simples e clara o suficiente para ser entendida pelo público. Também precisa ser específica o bastante para não complicar a interpretação dos resultados. Perguntas abertas ("Qual a sua opinião sobre a programação da TV educativa?") precisam ser enunciadas com muita atenção para suscitar o tipo de informação desejada. Os *surveys* podem ser indispensáveis como fonte de informação, mas é essencial que a amostragem seja feita de modo adequado e que as perguntas sejam enunciadas com precisão, não sendo capciosas.

Há duas formas principais de *survey*: a ***entrevista***, em que um pesquisador obtém informações mediante perguntas feitas pessoalmente ou por telefone, e o ***questionário***, um formulário impresso ou manuscrito usado para obter informações do respondente. Cada uma delas tem as suas vantagens. O entrevistador consegue obter um índice elevado de respostas, pois é mais difícil para as pessoas descartar um pedido pessoal de entrevista do que um questionário por escrito. Além disso, um entrevistador hábil pode extrapolar as perguntas escritas e sondar sentimentos e motivos subjacentes do entrevistado. Os questionários, por outro lado, têm a vantagem de ser mais baratos, especialmente no caso de grandes amostras.

Os *surveys* são exemplos de ***pesquisa quantitativa***, em que os cientistas coletam e apresentam os dados em formato majoritariamente numérico. A maior parte dos *surveys* que discutimos até agora foram quantitativos. Mesmo sendo um tipo de pesquisa adequado para amostras grandes, o *survey* não proporciona grande profundidade ou riqueza de detalhes sobre um tópico. É por isso que os pesquisadores também recorrem à ***pesquisa qualitativa***, que repousa sobre o que os cientistas observam em campo e no contexto natural. A pesquisa qualitativa é mais usada com pequenos grupos e comunidades do que com grupos extensos ou países inteiros. No Brasil, a forma mais comum de pesquisa qualitativa é a entrevista.

Etnografia

Os investigadores normalmente coletam informações ou testam hipóteses por meio de estudos "em primeira mão". A ***etnografia*** é o estudo de todo um contexto social mediante um trabalho de campo sistemático. A ***observação***, ou participação direta no exame pormenorizado de um grupo ou de uma organização, é a técnica básica da etnografia. Mas a pesquisa etnográfica também envolve a coleta de informações históricas e a condução de entrevistas pessoalmente. Embora a etnografia possa parecer um método relativamente informal se comparado aos *surveys* ou aos experimentos, os pesquisadores etnográficos esmeram-se para fazer anotações detalhadas enquanto observam os seus sujeitos.

Em alguns casos, o sociólogo efetivamente se agrega a um grupo durante certo tempo, para ter uma noção exata de como ele opera. A esta abordagem dá-se o nome de *observação participante.* É o caso do livro *Nickel and dimed: on (not) getting by in America* (*Miséria à americana*), de Barbara Ehrenreich, campeão de leitura, em que a autora foi uma observadora participante. Disfarçada como uma dona de casa de meia-idade divorciada e sem nível superior, Ehrenreich partiu para ver como viviam os trabalhadores assalariados de baixa renda. O livro conta as experiências dela e de outras pessoas tentando sobreviver com um salário mínimo (Ehrenreich, 2001).

Em fins da década de 1930, em um exemplo clássico da pesquisa de observação participante, William F. Whyte mudou-se para um bairro italiano de baixa renda em Boston. Durante quase quatro anos, agregou-se ao círculo social dos "rapazes de esquina" descrito por ele em *Street corner society* (*Sociedade de esquina: a estrutura social de uma área urbana pobre e degradada*). Whyte revelou sua identidade a esses homens e participava de suas conversas, do jogo de boliche e de outras atividades de lazer. Seu objetivo era entender melhor a comunidade criada por eles. Conversando com Doc, o líder do grupo, Whyte (1981, p. 303) obteve "as respostas a perguntas que nem me teriam ocorrido se eu tivesse baseado minhas informações exclusivamente em entrevistas". O trabalho de Whyte foi especialmente importante, pois, na época, o mundo acadêmico possuía pouco conhecimento a respeito dos pobres e tendia a se limitar aos registros de agências de assistência social, hospitais e tribunais como fontes de informação (P. Adler et al., 1992).

O primeiro desafio enfrentado por Whyte – e por qualquer observador participante – foi ser aceito em um grupo estranho. Não é fácil para um sociólogo formado conquistar a confiança de uma seita religiosa, de uma gangue de jovens, de uma comunidade pobre dos apalaches, de um grupo de moradores de uma vizinhança decrépita. Isso exige muita paciência, muita indulgência e muita serenidade por parte do observador.

A pesquisa etnográfica impõe outros desafios complexos ao investigador. É preciso que os sociólogos sejam capazes de entender plenamente aquilo que observam. Em um certo sentido, portanto, é preciso que os pesquisadores aprendam a ver o mundo pela ótica do grupo para compreender em toda a plenitude o que se passa ao seu redor.

Experimentos

Quando querem estudar uma possível relação de causa e efeito, os sociólogos podem montar experimentos. Um ***experimento*** é uma situação criada artificialmente que permite ao pesquisador manipular as variáveis.

No método clássico de experimentação, selecionam-se dois grupos de pessoas com algumas características em comum, como idade ou *escolaridade*. Os pesquisadores, então, designam um dos grupos como o ***grupo experimental*** e o outro como o ***grupo-controle***. O grupo experimental é exposto a uma variável independente; o grupo-controle, não. Assim, caso os cientistas estejam testando um novo tipo de antibiótico, este é administrado ao grupo experimental, mas não ao grupo-controle.

Em alguns experimentos, como na pesquisa etnográfica, a presença de um cientista social ou de algum outro observador pode afetar o comportamento dos sujeitos do estudo. O fenômeno foi reconhecido a partir de um experimento realizado nas décadas de 1920 e 1930 na usina Hawthorne, da Western Electric Company. Um grupo de pesquisadores propôs-se a determinar como melhorar a produtividade dos trabalhadores da usina. Os investigadores manipularam variáveis do tipo iluminação e horário de trabalho para observar seu eventual impacto na produtividade. Para sua surpresa, constataram que, a cada passo que davam, a produtividade parecia aumentar. Até medidas que presumivelmente surtiriam o efeito inverso, como reduzir a quantidade de luz na usina, faziam a produtividade aumentar.

Por que motivo os funcionários da usina se empenhariam mais no trabalho, mesmo em condições menos favoráveis? Aparentemente, o comportamento deles foi influenciado pela maior atenção recebida durante a pesquisa e pela novidade de estarem sujeitos a um experimento. Desde então, os sociólogos usam a expressão ***efeito Hawthorne*** para referirem-se à influência não intencional dos observadores ou dos experimentos sobre os sujeitos da pesquisa, que se desviam de seu comportamento típico ao perceberem que estão sendo observados (Franke e Kaul, 1978).

Use a sua imaginação sociológica

Você é um(a) pesquisador(a) interessado(a) em como ver televisão influi no rendimento escolar das crianças. Como você procederia para montar um experimento capaz de medir tal influência?

Uso das fontes disponíveis

Os sociólogos não precisam necessariamente coletar dados novos para desenvolver uma pesquisa e testar suas hipóteses. O termo ***análise secundária*** designa uma variedade de técnicas experimentais que fazem uso de dados e informações previamente coletados e de domínio público. Em geral, ao empregar a análise secundária, os pesquisadores usam os dados de maneiras não previstas por quem originalmente coletou as informações. Por exemplo, os dados do censo compilados pelo governo federal para usos específicos também ajudam os especialistas em *marketing* a localizar qualquer coisa, de lojas de bicicletas a casas de repouso.

Os sociólogos consideram a análise secundária como *não reativa*, pois não influi no comportamento das pessoas. Por exemplo, a análise estatística do suicídio por Émile Durkheim não aumentou nem reduziu o autoextermínio humano. Os pesquisadores podem, pois, contornar o efeito Hawthorne recorrendo à análise secundária.

Muitos cientistas sociais acham útil estudar documentos políticos, econômicos e culturais, como jornais, revistas, fitas de televisão e de rádio, internet, roteiros, diários, canções, folclore e artigos jurídicos, entre inúmeros outros exemplos (ver Tab. 1.2). Ao examinar essas fontes, os pesquisadores empregam uma técnica conhecida como ***análise de conteúdo***, que consiste na codificação sistemática e no registro objetivo dos dados, regido pela lógica.

A análise de conteúdo pode ser reveladora. Seria normal imaginar que, no século XXI, o tendencioso favoritismo encontrado nas representações de homens e de mulheres nos meios de comunicação são águas passadas. Mas a pesquisa sugere o contrário. Uma análise sobre centenas de personagens de livros de colorir infantis revela a propensão a apresentar os homens, mais que as mulheres, no exercício de um papel proativo. O comportamento estereotipado de gênero é dominante, com apenas 3% dos homens mostrados em comportamentos estereotipicamente femininos e apenas 6% das mulheres mostradas em comportamentos estereotipicamente masculinos (Fitzpatrick e McPherson, 2010). Analogamente, embora as mulhe-

Recapitulando

Tabela 1.2 Fontes disponíveis usadas na pesquisa sociológica

As fontes mais usadas
Dados do censo
Estatísticas criminais
Estatísticas de nascimento, óbito, casamento, divórcio e saúde
Outras fontes
Jornais e revistas
Diários pessoais, *e-mails* e cartas
Registros e arquivos de corporações, denominações religiosas e outras organizações
Transcrições de programas de rádio
Filmes e programas de televisão
Páginas da *web*, *blogs* e salas de bate-papo
Letras de músicas
Registros científicos (p. ex., pedidos de patente)
Discursos de figuras públicas (p. ex., políticos)
Votos conferidos em eleições ou por autoridades eleitas a propostas legislativas específicas
Registros de comparecimento a eventos públicos
Vídeos de manifestações sociais e comícios
Literatura, incluindo o folclore

res pratiquem todas as modalidades esportivas, a análise de conteúdo da cobertura esportiva televisionada revela que, mesmo fora da temporada (p. ex., o basquete masculino americano no final do verão no hemisfério norte), o esporte masculino desfruta de maior cobertura do que o esporte feminino dentro da temporada (p. ex., o basquete feminino americano no mês de julho). Além disso, a cobertura dada às animadoras de torcida e às mulheres dos atletas é mais generosa do que a cobertura dada às atletas participantes em competições esportivas femininas (Messner e Cooky, 2010).

A Tabela 1.3 apresenta uma sinopse das vantagens e das limitações das quatro principais estratégias experimentais.

Recapitulando

Tabela 1.3 As principais estratégias de pesquisa

Método	**Exemplos**	**Vantagens**	**Limitações**
Survey	Questionários Entrevistas	Produz informações sobre questões específicas.	Pode ser caro e demorado
Etnografia	Observação	Produz informações detalhadas sobre organizações ou sobre grupos específicos	Implica meses, senão anos, de laboriosa coleta de dados
Experimento	Manipulação deliberada do comportamento social das pessoas	Produz medidas diretas do comportamento das pessoas	Limitações éticas sobre até que ponto é lícito manipular o comportamento dos sujeitos
Fontes disponíveis/ análise secundária	Análise de dados do censo ou de saúde Análise de filmes ou de comerciais de tevê	Eficiência de custo	Limitam-se a dados coletados com outros propósitos

ÉTICA NA PESQUISA

Um bioquímico não pode injetar uma substância química em um ser humano a não ser que a substância tenha sido testada e que o sujeito dê o seu consentimento. O contrário seria antiético e ilegal. Os sociólogos, ao desenvolver uma pesquisa, também precisam obedecer a certos padrões específicos – o chamado ***código de ética***. A entidade profissional da disciplina nos Estados Unidos, American Sociological Association (ASA – Associação Sociológica Americana), publicou o seu primeiro Código de Ética no ano de 1971. O código estabelece os seguintes princípios básicos:

1. Manter a objetividade e a integridade da pesquisa.
2. Respeitar o direito do sujeito à privacidade e à dignidade.
3. Proteger os sujeitos de danos pessoais.
4. Preservar a confidencialidade.

5. Obter o consentimento informado quando a coleta dos dados é feita pelos participantes da pesquisa ou quando o comportamento ocorre em ambiente privado.
6. Mencionar colaborações e assistência na pesquisa.
7. Divulgar todas as fontes de apoio financeiro. (American Sociological Association, 1999).

A maioria das pesquisas sociológicas usa as *pessoas* como fontes de informação – sejam elas respondentes de *surveys*, sujeitos sob observação ou participantes de experimentos. Seja qual for o caso, os sociólogos precisam certificar-se de que não estão invadindo a privacidade dos seus sujeitos. Em geral, desincumbem-se desta responsabilidade comprometendo-se a resguardar a anonimidade e a confidencialidade das informações pessoais.

Vimos em detalhe o processo da pesquisa sociológica, inclusive as considerações éticas relacionadas. Mas nem todos os sociólogos são pesquisadores – alguns praticam o que é conhecido como *sociologia aplicada*, ou seja, a aplicação do conhecimento sociológico a problemas sociais do mundo real.

Use a sua imaginação sociológica

Você é um(a) pesquisador(a) social e vem enfrentando dificuldades para manter a neutralidade diante do seu tópico de pesquisa. O seu tópico não é nem o racismo, nem o sexismo. Qual é o seu tópico?

A SOCIOLOGIA APLICADA E CLÍNICA

A sociologia é importante porque trata de questões reais que afetam a vida das pessoas. Muitos dos primeiros sociólogos – principalmente Jane Addams e George Herbert Mead – foram defensores tenazes da reforma social. Queriam que suas teorias e constatações tivessem alguma relevância para os formuladores das políticas e para a vida das pessoas em geral. Mead, por exemplo, atuou como tesoureiro da Hull House, onde, por muitos anos, usou a sua teoria para melhorar a vida dos totalmente indefesos (especialmente os imigrantes). Integrou também comitês que tratavam de problemas trabalhistas e do ensino público em Chicago.

Hoje, a ***sociologia aplicada*** é definida como o uso da disciplina da sociologia com a finalidade específica de gerar aplicações práticas voltadas para o comportamento humano e as organizações. Discursando como presidente da American Sociological Association, Michael Burawoy (2005) endossou o que ele chamou de *sociologia pública*, exortando os especialistas a gerar resultados positivos e, a partir disso, atrair um público mais amplo. Na verdade, o sociólogo aplicado abre-se para os outros e se junta aos seus esforços na busca por uma sociedade melhor.

Normalmente, esse tipo de trabalho visa a contribuir para a solução de algum problema social. Por exemplo, nos últimos 50 anos, oito presidentes dos Estados Unidos criaram comissões para tratar das grandes preocupações sociais enfrentadas pelo país. Os sociólogos costumam ser convidados a aplicar a sua *expertise* ao estudo de questões como a violência, a pornografia, a criminalidade, a imigração e a população. Na Europa, os departamentos de pesquisa, tanto acadêmicos quanto governamentais, vêm avolumando a oferta de apoio financeiro a estudos aplicados.

Um exemplo da sociologia aplicada é o crescente interesse por ampliar os conhecimentos sobre as comunidades locais. Desde a sua fundação em 1994, o Northeast Florida Center for Community Initiatives (CCI – Centro de Iniciativas Comunitárias do Nordeste da Flórida), sediado na University of North Florida, em Jacksonville, realizou uma série de estudos comunitários, entre eles um recenseamento e um *survey* com os sem-teto, uma análise do impacto econômico das artes em Jacksonville e um *survey* de longo prazo dos efeitos do furacão Katrina. Típicos da sociologia aplicada, esses esforços de abertura são colaborativos e envolvem docentes, alunos de graduação e de pós-graduação, voluntários e moradores da comunidade (Center for Community Initiatives, 2011).

Outro exemplo das aplicações da sociologia pelo CCI é o Magnolia Project, sediado em uma clínica em uma área carente de Jacksonville. Integrado à iniciativa Healthy Start do governo federal, que visa a reduzir as elevadas taxas de mortalidade infantil, o projeto atende mulheres em idade fértil com pouco ou nenhum acesso regular à assistência de saúde. As responsabilidades do CCI abrangem (1) entrevistas e acompanhamento de integrantes-chaves da comunidade, (2) coordenação da coleta de dados pelo *staff* do projeto, (3) análise dos dados e (4) preparação de relatórios de acompanhamento para as agências de financiamento e parcerias comunitárias. Até o final de agosto de 2011, não havia ocorrência alguma de óbito infantil entre as 117 participantes do programa (Center for Community Initiatives, 2012).

A crescente popularidade da sociologia aplicada alavancou a especialidade da sociologia clínica. Louis Wirth (1931) escreveu sobre sociologia clínica há mais de 70 anos, mas o próprio termo só se popularizou mais recentemente. Ao contrário dos sociólogos aplicados, que podem ater-se simplesmente à avaliação das questões sociais, a ***sociologia clínica*** dedica-se a alterar os relacionamentos sociais (como na terapia de família) ou a reestruturar instituições sociais (como reorganizar um centro médico). De modo geral, os sociólogos aplicados deixam que os outros ajam sobre as suas avaliações. Por sua vez, os sociólogos clínicos assumem a responsabilidade direta pelas implementações e consideram aqueles com quem trabalham como seus clientes. A especialidade passou a atrair mais e mais estudantes de pós-graduação em sociologia pois oferece a oportunidade de aplicar na prática um saber intelectual. Até o momento, o retraimento do mercado de trabalho na esfera acadêmica tornou atraentes essas carreiras alternativas.

Use a sua imaginação sociológica

Que problemas enfrentados pela sua comunidade local você gostaria de abordar por meio da pesquisa sociológica aplicada?

Pode-se estabelecer uma contraposição entre a sociologia aplicada e clínica e a ***sociologia básica*** (também dita *sociologia pura*), que busca um conhecimento mais profundo dos aspectos fundamentais dos fenômenos sociais. A sociologia básica é um tipo de pesquisa que não visa necessariamente a gerar aplicações específicas, embora a análise das constatações possa fomentar ideias nesse sentido. Quando Durkheim estudou as taxas de suicídio, não foi com o objetivo de encontrar um meio para acabar com o suicídio. Nesse sentido, a pesquisa de Durkheim configura-se mais como um exemplo de sociologia básica do que de sociologia aplicada.

A SOCIOLOGIA É IMPORTANTE

A sociologia é importante pois proporciona novos *insights* sobre o que se passa ao redor de você, tanto na sua vida quanto na sociedade como um todo. Pense nos objetivos de uma formação de nível superior:

- O que o motiva a buscar uma formação universitária? O seu interesse é puramente acadêmico, ou também tem a ver com a sua vida social? A sua universidade incentiva você a buscar as duas coisas? Em caso positivo, por quê?
- Qual o impacto social causado pelo fato de você buscar uma formação universitária? Quais os efeitos sociais da sua decisão de seguir estudando depois de formado?

A sociologia também é importante pois os sociólogos pautam-se por uma estratégia de pesquisa científica para chegar às suas conclusões. Pense na importância do rigor na pesquisa:

- Você já agiu baseado em informações incompletas ou falsas? Com que resultados?
- O que aconteceria se os legisladores ou se os formuladores das políticas públicas baseassem suas ações em pesquisas malfeitas?

RECURSOS DO CAPÍTULO

Resumo

A **sociologia** é o estudo científico do comportamento social e dos grupos humanos. Este capítulo apresentou um breve histórico da disciplina e introduziu o conceito da **imaginação sociológica**. Examinou a **teoria** sociológica, inclusive as perspectivas contemporâneas, e sugeriu alguns usos práticos da teoria. O capítulo apresentou também os princípios do **método científico** e mostrou como os sociólogos se utilizam deles em suas pesquisas.

1. A **imaginação sociológica** é uma percepção do relacionamento entre um indivíduo e a sociedade. Ela se baseia na capacidade de ver a sociedade de fora, como um *outsider*, e não do ponto de vista de um *insider*.
2. Os sociólogos usam a **teoria** para explicar problemas, ações ou comportamentos. Entre os pensadores do século XIX que contribuíram para o desenvolvimen-

to da teoria sociológica, incluem-se Émile Durkheim, com seu trabalho pioneiro sobre o suicídio; Max Weber, pensador alemão que mostrou a necessidade da ***Verstehen***, ou *insight*, no trabalho intelectual; Karl Marx, pensador alemão que ressaltou a importância do conflito de classes; e W. E. B. Du Bois, que salientou a importância da raça.

3. Algumas perspectivas teóricas norteiam a pesquisa sociológica atual. A **perspectiva funcionalista** sustenta que a sociedade se estrutura de maneira a manter a estabilidade social, por isso a mudança tende a ser lenta e evolucionária.
4. A **perspectiva do conflito**, por sua vez, enfatiza a importância do conflito entre grupos sociais que competem entre si; por isso a mudança social tende a ser rápida e revolucionária. Uma perspectiva afim, a *perspectiva feminista*, ressalta o conflito baseado na desigualdade de gênero.
5. A **perspectiva feminista** destaca o gênero como a chave para o entendimento das interações sociais. As sociólogas feministas acusam os especialistas de excessiva concentração nos papéis sociais masculinos, ignorando as diferenças de comportamento entre homens e mulheres.
6. A **perspectiva interacionista** volta-se primordialmente para as formas cotidianas com que os indivíduos moldam as suas sociedades e são moldados por elas. Os interacionistas veem a mudança social como um processo contínuo e muito pessoal.
7. O **método científico** contém cinco passos: definir o problema; rever a bibliografia; formular a *hipótese*; escolher a **estratégia de pesquisa** e proceder à coleta e à análise dos dados; e elaborar a conclusão. A **hipótese** enuncia uma suposta relação entre duas ou mais variáveis, em geral uma **variável independente** e uma **variável dependente**, com alguma relação entre elas.
8. Para não ser necessário testar toda uma população, os sociólogos usam uma **amostra** representativa, o que confere **validade** e **confiabilidade** aos resultados da pesquisa científica.
9. Os sociólogos trabalham com quatro grandes estratégias de pesquisa: *surveys* populacionais; estudos etnográficos de comportamentos e de comunidades; **experimentos** que testam relações hipotéticas de causa e efeito; e análise das fontes disponíveis.
10. A **sociologia aplicada** – aplicação prática da disciplina a problemas do comportamento humano e das organizações – é uma área em expansão que inclui a pesquisa comunitária e a **sociologia clínica.**

Palavras-chave

CAPÍTULO

2

CULTURA E SOCIALIZAÇÃO

Em maio de 2012, Mark Zuckerberg, fundador e principal executivo do Facebook, pegou um avião e foi a Manhattan promover a abertura de capital da sua empresa. Celebridade antes dos 30, Zuckerberg já fora a personalidade do ano da revista *Time*. Porém, em vez de ir devidamente trajado para impressionar os banqueiros de Wall Street, Zuckerberg apareceu de camiseta escura por baixo do seu indefectível moletom com capuz. Para um desavisado, Zuckerberg mais parecia um ciberpirata do que o dono de uma empresa de bilhões de dólares. No entender de um observador, Zuckerberg não iria mudar "só porque a empresa dele está abrindo o capital e ele está prestes a embolsar um zilhão de dólares" (McGregor, 2012).

Três meses antes, vestido de moletom escuro com capuz e levando um pacote de confeitos Skittles e um chá gelado da marca Arizona, Trayvon Martin, de 17 anos, voltava para o sobrado geminado onde o pai morava, em um condomínio fechado da região central da Flórida. Um coordenador de vigilância do local, da idade de Zuckerberg, avistou o menino e achou que ele tinha pinta de "suspeito", de "marginal". Instantes depois, George Zimmerman disparou sua arma, matando Trayvon Martin.

Seguiu-se uma polêmica nacional. Teria o fato de ser negro e de usar moletom com capuz contribuído para a morte de Martin? Teria o fato de ser branco poupado Zimmerman da acusação de homicídio? Muitos, negros e brancos, achavam que sim. Em cidades pelos Estados Unidos afora, manifestantes de moletom com capuz protestavam contra a forma como o caso foi conduzido. Para muita gente, a tragédia poderia ter ocorrido dentro de casa. "Se eu tivesse tido um filho, ele se pareceria com Trayvon", comentou o presidente Barack Obama (White House, 2012). Muitos pais de adolescentes, sobretudo de adolescentes afro-americanos, aconselharam os filhos a largar o moletom com capuz no armário.

Que significados culturais atribuímos ao moletom com capuz? Assim como muitos outros símbolos, ele tem significados múltiplos. Dependendo do contexto e da pessoa, pode representar afronta ou indiferença juvenil, conforto informal ou intenções sinistras. O alarde nacional pode até torná-lo um símbolo de protesto contra o racismo. Em última instância, os significados particulares que associamos à roupa que nós e que outros vestimos são reflexos de nossa cultura e de nossa criação.

Embora a maioria de nós viva o cotidiano alheio à cultura e à sua importância, ela é fundamental para qualquer sociedade. A cultura inclui os significados que associamos não só às roupas, mas a todos os aspectos do mundo que nos cerca, afetando também as atitudes, os valores e os comportamentos básicos que nos são ensinados na infância por um processo chamado ***socialização***. Ela pode afetar até mesmo a ***personalidade*** da criança – características, atitudes, necessidades e comportamentos distinguem as pessoas entre si. Ao longo da vida, a cultura prescreve os papéis que as pessoas assumem e as cerimônias de que participam ao passar de um estágio da vida para outro. A cultura molda as instituições mais fundamentais da sociedade, desde a família, a escola e os grupos de pares até os meios de comunicação de massa, o local de trabalho e o Estado. A cultura, em outras palavras, abrange tudo (Burch, 2012; Contee, 2012).

O QUE É CULTURA?

Cultura é a totalidade dos costumes, conhecimentos, objetos materiais e comportamentos socialmente transmitidos e aprendidos. A cultura inclui ideias, valores, costumes e artefatos de grupos de pessoas (p. ex., iPods, histórias em quadrinhos e dispositivos anticoncepcionais) . O apego patriótico à bandeira dos Estados Unidos é um aspecto da cultura, assim como a paixão nacional dos argentinos pelo tango.

Ouvem-se, às vezes, referências a pessoas "muito cultas" ou a cidades "transbordantes de cultura". Essa acepção do termo *cultura* difere da que usamos neste livro. Em termos sociológicos, *cultura* não se refere com exclusividade às belas artes e à sofisticação intelectual. A palavra abrange *todos* os objetos e ideias de uma sociedade, inclusive o sorvete de casquinha, a música *rock* e as gírias. Para os sociólogos, tanto um retrato pintado por Rembrandt quanto um retrato pintado por um grafiteiro são aspectos de uma cultura. Uma tribo que cultiva o solo com as próprias mãos tem tanta cultura quanto um povo que recorre a máquinas operadas por computador. Cada povo tem uma cultura distintiva com peculiaridades características e singulares na coleta e no preparo de alimentos, na construção de moradias, na estruturação da família e na adoção dos padrões de certo e errado.

O compartilhamento com terceiros de uma cultura semelhante ajuda a definir o grupo ou a sociedade a que você pertence. Uma ***sociedade*** constitui-se por um número razoável de pessoas que habitam um mesmo território, são relativamente independentes das que ficam do outro lado da fronteira, e que participam de uma cultura comum. A cidade de Los Angeles, embora mais populosa do que muitos países do mundo, não é considerada pelos sociólogos como uma sociedade propriamente dita. Pelo contrário, ela faz parte – e depende – da sociedade dos Estados Unidos como um todo. A sociedade é a forma mais ampla de grupamento humano.

Consiste em pessoas que compartilham uma mesma herança e cultura. Os membros de uma sociedade aprendem a cultura e a transmitem de geração em geração. Chegam inclusive a preservar a sua cultura distintiva por meio da literatura, da arte e de registros em vídeo, entre outros meios de expressão.

Os sociólogos há muito reconhecem as formas pelas quais a cultura influi no comportamento humano. Valendo-se do que já se chamou de ferramentas de hábitos, competências e estilos, as pessoas de uma mesma cultura constroem sua aquisição de conhecimento, suas interações com a parentela, seu ingresso no mercado de trabalho – em suma, o seu modo de vida. Não fosse pela transmissão da cultura, cada geração teria de reinventar a televisão, para não dizer a roda (Swidler, 1986).

Partilhar de uma cultura em comum também simplifica muitas interações do dia a dia. Por exemplo, para comprar uma passagem de avião, você sabe que não precisa levar dinheiro em espécie – pode pagar no cartão de crédito. Sendo membro de uma sociedade, você pode crer em uma série de padrões culturais de menor ou de maior peso e assumir que os cinemas terão cadeiras para a plateia, que os médicos não divulgarão informações confidenciais e que os pais irão tomar cuidado ao atravessar a rua com os filhos pequenos. Todos esses pressupostos refletem valores, crenças e costumes básicos da cultura de muitos países ocidentais.

Nos dias de hoje, em que a transmissão instantânea de textos, sons e imagens para o mundo inteiro é uma realidade, alguns aspectos da cultura transcendem as fronteiras nacionais. O filósofo alemão Theodor Adorno mencionou a ***indústria cultural*** mundial que padroniza a demanda dos consumidores por bens e serviços, alegando que, em termos globais, o principal efeito da cultura popular é restringir as escolhas pessoais. Outros, porém, mostraram que a influência da indústria cultural nem sempre passa as fronteiras internacionais. Há ocasiões em que ela é acolhida e ocasiões em que é energicamente rejeitada (Adorno, [1971] 1991, p. 98-106; Horkheimer e Adorno, [1944] 2002).

Universais culturais

Todas as sociedades, a despeito de suas diferenças, desenvolveram certas práticas gerais conhecidas como ***universais culturais***. Muitos universais culturais são, na realidade, adaptações que buscam satisfazer necessidades humanas essenciais, como comida, abrigo e vestimenta. O antropólogo George Murdock (1945, p. 124) compilou uma lista de universais que inclui atletismo, preparo de alimentos, danças, visitas, nome completo, rito religioso, cerimônias fúnebres, tabus sexuais e comércio.

As práticas culturais listadas por Murdock podem ser universais, mas a forma como elas se expressam varia de cultura para cultura. Por exemplo, uma sociedade pode facultar aos seus membros a escolha do cônjuge. Já outra pode estimular os casamentos arranjados pelos pais.

A expressão dos universais culturais, além de variar de uma sociedade para outra, pode sofrer mudanças internas drásticas com o passar do tempo. A cada geração, na verdade, a cada ano, a maioria das culturas humanas modifica-se e expande-se por meio dos processos de *inovação* e de *difusão*.

Etnocentrismo

Muito do que expomos no dia a dia reflete uma postura de que não há cultura melhor que a nossa. Aplicamos a outras sociedades termos como *subdesenvolvido*, *retrógrado* e *primitivo*. Aquilo em que "nós" acreditamos é religião; aquilo em que "eles" acreditam é superstição e mitologia.

É tentador avaliar as práticas de outras culturas a partir da nossa própria perspectiva. O sociólogo William Graham Sumner (1906) cunhou o termo ***etnocentrismo*** para designar a tendência a presumir que a cultura e o estilo de vida do próprio indivíduo representam a norma ou são superiores à cultura e ao estilo de vida dos demais. O indivíduo etnocêntrico vê seu próprio grupo como o eixo ou o definidor da cultura e todas as outras culturas como desvios da "normalidade".

Os esforços dos Estados Unidos para promover a reforma democrática do Iraque foram dificultados pelos julgamentos de valor etnocêntricos. Antes da guerra do Iraque, em 2003, as equipes de planejamento norte-americanas presumiram que os iraquianos se adaptariam a uma nova forma de governo, assim como os alemães e os japoneses no pós-guerra. Porém, na cultura iraquiana, ao contrário da cultura alemã e da japonesa, a lealdade à família e ao clã estendido sobrepõe-se ao patriotismo e ao bem comum. Em um país em que quase metade da população casa-se com um primo-irmão ou com um primo em segundo grau, há uma predisposição dos cidadãos para favorecer a família nos assuntos de governo e de negócios. Por que confiar em um estranho que nem da família é? Na verdade, o que os ocidentais criticariam como nepotismo é para os iraquianos uma prática aceitável e até admirável (Tierney, 2003).

Os teóricos do conflito salientam que os julgamentos de valor de caráter etnocêntrico servem para desvalorizar grupos e recusar oportunidades iguais. Os funcionalistas, por sua vez, salientam que o etnocentrismo serve para preservar o senso de solidariedade ao promover o orgulho grupal. Denegrir outros países e outras culturas pode reforçar nossos sentimentos patrióticos e nossa crença na superioridade de nosso estilo de vida. No entanto, esse tipo de estabilidade social é estabelecido à custa de outros povos. Naturalmente, o etnocentrismo não é exclusividade dos cidadãos norte-americanos. Os visitantes provenientes de inúmeras culturas africanas espantam-se com o desrespeito dos filhos em relação aos pais. Os indianos talvez considerem nojenta a prática de conviver com cães e gatos sob o mesmo teto. Muitos fundamentalistas islâmicos do mundo árabe e da Ásia veem os Estados Unidos como corruptos, decadentes e fadados à destruição. Todos eles podem sentir-se consolados por pertencerem a culturas que, no entender deles, são superiores.

Relativismo cultural

Se o etnocentrismo é a avaliação de culturas estrangeiras, utilizando-se a cultura familiar ao observador como padrão de comportamento correto, o ***relativismo cultural*** é a avaliação do comportamento de um povo sob a perspectiva da cultura desse povo. Os médicos que buscam adaptar-se às expectativas culturais de seus pacientes ilustram essa abordagem. O relativismo cultural prioriza o entendimento das outras culturas, em vez de descartá-las como "estranhas" ou "exóticas". Diferentemente do etnocentrismo, o relativismo cultural adota uma espécie de *neutralidade axiológica* no estudo científico, a que Max Weber atribuía extrema importância.

O relativismo cultural ressalta que diferentes contextos sociais dão origem a diferentes normas e valores. Portanto, é preciso examinar práticas como poligamia, touradas e monarquia no contexto específico das culturas em que elas se inserem. Embora o relativismo cultural não implique na *aceitação* irrestrita de toda e qualquer variação cultural, ele exige um esforço sério e isento para avaliar normas, valores e costumes à luz da cultura distintiva.

O modo de ver uma cultura – seja do ponto de vista etnocêntrico, seja pelo prisma do relativismo cultural – tem consequências importantes para a política social. Vejamos a prática do casamento entre crianças e adultos. A maioria dos norte-americanos não consegue conceber a ideia de uma menina de 12 anos casando-se. O costume, ilegal nos Estados Unidos, é comum na África Ocidental e no Sul Asiático. Deveriam os Estados Unidos respeitar tais casamentos? A resposta, aparentemente, é não. Em 2006, o governo norte-americano gastou 623 milhões de dólares para desestimular a prática em países com taxas elevadas de casamentos com crianças.

Sob a perspectiva do relativismo cultural, poderíamos nos indagar se uma sociedade deveria gastar seus recursos para ditar as normas de uma outra sociedade. No entanto, autoridades federais defenderam as ações do governo, alegando que o casamento infantil priva as meninas de educação, representa uma ameaça à saúde e enfraquece os esforços de saúde pública no combate ao HIV/aids (Jain e Kurz, 2007; Slavin, 2007).

DESENVOLVIMENTO DA CULTURA AO REDOR DO MUNDO

A humanidade percorreu um longo caminho desde o que recebemos como herança da pré-história. A espécie humana produziu maravilhas, como os romances de Liev Tolstói, a arte de Pablo Picasso, os filmes de Ang Lee. Ao entrar em um novo milênio, temos como transmitir um livro na íntegra ao mundo inteiro por meio da internet, como clonar células e prolongar vidas com os transplantes de órgãos como espreitar os confins do universo ou analisar nossos sentimentos mais recônditos. Em todos esses sentidos, somos notavelmente diferentes de outras espécies do reino animal. A despeito das diferenças em termos de costumes, artefatos e línguas, todas as culturas compartilham certas características básicas. Veremos neste item como essas características se transformam com o desenvolvimento das culturas e como as culturas influem umas nas outras por meio de seus feitos tecnológicos, comerciais e artísticos.

Inovação

O processo de apresentar uma nova ideia ou objeto a uma cultura é conhecido como ***inovação***. A inovação interessa aos sociólogos em virtude das potenciais consequências sociais de se introduzir uma novidade. Há duas formas de inovação: a descoberta e a invenção. A ***descoberta*** envolve a revelação ou o compartilhamento de algum aspecto da realidade vigente. Encontrar a molécula de DNA ou identificar mais uma lua de Saturno são atos de descoberta, em que se destaca como fator importante compartilhamento dos conhecimentos recentes. Em contraposição, a ***invenção*** se dá quando itens culturais existentes combinam-se sob uma forma até então inexistente. O arco e flecha, o automóvel e a internet são exemplos de invenções, como também o são o protestantismo e a democracia.

Use a sua imaginação sociológica

Cite uma descoberta e uma invenção de relevância cultural que tenham ocorrido durante a sua vida. Explique como essas inovações afetaram a cultura a que você pertence.

Globalização, difusão e tecnologia

Atraído pela conhecida logomarca verde da rede Starbucks, você entra em uma confortável lanchonete onde pode tomar *latte* descafeinado e comer um pãozinho de canela. O que há de estranho nisso? A loja da Starbucks fica no coração da Cidade Proibida de Pequim, junto ao Palácio da Pureza Celestial, antiga residência dos imperadores chineses. Em 2002, era uma das 25 lojas da Starbucks na China; oito anos depois, havia mais de 375 lojas no país. O sucesso da franquia em um país em que tomar café ainda é novidade (a maioria dos chineses toma chá) foi estrondoso (Sanchanta, 2010).

O surgimento da Starbucks na China ilustra uma tendência em rápida escalada chamada *globalização*. Pode-se definir ***globalização*** como a integração mundial de políticas públicas, culturas, movimentos sociais e mercados financeiros por meio do comércio e do intercâmbio de ideias. Embora o debate público sobre a globalização seja relativamente recente, não é de hoje que os intelectuais se debruçam sobre suas consequências sociais. Karl Marx e Friedrich Engels alertam no *Manifesto comunista* (1848) contra um mercado mundial que iria deslocar sua produção para terras remotas, jogando no lixo as relações de trabalho existentes. Hoje, mais e mais práticas e manifestações culturais atravessam as fronteiras nacionais, transformando as tradições e os costumes de outras sociedades. Os sociólogos usam o termo ***difusão*** para designar o processo pelo qual um item cultural difunde-se de grupo em grupo ou de sociedade em sociedade. A difusão pode ocorrer por meios variados, como a exploração, a conquista militar, o trabalho missionário, a influência dos meios de comunicação de massa, o turismo e a internet, entre outros.

O sociólogo George Ritzer (2011) cunhou o termo ***McDonaldização*** para designar o processo pelo qual os princípios da lanchonete de *fast-food* vieram a dominar certos setores da sociedade. Por exemplo: salões de cabeleireiros e clínicas de assistência médica agora aceitam clientes sem marcação prévia do horário. Em Hong Kong, clínicas de fertilização que permitem escolher o sexo do futuro embrião oferecem um cardápio de itens, de tratamentos de fertilização a métodos para aumentar as probabilidades de gerar uma criança do sexo desejado. Grupos religiosos –

dos pregadores evangélicos nas estações locais de rádio e de tevê aos padres do Centro Televisivo Vaticano – recorrem a técnicas de *marketing* semelhantes às usadas para a venda do McLanche Feliz.

A McDonaldização está associada à fusão de culturas, por meio da qual vemos multiplicarem-se as similaridades na expressão cultural. No Japão, por exemplo, empreendedores africanos encontraram um mercado pujante para a moda *hip-hop* popularizada pelos adolescentes norte-americanos. Os populares Arcos Dourados da McDonald's também podem ser vistos no mundo inteiro. Mas as corporações do tipo McDonald's precisaram fazer alguns ajustes. Até 2001, a rede de *fast-food* comandava suas operações internacionais de sua sede corporativa, localizada nos arredores de Chicago. Após alguns tropeços iniciais, os executivos reconheceram que era preciso desenvolver os cardápios e as estratégias de *marketing* da lanchonete fora dos Estados Unidos, com o apoio de pessoal local. Agora, nas mais de 3,7 mil lanchonetes do Japão, os clientes podem curtir o Mega Burger Tamago, com carne de vaca, *bacon*, ovo frito e molhos especiais. Na Índia, os clientes que não comem carne de vaca podem pedir um hambúrguer duplo de frango conhecido como McMarajá. E na Áustria, a paixão nacional pelo café com bolo e pelo bate-papo inspirou o McCafé (Hughlett, 2008; Ritzer, 2002, 2011).

A tecnologia, em suas múltiplas formas, acelerou a difusão cultural e ampliou a distribuição dos elementos culturais. Na definição do sociólogo Gerhard Lenski, ***tecnologia*** é a "informação cultural sobre as alternativas realistas de uso dos recursos materiais do meio ambiente para satisfazer as necessidades e os anseios humanos" (Nolan e Lenski, 2009, p.357). Hoje, não é mais preciso esperar os desdobramentos tecnológicos serem publicados em periódicos de circulação limitada: eles são alardeados em conferências de imprensa, com frequência em tempo real e via internet.

O sociólogo William F. Ogburn (1922) estabeleceu uma distinção útil entre os elementos da cultura material e da cultura não material. A ***cultura material*** diz respeito aos aspectos físicos ou tecnológicos da vida cotidiana, como alimentos, moradia, fábricas e matérias-primas. A ***cultura não material*** diz respeito aos meios com que os objetos materiais são utilizados e a costumes, crenças, filosofias, governos e padrões de comunicação.

Normalmente, a cultura não material é mais resistente à mudança do que a cultura material. Ogburn introduziu o termo ***defasagem cultural*** para referir-se ao período de desajuste durante o qual a cultura não material luta para adaptar-se às novas condições materiais. Por exemplo, a ética no âmbito virtual, em especial as questões relativas à privacidade e à censura, ainda não acertou o passo com a eclosão da tecnologia e do uso da internet.

VARIAÇÃO CULTURAL

Toda cultura é singular. As tribos inuíte do norte do Canadá – envoltas em peles e alimentando-se de gordura de baleia – pouco têm em comum com os agricultores do Sudeste Asiático, que se vestem para o calor e subsistem principalmente do arroz que cultivam em seus campos alagados. As culturas adaptam-se para enfrentar conjuntos específicos de circunstâncias, como clima, grau de tecnologia, demografia e geografia. Assim, a despeito da presença de universais culturais, como o namoro e a religião, há grande diversidade entre as muitas culturas do mundo. Além disso, mesmo *dentro* de um único país, certos segmentos da população desenvolvem padrões culturais que diferem dos padrões da sociedade dominante.

Subculturas

Os praticantes de rodeios, os moradores de uma comunidade de aposentados, os funcionários de uma plataforma de petróleo são, todos eles, exemplos do que os sociólogos chamam de *subculturas*. Uma ***subcultura*** é um segmento da sociedade que compartilha um padrão singular de costumes, regras e tradições que se distingue do padrão da sociedade como um todo. De certa forma, pode-se entender uma subcultura como uma cultura existente no interior de uma cultura mais ampla e dominante. A presença de muitas subculturas é característica de sociedades complexas.

Os membros de uma subcultura participam da cultura dominante ao mesmo tempo em que adotam formas de comportamento singulares e distintivas. É frequente uma subcultura criar um ***argot***, ou seja, uma língua de especialidade, que a distingue da sociedade como um todo. Os praticantes do *parkour*, um esporte radical que combina corrida, salto com barreiras e transposição de obstáculos como muros, paredes, água e até carros em movimento, falam um *argot* criado especialmente para descrever as suas façanhas. Os atletas do *parkour* falam em *King Kong vaults* – saltar obstáculos como muros ou carrinhos de entrega de supermercado apoiando-se nas mãos e caindo de pé. A manobra pode incluir um *tic tac* – "chutar" uma parede para tomar impulso e transpor algum tipo de obstáculo (Tschorn, 2010).

O *argot* permite aos *insiders* – membros da subcultura – entender palavras com significados especiais. Além disso, estabelece padrões de comunicação ininteligíveis para os *outsiders*. Os sociólogos vinculados à perspectiva interacionista enfatizam que a língua e os símbolos são um meio poderoso que proporciona à subcultura um senso de coesão e a manutenção de uma identidade própria.

Na Índia, uma nova subcultura desenvolveu-se entre os funcionários dos *call centers* montados por multinacionais. Para atender à clientela norte-americana e europeia, os jovens ali empregados precisam ser fluentes em inglês. Mas as empresas contratantes exigem desses rapazes e moças mais que a proficiência na língua estrangeira; espera-se que os atendentes indianos adotem os valores e os hábitos de trabalho estrangeiros, inclusive o ritmo alucinante considerado normal por quem trabalha nos Estados Unidos. Em troca, os empregadores oferecem mordomias ao estilo ocidental, como jantares, festas e bens de consumo cobiçados. É significativo o fato de as folgas coincidirem com os feriados norte-americanos, como o Dia do Trabalho e o Dia de Ação de Graças e não com os indianos, como o Divali, a Festa das Luzes hindu. Quando a maioria das famílias indianas está em casa comemorando, os funcionários dos *call centers* estão fora, e nos dias de folga não há ninguém livre para socializar com eles. Esses atendentes formaram, então, uma subcultura altamente coesa baseada no trabalho duro e no gosto pelos artigos de luxo ocidentais e pelas atividades de lazer.

Outra característica comum entre alguns atendentes dos *call centers* indianos é o desprezo pelos clientes que ligam. No desempenho cotidiano de sua função repetitiva e monótona, centenas de atendentes passaram a ver os norte-americanos sem rosto com que lidam como uma clientela lerda e, não raro, grosseira. O compartilhamento de tais opiniões reforça essa subcultura emergente (Bhagat, 2007; Gentleman, 2006; Patel, 2010).

Contraculturas

No fim da década de 1960, os Estados Unidos já contavam com uma extensa subcultura constituída por jovens que rejeitavam uma sociedade que consideravam excessivamente materialista e tecnológica. O grupo incluía, sobretudo, uma esquerda renovada e "*hippies*" que haviam "rompido" com as instituições sociais convencionais. Esses jovens rejeitavam a pressão para acumular mais e mais automóveis, moradias cada vez maiores e um sem-fim de bens materiais. Em vez disso, manifestavam o desejo de viver em uma cultura baseada em valores mais humanistas, como compartilhamento, amor e coexistência com o meio ambiente. Como força política, essa subcultura opunha-se ao envolvimento dos Estados Unidos na guerra do Vietnã e estimulava a resistência ao recrutamento (Flacks, 1971; Roszak, 1969).

Quando uma subcultura se *opõe* de modo notório e deliberado a certos aspectos da cultura como um todo, ela é chamada de ***contracultura***. O apelo junto aos jovens, que passam a investir menos na cultura vigente, é típico das contraculturas. Na maioria dos casos, é mais fácil ajustar-se a novos padrões culturais quando se tem 20 anos do que depois de ter passado 60 anos seguindo os padrões da cultura dominante (Zellner, 1995).

Nessa última década, especialistas em contraterrorismo passaram a ver com preocupação o crescimento de milícias ultraconservadoras nos Estados Unidos. Secretos e bem armados, os membros desses grupos de contracultura tendem a ser contra o governo e complacentes com o racismo. Na estimativa dos órgãos de vigilância, atuam hoje, nos Estados Unidos, 127 grupos de milícias (Southern Poverty Law Center, 2010).

Use a sua imaginação sociológica

Você chega como voluntário do Corpo da Paz a um país em desenvolvimento da África. A que aspectos desta cultura tão diferente você imagina ter mais dificuldade em se adaptar? O que na sua cultura de origem poderia ser visto como chocante pelos cidadãos desse país?

Choque cultural

Qualquer um que se sinta desorientado, inseguro, deslocado e até assustado ao ver-se imerso em uma cultura estranha pode estar passando por um ***choque cultural***. Por exemplo, um brasileiro que esteja de passagem por algumas regiões da China e sinta vontade de jantar carne talvez fique pasmo ao saber que a especialidade é a carne canina. Nessa mesma linha, alguém que pertença a uma cultura islâmica rígida pode ficar chocado ao se deparar pela primeira vez com a moda comparativamente provocante e com as manifestações explícitas de afeto corriqueiras no Brasil e na Europa.

Todos nós, até certo ponto, tomamos como líquidas e certas as práticas culturais da nossa sociedade. A partir disso, surge a possibilidade de ficarmos surpresos e até perturbados ao constatar que outras culturas não comungam do nosso "estilo de vida". O fato é que costumes que nos parecem estranhos são tidos como normais e adequados em outras sociedades, que, por sua vez, talvez considerem os *nossos* costumes bizarros.

LÍNGUA E CULTURA

A língua inglesa faz uso intenso de palavras associadas à guerra. Fala-se em "*conquering space*" ("conquistar espaço"), "*fighting the battle of the budget*" ("brigar pelo orçamento"), "*waging war on drugs*" ("lutar contra as drogas"), "*making a killing on the stock market*" ("matar a pau no mercado acionário") e "*bombing an examination*" ("bombar na prova"). Para um observador que venha de uma cultura totalmente diferente e isenta de tal belicismo, bastaria constatar a proeminência que a terminologia militarista tem na língua para avaliar a importância da guerra e dos militares na vida dessa sociedade. Nessa mesma linha, o gado é tão importante para os nuer do Sudão meridional que eles dispõem de mais de 400 palavras para descrever os animais (Haviland et al., 2008).

A ***língua*** é, de fato, o sustentáculo de toda cultura. É um sistema abstrato de significados e de símbolos verbais que abrange todos os aspectos da cultura e que inclui a fala, os caracteres da escrita, os numerais, os símbolos, além de gestos e expressões de comunicação não verbal.

Devido ao longo histórico de imigração para a América do Norte, há nos Estados Unidos uma rica diversidade de línguas. Com efeito, são 23 línguas diferentes, cada uma delas com pelo menos 200 mil falantes residentes no país. Segundo o Bureau of the Census, em 2009, 59 milhões de residentes no país, a partir dos 5 anos de idade – ou seja, cerca de 20% da população –, falava em casa, como primeira língua, outra língua que não o inglês (Fig 2.1; Shin e Kominski, 2010).

Embora a língua seja um universal cultural, seu uso evidencia diferenças flagrantes. Por décadas a fio, os navajos referiram-se ao câncer como *lood doo na'dziihii.* Agora, por meio de um projeto financiado pelo National Cancer Institute, a escola superior da tribo tenta mudar a expressão. Por quê? Literalmente, ela quer dizer "a lesão que não sara", e os educadores em saúde têm a preocupação de que membros da tribo com um diagnóstico de câncer vejam nele uma sentença de morte. O esforço para modificar a língua navajo, já difícil em si, torna-se ainda mais complicado em vista da crença navajo de que falar na doença é atraí-la para o próprio povo (Fonseca, 2008).

O gesto de erguer o polegar é um exemplo de *comunicação não verbal* – o uso de gestos, de expressões faciais e de outras imagens visuais para se comunicar. Se,

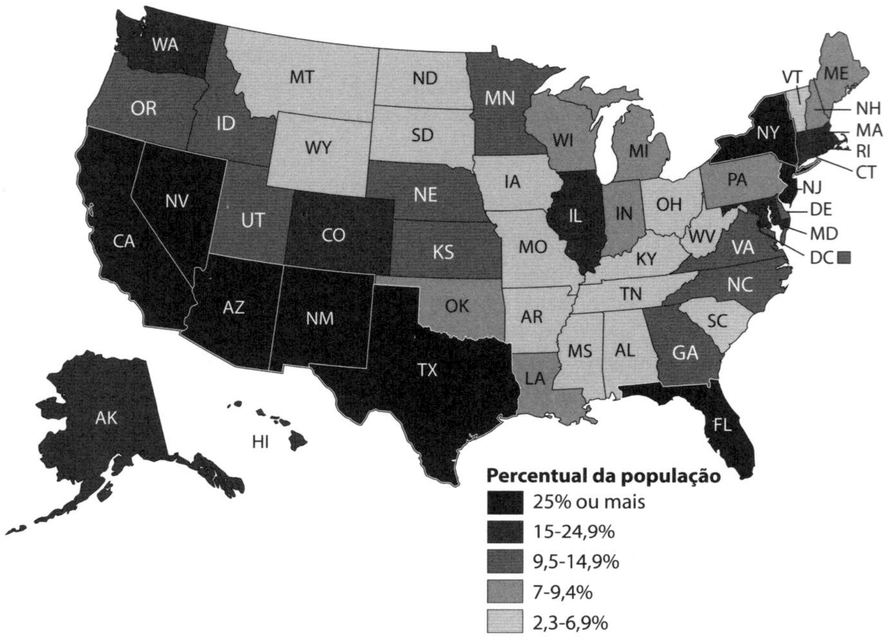

Figura 2.1 Percentual da população dos Estados Unidos, por estado da federação, que fala em casa outra língua que não o inglês.

Nota: Dados extraídos de um *survey* com uma população de cinco anos ou mais no ano de 2009. A média nacional foi de 20%.

Fonte: American Community Survey, 2010, Table R1601.

em um encontro amistoso, alguém de repente encosta para trás, cruza os braços e fecha a cara, sabe-se de imediato que alguma coisa não vai bem. Ao se deparar com uma amiga em prantos, você talvez lhe dê um abraço. Ao vencer uma partida importante, você ergue a mão espalmada e comemora com os outros jogadores em um gestual de "Toca aqui!". Tudo isso é exemplo de comunicação não verbal.

Essas expressões não nascem conosco. Elas são aprendidas, assim como aprendemos outras formas de linguagem com pessoas que compartilham da nossa cultura. Isso é tão verdade para as expressões básicas de alegria e tristeza como para emoções mais complexas, como vergonha ou aborrecimento (Fridlund et al., 1987).

Como nas outras formas de linguagem, a comunicação não verbal não é a mesma em todas as culturas. Por exemplo, a pesquisa sociológica no nível micro documenta que o grau de contato físico entre as pessoas nas interações sociais comuns difere de uma cultura para outra. Tais diferenças pegam desprevinidamente até mesmo viajantes tarimbados. Na Arábia Saudita, um homem de meia-idade talvez queira, depois de fechar um negócio, ficar de mãos dadas com o sócio. O gesto, chocante para um norte-americano, é considerado um cumprimento nessa cultura. O significado dos gestos feitos com as mãos é outra forma de comunicação não verbal capaz de distinguir as culturas entre si. Na Austrália, erguer o(s) polegar(es) é interpretado como uma grosseria (Passero, 2002; Vaughan, 2007).

NORMAS E VALORES

"Lave as mãos antes de comer." "Não matarás." "Respeite os mais velhos." Todas as sociedades têm meios para estimular e impor o que consideram um comportamento adequado e para desestimular e punir o que é tido como inadequado. Há, ainda, uma noção coletiva do que é, ou não, bom e desejável na vida. Neste item, veremos como diferenciar os conceitos intimamente relacionados de normas e de valores.

Normas

Normas são padrões de comportamento estabelecidos e mantidos por uma sociedade. Para que uma norma seja importante, ela precisa ser amplamente compartilhada e entendida. Por exemplo, nas salas de cinema, a expectativa é que as pessoas mantenham-se em silêncio durante a projeção do filme. Naturalmente, a aplicação dessa norma pode variar, conforme o filme e o tipo de plateia. É provável que os espectadores de um filme de arte sejam mais insistentes com o cumprimento da norma de silêncio do que a plateia de uma comédia pastelão ou de um filme de terror.

Uma norma social aferrada na sociedade contemporânea é a da heterossexualidade. Desde a mais tenra idade, as crianças são socializadas para acatá-la. De modo avassalador, os pais retratam para os filhos o relacionamento romântico entre adultos como estritamente heterossexual. Não necessariamente por considerarem o relacionamento entre pessoas do mesmo sexo inaceitável, mas provavelmente por verem a heterossexualidade como a norma nas parcerias conjugais. Segundo um *survey* nacional feito com mães de crianças de três a seis anos de idade, uma em cada cinco mães ensina os filhos que a homossexualidade é errada. O mesmo *survey* mostrou que a educação dos filhos reflete a ideologia dominante, em que a homossexualidade é tratada como rara exceção. A maioria dos pais parte do pressuposto de que os filhos são heterossexuais; apenas um em cada quatro já havia pensado na hipótese de um filho vir a ser *gay* (K. Martin, 2009).

Use a sua imaginação sociológica

Você dirige uma escola. Que normas, a seu ver, deveriam balizar o comportamento dos alunos? Que diferenças poderia haver entre essas normas e as normas típicas dos estudantes universitários?

Tipos de normas. Os sociólogos têm duas maneiras de distinguir normas. Primeiro, elas são classificadas como formais ou informais. As ***normas formais*** são geralmente escritas e especificam estrita punição para os transgressores. Nos Estados Unidos, é comum as normas serem formalizadas como leis, as quais exigem imenso rigor na definição do comportamento adequado e do comportamento inadequado. O sociólogo Donald Black (1995) deu o nome de ***lei*** ao "controle social por parte do governo", ou seja, as normas formais cujo cumprimento é imposto pelo Estado. As leis são apenas um exemplo de normas formais.

As ***normas informais***, por sua vez, são geralmente entendidas, mas não têm um registro preciso. O traje adequado é um exemplo comum de norma informal. Na nossa sociedade, não há punição ou sanção estabelecida para quem, digamos, apareça na escola de *smoking*. A reação mais provável é a de caçoar do aluno heterodoxo.

As normas também são classificadas conforme a importância que a sociedade lhes atribui. Neste tipo de classificação, elas se distinguem entre *costumes* e *usos*. Os ***costumes*** são normas tidas como altamente necessárias para o bem-estar de uma sociedade por encarnarem os princípios que as pessoas mais prezam. Cada sociedade exige obediência aos seus costumes; as transgressões são seriamente punidas. Assim, os Estados Unidos são rigorosos contra o homicídio, a traição e os maus tratos infligidos a crianças; estes costumes são institucionalizados e entram na categoria das normas formais.

Os ***usos*** são as normas que regem o comportamento do dia a dia. Desempenham um papel importante na moldagem do comportamento corriqueiro dos membros de uma cultura. Apesar disso, os usos têm menos probabilidades de ser formalizados pela sociedade do que os costumes, e transgredi-los suscita preocupações comparativamente mais leves. Por exemplo, subir pela escada rolante de descida em uma loja de departamentos, embora desafie os padrões adequados de comportamento, não acabará em multa ou em cadeia.

Aceitação das normas. As pessoas nem sempre seguem as normas, sejam elas costumes ou usos. Em alguns casos, uma norma não é cumprida porque sabe-se que ela não é levada muito a sério. É o caso, no Brasil, da lei seca para os adolescentes, embora o consumo de bebidas alcoólicas por menores de idade seja comum no país inteiro. A rigor, o alcoolismo juvenil é um grave problema social.

Há casos de normas que são transgredidas porque uma norma conflita com outra. Por exemplo, suponhamos que certa noite você escute os gritos da vizinha que está sendo agredida pelo marido. Caso decida intervir tocando a campainha da porta deles ou ligando para a polícia, você estará transgredindo a norma de "cuidar da sua própria vida" e, simultaneamente, obedecendo à norma de prestar assistência a uma vítima de violência.

A aceitação das normas está sujeita a mudar conforme as condições políticas, econômicas e sociais de uma cultura se transformam. Até a década de 1960, por exemplo, as normas formais proibiam, em grande parte dos Estados Unidos, o casamento entre pessoas de diferentes grupos raciais. Nos últimos 50 anos, porém, essas proibições foram sustadas. O processo de mudança fica hoje evidente na crescente aceitação de pais solteiros e no apoio cada vez mais amplo ao casamento entre pessoas do mesmo sexo (ver Cap. 8).

Sanções

Suponhamos que um técnico de futebol ponha em campo um 12º jogador. Ou que alguém formado na universidade compareça de bermuda a uma entrevista de emprego em uma empresa de contabilidade. Ou que um motorista deixe de pôr dinheiro em um parquímetro. Essas pessoas infringiram normas amplamente compartilhadas e entendidas. E aí, o que acontece? Em cada uma dessas situações, caso o comportamento da pessoa seja detectado, ela receberá sanções.

Sanções são penalidades e recompensas por uma conduta concernente a uma norma social. Cabe ressaltar que a definição inclui o conceito de *recompensa*. A conformidade a uma norma pode resultar em sanções positivas como um aumento de salário, uma medalha, uma palavra de agradecimento ou um tapinha nas costas. As sanções negativas incluem multas, ameaças, prisão e olhares de desprezo.

A Tabela 2.1 recapitula a relação entre normas e sanções. Como podemos constatar, as sanções associadas às normas formais (escritas e codificadas) também tendem a ser formais. Se um técnico põe em campo jogadores a mais, o time será penalizado. O motorista que não puser dinheiro no parquímetro será multado. Mas as sanções por infringir normas informais podem variar. O candidato que aparece em uma entrevista de bermuda provavelmente não conseguirá o emprego; por outro lado, a pessoa pode ser tão brilhante que o entrevistador talvez releve o traje não convencional.

Toda a teia de normas e sanções de uma cultura reflete seus valores e suas prioridades. Os valores mais prezados serão aqueles que recebem as sanções de maior peso; as questões consideradas menos cruciais recebem sanções leves e informais.

Valores

Embora todos nós tenhamos a nossa coleção pessoal de padrões – que pode incluir o amor, a boa forma física ou o sucesso nos negócios –, por sermos membros de

Recapitulando

Tabela 2.1 Normas e sanções

	Sanções	
Normas	**Positivas**	**Negativas**
Formais	Bônus salariais Jantar de homenagem Medalha Diploma	Rebaixamento Demissão Sentença de prisão Expulsão
Informais	Sorriso Saudação Aplausos	Cara fechada Humilhação *Bullying*

uma sociedade, também compartilhamos de um conjunto geral de objetivos. ***Valores*** culturais são concepções coletivas do que é considerado bom, desejável e adequado – ou ruim, indesejável e inadequado. Eles indicam o que as pessoas de uma determinada cultura preferem, assim como o que elas julgam ser importante e moralmente certo ou errado. Os valores podem ser específicos, como respeitar os pais e ter casa própria, ou podem ser mais genéricos, como saúde, amor e democracia. Naturalmente, os membros de uma sociedade não compartilham de maneira uniforme os valores dessa sociedade, como atestam os debates políticos exaltados e os cartazes de apoio a causas conflitantes.

Os valores influem no comportamento das pessoas e servem como critérios de avaliação das ações alheias. É frequente valores, normas e sanções manterem uma relação direta. Por exemplo, se uma cultura tem elevado apreço pela instituição do casamento, talvez tenha normas (e sanções rigorosas) proibindo o adultério. Uma cultura que encare a propriedade privada como um valor básico provavelmente terá uma legislação rigorosa contra o roubo e o vandalismo.

Os valores socialmente compartilhados são um componente fundamental da vida nos Estados Unidos. Mesmo assim, os valores norte-americanos podem mudar, e de fato mudam. A cada ano, mais de 200 mil calouros que ingressam em quase 300 dos cursos superiores de quatro anos do país preenchem um questionário sobre suas atitudes. Como esse *survey* enfoca uma plêiade de questões, de crenças e de objetivos de vida, costuma-se chamá-lo de barômetro dos valores da nação. Os respondentes são indagados sobre quais valores são importantes para eles. Nos últimos 50 anos, o valor "estar muito bem financeiramente" foi o que mais cresceu em popularidade; a proporção de calouros universitários que endossam este valor como "essencial" ou "muito importante" saltou de 42% em 1966 para 80% em 2011 (ver Fig. 2.2). Em contrapartida, o valor que mais declinou na apreciação dos estudantes foi "desenvolver uma filosofia de vida que tenha alguma utilidade". Esse valor, o campeão em popularidade no *survey* de 1967, endossado por mais de 85% dos respondentes, ocupava em 2011 o 7º lugar na lista, endossado por menos de 47% dos estudantes recém-ingressados no ensino superior.

Durante as décadas de 1980 e 1990, cresceu o endosso a valores associados ao dinheiro, ao poder e ao *status*. Ao mesmo tempo, recuou o endosso a valores ligados à consciência social e ao altruísmo, como, por exemplo, "ajudar os outros". Segundo um *survey* em âmbito nacional, realizado em 2011, apenas 42% dos calouros do ensino superior afirmaram que "influir nos valores sociais" era um objetivo "essencial" ou "muito importante". A proporção de alunos para quem "ajudar a promover o entendimento racial" era um objetivo essencial ou muito importante atingiu um pico recorde de 46% em 1992, e depois caiu para 34% em 2011. Assim como outros aspectos da cultura, como a língua e as normas, os valores de uma nação não são necessariamente fixos.

Seja qual for o *slogan*, "Plante uma Árvore", ou "Pense Verde", os estudantes já tiveram algum contato com valores associados ao ambientalismo. Quantos estudantes acatam esses valores? Os resultados das pesquisas de opinião realizadas nesses últimos 40 anos revelam flutuações, com um pico de quase 46% dos estudantes indicando um desejo de envolver-se na "faxina" ambiental. A partir da década de 1980, porém, o apoio dos estudantes a esse objetivo caiu para cerca de 20% ou até menos (ver Fig. 2.2). A despeito da recente atenção dada ao aquecimento global, a proporção mantém-se estável, com apenas 26% dos calouros em 2011 endossando valores ambientalistas.

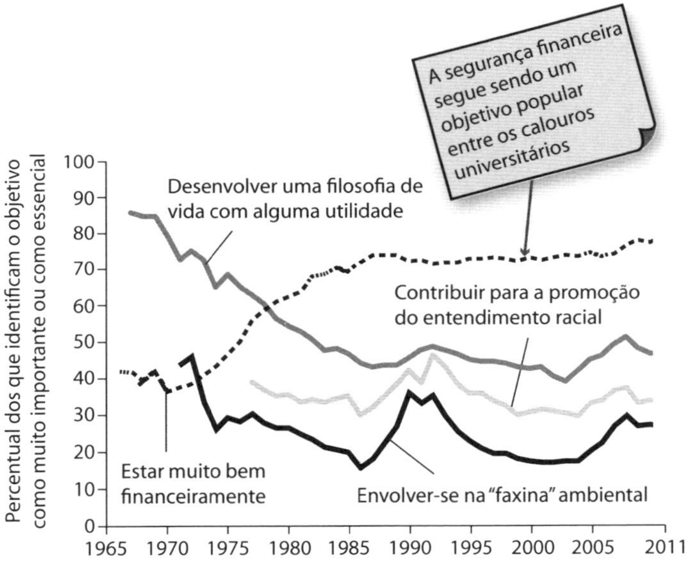

Figura 2.2 Objetivos de vida de estudantes do primeiro ano de graduação nos Estados Unidos, 1966-2011.

Fonte: Pryor et al. 2007, 2011.

Pense nisto

A que você atribui as mudanças de valores entre os estudantes universitários nessas últimas décadas? Quais desses valores você preza?

GUERRA CULTURAL GLOBAL

Quando os valores culturais das pessoas entram em choque, pode ocorrer conflito social. Ao longo de quase uma geração, a atenção pública nos Estados Unidos concentrou-se na ***guerra cultural***, isto é, na polarização da sociedade em torno de elementos controversos da cultura. A princípio, na década de 1990, a expresssão denotava debates políticos sobre assuntos candentes como aborto, manifestação religiosa, controle de armas de fogo e orientação sexual. Logo, porém, ela assumiu um significado global – sobretudo a partir do 11 de setembro, com os norte-americanos perguntando-se, "Por que será que eles nos odeiam?". Até o final do ano 2000, estudos de opinião pública globais relatavam opiniões favoráveis sobre os Estados Unidos em países tão diferentes como Marrocos e Alemanha. Mas, em 2003, na esteira da invasão do Iraque, a opinião externa sobre o país se tornara bastante negativa (J. Hunter, 1991; Kohut et al., 2005, 2007).

Nos últimos 20 anos, empreenderam-se esforços extensivos no sentido de comparar valores em diferentes nações, a despeito dos sabidos desafios inerentes a uma interpretação uníssona dos conceitos de valor em todo esse universo de culturas. O psicólogo Shalom Schwartz mediu os valores em mais de 60 países. Certos valores são amplamente compartilhados mundo afora, como a benevolência, definida como "perdão e lealdade". Em contraposição, o poder, definido como "controle ou domínio sobre pessoas e recursos", é um valor endossado com muito menos frequência (Hitlin e Piliavin, 2004; S. Schwartz e Bardi, 2001).

A despeito dessa evidência de compartilhamento de valores, alguns especialistas interpretaram o terrorismo, o genocídio, as guerras e as ocupações militares do início do século XXI como um "choque de civilizações". Segundo essa tese, as identidades culturais e religiosas, mais que as lealdades nacionais ou políticas, vêm tornando-se a principal fonte de conflitos internacionais. Os críticos dessa tese ressaltam que o conflito em torno de valores não é novidade; o que cresceu foi apenas a nossa capacidade de criar confusão e violência. Além disso, falar em choque de "civilizações" dissimula as agudas cisões existentes no interior de grandes grupos. O cristianismo, por exemplo, abarca desde o pacifismo ao estilo *Quaker* até certos elementos da ideologia da Ku Klux Klan (Berman, 2003; Huntington, 1993; Said, 2001).

CULTURA E IDEOLOGIA DOMINANTE

Os teóricos funcionalistas e os teóricos do conflito concordam que a cultura e a sociedade apoiam-se mutuamente, mas por motivos diferentes. Os funcionalistas sustentam que a estabilidade social requer consenso e apoio dos membros da sociedade, apoio provido por valores centrais sólidos e normas comuns. Esta visão de cultura popularizou-se na sociologia a partir da década de 1950. Foi tomada de empréstimo dos antropólogos britânicos, que viam os traços culturais como um elemento estabilizador da cultura. Na perspectiva funcionalista, a persistência de uma prática ou de um traço cultural depende do desempenho de funções aparentemente necessárias à sociedade, ou da contribuição para o consenso e a estabilidade da sociedade como um todo.

Os teóricos do conflito concordam que pode haver uma cultura comum, mas afirmam que ela se presta à manutenção dos privilégios de certos grupos. Além disso, ao proteger seu interesse próprio, grupos poderosos podem manter outros grupos em posição subalterna. O termo ***ideologia dominante*** descreve o conjunto de práticas e crenças culturais que ajudam a preservar interesses políticos, econômicos e sociais poderosos. O conceito, usado pela primeira vez pelo marxista húngaro Georg Lukacs (1923) e pelo marxista italiano Antonio Gramsci (1929), só atraiu atenção nos Estados Unidos a partir do início da década de 1970. Na visão de Karl Marx, a sociedade capitalista tem uma ideologia dominante que serve aos interesses da classe governante.

Na perspectiva do conflito, a ideologia tem uma importância social extremada. As instituições e os grupos mais poderosos controlam não apenas a riqueza e os ativos, mas também os meios de produzir crenças sobre a realidade por meio da religião, da educação e dos meios de comunicação. Na perspectiva feminista, se todas as instituições sociais mais importantes dizem às mulheres que elas devem ser subservientes aos homens, a ideologia dominante contribuirá para controlá-las e mantê-las em posição subalterna.

Use a sua imaginação sociológica

Observe o que se passa ao seu redor no *campus*. As pessoas que você vê sugerem que o Brasil têm uma cultura de fundo com uma ideologia dominante, ou uma cultura diversificada com valores e ideologias diferentes? E quanto à cidade onde fica a sua universidade, ela endossa essa conclusão?

Um número cada vez maior de cientistas sociais acredita que não é fácil identificar uma "cultura de fundo" (em inglês, *core culture*) nos Estados Unidos. Para tanto, apoiam-se no que apontam como a falta de consenso sobre os valores nacionais, a dissipação dos traços culturais, a diversidade interna da cultura norte-americana e as mudanças de visão dos jovens. Segundo eles, a cultura de fundo fornece as ferramentas necessárias para que pessoas de qualquer credo criem estratégias de mudança social. Porém, não há como negar que certas expressões de valores são mais influentes que outras, mesmo em uma sociedade tão complexa como a dos Estados Unidos (Swidler, 1986).

A Tabela 2.2 recapitula as principais perspectivas teóricas da cultura.

CULTURA E SOCIALIZAÇÃO

O que faz de nós o que somos? São os genes com que nascemos, ou o ambiente em que crescemos? Um debate tradicional entre os pesquisadores diz respeito à importância relativa dos fatores biológicos e dos fatores ambientais no desenvolvimento humano; este conflito é conhecido como *natureza* versus *cultura* (ou *hereditariedade* versus *meio ambiente*). Atualmente, a maioria dos cientistas sociais já superou esse debate e reconhece que o que molda o desenvolvimento humano é a *interação* das duas variáveis. Contudo, podemos perceber melhor o modo como a hereditariedade e o meio ambiente interagem para influenciar o processo de socialização

Tabela 2.2 As perspectivas sociológicas sobre a cultura

	Funcionalista	Conflito	Feminista	Interacionista
Variação cultural	O etnocentrismo reforça a solidariedade de grupo; as subculturas servem aos interesses de subgrupos	O etnocentrismo desvaloriza os grupos; as contraculturas questionam a ordem social dominante	O relativismo cultural respeita os modos variados com que homens e mulheres são vistos nas diferentes sociedades	Os costumes e as tradições são transmitidos por meio do contato intergrupos e dos meios de comunicação
Normas	Reforçam os padrões sociais	Reforçam os padrões de dominância	Reforçam os papéis dos homens e das mulheres	São mantidas por meio da interação face a face
Valores	São concepções coletivas do que é bom	Podem perpetuar a desigualdade social	Podem perpetuar a hegemonia masculina	São definidos e redefinidos por meio da interação social
Cultura e sociedade	A cultura reflete os valores centrais mais fortes de uma sociedade	A cultura reflete a ideologia dominante da sociedade	A cultura reflete a visão da sociedade sobre os homens e sobre as mulheres	A cultura de fundo de uma sociedade perpetua-se por meio das interações sociais cotidianas

examinando primeiro situações em que um fator atua quase que inteiramente sem o outro (Homans, 1979).

Sociobiologia: o impacto da hereditariedade

Ao passo que a sociologia enfatiza a diversidade e a mudança na expressão da cultura, outra escola de pensamento, a sociobiologia, ressalta os aspectos universais da cultura. A ***sociobiologia*** é o estudo sistemático de como a biologia afeta o comportamento social humano. Os sociobiólogos afirmam que muitos traços culturais presentes nos seres humanos – como a expectativa quase universal de que as mulheres serão cuidadoras e os homens, provedores – não são aprendidos, tendo raízes no nosso código genético.

A sociobiologia está fincada na teoria da evolução do naturalista Charles Darwin (1859). Viajando pelo mundo, Darwin notou pequenas variações entre as espécies de um lugar para outro. Teorizou que ao longo de centenas de gerações, variações aleatórias no código genético haviam ajudado certos indivíduos de uma espécie a sobreviver em um dado ambiente. Ou seja, a espécie adaptava-se paulatinamente ao seu ambiente. Darwin deu a este processo de adaptação ao ambiente por meio de uma variação genética aleatória o nome de *seleção natural.*

Os sociobiólogos aplicam o princípio da seleção natural de Darwin ao estudo do comportamento social. Presumem que determinadas formas de comportamento enraízam-se geneticamente na espécie caso reforcem a aptidão desta para sobreviver (van den Berghe, 1978). Na sua forma mais extrema, a sociobiologia sugere que *todo* comportamento resulta de fatores biológicos ou genéticos e que as interações sociais em nada contam para moldar a conduta das pessoas.

Os sociobiólogos não procuram descrever o comportamento individual no âmbito de "Por que motivo Fred é mais agressivo que Jim?". Pelo contrário, eles concentram-se no modo como a natureza humana é afetada pela composição genética de um *grupo* de pessoas que compartilha certas características (como homens e mulheres, integrantes de bandos tribais isolados). Normalmente, os sociobiólogos privilegiam a herança genética de fundo compartilhada por *toda* a humanidade e não se detêm muito em especulações acerca de supostas diferenças entre nacionalidades ou grupos raciais. Alguns poucos pesquisadores tentaram associar comportamentos específicos, como atos criminosos, a certos marcadores genéticos, mas esses marcadores não são deterministas. A coesão familiar, o comportamento dentro do grupo de pares e outros fatores sociais podem prevalecer sobre as influências genéticas no comportamento de um indivíduo (Guo et al., 2008; E. Wilson, 1975, 1978).

A maioria dos cientistas sociais certamente concordaria que o comportamento social tem uma base biológica. Mas o radicalismo de certos defensores da sociobiologia suscita reservas. Para os interacionistas, teóricos do conflito e funcionalistas, o que define a realidade social é o comportamento, e não a estrutura genética das pessoas. Os teóricos do conflito temem que a abordagem sociobiológica possa servir de argumento contra os esforços em prol do apoio aos desprivilegiados, como, por exemplo, a crianças de escolas que não primam pelo espírito competitivo (Freese, 2008; Machalek e Martin, 2010; E. Wilson, 2000).

Meio ambiente social: o impacto do isolamento

No filme *Nell*, de 1994, Jodie Foster faz o papel de uma jovem cuja mãe manteve escondida desde o nascimento em um casebre no meio do mato. Criada fora do contato humano normal, Nell rasteja com um animal, emite gritos selvagens e fala ou canta em uma língua só sua. O filme é inspirado no relato real de um jovem esquálido que aos 16 anos apareceu misteriosamente na praça principal da cidade de Nuremberg, na Alemanha, no ano de 1828 (Lipson, 1994).

Alguns espectadores talvez tenham achado difícil engolir a história de Nell, mas a sofrida infância da menina Isabelle corresponde à mais pura realidade. Isabelle passou os seus primeiros seis anos de vida quase que inteiramente reclusa na escuridão de um quarto. Ela teve pouco contato com outras pessoas, a naõ ser com a mãe, que era surda-muda. O nascimento de Isabelle fora do casamento deixara os avós tão vexados que eles a esconderam do mundo. A criança foi finalmente descoberta pelas autoridades do Estado de Ohio no ano de 1938, quando a mãe de Isabelle fugiu da casa dos pais levando consigo a filha.

Use a sua imaginação sociológica

Que acontecimentos de sua vida tiveram forte influência no que você é hoje?

Quando foi descoberta, aos seis anos de idade, Isabelle não sabia falar; emitia apenas grunhidos variados. A comunicação com a mãe resumia-se a gestos simples. Isabelle fora privada das interações e das experiências de socialização típicas da infância. Por ter tido contato com pouquíssimas pessoas, ela demonstrou, no começo, muito medo de estranhos e reagia quase como um animal selvagem ao se defrontar com um desconhecido. À medida em que se habituava a ver determinadas pessoas, passou a reagir com extrema apatia. De início, os observadores acharam que Isabelle era surda, mas ela não tardou a reagir a sons próximos. Os seus testes de maturidade revelaram-se compatíveis com os de um bebê de colo e não com uma criança de seis anos.

Especialistas desenvolveram um programa de treinamento sistemático para ajudar Isabelle a adaptar-se à socialização e aos relacionamentos humanos. Ao fim de alguns dias de treinamento, a menina fez a sua primeira tentativa de verbalização. A despeito da lentidão inicial, Isabelle transpôs rapidamente seis anos de desenvolvimento. Em pouco mais de dois meses, falava frases completas. Nove meses depois, conseguia identificar palavras e frases. Antes de completar nove anos, Isabelle estava apta a frequentar a escola com as outras crianças. Aos 14 anos, já cursando a 6ª série, demonstrava um bom desempenho escolar e um bom ajuste emocional.

A experiência de Isabelle é importante para os pesquisadores porque são poucos os casos de crianças criadas em isolamento absoluto. Mas, infelizmente, são muitos os casos de crianças criadas em circunstâncias de extrema negligência social. Recentemente, muito se falou dos bebês e crianças pequenas nos orfanatos de antigos países comunistas do Leste Europeu. Nos orfanatos romenos, os bebês chegavam a passar de 18 a 20 horas por dia deitados no berço, agarrados à mamadeira e sem assistência por parte de um adulto. Um mínimo de assistência era mantido nos primeiros cinco anos de vida. Muitas dessas crianças tinham medo do contato humano e tinham comportamentos antissociais imprevisíveis.

A situação dessas crianças veio à tona quando milhares delas começaram a ser adotadas por famílias norte-americanas e europeias. Os problemas de ajuste em cerca de 20% dos casos foram tão significativos que os pais adotivos culpavam-se por não serem bons o bastante. Muitas famílias pediram ajuda para lidar com as crianças adotadas. Pouco a pouco, notam-se esforços para incutir nos jovens desprivilegiados sentimentos de vinculação que eles até então jamais haviam experimentado (Groza et al., 1999; C. Smith, 2006).

Os pesquisadores dão cada vez mais ênfase à importância da socialização precoce para crianças criadas em ambientes mais próximos da normalidade. Sabemos que não basta cuidar das necessidades físicas dos bebês; os pais também precisam cuidar do desenvolvimento social dos filhos. Se, por exemplo, as crianças são desestimuladas a ter amigos, elas perdem a oportunidade de manter interações sociais que são de importância vital para o seu amadurecimento emocional.

SELF E SOCIALIZAÇÃO

Todos nós temos percepções, sentimentos e crenças variados sobre quem somos e como somos vistos. Como chegamos a desenvolver essas noções? Será que elas mudam no decorrer do tempo?

Tais noções não nascem conosco. Apoiando-se no trabalho de George Herbert Mead (1964b), os sociólogos reconhecem que nós mesmos criamos a nossa designação: o *self*. O ***self*** é uma identidade distinta que diferencia as pessoas entre si. Não é um fenômeno estático, mas um fenômeno que evolui e muda continuamente ao longo de toda a nossa vida.

Use a sua imaginação sociológica

Como você se vê quando interage com os outros ao seu redor? Como você acha ter construído essa visão de si mesmo?

Tanto os sociólogos quanto os psicólogos manifestaram interesse em como o indivíduo desenvolve e modifica o senso do *self* em consequência da interação social. O trabalho dos sociólogos Charles Horton Cooley e George Herbert Mead, pioneiros da abordagem interacionista, tem sido útil para fazer avançar nosso entendimento sobre essas importantes questões.

Cooley: o *self*-espelho

No início do século XX, Charles Horton Cooley reforçou a crença de que nós aprendemos quem somos na interação com os outros. A imagem que nós criamos de nós mesmos, portanto, deriva não só da contemplação direta das nossas qualidades pessoais, mas também das nossas impressões de como os outros nos percebem. Cooley usou a expressão ***self-espelho*** para sublinhar que o *self* é produto de nossas interações sociais com outras pessoas.

O processo de desenvolvimento da identidade própria ou do autoconceito tem três fases. Primeiro, concebemos a maneira como nos apresentaremos aos outros – a parentes, a amigos, e até mesmo a estranhos na rua. Depois, imaginamos como os outros nos avaliam (atraentes, inteligentes, introvertidos, estranhos). Por fim, como resultado dessas impressões, desenvolvemos algum tipo de sentimento quanto a nós mesmos (p. ex., respeito ou vergonha) (Cooley, 1902; M. Howard, 1989).

Um aspecto sutil, mas crucial, do *self*-espelho de Cooley é que ele resulta do modo como o indivíduo se "imagina" visto pelos outros. Daí a possibilidade de desenvolvermos identidades próprias baseadas em percepções *incorretas* de como os outros nos veem. Um aluno pode reagir mal a uma crítica de um professor e concluir (erroneamente) que o outro o julga um idiota. Essa percepção equivocada pode facilmente converter-se em uma identidade própria negativa por meio do seguinte processo:

1. o professor me criticou,
2. o professor deve me achar um idiota,
3. eu *sou* um idiota.

Mas as identidades próprias também são sujeitas a mudanças. Se o aluno recebe a nota máxima no final do curso, ele provavelmente deixará de se sentir um idiota.

Mead: estágios do *self*

George Herbert Mead deu prosseguimento à investigação de Cooley sobre a teoria interacionista. Mead (1934, 1964a) criou um modelo útil do processo que traz o *self* à tona, definido por três estágios distintos: o estágio preparatório, o estágio das brincadeiras e o estágio dos jogos.

O estágio preparatório. Durante o *estágio preparatório*, as crianças imitam as pessoas que as cercam, sobretudo os familiares com quem mantêm uma interação constante. Assim, uma criança pequena que vê o pai trabalhando com carpintaria vai brincar com um toco de pau, ou vai tentar jogar bola se vir um irmão mais velho jogando bola ao lado.

À medida que crescem, as crianças vão manejando melhor o uso de símbolos para se comunicarem com os outros. Os ***símbolos*** são os gestos, os objetos e a língua que formam a base da comunicação humana. Tanto interagindo com parentes e amigos quanto assistindo a desenhos animados na tevê e olhando livros ilustrados, as crianças no estágio preparatório começam a entender o uso dos símbolos.

Nas sociedades multiculturais, as diferenças culturais presentes no significado dos símbolos podem gerar conflito. Por exemplo, o véu simbólico usado pelas mulheres islâmicas continua sendo uma questão social de peso na França. Faz anos que as escolas públicas francesas baniram marcas religiosas ostensivas, como cruzes avantajadas, solidéus e véus. Há casos de expulsão de estudantes muçulmanas que infringiram o código informal do traje. Em 2003, em meio à erupção da polêmica, um comitê assessor do governo recomendou que o parlamento francês reforçasse o veto, transformando-o em lei. A questão é especialmente espinhosa por conta dos significados culturais conflitantes embutidos nesses símbolos. Para muitos franceses, o véu simboliza a submissão das mulheres – conotação malvista em uma sociedade que preza imensamente o igualitarismo. Já outros veem nele um desafio ao estilo de vida francês. Assim, 69% dos franceses consultados sobre a questão declararam-se a favor do banimento. Mas, para os muçulmanos, o véu simboliza a modéstia e a respeitabilidade e é levado muito a sério pelas alunas muçulmanas (*The Economist*, 2004).

O estágio das brincadeiras. Mead foi um dos primeiros a analisar a relação dos símbolos com a socialização. À medida que desenvolvem a habilidade de se comunicar por meio de símbolos, as crianças progressivamente tomam consciência dos relacionamentos sociais. Logo, no *estágio das brincadeiras*, a criança passar a fazer de conta que é outras pessoas. Assim, como um ator "encarna" um personagem, a criança vira médico, pai, super-herói ou comandante de um navio.

Com efeito, Mead observou que um aspecto importante do estágio das brincadeiras é encarnar o papel de outra pessoa. O ***role taking*** (internalização do papel) é um processo mental que consiste em assumir o ponto de vista de outra pessoa e responder a partir dessa perspectiva imaginária. Nesse processo, a criança pequena aprenderá pouco a pouco qual é o melhor momento de abordar os pais com algum pedido. Se o pai ou a mãe costuma chegar de mau humor em casa, a criança espera até depois do jantar, quando ele ou ela já deu uma relaxada e ficou mais fácil de ser abordado.

O estágio dos jogos. No terceiro estágio de Mead, o *estágio dos jogos*, a criança, lá pelos seus oito ou nove anos, não se limita mais a assumir o papel de outras pessoas, mas começa a levar em conta várias tarefas e relacionamentos simultâneos. Nessa fase do desenvolvimento, além de perceber a sua posição social, ela também percebe a posição dos outros ao seu redor – exatamente como, em uma partida de futebol, os jogadores precisam estar cientes da sua própria posição e da posição de todos os demais jogadores. Vejamos um bando de escoteiros que saia para um fim de semana de montanhismo. A criança precisa entender o que se espera que ela faça, mas também precisa entender as responsabilidades dos colegas e dos chefes escoteiros. É o estágio final de desenvolvimento no modelo de Mead; agora, a criança está apta a responder a múltiplos integrantes do meio ambiente social.

Mead usa o termo ***outro generalizado*** para designar atitudes, pontos de vista e expectativas da sociedade pelos quais a criança baliza o seu comportamento. Simplificando, o conceito sugere que a pessoa, ao agir, leva em conta todo um grupo de pessoas. Por exemplo, a criança não irá agir com cortesia apenas para agradar o pai ou a mãe. Na verdade, a criança dá-se conta de que a cortesia é um valor social generalizado e endossado por pais, professores e líderes religiosos.

No estágio dos jogos, as crianças desenvolvem um olhar mais apurado sobre as pessoas e o meio ambiente social. Passam a distinguir entre ocupações específicas e posições sociais , deixando de associar o Sr. Williams exclusivamente ao papel de "bibliotecário" e a Sra. Franks ao papel de "diretora". Ela entende que o Sr. Williams pode ser bibliotecário, pai e maratonista, tudo ao mesmo tempo, e que a Sra. Franks é uma das muitas diretoras que há na nossa sociedade. A criança atingiu, assim, um novo patamar de sofisticação nas suas observações a respeito dos indivíduos e das instituições. A Tabela 2.3 recapitula os três estágios do *self* esboçados por George Herbert Mead.

Mead: teoria do *self*

Mead é conhecido, principalmente, pela sua teoria do *self*. Segundo Mead (1964b), o *self* inicia-se como o centro privilegiado do mundo da pessoa. As crianças pequenas imaginam ser o foco de tudo que as cerca e têm dificuldade de levar em conta as perspectivas dos outros. Quando lhes é mostrada uma cena de montanha e lhes pedem para descrever o que um observador veria do lado de lá da montanha (p. ex., um lago ou montanhistas), elas descrevem apenas os objetos visíveis a partir da sua perspectiva. Essa tendência da criança de se colocar no centro dos acontecimentos

Recapitulando

Tabela 2.3 Mead e os estágios do *self*

Estágio	***Self* presente?**	Definição	Exemplo
Preparação	Não	A criança imita as ações de outras pessoas	Quando os adultos riem e sorriem, a criança ri e sorri
Brincadeiras	Em desenvolvimento	A criança assume o papel de outra pessoa, como se fosse essa pessoa	A criança assume alternadamente o papel de médico e o de paciente
Jogos	Sim	A criança dá-se conta, simultaneamente, do papel de duas ou mais pessoas	Ao brincar de esconde-esconde, a criança dá-se conta, ao mesmo tempo, dos papéis de quem se esconde e de quem procura

Use a sua imaginação sociológica

Quais foram as pessoas marcantes para você? Você é uma pessoa marcante para alguém?

jamais desaparece por completo. Muita gente que tem medo de avião presume automaticamente que, se um avião cair, ela estará dentro dele. E que leitor da seção de horóscopo do jornal não começa pelo seu próprio signo? Que outra razão há para se comprar um bilhete de loteria se não a crença de vir a ser o ganhador?

A despeito disso, com o amadurecimento das pessoas, o *self* muda e passa a refletir uma preocupação maior com as reações dos outros. Mead usou o termo ***outros significativos*** para referir-se àqueles indivíduos que têm maior importância no desenvolvimento do *self*. Pais, amigos, colegas de trabalho, treinadores e professores costumam estar entre aqueles que têm um papel fundamental na moldagem do *self*. Muitos jovens, por exemplo, sentem-se atraídos pelo mesmo ramo de trabalho dos pais (H. Sullivan, [1953] 1968).

Goffman: apresentação do *self*

Como administramos o nosso "*self*"? Como apresentamos aos outros quem somos? Erving Goffman, sociólogo ligado à perspectiva interacionista, sugeriu que muitas das nossas atividades cotidianas implicam tentativas de transmitir impressões sobre quem somos.

No começo da vida, o indivíduo aprende a distorcer a sua apresentação do *self* para variar a sua aparência e agradar a plateias específicas. Goffman (1959) refere-se a essa alteração da apresentação do *self* como ***gerenciamento das impressões***. A análise de Goffman sobre essas interações sociais cotidianas é tão recheada de paralelos explícitos com o teatro que a sua visão recebeu o nome de ***abordagem dramatúrgica***. De acordo com essa perspectiva, as pessoas assemelham-se a atores em ação. Por exemplo, um auxiliar administrativo talvez tente se mostrar

Somos julgados por nossa aparência, trajes, linguagem corporal, comportamento e maneirismos. Sabendo disso, a maioria altera a forma de apresentar-se aos outros, estratégia que Goffman chamou de gerenciamento das impressões.

mais produtivo do que de fato é se por acaso estiver sob as vistas um supervisor. Alguém que frequenta um bar de encontros talvez tente agir como se estivesse à espera de um conhecido.

O trabalho de Goffman sobre o *self* é uma progressão lógica do trabalho sociológico iniciado por Cooley e Mead sobre como a personalidade é adquirida por meio da socialização e sobre como gerenciamos a apresentação do *self* a outros. Cooley salientou o processo no qual chegamos a criar um *self*; Mead concentrou-se em como o *self* se desenvolve à medida que aprendemos a interagir com os outros; e Goffman enfatizou as maneiras como nós criamos, conscientemente, imagens nossas para os outros.

Abordagens psicológicas do *self*

Os psicólogos partilham o interesse de Cooley, Mead e de outros sociólogos pelo desenvolvimento do *self*. Os primeiros trabalhos em psicologia, como os de Sigmund Freud (1856-1939), salientaram o papel das pulsões inatas – entre outras, a pulsão pela gratificação sexual – para balizar o comportamento humano. Mais recentemente, psicólogos como Jean Piaget salientaram os estágios do progresso dos seres humanos durante o desenvolvimento do *self*.

Freud, assim como Charles Horton Cooley e George Herbert Mead, acreditava que o *self* era um produto social e que outras pessoas (sobretudo os pais) influenciam aspectos da personalidade. Ele sugeriu que o *self* tem componentes que funcionam em oposição mútua. Segundo Freud, nossos instintos impulsivos naturais estão em constante conflito com as coerções sociais. Parte de nós busca prazer ilimitado, e outra parte prefere o comportamento racional. Na interação com os outros, aprendemos as expectativas da sociedade e depois escolhemos o comportamento mais adequado à nossa própria cultura. (Naturalmente, como bem sabia Freud, de vez em quando distorcemos a realidade e agimos de modo irracional.)

Pesquisas do psicólogo infantil suíço Jean Piaget (1896-1980) com recém-nascidos sublinharam a importância das interações sociais para o desenvolvimento do senso de *self*. Piaget constatou que os recém-nascidos são destituídos do *self* no sentido da imagem-espelho. Mas, por ironia, são extremamente autocentrados; exigem que toda atenção se concentre neles. Eles ainda não se separaram do universo do qual fazem parte. Para os bebês, a frase "você e eu" não faz sentido algum: eles só entendem o "eu". No entanto, ao amadurecer, as crianças são paulatinamente socializadas no âmbito dos relacionamentos sociais, mesmo ainda dentro do seu mundo relativamente autocentrado.

Na sua conhecida ***teoria do desenvolvimento cognitivo***, Piaget (1954) identificou quatro estágios no desenvolvimento dos processos de pensamento infantis. No primeiro estágio, também chamado de estágio *sensório-motor*, os bebês usam os seus sentidos para fazer descobertas. Por exemplo, descobrem pelo tato que as mãos na verdade fazem parte de si. No segundo estágio, ou estágio *pré-operatório*, as crianças começam a usar palavras e símbolos para distinguir objetos e ideias. O terceiro estágio, conhecido como estágio *operatório concreto*, é marcado por um novo patamar lógico no pensamento infantil. As crianças aprendem que a massa disforme de barro, mesmo que moldada em forma de serpente, é apenas barro. Por fim, no quarto estágio, ou estágio *operatório formal*, os adolescentes desenvolvem um pensamento abstrato mais sofisticado e conseguem lidar com a lógica das ideias e dos valores.

Piaget sugeriu que o desenvolvimento moral torna-se um componente importante da socialização à medida que as crianças desenvolvem a capacidade de pensar o abstrato. Ao aprender as regras de jogos como damas ou pedrinhas, as crianças aprendem a obediência às normas sociais. Abaixo dos oito anos de idade, as crianças demonstram um nível um tanto básico de moralidade: regras são regras e inexiste o conceito de "circunstâncias atenuantes". Ao amadurecer, elas ganham mais autonomia e começam a ter dúvidas e dilemas morais quanto ao que constitui o comportamento certo.

Segundo Jean Piaget, a interação social é a chave para o desenvolvimento. As crianças vão crescendo e ficando cada vez mais atentas ao modo de pensar das outras pessoas e ao que as leva a agir de determinadas maneiras. Para desenvolver uma personalidade distinta, cada um de nós precisa ter a oportunidade de interagir com outras pessoas. Como já vimos, Isabelle foi privada da oportunidade de manter interações sociais normais e as consequências disso foram sérias (Kitchener, 1991).

Vimos que uma série de pensadores vislumbrou na interação social a chave para o desenvolvimento do senso de *self* do indivíduo. Como de costume, a melhor maneira de entender este tópico é recorrer a teorias e a pesquisas variadas. A Tabela 2.4 recapitula a rica literatura, tanto sociológica quanto psicológica, sobre o desenvolvimento do *self*.

Recapitulando

Tabela 2.4 Abordagens teóricas ao desenvolvimento do *self*

Autoridades	Contribuições e conceitos-chave	Principais pontos da teoria
Charles Horton Cooley 1864-1929 sociólogo (EUA)	*Self*-espelho	Estágios de desenvolvimento indistintos; as percepções a nosso respeito desenvolvem-se a partir da nossa interação com os outros
George Herbert Mead 1863-1931 sociólogo (EUA)	O *self* O outro generalizado	Três estágios de desenvolvimento distintos; o *self* desenvolve-se à medida que as crianças entendem o papel dos outros na vida delas
Erving Goffman 1922-1982 sociólogo (EUA)	Gerenciamento das impressões Abordagem dramatúrgica	O desenvolvimento do *self* se dá por meio das impressões que causamos nos outros e nos grupos
Sigmund Freud 1856-1939 psicoterapeuta (Áustria)	Psicanálise	O *self* é influenciado pelos pais e pelas pulsões inatas, como, por exemplo, a pulsão pela gratificação sexual
Jean Piaget 1896-1980 psicólogo infantil (Suíça)	Teoria do desenvolvimento cognitivo	O desenvolvimento cognitivo tem quatro estágios; o desenvolvimento moral é ligado à socialização

AGENTES DE SOCIALIZAÇÃO

Como vimos anteriormente, cada cultura entende como "naturais" as suas formas diferenciadas de lidar com as tarefas sociais básicas. No entanto, os métodos de ensino, as cerimônias de casamento, as doutrinas religiosas, entre outros aspectos da cultura, evidenciam diferenças marcantes de sociedade para sociedade. Na Índia, os pais costumam arranjar casamento para os filhos; no Brasil, os pais deixam as decisões matrimoniais por conta dos filhos. Quem morou a vida toda em Nápoles acha que é natural falar italiano; quem morou a vida toda em Buenos Aires acha que é natural falar espanhol. Essas preferências culturais são aprendidas e transmitidas no processo da socialização.

O processo contínuo e vitalício da socialização envolve muitas forças sociais diferentes que influem na nossa vida e alteram a nossa autoimagem. A família é, no Brasil, o agente de socialização mais importante, sobretudo para as crianças. Neste item, também daremos especial atenção a seis outros agentes de socialização: a escola, o grupo de pares, os meios de comunicação de massa, o local de trabalho, a religião e o Estado.

Família

Nas comunidades *amish*, as crianças são educadas de maneira altamente estruturada e disciplinada, mas não são imunes às tentações introduzidas pelos seus pares do mundo não *amish* – "rebeldias" como dançar, beber e andar de carro. Porém, isso não tira o sono das famílias; elas sabem da forte influência que exercem sobre os filhos. A mesma coisa vale para a família em geral. É tentador dizer que, na atualidade, as crianças são criadas pelo "grupo de pares" ou até mesmo pela "mídia", sobretudo quando jovens envolvidos em matanças e crimes de ódio viram manchete. No entanto, quase tudo que se vê no campo da pesquisa mostra que não há como superestimar o papel da família na socialização da criança (Schaefer e Zellner, 2011).

O processo permanente de aprendizagem começa logo após o nascimento. Os recém-nascidos são capazes de ouvir, de ver e de sentir cheiro e paladar, além de calor, frio e dor; assim, estão permanentemente antenados com o mundo ao seu redor. Os seres humanos, sobretudo a família, são uma parte importante do seu meio ambiente social. As pessoas atendem às necessidades do bebê alimentando-o, limpando-o, carregando-o no colo e acalmando-o.

As famílias também transmitem às crianças pressupostos culturais de gênero e de raça. Basta aos pais serem negros para serem obrigados a se empenhar em neutralizar as mensagens culturais negativas a respeito dos negros que crianças com até dois anos conseguem depreender de livros infantis, brinquedos e programas de televisão – todos estes destinados, em princípio, a crianças brancas –, e, ao mesmo tempo, lidar com o fato de que as crianças negras estão mais expostas à cultura urbana das gangues de jovens. Como a maioria dos negros, mesmo os de classe média, mora próximo a bairros muito pobres, as crianças encontram-se vulneráveis a essas influências, por mais sólidos que sejam os valores de família dos pais (Linn e Poussaint, 1999; Pattillo-McCoy, 1999).

Os pais lidam com as expectativas culturais ligadas ao gênero por meio dos *papéis de gênero*. O termo ***papel de gênero*** designa as expectativas quanto ao comportamento, às atitudes e às atividades masculinas e femininas. Por exemplo, é tradicional ver a "firmeza" como um atributo masculino – desejável nos homens, mas não nas mulheres –, ao passo que a "ternura" é considerada um atributo feminino. Outras culturas, porém, não atribuem essas qualidades a cada gênero da mesma maneira que a nossa cultura.

A existência dos papéis de gênero não implica que homens e mulheres irão inevitavelmente assumir certos papéis, tampouco que esses papéis sejam muito distintos entre si. Na verdade, os papéis de gênero realçam o fato de que homens e mulheres não são geneticamente predestinados a desempenhar determinados papéis.

Na qualidade de principais agentes da socialização infantil, os pais têm um papel crucial no encaminhamento das crianças para os papéis de gênero tidos como adequados em determinada sociedade. Outros adultos, os irmãos mais velhos, os meios de comunicação de massa e as instituições religiosas e de ensino também exercem um impacto perceptível na socialização de uma criança dentro das normas femininas e masculinas. Uma cultura ou uma subcultura pode exigir que a responsabilidade primária pela socialização das crianças, pelo sustento econômico da família ou pela liderança intelectual ou religiosa seja assumida por um ou pelo outro sexo.

Os interacionistas ressaltam que a socialização é referente não só à masculinidade e à feminilidade, mas também ao casamento e à paternidade ou maternidade, e começa na infância, como parte integrante da vida em família. As crianças observam os pais manifestarem afeto, cuidarem das finanças, brigarem, reclamarem dos sogros, cunhados e assim por diante. Essas experiências representam um processo informal de socialização antecipatória. A criança desenvolve um modelo provisório do que significa ser casado e ser pai ou mãe.

Escola

Onde você aprendeu o hino nacional? Quem lhe ensinou sobre os heróis da Guerra de Independência dos Estados Unidos? Onde foi testado pela primeira vez o seu conhecimento sobre sua cultura? Nos Estados Unidos, além da família, as escolas têm um mandado explícito para socializar as pessoas – as crianças, sobretudo – dentro das normas e dos valores da cultura norte-americana.

Conforme observaram os teóricos do conflito Samuel Bowles e Herbert Gintis (1976), as escolas dos Estados Unidos promovem a competição por meio de sistemas intrínsecos de recompensa e punição, como as notas e as avaliações dos professores. Daí uma criança empenhada em aprender uma nova competência sentir-se às vezes burra e fracassada. No entanto, com o amadurecimento do *self*, as crianças tornam-se cada vez mais capazes de avaliar as suas aptidões sociais, físicas e intelectuais de modo mais realista.

Os funcionalistas salientam que, como agentes de socialização, as escolas cumprem a função de ensinar às crianças os valores e os costumes da sociedade como um todo. Os teóricos do conflito concordam, mas acrescentam que as escolas talvez reforcem aspectos divisivos da sociedade, sobretudo aqueles referentes à classe social. Por exemplo, a despeito da existência de programas de auxílio financeiro, o ensino superior nos Estados Unidos é caro. Os alunos de famílias afluentes levam vantagem no acesso às universidades e ao treinamento profissional. Ao mesmo tempo, jovens menos afluentes talvez jamais recebam o preparo que os qualificaria para empregos mais bem remunerados e de maior prestígio.

As escolas também exercem funções de socialização em outras culturas. Na década de 1980, por exemplo, os pais e os educadores japoneses alarmaram-se ao perceber que as crianças vinham, aos poucos, perdendo o traquejo de comer com *hashi*. A tendência evoluiu para uma polêmica nacional quando os programas de refeição escolar introduziram "*sporks*" (um misto de colher e garfo – respectivamente *spoon* e *fork*, em inglês) de plástico. As autoridades nacionais reagiram ao clamor público banindo os *sporks* em prol dos *hashi*. Em um quadro mais sério, a pressão sobre as escolas japonesas vem crescendo progressivamente nesses últimos anos, com os pais e mães que trabalham fora delegando mais e mais responsabilidade às instituições de ensino. Para corrigir o desequilíbrio, o governo japonês divulgou um manual sobre como criar melhor os filhos, incentivando os pais a lerem mais para os filhos e junto a eles, a darem mais tempo para eles brincarem, a restringirem o tempo diante da televisão, e a programarem atividades familiares coletivas (Gauette, 1998).

Grupo de pares

Pergunte a alguém com 13 anos o que há de mais importante na vida e a resposta provavelmente será "amigos". À medida que a criança cresce, a família vai perdendo parte da importância no seu desenvolvimento social e os grupos de pares passam a exercer cada vez mais o papel das *pessoas marcantes* de Mead. Dentro do grupo de pares, os jovens ligam-se a outros jovens mais ou menos da sua idade e de posição social semelhante (Giordano, 2003).

Pode-se avaliar bem o quanto os grupos de pares são importantes para os jovens quando eles têm a sua vida social assolada pela guerra ou por catástrofes. Em Bagdá, a deposição de Saddam Hussein transformou profundamente o mundo dos adolescentes, lançando uma sombra sobre o seu futuro. Alguns perderam parentes ou amigos; outros se envolveram com grupos fundamentalistas ou fugiram com a família para países mais seguros. Os que ficaram para trás estão sujeitos a sofrer intensa solidão e tédio. Confinados em casa pela criminalidade e pelo terrorismo, os bem-aventurados que possuíam computador voltaram-se para as salas de bate-papo da internet ou mergulharam de cabeça nos estudos. Pelo correio eletrônico, lutam para manter antigas amizades interrompidas pelos deslocamentos ocasionados pela guerra (Sanders, 2004).

Os pares tanto podem ser fonte de apoio quanto de atribulações, como demonstram os noticiários pelo mundo afora. O problema mereceu considerável atenção no Japão, onde o *bullying* na escola é uma constante. Grupos de estudantes unem-se para humilhar, tripudiar ou atormentar um dado estudante, prática conhecida no Japão como *ijime*. A maioria dos estudantes adere ao *bullying* por medo de se tornar alvo dele. O *ijime* já levou crianças ao suicídio. Em 1998, a situação tornou-se tão desesperadora que uma associação de voluntários montou, em Tóquio, uma linha telefônica de emergência 24 horas exclusiva para crianças. O sucesso do esforço convenceu o governo a patrocinar um sistema nacional de teleatendimento de emergência (Matsushita, 1999; Sugimoto, 1997).

Meios de comunicação de massa e tecnologia

Nos últimos 80 anos, as inovações nos meios de comunicação de massa – rádio, cinema, música, televisão e internet – tornaram-se importantes agentes de socialização. Nos Estados Unidos, a televisão e a internet são forças decisivas na socialização das crianças (ver Fig. 2.3). A internet tornou-se tão universal que, em 2011, 95% de todos os adolescentes entre 12 e 17 anos estavam conectados e 80% deles frequentavam os *sites* das mídias sociais. Esses *sites* repercutem e amplificam grande parte da socialização dos adolescentes (Lenhart et al., 2011).

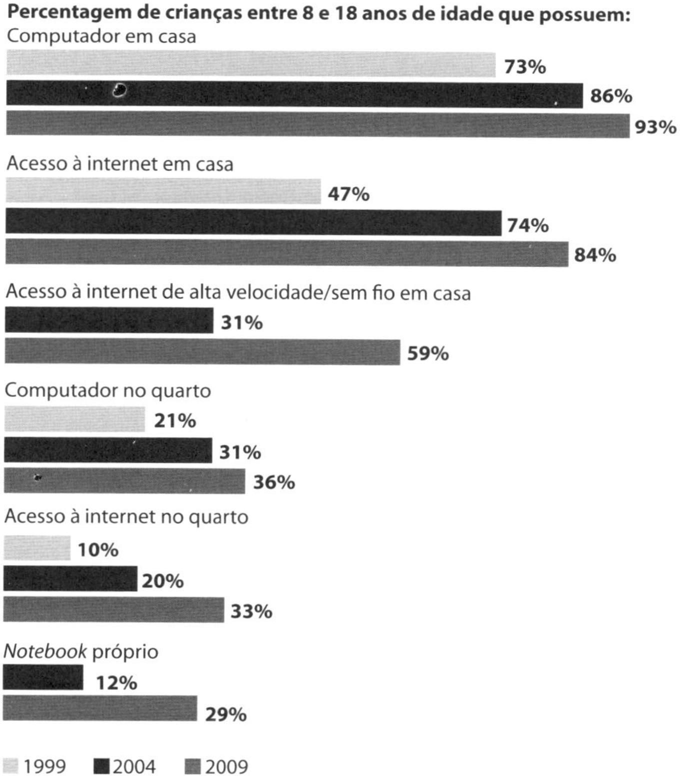

Figura 2.3 O novo normal: internet em casa.
Fonte: Rideout et al., 2010.

Pense nisto
Compare o uso que você fazia da internet quando mais novo com os resultados desse *survey*. Em que categoria você se enquadraria?

Os meios de comunicação, todavia, nem sempre são uma influência socializadora negativa. Programas de televisão e até comerciais podem apresentar à juventude estilos de vida e culturas desconhecidas. Em muitos países, não só as crianças aprendem sobre a vida em "terras distantes" como as crianças urbanas aprendem sobre a vida das crianças no campo e vice-versa.

Sociólogos e outros cientistas sociais começaram a avaliar o impacto da tecnologia na socialização. O que mais lhes interessa são as mídias e redes sociais *on-line*, como o Facebook. Será que essa forma de comunicação assemelha-se à interação face a face, ou será uma nova forma de interação social? Tanto nos países industrializados quanto na África e em outras regiões em desenvolvimento, as pessoas foram socializadas para confiar nas novas tecnologias de comunicação. Não faz muito tempo, se quisesse falar com a mãe, Zadhe Iyombe era obrigado a viajar oito dias de barco saindo da capital Kinshasa e subindo o rio Congo até a cidade rural onde tinha nascido. Agora, tanto ele quanto a mãe têm acesso a um telefone celular e trocam mensagens de texto diariamente. Iyombe e a mãe não têm nada de atípico. Embora os celulares não sejam baratos, 1,4 bilhão de possuidores de celular nos países em desenvolvimento passaram a considerá-los um item de extrema necessidade. Há hoje mais celulares nos países em desenvolvimento do que nos países industrializados – é a primeira vez na história que os países em desenvolvimento desbancam o mundo desenvolvido na adoção de uma tecnologia de telecomunicações (K. Sullivan, 2006).

Local de trabalho

Aprender a comportar-se de modo adequado no local de trabalho é um aspecto fundamental da socialização humana. Antigamente, "ir trabalhar" era algo que principiava com o término da escolarização formal, e isso já não é mais assim, pelo menos nos Estados Unidos. Hoje, o número de jovens que trabalham é cada vez maior, e não necessariamente para o pai, mãe, ou para um parente. Em geral, os adolescentes costumam procurar emprego porque querem dispor do seu próprio dinheiro; 80% dos estudantes da última série do ensino médio dizem que pouco ou nada do que ganham vai para as despesas da família. São raros os que veem o emprego como uma oportunidade de testar interesses vocacionais ou como um treinamento prático (Cooper, 1998).

Religião e o Estado

Cada vez mais, cientistas sociais reconhecem a importância tanto do governo ("o Estado") quanto da religião como agentes de socialização, em virtude do seu impacto no curso da vida. Na cultura norte-americana, a tradição é de que os familiares sejam os cuidadores primários, mas, no século XX, a função protetora da família foi sendo continuamente transferida para instituições externas como hospitais, clínicas de saúde mental e centros de assistência à criança. Muitas dessas instituições são administradas pelo Estado ou por grupos associados a determinadas religiões.

Tanto o governo quanto a religião organizada impactaram o curso da vida ao reinstituir alguns ritos de passagem antes observados em comunidades agrícolas e nas primeiras sociedades industrializadas. Por exemplo, as organizações religiosas estabelecem certos ritos tradicionais capazes de reunir todos os membros de uma família estendida, mesmo que eles jamais se encontrem por qualquer outro motivo. E as regulamentações governamentais estipulam as idades a partir das quais se pode guiar um veículo, beber álcool, votar nas eleições, casar-se sem permissão dos pais, fazer horas extras no trabalho e aposentar-se. Essas regulamentações não constituem ritos de passagem *stricto sensu*: nos Estados Unidos, a maioria dos jovens de 18 anos opta por não votar e a maioria das pessoas escolhe a idade em que se aposenta sem se importar com o que diz o governo.

SOCIALIZAÇÃO E CURSO DA VIDA

O curso da vida

Os adolescentes do povo bacota, do Congo, pintam-se de azul. As moças norte--americanas de origem mexicana submetem-se a um dia inteiro de retiro religioso antes de passar a noite dançando. As mães egípcias passam sete vezes por cima de seus recém-nascidos, e os alunos da U.S. Naval Academy jogam os chapéus para o alto. Todas essas são formas de celebrar ***ritos de passagem***, um meio para dramatizar e para validar as mudanças de *status* de uma pessoa. O rito bacota marca a passagem para a idade adulta. A cor azul, tida como a cor da morte, simboliza a morte da infância. As moças hispânicas celebram aos 15 anos a chegada à idade adulta com uma cerimônia *quinceañera*. Em muitas comunidades "latinas" dos Estados Unidos, a popularidade da *quinceañera* sustenta uma rede de organizadores de festas, bufês, estilistas e o concurso de Miss Quinceañera Latina (Van Gennep, [1909] 1960).

Essas cerimônias específicas demarcam estágios de desenvolvimento no curso da vida. Elas indicam que o processo de socialização permeia todos os estágios do ciclo da vida. Alguns pesquisadores, na realidade, optaram por concentrar-se na socialização como um processo vitalício. Os sociólogos e os demais cientistas sociais que adotam essa ***abordagem do curso da vida*** debruçam-se sobre os fatores sociais que influenciam as pessoas ao longo de toda a vida, do nascimento à morte. Eles reconhecem que as mudanças biológicas moldam, mas não ditam o comportamento humano.

Use a sua imaginação sociológica

Qual foi o último rito de passagem do qual você participou? Foi um rito formal ou informal?

Socialização antecipatória e ressocialização

O desenvolvimento do *self* social é uma transformação permanente que principia no berço e prossegue até a morte. Dois tipos de socialização ocorrem em vários pontos ao longo do curso da vida: a socialização antecipatória e a ressocialização.

A ***socialização antecipatória*** diz respeito aos processos de socialização em que a pessoa "ensaia" para cargos, ocupações e relacionamentos sociais vindouros. Uma cultura pode funcionar com mais eficiência e tranquilidade se seus membros se familiarizarem com as normas, os valores e o comportamento associados a uma posição social antes de efetivamente assumirem esse *status*. A preparação para muitos aspectos da vida adulta principia com a socialização antecipatória na infância e na adolescência e prossegue pela vida toda, a cada vez que nos preparamos para assumir novas responsabilidades.

Um bom exemplo de processo de socialização antecipatória são os estudantes do ensino médio, quando começam a pensar nas escolas de nível superior a que têm condições de aspirar. Tradicionalmente, a tarefa implicava em consulta a publicações recebidas pelo correio ou a visitas pessoais aos *campi*. Porém, com as novas tecnologias, estudantes usam a *web* para dar início à sua experiência universitária. As universidades investem cada vez mais tempo e mais dinheiro para desenvolver *websites* atraentes que permitam aos estudantes fazer excursões virtuais pelo *campus* e escutar "audioclipes" de tudo, do hino da escola à amostra de uma aula de zoologia.

Ocasionalmente, assumir novas posições sociais e ocupacionais exige que a pessoa *desaprenda* uma orientação estabelecida. A ***ressocialização*** diz respeito ao processo de descartar antigos padrões de comportamento e acatar novos padrões como parte de uma transição na vida. Com frequência, a ressocialização ocorre quando há um esforço explícito de transformação do indivíduo – é o caso, por exemplo, de reformatórios, grupos de terapia, prisões, centros de conversão religiosa e campos de doutrinamento político. O processo típico de ressocialização implica considerável estresse para o indivíduo, muito maior que na socialização em geral ou na socialização antecipatória (Gecas, 2004).

A ressocialização é especialmente eficaz quando ocorre dentro de uma instituição total. Erving Goffman (1961) cunhou o termo ***instituição total*** para designar instituições como, prisões, forças armadas, hospitais de doenças mentais e conventos, que submetem todos os aspectos da vida da pessoa a uma autoridade única. Como a instituição total costuma ser apartada do resto da sociedade, ela provê todas as necessidades dos seus membros. Literalmente, a tripulação de um navio mercante em alto mar passa a integrar uma instituição total. A instituição total tem exigências tão intrincadas e atividades tão absorventes que ela muitas vezes representa uma sociedade em miniatura.

Goffman (1961) identificou quatro traços comuns às instituições totais:

1. Todos os aspectos da vida transcorrem no mesmo lugar sob o controle de uma autoridade única.

2. Quaisquer atividades dentro da instituição transcorrem na companhia de outros nas mesmas circunstâncias – por exemplo, os recrutas no exército ou as noviças em um convento.
3. As autoridades criam regras e programam atividades sem consultar os participantes.
4. Todos os aspectos da vida dentro da instituição total destinam-se a cumprir o objetivo da organização. Assim, todas as atividades de um mosteiro girariam em torno da oração e da comunhão com Deus (Davies, 1989; P. Rose et al., 1979).

As pessoas muitas vezes perdem a identidade dentro das instituições totais. Por exemplo, ao entrar em um presídio, a pessoa pode vivenciar a humilhação de uma ***cerimônia de degradação*** quando se vê destituída de suas roupas, joias e demais pertences pessoais. A partir disso, o programa de rotinas diárias abre pouco ou nenhum espaço para a iniciativa pessoal. O indivíduo torna-se secundário e semi-invisível dentro do ambiente social opressor (Garfinkel, 1956).

A SOCIOLOGIA É IMPORTANTE

A sociologia é importante porque aguça a sua consciência sobre padrões culturais que você tomaria como absolutos.

- A que cultura e/ou subculturas você pertence? Você alguma vez já questionou as normas e os valores da sua cultura?
- Como se relaciona a sua cultura com as culturas de outras sociedades? Você se sente à vontade em uma sociedade mais convencional?

A sociologia também é importante porque ela lhe mostra como você se tornou o que você é.

- Como você se vê quando interage com os outros ao seu redor? Como julga ter construído essa visão de si mesmo?
- Que pessoas, grupos ou instituições sociais mais lhe ajudaram a definir o que você é?

RECURSOS DO CAPÍTULO

Resumo

Cultura é a totalidade dos comportamentos, objetos materiais, conhecimentos e costumes aprendidos e transmitidos socialmente que definem o grupo ou a **sociedade** a que pertencemos. Esses elementos da cultura são aprendidos ao longo do processo permanente de **socialização**. Este capítulo apresentou os elementos básicos comuns a todas as culturas e algumas variantes que distinguem as culturas entre si. Deteve-se sobre o papel da socialização no desenvolvimento humano, inclusive o modo como as pessoas desenvolvem o seu conceito de ***self***. E concluiu com uma descrição dos principais agentes de socialização e da **abordagem do curso da vida** à socialização.

1. **Universais culturais** são práticas gerais encontradas em todas as **culturas**; incluem-se os esportes, a culinária, a dança, a medicina, o ritual religioso e os tabus sexuais. A maneira de expressar estas práticas universais, porém, varia de cultura para cultura.
2. A maioria das pessoas usa a própria cultura como parâmetro para avaliar outras culturas, perspectiva chamada de **etnocentrismo**. Alguns sociólogos tentam ver outras culturas como elas são vistas por seus membros, perspectiva chamada de **relativismo cultural**.
3. Nas últimas décadas, o comércio internacional e o intercâmbio de ideias aceleraram a mudança cultural. Os sociólogos usam o termo **globalização** para designar a resultante integração mundial de políticas governamentais, culturas, movimentos sociais e mercados financeiros.
4. A **língua**, um elemento importante da cultura, inclui a fala, a escrita e os **símbolos**, além de gestos e de outras formas de **comunicação não verbal**. A língua, a um só tempo, descreve e molda a cultura.
5. **Normas** são padrões de comportamentos esperados dos membros de uma sociedade. As normas podem ser **formais** (escritas) ou **informais** (implicitamente entendidas). **Sanções** são recompensas e punições aplicadas a quem cumpre ou a quem infringe as normas sociais.
6. Toda cultura tem uma **ideologia dominante** – um conjunto de crenças e práticas que reforça interesses sociais, econômicos e políticos poderosos. As grandes culturas podem incluir **subculturas** – grupos de pessoas que compartilham normas e **valores** que diferem das normas e valores da sociedade como um todo e que talvez contrariem a ideologia dominante.
7. O processo de **socialização** nos valores culturais de uma sociedade é influenciado tanto pelo meio ambiente quanto pela hereditariedade. O estudo das bases biológicas do comportamento social é chamado de **sociobiologia**.
8. Segundo Charles Horton Cooley, nós tomamos conhecimento de quem somos ao interagir com os outros, fenômeno por ele chamado de ***self*-espelho**. Outro interacionista, George Herbert Mead, propôs uma teoria do desenvolvimento do ***self*** em três estágios.
9. Erving Goffman mostrou que muitas das nossas atividades cotidianas envolvem tentativas de transmitir impressões distintas daquilo que nós somos, processo por ele chamado de **gerenciamento das impressões**.
10. Os sociólogos adeptos da **abordagem do curso da vida** ao estudo da socialização interessam-se pelos fatores sociais que influenciam as pessoas ao longo de toda a vida, do nascimento à morte. Os agentes primários nesse processo são a família, as escolas, os grupos de pares, os meios de comunicação de massa e a tecnologia, o local de trabalho, a religião e o Estado.

Palavras-chave

abordagem do curso da vida, 71
abordagem dramatúrgica, 62
argot, 45
cerimônia de degradação, 73
choque cultural, 46
contracultura, 46
costumes, 50
cultura, 39
cultura material, 44
cultura não material, 44
defasagem cultural, 44
descoberta, 43
difusão, 43
etnocentrismo, 41
gerenciamento das impressões, 62
globalização, 43
guerra cultural, 54
ideologia dominante, 55
indústria cultural, 40
inovação, 43
instituição total, 71
invenção, 43
lei, 50
língua, 47
McDonaldização, 43
norma, 49
norma formal, 49
norma informal, 50
outro generalizado, 61
outros significativos, 62
papel de gênero, 66
personalidade, 39
relativismo cultural, 41
ressocialização, 71
rito de passagem, 71
role taking (internalização do papel), 60
sanções, 51
self, 59
self-espelho, 59
símbolo, 60
socialização, 39
socialização antecipatória, 71
sociedade, 39
sociobiologia, 56
subcultura, 45
tecnologia, 44
teoria do desenvolvimento cognitivo, 64
universais culturais, 40
uso, 50
valores, 52

CAPÍTULO

3

INTERAÇÃO SOCIAL, GRUPOS E ESTRUTURA SOCIAL

No início da década de 1970, o psicólogo social Philip Zimbardo convidou 70 estudantes da Stanford University, todos do sexo masculino, para participar de um experimento heterodoxo: um presídio simulado montado por Zimbardo em um prédio do *campus*. Os 70 sujeitos do experimento foram separados em dois grupos por meio de cara ou coroa – um grupo faria os prisioneiros e o outro grupo, os carcereiros. Zimbardo instruiu os "carcereiros" a criarem as suas próprias regras para dirigir o presídio; depois, esperou para ver no que dava.

Os resultados foram assombrosos e assustadores. Praticamente da noite para o dia, os carcereiros tornaram-se defensores implacáveis do regulamento, comandando os prisioneiros com berros e truculência. Alguns se revelaram cruéis e violentos; um deles chegou a decretar o "confinamento solitário" de um prisioneiro dentro de um armário. Os prisioneiros reagiram na mesma presteza: alguns caíram em depressão, demonstrando apatia e impotência; outros se rebelaram, enfurecidos. Em apenas seis dias, a situação tornara-se tão intolerável que Zimbardo viu-se obrigado a suspender o estudo. Depois de observar a angústia e o sofrimento dos "prisioneiros", teria sido antiético seguir em frente com o experimento (Zimbardo, 2007).

Os padrões de comportamento adotados pelos alunos participantes do estudo ao serem juntados em um presídio simulado foram previsíveis – o que se poderia esperar de carcereiros e de prisioneiros. ***Interação social*** é o termo com que os sociólogos designam as formas como as pessoas reagem umas às outras. A interação social não precisa ser face a face; falar pelo telefone e trocar mensagens pelo correio eletrônico também são formas de interação social. No experimento de Zimbardo, as interações entre os carcereiros e os prisioneiros eram inteiramente impessoais. Os carcereiros usavam óculos escuros com lentes antirreflexo que impossibilitavam o contato visual e dirigiam-se aos prisioneiros não pelo nome, mas pelo número.

Assim como em muitos presídios reais, o presídio simulado de Stanford possuia uma estrutura social na qual os carcereiros exerciam um controle praticamente absoluto sobre os prisioneiros. Na sua definição formal, ***estrutura social*** é o modo como a sociedade organiza-se frente a relacionamentos previsíveis. Nitidamente, a estrutura social da prisão influiu no modo de interação dos carcereiros com os prisioneiros. Conforme observado em Zimbardo e colaboradores (2009, p. 516), era um presídio real "na mente dos carcereiros e dos seus cativos". O experimento, realizado há 40 anos, foi repetido – com conclusões similares – tanto nos Estados Unidos quanto em outros países.

O experimento de Zimbardo ganhou nova relevância em 2004 na esteira das chocantes revelações de maus tratos a prisioneiros na unidade militar de Abu Ghraib, no Iraque, controlada pelos Estados Unidos. Fotografias exibiam soldados norte-americanos humilhando prisioneiros iraquianos nus e ameaçando atacá-los com cães policiais. A estrutura de uma prisão de guerra, conjugada à intensa pressão sobre os oficiais da inteligência militar para extrair informações acerca de atentados terroristas, contribuiu para o colapso no comportamento dos carcereiros. Porém, como o próprio Zimbardo observou, a conduta depravada dos carcereiros poderia ter sido prevista com base na sua pesquisa. A reação pública ao escândalo de Abu Ghraib foi tão intensa que, em 2009, na primeira semana de seu mandato, o presidente Barack Obama declarou que a partir de então os interrogadores usariam apenas métodos não coercivos para questionar suspeitos de terrorismo (Ratnesar, 2011).

Os dois conceitos de interação social e de estrutura social têm estreita ligação com grupos e organizações. As interações sociais costumam ocorrer em grupos, de amigos, de parentes, de colegas de trabalho, ou em organizações formais, como universidades e prisões. Independente do local, há uma estrutura social subjacente que dita os relacionamentos entre os membros do grupo ou da organização e as suas formas de reagir uns aos outros. Neste capítulo, abordaremos os seis elementos básicos da estrutura social: *status*, papéis sociais, grupos, redes sociais, mundos virtuais e instituições sociais como a família, a religião e o governo. Iremos constatar que os funcionalistas, os teóricos do conflito e os interacionistas diferem bastante na abordagem dessas instituições. Em seguida, compararemos a nossa moderna estrutura social com formas mais simples, usando tipologias desenvolvidas por Émile Durkheim, Ferdinand Tönnies e Gerhard Lenski. Também examinaremos como e por que surgiram as organizações formais – como uma corporação, ou a universidade que você frequenta – e, nesse processo, abordar o modelo da burocracia moderna de Max Weber.

INTERAÇÃO SOCIAL E REALIDADE

Como definimos a nossa realidade social? A título de ilustração, pensemos em algo simples, como a postura dos norte-americanos em relação às tatuagens. Não faz muito tempo, a maioria das pessoas considerava as tatuagens uma "esquisitice" ou uma "bizarrice". Elas eram associadas a grupos contraculturais como roqueiros *punk*, gangues de ciclistas e *skinheads*. Para muitos, suscitavam uma reação negativa automática. Hoje, porém, há tanta gente tatuada, inclusive ícones da moda e do esporte, o ritual de se tatuar ganhou tanta legitimidade, que as pessoas passaram a ver as tatuagens com outros olhos. Agora, em função da maior interação social com pessoas tatuadas, elas parecem-nos perfeitamente normais em uma série de contextos.

A natureza da interação social e do que constitui a realidade varia de cultura para cultura. Nas sociedades ocidentais, com a sua ênfase sobre o amor romântico, os casais veem o casamento tanto como um relacionamento quanto como um *status* social. Desde as flores no Dia dos Namorados aos gestos mais informais no dia a dia, as expectativas matrimoniais incluem juras de amor. No Japão, porém, o casamento é considerado um *status* social mais do que um relacionamento. Embora muitos casais japoneses, ou a maioria deles, mantenham, sem dúvida, um relacionamento de amor, não é fácil para nenhum deles, sobretudo o marido, dizer "Eu te amo". A maioria dos maridos tampouco chama a mulher pelo nome (eles preferem "Mãe"), ou olha nos olhos dela. Em 2006, em um esforço para mudar esses costumes restritivos, alguns homens japoneses criaram a Organização dos Maridos Devotados, que vem patrocinando um novo feriado, o Dia da Esposa Amada. Recentemente, o grupo organizou um evento intitulado Dia de Gritar o Seu Amor do Meio de um Canteiro de Abóboras. Dezenas de homens postaram-se em um canteiro de abóboras ao norte de Tóquio gritando "Eu te amo!" para as mulheres – algumas delas nunca tinham ouvido o marido pronunciar essas palavras. Em um outro gesto raro, os maridos prometeram que nesse dia chegariam em casa o mais tardar às 8 horas da noite (Japan Aisaika Organization, 2012; Kambayashi, 2008).

A capacidade de definir a realidade social reflete o poder de um grupo dentro de uma sociedade. Com efeito, um dos aspectos mais cruciais da relação entre os grupos dominantes e os grupos subalternos é a capacidade do grupo majoritário ou dominante de definir os valores da sociedade. O sociólogo William I. Thomas (1923), um dos primeiros críticos das teorias sobre as diferenças de raça e de gênero, reconheceu que a "definição da situação" poderia moldar o pensamento e a personalidade do indivíduo. Adotando uma perspectiva interacionista, Thomas escreveu que as pessoas reagem não só às características objetivas de uma pessoa ou de uma situação, mas também ao que a pessoa ou a situação *significa* para si. Por exemplo, no experimento do presídio simulado de Zimbardo, os alunos "carcereiros" e "prisioneiros" acataram a definição da situação (inclusive os papéis e o comportamento tradicionais associados ao fato de ser carcereiro ou prisioneiro) e agiram em conformidade com ela.

Analisemos com mais cuidado os elementos da estrutura social que ajudam a definir a realidade social.

ELEMENTOS DA ESTRUTURA SOCIAL

Os relacionamentos sociais previsíveis podem ser examinados em função de seis elementos: *status*, papéis sociais, grupos, redes sociais, mundos virtuais e instituições sociais. Esses elementos compõem a estrutura social exatamente como as fundações, as paredes e as lajes compõem a estrutura de um prédio, e desenvolvem-se ao longo do processo permanente da socialização, descrito no Capítulo 2.

Status

Normalmente, o "*status*" de uma pessoa é visto como algo relacionado a influência, a riqueza e a fama. No entanto, os sociólogos aplicam o termo ***status*** a toda a gama de posições socialmente definidas no interior de um grande grupo ou sociedade, da posição mais baixa à posição mais elevada. Na sociedade norte-americana, a pessoa pode ocupar o *status* de presidente da república, de colhedor de frutas, de filho, de violinista, de adolescente, de morador da cidade de Minneapolis, de técnico em odontologia ou de vizinho. A mesma pessoa pode ocupar vários *status* ao mesmo tempo.

Status* atribuído e *status* adquirido.** Os sociólogos distinguem entre o status *atribuído* e o status *adquirido* (ver Fig. 3.1). O ***status atribuído é "outorgado" à pessoa pela sociedade sem levar em conta as características ou os talentos singulares da

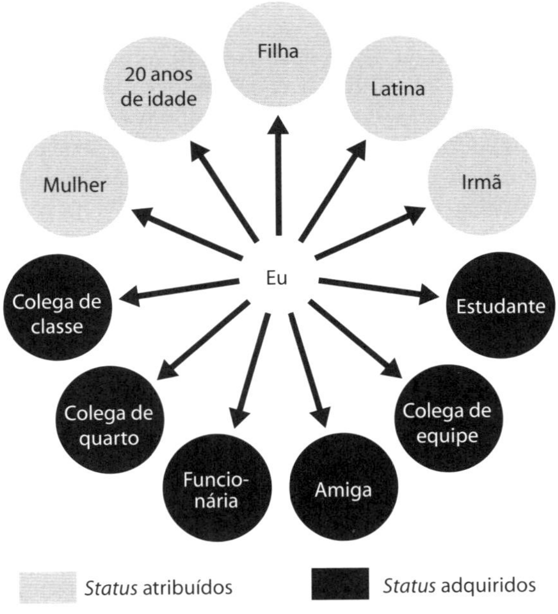

Figura 3.1 *Status* sociais.

> **Pense nisto**
> O "eu" desta figura ocupa múltiplas posições na sociedade, cada uma delas envolvendo *status* distintos. Como você definiria os *status* da *sua* pessoa? Quais deles mais afetam a sua vida?

pessoa. Normalmente, a outorga ocorre no nascimento; os antecedentes raciais, o gênero e a idade da pessoa são todos considerados *status* atribuídos. Embora tais características tenham origem biológica, a importância delas deve-se, acima de tudo, aos seus significados *sociais* na nossa cultura. Os teóricos do conflito interessam-se, sobretudo, pelos *status* atribuídos que, com frequência, ou conferem privilégios, ou refletem a afiliação da pessoa a um grupo subalterno. Os significados sociais de raça, etnia e gênero serão analisados mais detalhadamente nos Capítulos 6 e 7.

Na maioria dos casos, pouco podemos fazer para mudar um *status* atribuído. Podemos, porém, tentar mudar as tradicionais restrições associadas a esse tipo de *status*. Por exemplo, os Panteras Cinzentas – um grupo ativista político fundado em 1971 para trabalhar em prol dos direitos dos idosos – tentaram modificar os estereótipos negativos e alienantes do idoso. Em consequência do trabalho deles e de outros grupos de apoio aos idosos, o *status* atribuído de cidadão sênior reduziu o penoso estigma para milhões de idosos.

Ao contrário dos *status* atribuídos, o ***status adquirido*** resulta, em grande parte, de nossos próprios esforços. Tanto "presidente de banco" quanto "carcereiro" são *status* adquiridos, assim como "advogado", "pianista", "membro de uma confraria de estudantes", "presidiário" e "assistente social". Você precisa fazer alguma coisa para conseguir um *status* adquirido – frequentar a escola, aprender um ofício, firmar uma amizade ou inventar um produto novo. Como veremos no próximo item, o nosso *status* atribuído tem forte influência sobre o nosso *status* adquirido. Pertencer ao sexo masculino, por exemplo, reduz a probabilidade de o indivíduo cogitar ser cuidador infantil.

Status mestre. Cada pessoa possui vários *status* diferentes e às vezes conflitantes; alguns podem conotar posições sociais mais elevadas e outros, posições inferiores. Como, então, a posição social da pessoa é vista pelos outros? Segundo o sociólogo Everett Hughes (1945), as sociedades lidam com essas inconsistências acordando que certos *status* são mais importantes que outros. O ***status mestre*** é o *status* que prevalece sobre os outros e determina a posição da pessoa na sociedade. Por exemplo, Arthur Ashe, que morreu por complicações em decorrência da aids em 1993, fez uma brilhante carreira como jogador de tênis; mas, no final da vida, seu *status* como celebridade portadora de aids talvez tenha sobrepujado seus *status* como atleta aposentado, autor e ativista político. No mundo inteiro, muitos portadores de deficiências constatam que seu *status* como "portador de deficiência" tem um peso indevido e sobrepuja a sua efetiva capacidade de se desempenhar com êxito em um emprego proveitoso.

A sociedade norte-americana dá tanta importância à raça e ao gênero que, frequentemente, isso domina nossas vidas. Muitas vezes, esses *status* atribuídos influem no *status* adquirido. O ativista afro-americano Malcolm X (1925-1965), um eloquente e polêmico defensor do poder e do orgulho negro no início da década de 1960, lembrou que os seus sentimentos e perspectivas mudaram drasticamente quando ele cursava o último ciclo do ensino fundamental. Eleito representante de turma e concluindo o ciclo entre os primeiros da turma, ele desenvolvera uma visão positiva. Mas seus professores, todos brancos, o desestimulavam a cursar disciplinas mais desafiadoras – inadequadas, no entender deles, para estudantes negros. Quando o seu professor de inglês da oitava e última série, que era branco, alertou-o de que seu objetivo de se tornar advogado não era realista e incentivou-o, em vez disso, a virar carpinteiro, Malcolm X concluiu que o fato de ser negro (*status* atribuído) era um obstáculo ao seu sonho de ser advogado (*status* adquirido). Nos Estados Unidos, os *status* atribuídos de raça e de gênero podem funcionar como *status* mestres que afetam o potencial da pessoa em alcançar um cobiçado *status* profissional e social (Malcolm X, [1964] 1999, p. 37; Marable, 2011, p. 36-38).

Papéis sociais

O que são papéis sociais? Ao longo de toda a vida, nós somos investidos do que os sociólogos chamam de *papéis sociais*. Um ***papel social*** é um conjunto de expectativas frente a pessoas que ocupam um dado *status* ou posição social. Assim, espera-se que os taxistas saibam circular pela cidade, que as recepcionistas cuidem de repassar as mensagens telefônicas e que os policiais tomem providências ao ver um cidadão em situação de risco. Cada *status* social distintivo – quer atribuído, quer adquirido – gera determinadas expectativas quanto ao papel a ser desempenhado. No entanto, o desempenho real varia de indivíduo para indivíduo. Uma secretária pode assumir responsabilidades administrativas abrangentes enquanto outra talvez se concentre em tarefas burocráticas. De modo semelhante, no experimento do presídio simulado de Zimbardo, alguns estudantes revelaram-se carcereiros brutais e sádicos, mas outros não.

Os papéis são um componente importante da estrutura social. Na perspectiva funcionalista, contribuem para a estabilidade da sociedade, permitindo aos seus membros prever o comportamento dos outros e pautar as suas próprias ações nesse sentido. Mas os papéis sociais também podem ser disfuncionais, restringindo as interações e os relacionamentos das pessoas. Se nós vemos uma pessoa apenas como "policial" ou como "supervisor", será difícil relacionar-se com ela como amigo ou como vizinho.

Conflito de papéis. Imaginemos a delicada situação de uma mulher que, ao fim de dez anos trabalhando em uma linha de montagem de uma usina elétrica, acaba de ser promovida a supervisora da unidade. Como se espera que esta mulher se relacione com as suas velhas amizades e com os seus colegas de trabalho? Ela deve continuar saindo para almoçar com eles, como fazia diariamente há anos? Cabe a ela recomendar a demissão de um velho amigo que não consegue acompanhar as demandas da linha de montagem?

Use a sua imaginação sociológica

Se você fosse um enfermeiro, que aspectos do conflito de papéis você precisaria levar em conta? Agora, imagine que você é uma profissional do boxe. Que conflitos poderia isso acarretar em termos de expectativas quanto aos papéis? Em ambos os casos, até que ponto você se julga capaz de lidar com o conflito de papéis?

O ***conflito de papéis*** (*role conflict*) ocorre com o surgimento de expectativas incompatíveis em relação a duas ou mais posições sociais ocupadas pela mesma pessoa. Cumprir os papéis associados a um *status* pode implicar a transgressão frontal dos papéis associados a um segundo *status*. No exemplo supracitado, o mais provável é que a recém-promovida supervisora vivencie um dilacerante conflito entre o seu papel social e o seu papel ocupacional. Os conflitos de papéis impõem escolhas éticas importantes. A nova supervisora terá que tomar uma decisão difícil sobre o grau de lealdade que ela deve ao amigo e o que ela deve aos seus empregadores, que lhe confiaram as responsabilidades da supervisão.

Outro tipo de conflito de papéis ocorre quando os indivíduos assumem ocupações incomuns entre pessoas com o seu *status* atribuído. Os professores da pré-escola do sexo masculino e as policiais do sexo feminino estão sujeitos a esse tipo de conflito de papéis. No caso das mulheres policiais, elas precisam empenhar-se para conciliar o seu papel profissional com a visão da sociedade quanto ao papel da mulher, que não acolhe bem muitas das competências necessárias ao trabalho policial. E, embora sujeitas ao assédio sexual comum a toda a força de trabalho feminina, as policiais ainda precisam lidar com o "código do silêncio", uma norma informal que as impede de implicar colegas da polícia em malfeitos (Fletcher, 1995; S. Martin, 1994).

Tensão do papel. A tensão do papel retrata a situação de uma pessoa que lida com o desafio de ocupar duas posições sociais ao mesmo tempo. No entanto, uma só posição pode gerar problemas. Os sociólogos usam o termo ***tensão do papel*** (*role strain*) para designar a situação que se cria quando uma só posição social impõe expectativas e demandas conflitantes.

Membros de culturas minoritárias que atuam na cultura principal estão sujeitos à tensão do papel. O criminologista Larry Gould (2002) entrevistou agentes do Departamento de Polícia da Nação Navajo acerca de suas relações com autoridades das forças policiais clássicas, como delegados e agentes do Federal Bureau of Investigations (FBI). Além de fazer cumprir a lei, os agentes da Nação Navajo praticam uma forma alternativa de justiça conhecida como *Peacemaking* (Pacificação), que busca uma conciliação entre as partes de um crime. Os agentes navajo manifestaram uma forte confiança no *Peacemaking*, mas notou-se um temor de que, sem efetuar prisões, fossem tidos pelos demais agentes como excessivamente lenientes, ou "interessados apenas em sua própria gente". Independentemente da intensidade de seus vínculos com as tradições navajo, todos manifestaram a tensão de serem considerados ou "excessivamente navajo" ou "insuficientemente navajo".

Grupos

Em termos sociológicos, um ***grupo*** é qualquer número de pessoas que compartilham de normas, valores e expectativas semelhantes e que mantêm uma interação regular. Os integrantes de um time de basquete feminino, do setor administrativo de um hospital ou de uma orquestra sinfônica constituem grupos. Mas os moradores de um bairro afastado não, pois raramente interagem de modo coletivo.

Toda sociedade é constituída por inúmeros grupos que interagem socialmente no dia a dia. As pessoas buscam os grupos para fazer amizades, atingir determinadas metas e cumprir os papéis sociais adquiridos. Os grupos, portanto, desempenham um papel vital na estrutura de uma sociedade. Grande parte de nossa interação social dá-se no interior de grupos e é influenciada por suas normas e sanções. O fato de ser um adolescente ou um aposentado ganha um significado especial quando se interage com um grupo programado para pessoas desse *status* específico. As expectativas associadas a muitos dos papéis sociais, inclusive os ligados aos *status* de irmão, irmã e estudante, definem-se com maior nitidez em um contexto de grupo.

Grupos primários e secundários. Charles Horton Cooley (1902) cunhou o termo ***grupo primário*** para designar um grupo pequeno e caracterizado pela cooperação e associação estreita, face a face. Os membros de uma gangue de rua constituem um grupo primário, assim como os membros de uma família que mora em um mesmo domicílio, ou um grupo de "irmãs" que pertencem à mesma confraria universitária.

Os grupos primários desempenham um papel crucial tanto no processo de socialização (ver Cap. 2) quanto no desenvolvimento dos papéis e dos *status*, podendo ser fundamentais na existência cotidiana de uma pessoa. Quando nos identificamos estreitamente com um grupo, trata-se provavelmente de um grupo primário.

Também participamos de muitos grupos que não se caracterizam por laços de amizade estreitos, como turmas de faculdade muito numerosas ou empresas. O termo ***grupo secundário*** refere-se a um grupo formal e impessoal sem maior intimidade social ou simpatia mútua (ver Tab. 3.1). A distinção entre os grupos primários e os secundários nem sempre é cristalina. Alguns clubes sociais podem tornar-se tão grandes e impessoais que deixam de funcionar como grupos primários.

Recapitulando

Tabela 3.1 Comparação entre grupo primário e grupo secundário

Grupo primário	Grupo secundário
Em geral restrito	Em geral extenso
Período de interação relativamente longo	Duração relativamente curta, não raro passageira
Associação estreita, face a face	Pouca intimidade social e pouca compreensão mútua
Relacionamentos com certa profundidade emocional	Relacionamentos geralmente superficiais
Solidário, amistoso	Formal e impessoal

***In-groups* e *out-groups*.** Um grupo pode ter um significado especial para os seus integrantes em função do seu relacionamento com outros grupos. Às vezes, as pessoas de um grupo sentem-se ressabiadas ou ameaçadas por outro grupo, sobretudo se esse grupo é percebido como diferente na cultura ou na raça. Os sociólogos explicam estes sentimentos de "nós" e "eles" usando dois termos empregados pela primeira vez por William Graham Sumner (1906): *in-group* e *out-group*.

Um ***in-group*** pode ser definido como qualquer grupo ou categoria a que as pessoas julgam pertencer. Simplificando, o *in-group* inclui qualquer pessoa que seja definida como "nós". Ele tanto pode circunscrever-se a uma rodinha de adolescentes quanto abranger uma sociedade inteira. A própria existência de um *in-group* implica a existência de um ***out-group***, visto como "eles", um grupo ou categoria do qual as pessoas *não* se sentem integrantes.

O conflito entre *in-groups* e *out-groups* pode acabar em violência. Em 1999, dois alunos revoltados da Columbine High School, em Littleton, no Estado do Colorado, atacaram a escola deixando um saldo de 15 mortos entre professores e alunos, incluindo oa adolescentes. Aparentemente, teria sido um revide dos atiradores, integrantes de um *out-group* apelidado pelos demais alunos de *Trenchcoat Mafia* (Máfia da Capa de Chuva) às provocações de um *in-group* conhecido como *Jocks* (Esportistas Fanáticos). Episódios parecidos ocorreram em escolas do país inteiro, com adolescentes rejeitados, assoberbados por problemas pessoais e familiares, pela pressão do grupo de pares, pelas responsabilidades acadêmicas ou por imagens de violência divulgadas na mídia, revidando contra colegas de turma mais populares.

Use a sua imaginação sociológica

Imagine-se pertencendo a um *out-group*. Que imagem você faria do seu *in-group*, vendo-o desta perspectiva?

Grupos de referência. Tanto os *in-groups* quanto os grupos primários podem exercer uma influência avassaladora no modo de pensar e de se comportar do indivíduo. Os sociólogos chamam de ***grupo de referência*** qualquer grupo que sirva ao indivíduo como parâmetro de autoavaliação – tanto pessoal quanto comportamental. Por exemplo, um aluno do ensino médio que aspire a ingressar em um círculo social de fãs da música *hip-hop* irá pautar o seu comportamento pelo desse grupo de pares: passará a vestir-se como eles, a baixar as mesmas músicas e a frequentar as mesmas lojas e clubes.

Os grupos de referência têm duas funções básicas. Primeiro, uma função normativa, ao estabelecer e impor padrões de conduta e de crenças. O estudante do ensino médio que deseja a aprovação da galera do *hip-hop* terá que seguir os ditames do grupo, pelo menos até certo ponto. Segundo, uma função comparativa, ao servir como parâmetro de avaliação, tanto de si mesmo quanto dos outros. Um ator ou atriz irá autoavaliar-

-se em relação a um grupo de referência composto de colegas da mesma profissão (Merton e Kitt, 1950).

Os grupos de referência podem contribuir para o processo de socialização antecipatória. Por exemplo, um universitário que queira especializar-se em finanças pode ler *The Wall Street Journal*, estudar os balanços anuais das grandes empresas e acompanhar pelo rádio o noticiário do meio-dia sobre a bolsa de valores. Esse universitário está usando os especialistas em finanças como um grupo de referência ao qual aspira.

Redes sociais

Os grupos não servem apenas para definir outros elementos da estrutura social, como papéis e *status*; eles também conectam o indivíduo à sociedade como um todo. Todos nós pertencemos a vários grupos diferentes e, por meio de conhecidos, estabelecemos conexões com pessoas de diferentes círculos sociais. Estas conexões são conhecidas como ***rede social*** – uma série de relações sociais que conecta uma pessoa diretamente com outras, e, por meio dessas outras, indiretamente, com um número ainda maior de pessoas. As redes sociais podem ser centradas em praticamente qualquer atividade, da troca de informações sobre emprego ao compartilhamento de novidades e fofocas, ou até mesmo sexo. Algumas redes podem coibir as pessoas limitando o escopo das suas interações; por outro lado, as redes também podem capacitar as pessoas franqueando-lhes o acesso a vastos recursos (Christakis e Fowler, 2009).

O envolvimento nas redes sociais – ou, como costuma-se dizer, "estar nas redes sociais" (*networking*) – é especialmente útil na busca de um emprego. Albert Einstein só conseguiu um emprego quando o pai de um colega de turma o pôs em contato com o seu futuro empregador. Esses tipos de contato – mesmo que tênues e remotos – podem ser vitais para estabelecer redes sociais e facilitar a transmissão da informação.

Na recente crise econômica, as redes sociais eletrônicas serviram a uma nova função – prestar apoio aos desempregados. Quando não conseguiam encontrar emprego para os que haviam sido demitidos, os *websites* e as salas de bate-papo dedicaram-se a encorajá-los a ficarem juntos, a apoiarem-se mutuamente e a manterem uma postura positiva. Para os desempregados, conversar *on-line* com amigos ou até mesmo com estranhos que estão passando pelo mesmo sufoco pode representar uma importante injeção de ânimo (Scherer, 2010b).

As pesquisas, porém, indicam que a participação nas redes sociais, seja ao vivo, seja *on-line*, não é equânime. Há uma desvantagem das mulheres e das minorias étnicas e raciais na busca de novas e melhores oportunidades de trabalho ou de contatos sociais (Trimble e Kmec, 2011).

Mundos virtuais

Hoje, com os recentes avanços tecnológicos, as redes sociais podem funcionar por via eletrônica, dispensando o contato face a face. Boa parte dos contatos acontece *on-line*, por mensagens de texto, dispositivos portáteis ou *sites* sociais como o Facebook. Os adolescentes, mesmo sob a estrita vigilância dos pais ou dos professores, têm agora liberdade para interagir com amigos que estão longe. Os funcionários com espírito aventureiro podem, sem sair de sua mesa, escapar do ambiente de trabalho.

O correio eletrônico, as câmeras *web* e os *blogs* são apenas um primeiro passo na criação de modalidades alternativas da realidade social. Recentemente, surgiu no espaço virtual toda uma nova sociedade: o mundo virtual Second Life. Baseado na *web* e tridimensional, o Second Life conquistou, desde 2012, mais de 19 milhões de "jogadores". Nele, os jogadores assumem avatares que podem representar *self*-espelhos muito diferentes das suas verdadeiras identidades. Uma vez equipados com os seus avatares, constroem as suas vidas no mundo virtual, abrindo empresas e até comprando e decorando as suas casas.

Assim como os mundos reais, os mundos virtuais renderam-se à política e ao comércio. A Suécia foi o primeiro país do mundo real a abrir uma "embaixada" no Second Life. Em outro ponto desse mundo virtual, manifestantes promoveram uma marcha de apoio a um grupo francês da extrema direita que gerou um confronto com manifestantes antinazistas. O Second Life abre-se agora às grandes empresas do mundo real, que ali podem "construir" suas lojas. Algumas empresas chegaram a comprar "ilhas" para serem usadas em sessões de treinamento ou em conferências internas. Os funcionários podem comparecer a esses eventos exclusivos devidamente trajados no seu melhor estilo avatar. A comercialização desses espaços despertou bastante antagonismo: a Reebok enfrentou um ataque nuclear virtual e "clientes" foram "atingidos por tiros" na porta da loja American Apparel.

Use a sua imaginação sociológica

Que características do Second Life você gostaria de investigar e por quê? E como você conduziria tal investigação?

Um lado mais positivo do Second Life evidencia-se na Al-Andalus, uma comunidade com fins não lucrativos e democraticamente administrada que se dedica a promover o entendimento entre os diferentes credos religiosos. Iniciada após o 11 de setembro, a Al-Andalus tem igual número de avatares judeus, muçulmanos, cristãos e ateus. Possui até uma biblioteca para fornecer informações objetivas sobre religião, gerida por um avatar que, na vida real, é bibliotecário do Instituto Smithsoniano (Boellstorff 2008; Borrelli 2010; Gilsdorf 2010; Malaby 2009; Second Life 2010).

O sociólogo Manuel Castells (2010a, 2010b, 2010c) considera essas redes sociais eletrônicas emergentes como fundamentais para as novas organizações e para o crescimento das associações e empresas existentes. Assim como outros especialistas, os sociólogos apressam-se para entender esses contextos e seus respectivos processos sociais. O Second Life abriu o capital em 2003 – ou seja, milênios atrás, para esse mundo do ciberespaço. Os especialistas temem que, passada a atual fase de transição e não havendo um registro histórico, será impossível reconstruir esses mundos da forma como existiam quando eram povoados por não mais que uma centena, que dirá dezenas de milhares de avatares.

Para concluir, as redes virtuais podem ajudar a preservar as redes do mundo real interrompidas pela guerra e por outros deslocamentos. A recente mobilização das tropas norte-americanas no Oriente Médio e no Afeganistão fez muita

Use a sua imaginação sociológica

Se você fosse surdo, o que representaria para você o comunicador instantâneo da internet?

A melhor coisa da internet é que ninguém sabe que você é um cachorro.
Você é um misto de Pastor Alemão e Schnauzer com 4 anos de idade, gosta de sair para comprar ossos mastigáveis, fez 213 visitas à página da Lassie, disse em uma conversa em uma sala de *chat* em 29/08/99 que a terceira Lassie era a mais gostosa, fez *download* de fotos da terceira Lassie em 12/10/99 e as enviou por *e-mail* para outros cinco cachorros, cujas identidades são...
TOLES
©2000 THE BUFFALO NEWS. WITH DUE RESPECT TO THE NEW YORKER
DID YOU MARK ALL THAT?

Mesmo que pairem dúvidas sobre quem é o seu verdadeiro interlocutor nas "conversas" *on-line*, a internet agregou uma dimensão nova e fabulosa à interação social.

gente depender ainda mais do correio eletrônico. Hoje, as mensagens eletrônicas entre os soldados e suas famílias e amigos trazem fotos digitais e arquivos de som. Os soldados podem até assistir ao vivo, pela câmera *web*, à formatura dos irmãos ou a festas de aniversários. Os soldados norte-americanos também começaram a postar suas opiniões sobre a guerra do Afeganistão em diários *on-line* chamados de *weblogs*, ou *blogs*. Embora os críticos questionem a identidade de alguns dos autores, essas postagens tornaram-se mais uma fonte de notícias da guerra (Faith, 2005; O'Connor, 2004; Sisson, 2007).

Instituições sociais

Os meios de comunicação de massa, o governo, a economia, a família e o sistema de assistência de saúde são todos exemplos de instituições sociais presentes na sociedade. ***Instituições sociais*** são padrões organizados de crenças e comportamentos.

A observação minuciosa das instituições sociais dá aos sociólogos uma noção da estrutura de uma sociedade. Vejamos, por exemplo, a religião. A instituição da religião adapta-se ao segmento da sociedade atendido por ela. O trabalho eclesiástico tem significados muito distintos para os ministros que atuam em uma área carente ou em uma comunidade suburbana de classe-média. Os líderes religiosos designados para servir entre os desassistidos se ocupará de cuidar dos doentes e de prover comida e abrigo. Os sacerdotes dos bairros suburbanos se ocuparão de aconselhar os que pensam em casar-se ou em divorciar-se, promover atividades para a juventude e supervisionar eventos culturais (Schaefer, 2008b).

Iremos nos deter em mais detalhes sobre as instituições sociais nos Capítulos 8 e 9. A Figura 3.2 recapitula os seis principais elementos da estrutura social.

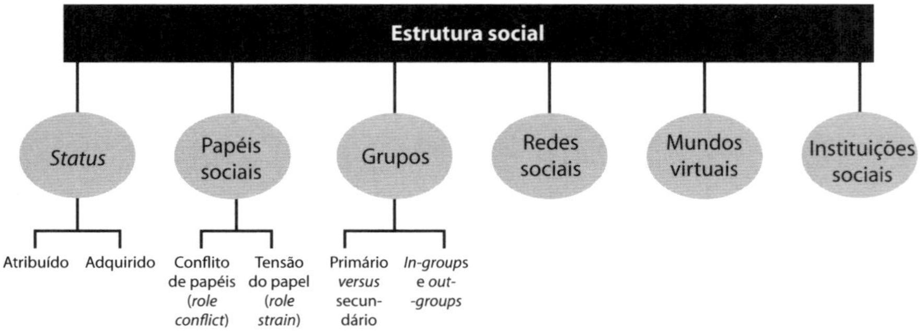

Figura 3.2 Estrutura social: visão geral.

ESTRUTURA SOCIAL NA PERSPECTIVA GLOBAL

As sociedades modernas são complexas, sobretudo se comparadas aos arranjos sociais anteriores. Os sociólogos Émile Durkheim, Ferdinand Tönnies e Gerhard Lenski apresentaram três maneiras de cotejar as sociedades modernas com formas mais simples de estrutura social.

A solidariedade mecânica/orgânica de Durkheim

Na sua obra *A divisão do trabalho* ([1893] 1933), Durkheim afirma que a estrutura social depende da divisão do trabalho na sociedade – ou seja, do modo com que as tarefas são executadas. Assim, uma tarefa como fornecer alimentos tanto pode ser executada por um único indivíduo, quanto pode repartir-se entre muita gente. Este segundo caso é um modelo típico das sociedades modernas, em que o cultivo, o processamento, a distribuição e a venda a varejo de um único produto alimentício são executados por centenas de pessoas.

Nas sociedades em que a divisão do trabalho é mínima, desenvolve-se uma consciência coletiva que ressalta a solidariedade de grupo. Durkheim denominou esse estado de espírito coletivo de ***solidariedade mecânica***, subentendendo que todos os indivíduos executam quase as mesmas tarefas. Nesse tipo de sociedade, ninguém precisa perguntar "O que fazem os seus pais?", pois todos trabalham mais ou menos na mesma coisa. Cada pessoa prepara o alimento, caça, confecciona as roupas, constrói casas, etc. Como as pessoas têm poucas opções quanto ao que fazer de suas vidas, há pouca preocupação com as necessidades individuais. Pelo contrário, o grupo é a força dominante na sociedade. Tanto a interação social quanto a negociação baseiam-se em contatos sociais próximos, estreitos, face a face. Como há pouca especialização, há poucos papéis sociais.

À medida que avançam tecnologicamente, as sociedades ampliam a divisão do trabalho. A pessoa que corta a árvore não é a mesma que constrói o telhado da sua casa. O aumento da especialização requer um grande número de pessoas diferentes para desempenhar um grande número de tarefas diferentes – mesmo na fabricação de um único item, como um rádio ou um fogão. Em geral, as interações sociais tornam-se menos pessoais do que nas sociedades caracterizadas pela solidariedade mecânica. As pessoas começam a relacionar-se entre si com base nas suas posições sociais ("açougueiro", "enfermeiro"), mais do que nas suas qualidades humanas distintivas. Como a estrutura social geral da sociedade segue mudando, os *status* e os papéis sociais sofrem perene transformação.

Com a maior complexidade da sociedade e da divisão do trabalho, indivíduo algum tem como se virar sozinho. A dependência dos outros passa a ser essencial para a sobrevivência do grupo. Na formulação de Durkheim, a solidariedade mecânica é, então, substituída pela ***solidariedade orgânica***, uma consciência coletiva que repousa na necessidade que os membros de uma sociedade têm uns dos outros. Durkheim escolheu o termo *solidariedade orgânica* porque, no entender dele, os indivíduos adquirem uma interdependência semelhante a dos órgãos do corpo humano.

A comunidade (*Gemeinschaft*) e a sociedade (*Gesellschaft*) de Tönnies

Ferdinand Tönnies (1855-1936) ficou horrorizado com o crescimento de uma cidade industrial na sua Alemanha natal no fim do século XIX. No entender de Tönnies, a cidade era um marco da mudança drástica do tipo ideal de comunidade coesa, que ele chamou de *Gemeinschaft,* para uma sociedade impessoal de massa, ou *Gesellschaft* (Tönnies, [1887] 1988).

A comunidade ***Gemeinschaft*** é típica da vida rural. É uma comunidade pequena em que as pessoas compartilham experiências de vida e históricos semelhantes. Praticamente todos se conhecem, de modo que as interações sociais são estreitas e notórias, quase como aquelas existentes no seio de uma família. A comunidade caracteriza-se pelo compromisso com o grupo social como um todo e pelo senso de companheirismo. As pessoas relacionam-se entre si de modo pessoal, e não apenas de "assistente administrativo" para "gerente". Mas essa interação pessoal resulta em pouca privacidade.

O controle social na *Gemeinschaft* dá-se por meios informais, como a pressão moral, o mexerico e até a gestualidade. São técnicas eficientes porque as pessoas dão genuína importância à opinião dos outros a seu respeito. A mudança social na comunidade é relativamente limitada; a vida dos netos pode ser muito parecida com a da geração dos avós.

A ***Gesellschaft***, ao contrário, é um tipo ideal característico da vida urbana moderna. A maioria das pessoas não se conhece e não acredita ter muito em comum com os demais moradores da comunidade. Os relacionamentos pautam-se por papéis sociais que emanam de tarefas imediatistas, como a compra de um produto ou o agendamento de um encontro de negócios. O interesse pessoal predomina e há pouco consenso quanto aos valores ou ao compromisso com o grupo. Por conseguinte, o controle social requer técnicas mais formais, como leis e punições legalmente previstas. A mudança social é um aspecto importante da vida na sociedade e pode ser ostensiva e óbvia, inclusive no âmbito intrageração.

A Tabela 3.2 resume as diferenças entre a *Gemeinschaft* e a *Gesellschaft.* Esses termos têm sido usados pelos sociólogos para comparar estruturas sociais que privilegiam relacionamentos estreitos com estruturas sociais que privilegiam vínculos menos pessoais. É fácil ter uma visão nostálgica da *Gemeinschaft* como um modo de vida muitíssimo melhor do que a competição feroz da existência contemporânea. No entanto, os relacionamentos mais estreitos da *Gemeinschaft* cobram o seu preço. O preconceito e a discriminação nela presentes podem ser extremamente repressivos; os *status* atribuídos, como o histórico familiar, prevalecem com frequência sobre singularidades como talento e realizações pessoais. Além disso, a *Gemeinschaft* tende a suspeitar de pessoas que curtem ser criativas ou apenas diferentes.

Recapitulando

Tabela 3.2 Comparação entre *Gemeinschaft* e *Gesellschaft*

Gemeinschaft	***Gesellschaft***
É a forma típica da vida rural	É a forma típica da vida urbana
As pessoas compartilham de um senso de comunidade que resulta de históricos e de vivências semelhantes	As pessoas têm baixo senso comunal; as diferenças entre elas são mais flagrantes do que as semelhanças
As interações sociais são estreitas e notórias	As interações sociais são provavelmente impessoais e vinculadas a tarefas específicas
As pessoas têm espírito de cooperação e objetivos comuns	O interesse pessoal predomina
Há total imbricação entre as tarefas e os relacionamentos pessoais	A tarefa em execução tem primazia absoluta e os relacionamentos são subordinados a ela
As pessoas dão pouca ênfase à privacidade pessoal	A privacidade é valorizada
Predomina o controle social informal	O controle social formal é patente
Não há muita tolerância com o desvio	Há mais tolerância com o desvio
Privilegiam-se os *status* atribuídos	Privilegiam-se os *status* adquiridos
A mudança social é relativamente limitada	A mudança social é notória, inclusive no âmbito intrageração

Pense nisto

Como você classificaria as comunidades que você conhece bem? Elas estariam mais para a *Gemeinschaft* ou para a *Gesellschaft?*

A evolução sociocultural de Lenski*

O sociólogo Gerhard Lenski tem uma visão muito diferente da sociedade e da estrutura social. Para Lenski, em vez da oposição entre dois tipos distintos de sociedade, como na visão de Tönnies, as sociedades humanas passam por um processo de mudança que se caracteriza por um padrão dominante conhecido como ***evolução sociocultural*** – termo que designa as tendências sociais de longo prazo resultantes da influência recíproca entre continuidade, inovação e seleção (Nolan e Lenski, 2009, p. 361).

Na visão de Lenski, o grau de tecnologia de uma sociedade é decisivo para o seu modo de organização. Lenski define ***tecnologia*** como "informação cultural sobre os meios com que os recursos materiais do meio ambiente podem ser usados para satisfazer as necessidades e os anseios humanos" (Nolan e Lenski, 2009, p. 357). A tecnologia disponível não é um determinante cabal da forma que uma dada so-

* N. de R.T.: Gerhard Lenski (1924): sociólogo norte-americano conhecido por suas contribuições à sociologia da religião, desigualdade social e à teoria ecológico-evolutiva.

ciedade e sua respectiva estrutura social assumem. Porém, um baixo grau de tecnologia pode limitar o quanto a sociedade pode recorrer a coisas como irrigação ou maquinário complexo. À medida que a tecnologia avança, a sociedade evolui do estágio pré-industrial para o industrial e, depois, para o pós-industrial.

Sociedades pré-industriais. Como uma sociedade pré-industrial organiza a sua economia? A resposta a essa pergunta permite classificar a sociedade. O primeiro tipo de sociedade pré-industrial a surgir na história da humanidade foi a ***sociedade de caçadores-coletores***, na qual as pessoas simplesmente subsistiam de quaisquer alimentos e fibras que encontrassem. A tecnologia era mínima em tais sociedades. Organizadas em grupos, as pessoas deslocavam-se constantemente em busca de alimento. Havia pouca divisão do trabalho em tarefas especializadas.

As sociedades de caçadores-coletores era composta por grupos pequenos e altamente dispersos. Cada grupo congregava quase exclusivamente pessoas relacionadas entre si. Por conseguinte, os vínculos de parentesco eram fonte de autoridade e de influência, e a instituição social da família assumia um papel de especial relevância. Tönnies certamente veria nessas sociedades exemplos da *Gemeinschaft*.

Devido à escassez de recursos nas sociedades de caçadores-coletores, havia relativamente pouca desigualdade em termos de bens materiais. A diferenciação social baseava-se em *status* atribuídos como gênero, idade e ascendência familiar. No fim do século XX, as derradeiras sociedades de caçadores-coletores haviam praticamente desaparecido (Nolan e Lenski, 2009).

As ***sociedades de olericultura***, em que as pessoas substituem a mera subsistência de alimentos encontrados à mão pela plantação de cultivos e lavouras, surgiram há cerca de 12 mil anos. Os integrantes dessas sociedades eram menos nômades do que os caçadores e coletores. Davam maior ênfase à produção de ferramentas e utensílios domésticos. Mas a tecnologia continuava a ser relativamente limitada: o cultivo das plantas era feito com o auxílio de enxadas ou de pedaços de pau com a ponta afiada (Wilford, 1997).

O estágio final do desenvolvimento pré-industrial é a ***sociedade agrária***, surgida há cerca de 5 mil anos. Assim como nas sociedades de olericultura, os integrantes das sociedades agrárias ocupam-se primordialmente de produzir alimento. No entanto, a introdução de inovações tecnológicas, como o arado, permitiu um aumento formidável da produtividade das colheitas agrícolas. Os agricultores conseguem cultivar os mesmos campos por gerações a fio, ensejando o surgimento de assentamentos ainda maiores.

Sociedades industriais. Mesmo sem ter promovido a deposição de monarcas, a Revolução Industrial gerou mudanças tão significativas como as decorrentes de revoluções políticas. Ocorrida em boa parte na Inglaterra no período de 1760 a 1830, foi uma revolução científica e centrada no uso de fontes de energia não animal (mecânica) aplicadas às tarefas de trabalho. Uma ***sociedade industrial*** é uma sociedade que depende da mecanização para a produção dos seus bens e serviços. As sociedades industriais dependiam de invenções que facilitassem a produção agrícola e industrial, e de novas fontes de energia, como o vapor.

O avanço da Revolução Industrial deu origem a uma nova forma de estrutura social. Muitas sociedades sofreram uma guinada irreversível na passagem de uma economia voltada para a agricultura para uma economia de base industrial. O indivíduo típico ou a família típica não gerava mais um produto completo. A especialização das tarefas e a fabricação de bens tornaram-se a regra. Os trabalhadores, em geral homens, mas também mulheres e até mesmo crianças, saíam de casa para trabalhar em unidades centralizadas, como as fábricas.

O processo de industrialização teve consequências sociais singulares. As famílias e as comunidades não podiam mais continuar a funcionar como unidades autossuficientes. Os indivíduos, os vilarejos e as regiões começaram a permutar bens e serviços e a tornar-se interdependentes. À medida que as pessoas passavam a depender do trabalho de membros de outras comunidades, a família perdeu a sua posição singular como fonte do poder e da autoridade.

Sociedades pós-industriais e sociedades pós-modernas. Ao propor pioneiramente, na década de 1960, a abordagem da evolução sociocultural, Lenski não se dava conta de como o surgimento de tecnologias ainda mais avançadas poderia afetar as sociedades industrializadas em fase de amadurecimento. Mais recentemente, o próprio Lenski e outros sociólogos estudaram as expressivas mudanças na estrutura ocupacional das sociedades industriais na sua transição de economia industrial para economia de serviços. Na década de 1970, o sociólogo Daniel Bell escreveu sobre a tecnologicamente avançada ***sociedade pós-industrial***, cujo sistema econômico gira em torno do processamento e do controle da informação. O principal produto de uma sociedade pós-industrial são os serviços, e não os bens industrializados. Grandes contingentes de pessoas adotam ocupações ligadas ao ensino e à geração ou à disseminação de ideias. Empregos em áreas como publicidade, relações públicas, recursos humanos e sistemas de computação seriam típicos de uma sociedade pós-industrial (D. Bell, [1973] 1999).

Bell entendia essa transição de sociedade industrial para sociedade pós-industrial como algo positivo. Ele enxergou um declínio generalizado de grupos organizados das classes trabalhadoras e uma ascensão de grupos de interesse preocupados com questões nacionais como saúde, educação e meio ambiente. É uma visão funcionalista, pois Bell retratou a sociedade pós-industrial basicamente como consensual. À medida que as organizações e os grupos de interesse engajam-se em um processo decisório aberto e competitivo, acreditava Bell, o grau de conflito entre os diferentes grupos atenua-se, fortalecendo a estabilidade social.

Mais recentemente, os sociólogos passaram da discussão das sociedades pós-industriais à discussão da sociedade pós-moderna. Uma ***sociedade pós-moderna*** é uma sociedade tecnologicamente sofisticada interessada pelos bens de consumo e pelas imagens dos meios de comunicação (Brannigan, 1992). Tal sociedade consome bens e informações em escala maciça. Os teóricos pós-modernos adotam uma perspectiva global, observando o modo como aspectos da cultura transcendem as fronteiras nacionais. Por exemplo, quem mora no Brasil pode ouvir música *reggae* jamaicana, comer *sushi* e outras iguarias japonesas, e calçar tamancos suecos. A Tabela 3.3 resume os seis estágios da evolução sociocultural.

Durkheim, Tönnies e Lenski apresentam três visões da estrutura social de uma sociedade – as três, embora divergentes, são úteis, e todas contribuem com subsídios para este livro. A abordagem da evolução sociocultural enfatiza a perspectiva histórica. Para ela, a coexistência de diferentes tipos de estrutura social em uma única sociedade é inconcebível. Ou seja, não se espera que caçadores e coletores coexistam com uma cultura pós-moderna em uma mesma sociedade. As teorias de Durkheim e Tönnies, em contrapartida, admitem a coexistência de diferentes tipos de comunidades – como a *Gemeinschaft* e a *Gesellschaft* – na mesma sociedade. Assim, é possível que uma comunidade rural do Estado de New Hampshire a 160 quilômetros de distância da cidade norte-americana de Boston esteja ligada à urbe pela moderna tecnologia da informática. A principal diferença entre estas duas últimas teorias é a ênfase: e a ênfase de Tönnies recai sobre a preocupação predominante em cada tipo de comunidade – o interesse próprio ou o bem-estar da sociedade como um todo –, e a de Durkheim recai sobre a divisão (ou a não divisão) do trabalho.

A obra desses três pensadores lembra-nos que a sociologia tem entre os seus objetivos primordiais identificar mudanças na estrutura social e suas respectivas

Recapitulando

Tabela 3.3 Estágios da evolução sociocultural

Tipo de sociedade	Ocasião em que surgiu	Características
Caçadores-coletores	Primórdios da humanidade	Nômade; dependência de fibras e de alimentos encontrados à mão
Olericultura	Por volta de 10 mil a 12 mil anos atrás	Maior grau de assentamento; desenvolvimento da agricultura, tecnologia rudimentar
Agrária	Por volta de 5 mil anos atrás	Assentamentos maiores e mais estáveis; tecnologia mais apurada e colheitas mais produtivas
Industrial	1760-1850	Atrelada à força mecânica e a novas fontes de energia; centralização dos locais de trabalho; interdependência econômica; ensino formal
Pós-industrial	Década de 1960	Atrelada aos serviços, em especial ao processamento e controle da informação; expansão da classe média
Pós-moderna	Fim da década de 1970	Alta tecnologia; consumo em massa de bens de consumo e de imagens veiculadas pelos meios de comunicação; integração transcultural

consequências para o comportamento humano. Na escala macro, vemos a sociedade caminhar para formas mais avançadas de tecnologia. A estrutura social torna-se cada vez mais complexa e surgem novas instituições sociais para assumir algumas funções antes desempenhadas pela família. Na escala micro, as mudanças afetam a natureza das interações sociais. Cada indivíduo assume múltiplos papéis sociais e as pessoas passam a depender mais das redes sociais e menos dos laços de família. À medida que a estrutura social torna-se mais complexa, os relacionamentos pessoais tornam-se mais impessoais, passageiros e fragmentados. O desenvolvimento das organizações formais e das burocracias, tema do próximo item, é mais um fruto desse processo.

Use a sua imaginação sociológica

Descreva alguma experiência pessoal que você tenha tido com uma sociedade não industrial ou com uma sociedade em desenvolvimento. Caso não tenha tido, essa experiência, como imagina preparar-se para ela?

ENTENDENDO AS ORGANIZAÇÕES

Organizações formais e burocracias

Com as sociedades industriais e pós-modernas caminhando para formas mais avançadas de tecnologia e suas estruturas sociais tornando-se mais complexas, as nossas vidas passaram a ser cada vez mais dominadas por grandes grupos secundários conhecidos como ***organizações formais***, grupos criados com uma finalidade especial e estruturados de modo a maximizar a eficiência. Os Correios, a cadeia de lanchonetes McDonald's, a orquestra Boston Pops e a faculdade que você frequenta são, todos eles, exemplos de organizações formais. Elas variam no porte, na especificidade das metas e no grau de eficiência, mas são todas estruturadas para facilitar o gerenciamento de operações de larga escala. Todas se organizam de forma burocrática.

Na nossa sociedade, as organizações formais atendem a uma enorme variedade de necessidades pessoais e sociais, moldando a vida de cada um de nós. Na verdade, as organizações formais tornaram-se uma força tão dominante que foi preciso criar órgãos que supervisionem outros órgãos, como a Securities and Exchange Commission (SEC), que regulamenta o mercado de ações nos Estados Unidos. Embora soe melhor afirmar que vivemos na "era do computador" do que afirmar que vivemos na "era das organizações formais", é provável que esta segunda seja uma descrição mais exata para nossa época (Azumi e Hage, 1972; Etzioni, 1964).

Status atribuídos como gênero, raça e etnia podem influenciar a autopercepção dentro das organizações formais. Por exemplo, um estudo sobre as advogadas mulheres nos maiores escritórios de advocacia dos Estados Unidos constatou diferenças importantes na imagem que as mulheres fazem de si próprias, dependendo da relativa presença ou ausência de mulheres em cargos de poder. Em empresas em que a promoção a "sócia" fica abaixo do patamar de 15%, as advogadas mostraram-se propensas a acreditar que as características "femininas" são fortemente desvalorizadas e que as características "masculinas" são sinônimas de sucesso. Como disse uma advogada, "Vamos encarar os fatos: é um mundo masculino, uma espécie de Clube do Bolinha, sobretudo na minha empresa". Em firmas com maior presença de mulheres em posições de poder, as advogadas manifestaram maiores ambições e maiores expectativas de serem promovidas (Ely, 1995, p. 619).

Características da burocracia

A ***burocracia*** é um componente da organização formal em que regras e hierarquias servem como um meio para se atingir a eficiência. Fileiras de escrivaninhas ocupadas por rostos indistintos, linhas e formulários sem fim, uma linguagem complexa e frustrantes embates com trâmites incompreensíveis – este conjunto de imagens execráveis contribuiu para conferir à palavra *burocracia* uma conotação obscena e torná-la um alvo fácil em campanhas políticas. Por isso, e a despeito do fato de todos nós desempenharmos inúmeras tarefas burocráticas, pouca gente dispõe-se a definir a sua ocupação como "burocrata". Na sociedade industrial, quase toda ocupação contém elementos da burocracia.

Max Weber ([1913-1922] 1947) foi o primeiro a sinalizar para os pesquisadores a importância da estrutura burocrática. Em um avanço sociológico de grande importância, Weber ressaltou a semelhança básica entre estrutura e processo presente nas iniciativas da religião, do governo, da educação e dos negócios, antes tidas como divergentes. Weber enxergou na burocracia uma forma de organização bastante diferente da organização do negócio familiar. Para fins de análise, formulou um tipo ideal de burocracia que espelharia os aspectos mais característicos de todas as organizações humanas. Por ***tipo ideal***, Weber entendia um construto ou modelo que vale como parâmetro de avaliação para casos reais. Na realidade, naõ existem burocracias perfeitas; no mundo real, organização alguma corresponde exatamente ao tipo ideal de Weber.

Segundo Weber, seja qual for o propósito – como administrar uma igreja, uma grande empresa ou um exército –, a burocracia ideal apresenta cinco características básicas. Segue-se a discussão das características e das disfunções (ou potenciais consequências negativas) de uma burocracia.

1. *Divisão do trabalho*. Os especialistas cumprem tarefas específicas. Na burocracia da sua faculdade, o encarregado da matrícula não cuida do cadastro e o diretor não cuida da manutenção dos prédios. Cuidar de tarefas específicas aumenta a probabilidade de as pessoas aprofundarem suas competências e desempenharem o cargo com eficiência máxima. A ênfase na especialização é uma parte tão essencial em nossa vida que talvez não nos demos conta de que se trata de um desdobramento relativamente recente na cultura ocidental.

   Embora certamente tenha aprimorado o desempenho de muitas burocracias complexas, a divisão do trabalho pode, em alguns casos, levar à ***incapacidade treinada***. Em outras palavras, os funcionários atingem tamanho grau de especialização que desenvolvem pontos cegos e deixam de enxergar problemas óbvios. Ou pior, talvez nem se interessem pelo que se passa no setor vizinho. Alguns observadores acreditam que tais desdobramentos minaram a produtividade dos trabalhadores nos Estados Unidos.

Há casos em que a divisão burocrática do trabalho pode ter resultados trágicos. Na esteira dos atentados coordenados de 11 de setembro de 2001 ao World Trade Center e ao Pentágono, os norte-americanos vocalizaram a sua perplexidade sobre como era possível o FBI e a Central Intelligence Agency (CIA) não terem detectado o intrincado planejamento operacional dos terroristas. O problema, em parte, estava na divisão do trabalho entre o FBI, que cuida das questões internas, e a CIA, que opera no exterior. É notório o zelo com que os dirigentes dessas organizações de coleta de informações, ambas gigantes da burocracia, dedicam-se a encobrir os seus respectivos indícios. Investigações subsequentes revelaram que, desde o início da década de 1990, conhecia-se Osama bin Laden e a sua rede de terrorismo, a Al Qaeda. Infelizmente, cinco agências federais dos Estados Unidos – CIA, FBI, National Security Agency, Defense Intelligence Agency e National Reconnaissance Office – abstiveram-se de compartilhar as informações obtidas sobre a rede. Embora talvez não fosse possível prevenir o sequestro dos quatro aviões comerciais usados nos atentados, não há a dúvidas de que a divisão burocrática do trabalho emperrou os esforços da defesa antiterrorismo e minou a segurança nacional do país.

2. *Autoridade hierárquica.* As burocracias seguem o princípio da hierarquia, ou seja, cada posição é supervisionada por uma autoridade de escalão mais elevado. A burocracia da universidade é presidida por um reitor ou reitora; ele ou ela escolhe os membros da administração, que, por sua vez, escolhem o seu respectivo *staff*. Na Igreja Católica Romana, o papa é a autoridade suprema, seguido por cardeais, bispos e assim por diante.
3. *Regras e regulamentos escritos.* E se o professor de sociologia desse nota máxima a seu colega de turma porque o sorriso dele é cativante? Você talvez considerasse isso injusto – ou seja, "contrário às regras". É por meio de regras e regulamentos escritos que as burocracias costumam transmitir aos funcionários parâmetros nítidos para um desempenho adequado (ou excepcional). Os trâmites proporcionam um senso de continuidade importante para uma burocracia. Os funcionários vêm e vão, mas a estrutura e os arquivos conferem à organização uma vida própria que sobrevive à passagem de qualquer burocrata.

Naturalmente, as regras e os regulamentos podem sobrepor-se aos objetivos maiores de uma organização a ponto de torná-los disfuncionais. E se um médico do pronto-socorro deixasse de atender um paciente gravemente ferido pelo fato de ele não dispor de um comprovante válido da cidadania norte-americana? Aplicadas às cegas, as regras deixam de ser um meio para se alcançar um objetivo e tornam-se importantes (talvez excessivas) em si mes-

Use a sua imaginação sociológica

Escolha uma organização que você conheça bem – por exemplo, a faculdade, o trabalho, uma entidade religiosa ou cívica – e aplique a ela as cinco características da burocracia de Weber. Até que ponto buscar sua organização corresponde ao tipo ideal de burocracia de Weber?

"Francamente, neste ponto do infográfico, não sabemos o que acontece com essas pessoas"

A autoridade hierárquica pode privar as pessoas do processo decisório, mas não deixa dúvidas sobre quem supervisiona quem.

mas. Robert Merton (1968) usou o termo ***deslocamento de objetivos*** para designar a obediência excessivamente radical aos regulamentos oficiais.

4. *Impessoalidade.* Max Weber escreveu que, em uma burocracia, o trabalho é realizado *sine ira et studio,* "sem ódio e sem preconceito". As normas burocráticas estipulam que as autoridades cumpram as suas funções com imparcialidade e isenção. Porém, a despeito da intenção de assegurar a todos um mesmo tratamento, essa abordagem também contribui para a sensação de frieza e pouco caso tantas vezes associada às organizações modernas. A imagem típica que nos ocorre quando falamos em burocracias impessoais é a de um governo ou de uma grande empresa. Mas hoje até as pequenas firmas recorrem a sistemas eletrônicos para automatizar a distribuição das chamadas telefônicas.
5. *Emprego baseado nas qualificações técnicas.* Na burocracia ideal, a contratação baseia-se nas qualificações técnicas mais do que no favoritismo, e o desempenho é avaliado em função de parâmetros específicos. Políticas de pessoal escritas estabelecem quem é promovido; as pessoas normalmente têm o direito de apelar caso suspeitem de infração a determinadas regras. Trâmites do gênero protegem os burocratas de demissões arbitrárias, proporcionam relativa segurança e estimulam a lealdade à organização.

Embora, idealmente, toda burocracia valorize a competência técnica e profissional, as decisões de pessoal nem sempre se enquadram nesse ideal. As disfunções burocráticas têm sido amplamente divulgadas, sobretudo devido ao trabalho de Laurence J. Peter. Segundo o ***Princípio de Peter***, todo funcionário no âmbito de uma hierarquia tende a ascender ao seu grau de incompetência (Peter e Hull, 1969).

Estas cinco características da burocracia, formuladas por Max Weber há mais de 90 anos, são mais uma descrição do tipo ideal do que uma definição precisa da burocracia real. Nem toda organização formal irá reunir todas as cinco características de Weber. Na verdade, o grau de variabilidade entre as organizações burocráticas reais é extenso. A Tabela 3.4 recapitula as características de uma burocracia.

Burocracia e cultura organizacional

Como a burocratização afeta o indivíduo mediano que trabalha em uma organização? Os primeiros teóricos das organizações formais se descuidaram quanto essa questão. Max Weber, por exemplo, concentrou-se nos escalões gerenciais das burocracias, mas pouco teve a dizer sobre o operariado industrial ou sobre o funcionalismo que atua nas agências governamentais.

Segundo a ***teoria clássica*** das organizações formais, também conhecida como ***abordagem da administração científica***, os trabalhadores são motivados quase somente pelas recompensas econômicas. A teoria ressalta que apenas condicionantes físicos limitam a produtividade dos trabalhadores. Assim, os trabalhadores são tratados como um recurso, em uma estreita analogia com as máquinas que começaram a substituí-los no século XX. O escalão gerencial tenta maximizar a eficiência no trabalho com planejamento científico, estabelecimento de parâmetros de

Recapitulando

Tabela 3.4 Características da burocracia

		Consequência negativa	
Característica	**Consequência positiva**	**Para o indivíduo**	**Para a organização**
Divisão do trabalho	Gera eficiência nas grandes organizações	Gera incapacidade treinada	Estreita as perspectivas
Autoridade hierárquica	Deixa claro quem está no comando	Priva os funcionários do processo decisório	Permite o encobrimento dos erros
Regras e regulamentos escritos	Permite que os funcionários saibam o que se espera deles	Sufoca a iniciativa e a imaginação	Leva ao deslocamento de objetivos
Impessoalidade	Reduz o preconceito	Propicia um ambiente de frieza e indiferença	Desestimula a lealdade à empresa
Emprego baseado nas qualificações técnicas	Desestimula o favoritismo e reduz pequenas rivalidades	Desestimula a ambição de aprimorar-se em outro lugar	Propicia o Princípio de Peter

desempenho e rigorosa supervisão dos trabalhadores e da produção. Na abordagem, o planejamento inclui estudos de eficiência, mas não estudos sobre as atitudes dos trabalhadores ou sobre satisfação no emprego.

Foi preciso a organização dos trabalhadores em sindicatos – forçando o escalão gerencial a reconhecer que eles não eram objetos – para os teóricos das organizações formais começarem a rever a abordagem clássica. Paralelamente aos gerentes e administradores, os cientistas sociais perceberam a importância do impacto dos grupos informais de trabalhadores sobre as organizações. Uma visão alternativa sobre a dinâmica burocrática, a ***abordagem das relações humanas*** enfatiza as funções das pessoas, da comunicação e da participação no interior das burocracias. Esse tipo de análise reflete o interesse dos teóricos interacionistas no comportamento dos pequenos grupos. Ao contrário do que ocorre na abordagem da administração científica, o planejamento centrado na perspectiva das relações humanas privilegia os sentimentos, as frustrações e a necessidade emocional de satisfação com o emprego por parte dos trabalhadores (Perrow, 1986).

Hoje, a pesquisa sobre as organizações formais trilha novos caminhos, entre eles:

- A recente ascensão à cúpula gerencial de um pequeno número de mulheres e de integrantes de grupos minoritários.
- Nas grandes corporações, o papel que exercem no processo decisório grupos que não pertencem às altas esferas de liderança.
- Nas organizações que terceirizaram funções-chave para o exterior, a perda de balizas fixas.
- A influência da internet e dos mundos virtuais sobre os negócios e sobre as preferências de consumo.

Embora os *insights* de Max Weber continuem válidos, a pesquisa das organizações avançou muito além deles (Hamm, 2007; Kleiner, 2003; W. Scott e Davis, 2007).

A SOCIOLOGIA É IMPORTANTE

A sociologia é importante porque ela define o seu *status* social em termos de grupos e características sociais variados.

- Qual é o seu *status* atribuído? Que *status* adquirido você espera alcançar? Você tem um *status* mestre? Caso tenha, como ele afeta as suas realizações?
- Que grupos primários e secundários você integra, e por quê? Como esses grupos influem no seu comportamento?
- Com que redes e instituições você está envolvido? Você está em alguma rede virtual? Quais são as funções dessas redes, e como elas podem ajudá-lo?

RECURSOS DO CAPÍTULO

Resumo

Mediante a **estrutura social,** a sociedade organiza-se em relacionamentos previsíveis que facilitam a **interação social.** A transmissão da cultura e a própria sobrevivência da sociedade dependem da interação social. Este capítulo apresentou os seis elementos básicos da estrutura social e dos ***status*** individuais, e **papéis sociais** correspondentes, até **grupos, redes sociais,** mundos virtuais e **instituições sociais.** Examinou ainda diversas teorias da estrutura social e as **organizações formais**, como as **burocracias.**

1. O ***status*** **atribuído** é geralmente conferido à pessoa ao nascer, ao passo que um ***status*** **adquirido** é em larga escala conquistado por esforço próprio. Nos Estados Unidos, *status* atribuídos como raça e gênero podem funcionar como um ***status*** **mestre** capaz de afetar o potencial de realizações da pessoa.
2. Os *status* definem os **papéis sociais.** Quem exerce mais de um papel social costuma estar sujeito ao **conflito de papéis**, mas um único papel também pode gerar **tensão do papel.**
3. Boa parte do nosso comportamento social dá-se no interior dos **grupos**. Quando nos sentimos estreitamente identificados com um grupo, trata-se provavelmente de um **grupo primário**. Os **grupos secundários** são mais formais e impessoais.
4. As pessoas tendem a olhar o mundo em termos de ***in-groups*** (os grupos em que se incluem) e de ***out-groups*** (os grupos de que se excluem ou com de que não se identificam). Os **grupos de referência** definem e impõem o cumprimento de padrões de conduta social, servindo como parâmetros de comparação mútua entre os seus integrantes.
5. Os grupos atuam como elos com as **redes sociais** e os seus vastos recursos. Hoje, a participação na rede dá-se *on-line*, parte dela em mundos virtuais que existem apenas na internet.
6. **Instituições sociais** como o governo e a família cumprem funções sociais essenciais, como manter a ordem e perpetuar a sociedade, funções que fogem ao alcance de outros grupos.
7. Émile Durkheim acreditava que a estrutura social depende da divisão do trabalho na sociedade. Segundo Durkheim, as sociedades com um grau mínimo de divisão do trabalho possuem uma consciência coletiva conhecida como **solidariedade mecânica**; já aquelas com um grau mais elevado de divisão do trabalho manifestam uma interdependência conhecida como **solidariedade orgânica**.
8. O sociólogo Ferdinand Tönnies comparou o tipo de comunidade altamente coesa característico da vida rural, a que deu o nome de ***Gemeinschaft,*** com o tipo impessoal de sociedade de massa que caracteriza a vida urbana, por ele chamado de ***Gesellschaft.***

9. Na sua teoria da **evolução sociocultural**, Gerhard Lenski vinculou o desenvolvimento histórico das sociedades aos avanços tecnológicos obtidos por elas. Lenski mostrou como elas evoluíram a partir das primitivas **sociedades de caçadores-coletores** até as **sociedades pós-industriais e pós-modernas** da era contemporânea.
10. À medida que as sociedades crescem em complexidade, as grandes **organizações formais** e as **burocracias** tornam-se mais poderosas e disseminadas. Max Weber teorizou que, dentro do seu **tipo ideal**, toda burocracia tem cinco características básicas: divisão do trabalho, autoridade hierárquica, regras e regulamentos escritos, impessoalidade e emprego baseado nas qualificações técnicas.

Palavras-chave

CAPÍTULO

4

DESVIO E CONTROLE SOCIAL

Rachel vinha de uma família feliz. Começou a se automutilar com um cabide de roupa quando as amigas passaram a hostilizá-la. Passou uma semana em casa sem aparecer na escola e sem parar de chorar depois que as outras começaram a espalhar boatos maldosos sobre ela. Natalie, estudante de graduação, começou a se automutilar no 9º ano. Frequentava a ponte com um grupo de *punks*, fumando e se drogando, quando começou a imitar a turma da automutilação.

Essas descrições da prática da automutilação foram extraídas da extensiva pesquisa de Patricia A. Adler e Peter Adler sobre esse comportamento tão pouco conhecido e sobre as suas raízes sociais. Durante seis anos, os Adler realizaram entrevistas prolongadas e de cunho altamente emocional com automutiladores e ficaram amigos de muitos deles. Por meio de grupos de apoio baseados na internet e de postagens na *web*, conheceram outros automutiladores no espaço virtual. "Em vez de mantermos uma postura de absoluta isenção em relação aos nossos sujeitos, envolvemo-nos na vida deles para ajudá-los e para dar voz às suas experiências e crenças", admitem os Adler (2007, p. 542).

O trabalho dos Adler sobre a automutilação espelha todas as três principais abordagens sociológicas. Para os automutiladores, que raramente fazem contato entre si, a internet funciona como um ponto de encontro, um refúgio do isolamento social que impõem a si mesmos. Como ressaltariam os teóricos do conflito, o seu comportamento não convencional os marginaliza, impedindo-os de receber assistência mesmo quando abertos para isso. Os interacionistas salientariam o caráter vital para os automutiladores dos contatos interpessoais ao vivo e, muitas vezes, *on-line*.

Mesmo que a preferência de muitos seja ignorar o fenômeno da automutilação, acreditando que quem o pratica acabará por "superá-lo", a pesquisa dos Adler permite que abordemos o ato de forma lúcida, científica e inserida no contexto social. Eles constataram que os automutiladores são um grupo diversificado cuja maioria dos participantes jamais passou por tratamento psicológico. O grupo inclui adolescentes e adultos jovens, além de adultos mais velhos que se comunicam *on-line*. A automutilação é um comportamento pensado e meticulosamente planejado, que passa longe do impulsivo ou do patológico. O surpreendente é que, com frequência, os seus praticantes começam a mutilar-se na companhia de outros e não solitariamente. Recentemente, começaram a aglutinar-se como subcultura (Adler e Adler, 2007, p. 544-545, 559-560; 2008b; 2011).

Quem decide o que é e o que não é um comportamento normal? E como a sociedade tenta controlar o que as pessoas dizem e fazem? Veremos neste capítulo diversos mecanismos de *controle social*, tanto formais quanto informais. Também iremos discutir uma forma de desvio sujeita a controles estritamente formais: a *criminalidade*.

CONTROLE SOCIAL

Como vimos no Capítulo 2, cada cultura, subcultura ou grupo tem normas próprias que regem o que é visto como um comportamento adequado. Leis, códigos de vestuário, regulamentos internos, exigências curriculares, regras de esportes ou de jogos, tudo isso é expressão de normas sociais.

De que modo a sociedade impõe as normas básicas? O termo ***controle social*** refere-se às técnicas e às estratégias para prevenir o comportamento desviante em qualquer sociedade. O controle social ocorre em todos os níveis da sociedade. Na família, somos socializados para obedecer aos pais simplesmente por eles serem os nossos pais. Os grupos de pares apresentam normas informais – como os códigos de vestuário – que regem o comportamento de seus integrantes. As universidades estabelecem padrões e esperam que eles sejam cumpridos pelos alunos. Nas organizações burocráticas, os funcionários se deparam com um sistema formal de regras e regulamentos. Por fim, o governo de cada sociedade legisla e faz cumprir as normas sociais.

A maioria de nós respeita e acata normas sociais básicas e presume que os outros farão o mesmo. Não é preciso pensar duas vezes para obedecer às instruções da polícia, seguir as regras do emprego e recuar para o fundo do elevador quando as pessoas entram. Tais comportamentos refletem um processo efetivo de socialização no que diz respeito aos padrões dominantes de uma cultura. Ao mesmo tempo, estamos perfeitamente cientes de que os indivíduos, os grupos e as instituições *esperam* um comportamento "correto" da nossa parte. Essa expectativa faz com que existam ***sanções***, punições e recompensas por um comportamento associado a uma norma social. Se não correspondermos devidamente a norma, podemos ser punidos por sanções informais como o medo e o ridículo, ou por sanções formais como as sentenças de prisão ou as multas.

A sanção formal capital é a pena de morte, que vem gerando controvérsia ultimamente. A Figura 4.1 mostra o número de execuções consumadas nos Estados Unidos de 1976 ao final de janeiro de 2012. Será a sanção uma forma eficaz de controle social? Além de eliminar a pessoa que está sendo executada, que proveito se extrai da pena de morte? Consegue-se com ela controlar de fato o comportamento alheio, evitando o cometimento de um crime capital? Para responder a essas perguntas, é preciso que os pesquisadores levem em conta a motivação subjacente aos crimes capitais e também a capacidade do criminoso de entender as punições resultantes. Computando tais fatores, os pesquisadores encontraram poucas evidências de que a execução seja um freio mais poderoso contra os crimes capitais do que um prolongado período de encarceramento (Rosenfeld, 2004; Sorenson et al., 1999).

O grande desafio ao controle social efetivo é a frequência com que as pessoas recebem mensagens contraditórias sobre como se comportar. Mesmo que o Estado

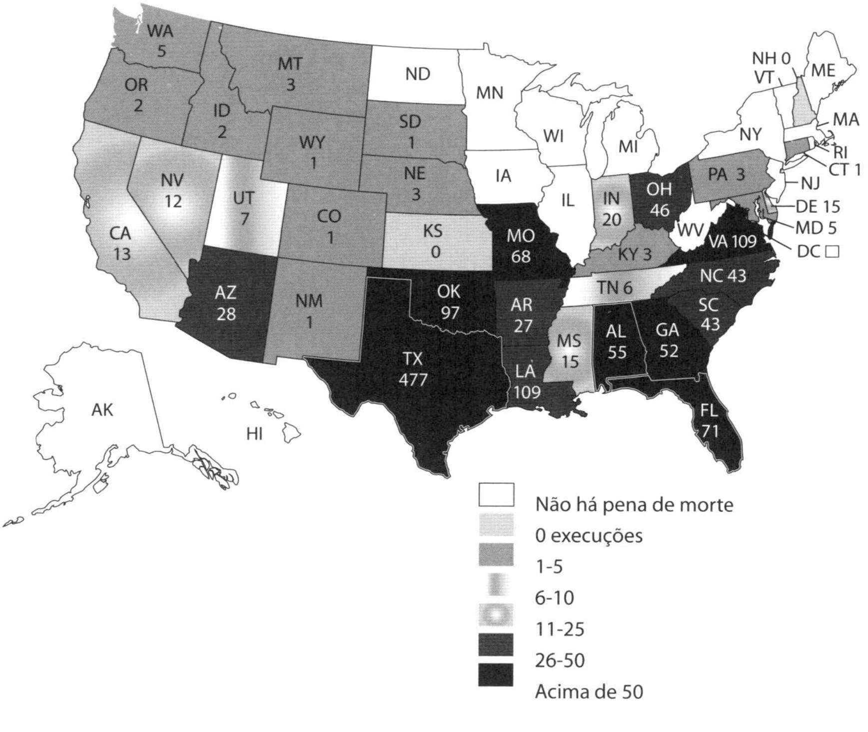

Figura 4.1 Execuções capitais nos Estados Unidos, por estado da federação, desde 1976.

Nota: Número de execuções consumadas de 17 de janeiro de 1977 a 23 de janeiro de 2012, excluídas três execuções federais. O Estado de Illinois consumou 12 execuções antes de abolir a pena de morte.

Fonte: Death Penalty Information Center, 2012.

Pense nisto

Por que o número de execuções capitais nos Estados Unidos varia tanto de estado para estado? Quais as possíveis causas dessa variação?

ou o governo defina com clareza o comportamento aceitável, pode ser que amigos ou colegas de trabalho estimulem padrões de comportamento bem diferentes. Historicamente, as medidas legais visando a impedir a discriminação com base na raça, religião, gênero, idade e orientação sexual têm sido difíceis de aplicar porque muita gente incentiva tacitamente a sua violação.

Assim como sucede com outros tópicos, os sociólogos que estudam o controle social costumam enquadrar-se em uma das grandes perspectivas teóricas. Os funcionalistas afirmam que a sobrevivência de um grupo ou de uma sociedade depende do respeito das pessoas às normas sociais. Na visão deles, as sociedades seriam incapazes de funcionar se as pessoas desafiassem maciçamente os padrões de conduta adequados. Por sua vez, os teóricos do conflito sustentam que o "bom funcionamento" da sociedade beneficia os poderosos em detrimento dos demais grupos. Salientam, por exemplo, que a resistência generalizada às normas sociais nos Estados Unidos foi necessária para abolir a instituição da escravatura, conquistar a independência da Inglaterra, assegurar os direitos civis e o voto feminino, e impor o fim da guerra no Vietnã.

Conformidade e obediência

As técnicas de controle social operam tanto no nível do grupo quanto no da sociedade. Pessoas que consideramos nossos pares ou nossos iguais nos influenciam a agir de determinadas formas; o mesmo vale para pessoas com autoridade sobre nós ou que ocupam posições que inspiram reverência. Stanley Milgram (1975) estabeleceu uma distinção entre estes dois importantes níveis de controle social.

Milgram definiu ***conformidade*** como o ato de curvar-se ao arbítrio dos pares – pessoas de *status* similar ao nosso e sem direitos especiais para ditar o nosso comportamento. Por sua vez, ***obediência*** é submeter-se a autoridades de escalão mais elevado na estrutura hierárquica. Assim, um recruta que ingressa no serviço militar irá *conformar-se* aos hábitos e à linguagem dos demais recrutas e *obedecer* às ordens dos oficiais superiores. Os estudantes irão *conformar-se* ao comportamento de seus pares e *obedecer* às orientações dos agentes de segurança do *campus.*

Você acataria a instrução de um pesquisador para aplicar nas pessoas choques cada vez mais dolorosos, caso recebesse ordens nesse sentido? A maioria responderia que não, mas a pesquisa do psicólogo social Stanley Milgram (1963, 1975) sugere que a maioria de nós acataria estas ordens. Citando Milgram (1975, p. xi), "Um comportamento que seria impensável para um indivíduo [...] agindo por conta própria talvez seja acatado sem hesitação caso ele esteja cumprindo ordens".

Milgram publicou anúncios nos jornais da cidade norte-americana de New Haven, Estado de Connecticut, recrutando sujeitos para o que seria um experimento letivo na universidade de Yale. Entre os participantes, havia funcionários dos correios, engenheiros, professores do ensino médio e trabalhadores braçais. Foi-lhes dito que a finalidade da pesquisa era investigar os efeitos da punição no processo de aprendizagem. O experimentador, vestindo o proverbial jaleco cinzento de técnico, explicou que, a cada rodada de testes, um sujeito seria aleatoriamente selecionado como "aprendiz" e outro atuaria como "professor". No entanto, o experimento foi manipulado de tal forma que o sujeito "real" seria sempre o professor e um associado de Milgram, o aprendiz.

Neste momento, o aprendiz tinha a mão atada a um aparelho elétrico. O professor foi levado até um "gerador de choque" eletrônico com 30 interruptores graduados que marcavam de 15 a 450 volts. Antes do início do experimento, todos os sujeitos receberam como amostra um choque de 45 volts para convencerem-se da autenticidade do experimento. O experimentador então instruiu o professor a aplicar choques de maior voltagem a cada vez que o aprendiz desse uma resposta incorreta a um teste de memória. Foi passada aos professores a informação de que, "embora possam ser extremamente dolorosos, os choques não causam lesão permanente ao tecido". Na realidade, o aprendiz não levava choque algum.

Use a sua imaginação sociológica

Supondo que você tivesse participado da pesquisa de Milgram sobre a obediência, a que ponto acreditaria ter chegado ao cumprir "ordens"? Você vê alguma falha ética na manipulação dos sujeitos por parte do experimentador?

O aprendiz encenava um roteiro previamente combinado, errando deliberadamente as respostas e simulando dor. Por exemplo, com 150 volts, o aprendiz berrava "Me solta daqui!". Com 270 volts, urrava de dor. Quando o choque atingia 350 volts, o aprendiz silenciava. Caso o professor quisesse interromper o experimento, o experimentador insistia com ele para prosseguir, valendo-se de afirmações como "O experimento exige que você prossiga" e "Você não tem alternativa; é *preciso* prosseguir" (Milgram, 1975, p. 19-23).

Os resultados desse experimento heterodoxo deixaram Milgram e outros cientistas sociais estarrecidos. Quase *dois terços* dos participantes classificaram-se como "sujeitos obedientes". O que os levou a obedecer? Por que se dispuseram a infligir choques aparentemente dolorosos a vítimas que jamais lhes haviam feito mal algum? Não há a passaram evidência de que fossem sujeitos especialmente sádicos; poucos deram a impressão de gostar de aplicar choques. No entender de Milgram, o segredo da obediência estava no papel social do experimentador como "cientista" e "buscador de conhecimento".

Milgram salientou que no mundo industrial moderno, nos acostumamos a submeter-nos a figuras de autoridade impessoais cujo *status* é indicado pelo título (professor, tenente, doutor) ou pelo uniforme (o jaleco de técnico). Pelo fato de encararmos a autoridade como maior e mais importante do que o indivíduo, transferimos para a figura de autoridade a responsabilidade pelo nosso comportamento. Os sujeitos de Milgram repetiam com frequência, "Por mim, eu não teria aplicado os choques". Na sua visão de si mesmos, eles apenas cumpriam um dever (Milgram, 1975).

Na perspectiva do conflito, a nossa obediência pode ser afetada pelo valor que atribuímos a quem é afetado pelo nosso comportamento. Embora o experimento de Milgram demonstre que geralmente as pessoas se dispõem a obedecer a figuras de autoridade, outros estudos mostram que as pessoas ainda se mostram mais dispostas a obedecer quando sentem que a "vítima" merece punição. O sociólogo Gary Schulman (1974) refez o experimento de Milgram e constatou que a probabilidade de estudantes brancos aplicarem choques em "aprendizes" negros era significativamente maior quando comparada a "aprendizes" brancos – respectivamente, 70% quando os "aprendizes" eram negros contra 48% quando eram brancos.

Na perspectiva interacionista, um aspecto importante das constatações de Milgram é o fato de que, nos estudos de acompanhamento, a probabilidade de os sujeitos aplicarem os supostos choques decrescia conforme a sua proximidade física da vítima. Além disso, os interacionistas sublinham o efeito da aplicação de *incrementos* progressivos de 15 volts. Na verdade, o experimentador ia convencendo o professor a prosseguir com a aplicação de níveis de punição mais elevados. Resta a dúvida: teriam os dois terços de obediência sido atingidos caso o experimentador houvesse orientado os professores a aplicar a descarga de 450 volts logo no início? (B. Allen, 1978; Katovich, 1987.)

Até que ponto, nos dias de hoje, os participantes deste experimento se disporiam a aplicar choques nos aprendizes? Embora muitos encarem com ceticismo os altos níveis de conformidade constatados por Milgram, reproduções recentes do experimento confirmam as suas constatações. Em 2006, recorrendo a salvaguardas adicionais para resguardar o bem-estar dos participantes, o psicólogo Jerry Burger (2009) repetiu parcialmente o experimento de Milgram com alunos de graduação. Os resultados da replicação foram espantosamente semelhantes aos de Milgram: os participantes demonstraram elevada disposição para aplicar os choques nos aprendizes, exatamente como no experimento de quase meio século atrás. No pico máximo entre os dois estudos, Burger calculou uma taxa de 70% de obediência – inferior, mas nem tanto, à taxa de 82,5% medida nas duas gerações anteriores.

Controle social informal e controle social formal

As sanções usadas para estimular a conformidade e a obediência – e para desencorajar a transgressão das normas sociais – são aplicadas mediante o controle social, tanto informal quanto formal. Como está implícito no termo, o ***controle social informal*** é o modo corriqueiro que as pessoas usam para fazer com que normas sejam cumpridas – por exemplo, sorrisos, risadas, a sobrancelha erguida, o ridículo.

Em muitas culturas, é frequente os adultos acreditarem que surrar, estapear ou dar palmadas nas crianças é um meio correto e necessário de controle social informal. Os especialistas em desenvolvimento contra-argumentam que essa espécie de punição física é inapropriada, pois ensina as crianças a resolver os problemas apelando para a violência. Alertam, ainda, que as palmadas e as surras podem evoluir para formas mais sérias de violência. Mas, a despeito de uma diretriz lançada pela American Academy of Pediatrics de que a punição física é ineficaz e pode ser lesiva, 59% dos pediatras apoiam o seu uso, pelo menos em determinadas situações. Esse tipo de controle social informal é amplamente aceito na cultura norte-americana (Chung et al., 2009).

O ***controle social formal*** é aplicado por agentes autorizados, como policiais, médicos, dirigentes de escolas, empregadores, militares e gerentes de salas de cinema. Ele pode ser aplicado como último recurso quando a socialização e as sanções informais não produzem o comportamento desejado. Um meio de controle social formal de crescente importância nos Estados Unidos é o encarceramento. Ao longo de um ano, mais de 7 milhões de adultos são submetidos a alguma forma de supervisão correcional, como prisão, penitenciária ou liberdade condicional. Em outras palavras, a cada ano, praticamente 1 em cada 30 norte-americanos adultos está sujeito a esse tipo de controle social altamente formal (Sabol et al., 2009).

Lei e sociedade

Algumas normas são tão importantes para uma sociedade que elas são formalizadas e transformadas em leis que visam controlar o comportamento das pessoas. Pode-se definir ***lei*** como o controle social público (Black, 1995). Algumas leis, como a proibição do assassinato, são dirigidas a toda a sociedade. Outras, como regulamentos de pesca e de caça, afetam categorias específicas. Outras, ainda, regem o comportamento das instituições sociais (o direito societário e a legislação fiscal aplicável a empresas sem fins lucrativos).

Os sociólogos veem a criação de leis como um processo social, pois elas são criadas em resposta à percepção de uma necessidade de controle social formal. Procura-se explicar como e por que essas percepções vêm à tona. No entendimento sociológico, a lei não é um mero corpo estático de regras que vão sendo passadas de geração em geração. Na verdade, a lei espelha a contínua transformação dos parâmetros de certo e de errado, o modo como se determinam as transgressões e quais sanções devem ser aplicadas (Schur, 1968).

Sociólogos representativos de diversas perspectivas teóricas concordam que a ordem jurídica reflete os valores daqueles que detêm o exercício da autoridade. A criação do direito penal pode, portanto, ser sumamente controvertida. Deve ser contra a lei empregar imigrantes ilegais na indústria, ou fazer um aborto? Tópicos como esses suscitam debates acirrados pois obrigam a uma escolha entre valores que competem entre si. Não espanta que as leis impopulares – como a proibição do álcool pela 18ª Emenda em 1919 e a velocidade máxima de 55 milhas (88,5 km) por hora nas rodovias – sejam difíceis de implementar quando as normas subjacentes não são sustentadas por um consenso.

A socialização é a fonte primária do comportamento adequado e obediente, o que inclui a obediência à lei. Em geral, não é a pressão externa de um grupo de pares ou de uma figura de autoridade que nos faz acatar as normas sociais e sim o fato de termos internalizado tais normas como válidas e desejáveis e de estarmos comprometidos com o seu cumprimento. No fundo, queremos nos ver (e ser vistos) como leais, solidários, responsáveis e respeitosos com os outros. Em sociedades do mundo todo, as pessoas são socializadas tanto para quererem pertencer a um grupo quanto para recearem ser vistas como diferentes ou como desviantes.

O QUE É DESVIO?

Para os sociólogos, o termo *desvio* não significa perversão ou depravação. Na verdade, ***desvio*** é o comportamento que infringe os padrões de conduta ou as expectativas de um grupo ou de uma sociedade. Em muitos países, as pessoas que abusam do álcool, jogadores compulsivos e portadores de doença mental seriam todos classificados como desviantes. Chegar atrasado à aula é um ato desviante; o mesmo se aplica a comparecer de *jeans* a uma cerimônia formal de casamento. Com base na definição sociológica, todos nós somos desviantes de vez em quando e transgredimos as normas sociais coletivas em certas situações (Best, 2004).

Será a obesidade um exemplo de desvio? Em muitas culturas, padrões irreais de aparência física e imagem corporal exercem uma pressão descomunal sobre as pessoas, em especial mulheres e meninas. A jornalista Naomi Wolf (1992) usou a expressão *mito da beleza* referindo-se a um ideal de beleza despropositado, fora do alcance da esmagadora maioria das mulheres. O mito da beleza pode ter consequências desastrosas. Para despir-se da sua imagem "desviante" e estar em conformidade com normas sociais (irreais), muitas mulheres e meninas ficam obcecadas com retoques na sua aparência. Mas o que é desviante em uma cultura pode ser aplaudido em outra.

O desvio envolve a transgressão às normas do grupo, que podem ou não formalizar-se em leis. Trata-se de um conceito abrangente que inclui não só o comportamento criminoso, mas também muitas ações não passíveis de processo jurídico. A autoridade pública que aceita suborno desafia as normas sociais, mas o aluno do ensino médio que se recusa a ocupar o assento que lhe foi designado ou que "mata" aula faz a mesma coisa. Naturalmente, o desvio das normas nem sempre é negativo, e tampouco criminoso. O sócio que se insurge contra a tradicional política do seu clube em vedar o acesso de mulheres, negros e judeus ao seu quadro social desvia-se das normas do clube. O mesmo vale para um policial que denuncia a corrupção ou a brutalidade na polícia.

Há muitas maneiras de se forjar uma identidade desviante. Determinadas características físicas ou comportamentais podem expor as pessoas a papéis sociais negativos. Uma vez empenhadas em um papel desviante, as pessoas têm dificuldades para apresentar-se aos outros com uma imagem positiva e talvez até vivenciem uma baixa na autoestima. Grupos inteiros de pessoas – como os "baixinhos" ou os "ruivos" – podem ser tachados dessa forma. O interacionista Erving Goffman cunhou o termo ***estigma*** para descrever os rótulos usados pela sociedade para desvalorizar os integrantes de certos grupos sociais (Goffman, 1963; Heckert e Best, 1997).

As expectativas preponderantes acerca da beleza e da forma corporal podem impedir pessoas tidas como feias ou como obesas de avançarem em ritmo condizente com as suas competências. Quem é gordo ou anoréxico é considerado fraco de caráter, escravo dos seus apetites ou das imagens dos meios de comunicação. Por não se conformarem ao mito da beleza, essas pessoas podem ser vistas como "desfiguradas" ou de aparência "estranha", apresentando o que Goffman chama de "identidade deteriorada". Porém, a noção de "desfigurado" é uma questão de interpretação. Dos 17 milhões de procedimentos cosméticos realizados a cada ano apenas nos Estados Unidos, muitos são feitos em mulheres que seriam classificadas como de aparência normal. Embora as sociólogas feministas tenham observado com acuidade que o mito da beleza faz muitas mulheres sentirem-se incomodadas consigo mesmas, os homens também não se sentem seguros com a sua aparência. O número de homens que optam por submeter-se a procedimentos cosméticos aumentou fortemente nos últimos anos (American Academy of Cosmetic Surgery, 2010).

Use a sua imaginação sociológica

Você é repórter e está investigando as atividades de jogo na sua comunidade. Que reações você constata em relação às pessoas envolvidas com modalidades de jogo altamente estigmatizadas? Na sua percepção, essas pessoas são um estímulo a outras modalidades de jogo?

É comum as pessoas serem estigmatizadas por comportamentos desviantes que talvez nem pratiquem mais. Os rótulos "jogador compulsivo", "ex-presidiário", "alcoólatra em recuperação" e "ex-doente mental" podem associar-se à pessoa pelo resto da vida. Goffman estabelece uma valiosa distinção entre um símbolo de prestígio que chama atenção para um aspecto positivo da identidade da pessoa, como uma aliança de casamento ou um distintivo, e um símbolo de estigma que desacredita ou denigre a identidade pessoal, como uma condenação por violência contra crianças. Os símbolos de estigma, embora nem sempre óbvios, podem ser publicamente divulgados. Desde 1994, muitos estados norte-americanos exigem que os condenados por crimes sexuais se cadastrem junto à polícia local. Algumas comunidades publicam na *web* nomes e endereços, às vezes até mesmo retratos, de condenados por crimes sexuais.

Na perspectiva sociológica, o desvio dificilmente é objetivo ou imutável. Na verdade, ele é socialmente definido no âmbito de uma sociedade específica e de uma época específica. Por isso, o que é considerado desvio pode mudar de época para época. Na maioria dos casos, os indivíduos e os grupos dotados de mais prestígio social e de mais poder definem o que é aceitável e o que é desviante.

PERSPECTIVAS SOCIOLÓGICAS SOBRE O DESVIO

Por que as pessoas transgridem as normas sociais? Acabamos de ver que os atos desviantes estão sujeitos a sanções tanto informais quanto formais. A pessoa não conformada ou desobediente pode deparar-se com desaprovações, perda de amizades, multas, até prisão. Por que, então, acontece o desvio?

As primeiras explicações atribuíam-no a causas sobrenaturais ou a fatores genéticos (como "sangue ruim" ou regressões evolucionistas a ancestrais primitivos). No século XIX, foram feitos esforços substanciais para identificar fatores biológicos que levassem ao desvio e, em especial, à criminalidade. Embora a investigação tenha sido desacreditada no século XX, os pesquisadores da época, sobretudo os bioquímicos, buscavam isolar fatores genéticos associados a certos traços de personalidade. Embora a criminalidade (e menos ainda o desvio) dificilmente constitua um traço de personalidade, os pesquisadores concentraram-se em características capazes de induzir à criminalidade, como a agressividade. Naturalmente, a agressividade também pode levar ao sucesso no mundo empresarial, no esporte e em outras carreiras.

A busca contemporânea das raízes biológicas da criminalidade é apenas um aspecto do grande debate sociobiológico. Em geral, os sociólogos rejeitam qualquer ênfase nas raízes genéticas da criminalidade e do desvio. As limitações do conhecimento atual, a possibilidade de reforçar pressupostos racistas e sexistas e as perturbadoras implicações em prol da reabilitação de criminosos levaram os sociólogos a recorrer em larga escala a outras abordagens para explicar o desvio (Sagarin e Sanchez, 1988).

A perspectiva funcionalista

Segundo os funcionalistas, o desvio é parte integrante da existência humana, com consequências positivas (e também negativas) para a estabilidade social, ajudando a balizar o comportamento adequado. Ver um dos pais repreender o outro por soltar um arroto à mesa de jantar é para os filhos uma aula sobre conduta. O mesmo se aplica ao motorista que é multado por excesso de velocidade, ao caixa da loja de departamentos que é demitido por gritar com um cliente e ao aluno de faculdade que é penalizado por entregar trabalhos com semanas de atraso.

O legado de Durkheim. Émile Durkheim ([1895] 1964) concentrou suas investigações principalmente nos atos criminosos, mas as suas conclusões contêm implicações para todos os tipos de comportamento desviante. Na visão de Durkheim, as punições estabelecidas no seio de uma cultura (inclusive os mecanismos informais e formais de controle social) ajudam a definir o comportamento aceitável e, com isso, contribuem para a estabilidade social. Caso não se aplicassem sanções aos atos inadequados, as pessoas talvez afrouxassem os seus padrões sobre o que constitui a conduta adequada.

Durkheim ([1897] 1951) introduziu o termo ***anomia*** na literatura sociológica para descrever a perda de rumo vivenciada pela sociedade quando o controle social do comportamento individual torna-se ineficaz. A anomia é um estado de ausência de normas típico de ocasiões de profunda desordem e mudança social, como em momentos de colapso econômico. As pessoas tornam-se mais agressivas ou mais deprimidas, o que aumenta a incidência da violência e dos suicídios. Como o consenso sobre o que constitui um comportamento adequado é muito menor em épocas de revolução, de repentina prosperidade ou de depressão econômica, a conformidade e a obediência perdem importância como forças sociais. Também fica muito mais difícil definir exatamente o que se constitui como desvio.

A Teoria do Desvio de Merton. O que têm em comum um assaltante e um professor? Ambos estão "trabalhando" para ganhar dinheiro que possa ser trocado por bens cobiçados. Como o exemplo ilustra, o comportamento transgressor às normas aceitas (como o assalto) pode visar aos mesmos fins que o comportamento de pessoas que seguem estilos de vida convencionais.

Valendo-se desse tipo de análise, o sociólogo Robert Merton (1968) adaptou o conceito de anomia de Durkheim para explicar por que as pessoas aceitam ou rejeitam os objetivos de uma sociedade ou os meios endossados por ela para alcançar esses objetivos, ou, até mesmo, ambos. Merton sustentava que o sucesso, medido em larga escala em termos de dinheiro, é um importante objetivo cultural nos Estados Unidos. Além de fixar esse objetivo para as pessoas, a sociedade norte-americana dá instruções específicas sobre como atingi-lo – frequentar a escola, trabalhar com afinco, não desistir, aproveitar as oportunidades, etc.

O que sucede em uma sociedade que dá enorme peso à riqueza como símbolo básico do sucesso? Merton ponderou que as pessoas adaptam-se de maneiras distintas, ou conformando-se a tais expectativas culturais ou desviando-se delas. Na sua ***teoria do desvio e da anomia***, Merton postula cinco formas básicas de adaptação (ver Tab. 4.1). A conformidade às normas sociais, a adaptação mais corriqueira na tipologia de Merton, é inversa ao desvio. Ela envolve o duplo acatamento do objetivo social geral ("ficar rico") e do meio aprovado ("trabalhar com afinco"). Na visão de Merton, é preciso que haja algum consenso quanto aos fins culturais aceitos e os meios para atingi-los. Sem tal consenso, as sociedades existiriam apenas como coletivos de pessoas e não como culturas unificadas, e talvez vivenciassem um caos permanente.

Use a sua imaginação sociológica

Você é jovem e está crescendo em uma vizinhança pobre. Você adoraria levar a vida extravagante e dispendiosa que vê estampada nos meios de comunicação. Como você faria para chegar lá?

Naturalmente, em uma sociedade diversificada a conformidade não é universal. Por exemplo, a distribuição dos meios para concretizar os fins não é equitativa. É comum integrantes de classes sociais mais baixas identificarem-se com os mesmos objetivos dos cidadãos mais poderosos e mais afluentes, mas os primeiros não dispõem de igual acesso a um ensino de alta qualidade e a um treinamento para o

Recapitulando

Tabela 4.1 Os modos de adaptação individual de Merton

Modo	Meios institucionalizados (Trabalhar com afinco)	Objetivo social (Fazer fortuna)
Não desviante		
Conformidade	+	+
Desviante		
Inovação	–	+
Ritualismo	+	–
Apatia/Retraimento	–	–
Rebelião	+/–	+/–

Nota: + indica acatamento; - indica rejeição; +/– indica troca por novos meios e objetivos.
Fonte: Merton, 1968, p. 194.

trabalho qualificado. Além disso, mesmo no âmbito de uma sociedade, os meios institucionalizados para alcançar os fins variam. Por exemplo, nos Estados Unidos, ganhar dinheiro apostando na roleta ou no pôquer é legal no Estado de Nevada, mas é ilegal no Estado vizinho, Utah.

Os outros quatro tipos de comportamento representados na Tabela 4.1 envolvem todos eles alguma quebra da conformidade. O "inovador" acata os objetivos da sociedade, mas busca-os por meios considerados inadequados. Por exemplo, o ladrão profissional especializado em arrombar cofres talvez roube dinheiro para gastar com férias e bens de consumo luxuosos.

Na tipologia de Merton, o "ritualista", depois de ter abdicado do objetivo do sucesso material, compromete-se de modo compulsivo com os meios institucionais. O trabalho torna-se simplesmente um estilo de vida, em vez de um meio para alcançar o sucesso. Um exemplo é a autoridade burocrática que aplica regras e regulamentos às cegas, sem lembrar os fins mais elevados da organização. O mesmo vale para um assistente social que recusa assistência a uma família de sem-teto porque a última moradia da família ficava em outra circunscrição.

O "apático", na descrição de Merton, fundamentalmente evadiu-se (ou alheou-se) duplamente dos fins *e* dos meios da sociedade. Nos Estados Unidos, os dependentes químicos e os indigentes são classicamente retratados como apáticos. Há, entre alguns assistentes sociais, a preocupação de que adolescentes alcoolistas venham a tornar-se apáticos precocemente.

A adaptação final identificada por Merton espelha as tentativas pessoais de criar uma nova estrutura social. O "rebelde" que se sente alienado dos fins e dos meios predominantes talvez busque uma ordem social radicalmente distinta. No modelo de Merton, os integrantes de uma organização política revolucionária, como um grupo de milícia, podem ser enquadrados nessa categoria.

Embora popular, a teoria do desvio de Merton não foi aplicada de modo sistemático à criminalidade no mundo real. No entanto, Merton fez uma contribuição seminal para o entendimento sociológico do desvio ao salientar que os desviantes (como os inovadores e os ritualistas) têm muita coisa em comum com aqueles em conformidade. O criminoso condenado talvez compartilhe muitas aspirações com pessoas sem antecedentes criminais. Assim, a teoria ajuda-nos a entender o desvio como um comportamento criado socialmente, e não como o resultado de impulsos patológicos momentâneos.

A perspectiva interacionista

A abordagem funcionalista ao desvio explica por que as regras continuam a ser transgredidas nas sociedades, a despeito da pressão pela conformidade e pela obediência. Os funcionalistas, porém, não indicam como uma determinada pessoa chega a cometer um ato desviante, ou por que em certas ocasiões ocorrem ou não ocorrem crimes. A ênfase no comportamento cotidiano, que é o foco da perspectiva interacionista, oferece duas explicações para a criminalidade: a transmissão cultural e a teoria da desorganização social.

Transmissão cultural. No seu estudo sobre os dizeres grafitados por gangues em Los Angeles, a socióloga Susan A. Phillips (1999) constatou que os integrantes aprendiam uns com os outros. Na verdade, Phillips espantou-se com o grau de estabilidade e de convergência do seu foco ao longo do tempo. Notou ainda como outros grupos étnicos inspiravam-se nos modelos das gangues afro-americanas e *chicanas*, superpondo a eles símbolos cambojanos, chineses ou vietnamitas.

Esses adolescentes são uma demonstração de que os seres humanos *aprendem* como se comportar – adequada ou inadequadamente – nas situações sociais. Inexiste um modo natural e inato de interagir com os outros. Embora ninguém hoje questione essas ideias singelas, não foi assim quando o sociólogo Edwin Sutherland (1883-1950) argumentou pela primeira vez que o indivíduo passa pelo mesmo processo básico de socialização independentemente de estar aprendendo atos em conformidade ou atos desviantes.

Sutherland, cujas ideias prevalecem com força na criminologia, inspirou-se na escola da ***transmissão cultural***, que enfatiza que as pessoas aprendem o comportamento criminoso nas suas interações sociais. Esse aprendizado inclui não só técnicas para infringir a lei (como arrombar um veículo de modo rápido e discreto), mas também as motivações, os impulsos e as racionalizações dos criminosos. A abordagem da transmissão cultural também pode ser usada para explicar o comportamento dos alcoolistas e de dependentes químicos contumazes.

Sutherland sustentava que as pessoas adquirem as suas definições de comportamento adequado e inadequado nas interações com um grupo primário e com pessoas que consideram marcantes. Ele usou a expressão ***associação diferencial*** para descrever o processo em que o convívio com atitudes *favoráveis* à criminalidade induz a infrações das regras. A pesquisa sugere que o mesmo processo se aplica a atos desviantes não criminosos, como fumar, faltar à escola e ter comportamento sexual precoce.

Sutherland dá o exemplo de um menino sociável, extrovertido e atlético, morador de uma vizinhança com altas taxas de delinquência. O garoto tem altas chances de esbarrar com pares que cometem atos de vandalismo, faltam à escola, entre outas coisas, e pode vir a adotar esse comportamento. No entanto, um menino morador da mesma vizinhança, mas introvertido, talvez evite os seus pares e escape da delinquência. Em uma outra comunidade, um menino extrovertido e atlético talvez entrasse em um time de beisebol da liga infantil ou em um grupo de escoteiros graças à interação com os seus pares. Sutherland, portanto, concebe o comportamento desviante como uma consequência dos tipos de grupos a que a pessoa pertence e aos tipos de amizades que cultiva.

Os críticos alegam que a abordagem da transmissão cultural consegue explicar o comportamento desviante de delinquentes juvenis ou de grafiteiros, mas não a conduta de quem faz o seu primeiro furto em uma loja por impulso, ou de alguém que ficou pobre e rouba por necessidade. Embora a teoria não explique com precisão o processo pelo qual alguém se torna criminoso, ela salienta o papel fundamental da interação social em reforçar a motivação da pessoa para abraçar o comportamento desviante (Harding, 2009; Sutherland et al., 1992).

A teoria da desorganização social. As relações sociais vigentes em uma comunidade ou em uma vizinhança influem no comportamento das pessoas. Philip Zimbardo (2007, p. 24-25), autor do experimento da prisão simulada descrito no Capítulo 3, fez um experimento que demonstrou a força das relações comunitárias. Plantou um carro abandonado em duas vizinhanças diferentes, ambos com o capô aberto e sem calotas. Em uma delas, o pessoal começou a depenar o carro e a sumir com as peças antes mesmo de Zimbardo terminar de montar a câmera de vídeo que registraria o comportamento. Na outra, passaram-se semanas sem ninguém encostar a mão no carro, a não ser um pedestre que parou para baixar o capô durante um temporal.

O que justifica os desfechos tão diferentes do experimento de Zimbardo nas duas comunidades? Segundo a ***teoria da desorganização social***, o recrudescimento da criminalidade e do desvio pode ser atribuído à ausência ou ao colapso das relações comunitárias e das instituições sociais, como família, escola, igreja e governo local. A teoria foi desenvolvida na University of Chicago no início do século XX para descrever a aparente desorganização devido à expansão das cidades decorrente da acelerada imigração e migração das áreas rurais. Valendo-se das mais modernas técnicas de *survey*, Clifford Shaw e Henry McKay literalmente mapearam a distribuição dos problemas sociais em Chicago. Foi constatada elevada incidência de problemas sociais em vizinhanças com imóveis deteriorados e população em declínio. É interessante notar que os padrões resistiram ao passar do tempo e às mudanças na composição étnica e racial dessas vizinhanças.

Essa teoria não é imune a críticos. Para alguns deles, ela parece "culpar a vítima", isentando de responsabilidade forças sociais mais abrangentes, como a falta de empregos ou de escolas de qualidade. Os críticos também sustentam que mesmo vizinhanças problemáticas têm organizações viáveis e saudáveis que perseveram apesar dos problemas circundantes.

Mais recentemente, os teóricos da desorganização social passaram a enfatizar o efeito das redes sociais nos vínculos comunitários. Esses pesquisadores reconhecem que as comunidades não são ilhas isoladas. Os vínculos entre moradores podem ser fortalecidos ou minados pelas ligações mantidas com grupos externos à comunidade imediata (Jensen, 2003; Sampson e Groves, 1989; Shaw e McKay, 1942).

A perspectiva da rotulagem*

Os *Saints* e os *Roughnecks* eram dois grupos de alunos do ensino médio envolvidos em constantes bebedeiras, direção perigosa, absenteísmo escolar, pequenos furtos e vandalismo. A semelhança acaba por aí. Nenhum dos *Saints* jamais chegou a ser preso, mas todos os *Roughnecks* viviam encrencados com a polícia e com os moradores da cidade. Por que a discrepância no tratamento? A conclusão da pesquisa do sociólogo William Chambliss (1973), com base na observação da escola, foi de que a classe social pesou decisivamente nas venturas e desventuras dos dois grupos.

* Ver nota na página XI.

Os *Saints* escondiam-se atrás de uma fachada de respeitabilidade. Vinham de "boas famílias", tinham participação ativa nos órgãos da escola, faziam planos de cursar o ensino superior e tiravam boas notas. Os seus atos de delinquência costumavam ser encarados como casos isolados dos arroubos da juventude. Os *Roughnecks*, em contrapartida, careciam dessa aura de respeitabilidade. Rodavam pela cidade em carros caindo aos pedaços, iam mal na escola e levantavam suspeitas independente do que fizessem.

Use a sua imaginação sociológica

Você é professor. Que tipos de rótulos de uso corrente no meio acadêmico poderiam ser aplicados aos seus alunos?

Podemos entender tais discrepâncias recorrendo à abordagem do desvio conhecida como ***teoria da rotulagem***. Ao contrário do trabalho de Sutherland, o foco da teoria da rotulagem não está no porquê de alguns indivíduos cometerem atos desviantes. Na verdade, esta teoria tenta explicar por que certas pessoas (como os *Roughnecks*) são *vistas* como desviantes, delinquentes, "maus elementos", "fracassados" e criminosos, ao passo que outros com comportamento semelhante (como os *Saints*) não são julgados com o mesmo rigor. Reflexo da contribuição dos teóricos interacionistas, a teoria enfatiza o modo como uma pessoa chega a ser rotulada como desviante ou a aceitar esse rótulo. O sociólogo Howard Becker (1963, p. 9; 1964), que popularizou a abordagem, resumiu-a na seguinte definição: "Comportamento desviante é o comportamento assim rotulado pelas pessoas".

A teoria da rotulagem também é chamada de ***abordagem da reação social***, lembrando-nos que é a *resposta* a um ato, e não o comportamento em si, que determina o desvio. Por exemplo, estudos demonstraram que alguns terapeutas e funcionários de escolas ampliam programas educativos destinados a alunos com deficiências de aprendizagem para incluir alunos com problemas comportamentais. Por conseguinte, é possível que um "criador de caso" seja indevidamente rotulado como portador de alguma deficiência de aprendizagem, e vice-versa (Grattet, 2011).

Tradicionalmente, a pesquisa do desvio estuda pessoas que transgridem as normas sociais. Em contrapartida, a teoria da rotulagem concentra-se em policiais, agentes da condicional, psiquiatras, empregadores, dirigentes de escola e outros mediadores do controle social. Alega-se que estes agentes têm peso relevante na construção da identidade desviante ao qualificar certas pessoas como "desviantes". Um aspecto importante desta teoria está no reconhecimento de que alguns indivíduos ou grupos têm o poder de *definir* rótulos e aplicá-los aos outros. Essa visão combina-se com a ênfase da perspectiva do conflito sobre a importância social do poder.

Ultimamente, a prática do *perfilhamento racial* (*racial profiling*), que identifica as pessoas como suspeitas de crimes com base na raça, vem sendo objeto de questionamento público. Os estudos confirmam as suspeitas de que, em algumas jurisdições, os policiais costumam parar homens afro-americanos com muito mais frequência do que homens brancos para averiguações de rotina sobre tráfico. Os ativistas dos direitos civis tacham causticamente estes casos de infrações "*Driving While Black*" ("Preto ao volante"). Após os atentados de 11 de setembro de 2001 ao World

Trade Center e ao Pentágono, o perfilhamento assumiu uma nova faceta, com a vigilância especial recaindo sobre pessoas com trejeitos árabes ou de muçulmanos.

A perspectiva do conflito

Os teóricos do conflito salientam que os poderosos protegem os seus interesses próprios e definem o desvio segundo a sua conveniência. O sociólogo Richard Quinney (1974, 1979, 1980) é um dos principais proponentes da visão de que o sistema jurídico penal serve ao interesse dos poderosos. Segundo Quinney (1970), crime é uma definição de conduta criada por agentes de controle social autorizados – como legisladores e agentes da lei – em sociedades politicamente organizadas. Quinney e outros teóricos do conflito sustentam que a criação de leis é com frequência, uma tentativa dos poderosos de impor aos demais a sua própria moralidade (ver também Spitzer, 1975).

A teoria do conflito ajuda a explicar por que a sociedade norte-americana tem leis contra o jogo, o uso de drogas e a prostituição quando muitas delas são frequentemente burladas. (Iremos deter-nos sobre estes "crimes sem vítima" mais adiante neste capítulo.) Segundo a escola do conflito, a lei penal não representa a aplicação consistente dos valores sociais; na realidade, ela reflete valores e interesses que competem entre si. Assim, a maconha é proibida pelo governo federal sob a alegação de ser nociva aos usuários, mas os cigarros e as bebidas alcoólicas são legalmente vendidos em praticamente todo canto.

Na verdade, os teóricos do conflito sustentam que todo o sistema jurídico penal dos Estados Unidos dá aos suspeitos tratamentos diferentes com base na sua raça, etnia ou classe social. Em muitos casos, autoridades do sistema arbitram de modo tendencioso se acatam ou rejeitam as acusações, se concedem a fiança e por que valor, e se concedem ou negam a liberdade condicional. Os pesquisadores constataram que esse tipo de ***justiça diferenciada*** – as discrepâncias no exercício do controle social sobre os diferentes grupos – põe os afro-americanos e os latinos em posição de desvantagem no sistema jurídico, seja o juvenil, seja o adulto. Na média, os réus brancos recebem penas comparativamente mais brandas do que os réus latinos ou afro-americanos em situação equivalente, mesmo quando se levam em consideração condenações prévias e a gravidade do crime (Brewer e Heitzeg, 2008; Sandefur, 2008; Schlesinger, 2011).

A perspectiva proposta pelos teóricos da rotulagem e do conflito contrasta bastante com a abordagem funcionalista do desvio. Os funcionalistas veem os padrões do comportamento desviante como meros reflexos das normas culturais, ao passo que os teóricos do conflito e da rotulagem ressaltam que os grupos mais poderosos da sociedade conseguem moldar as leis e os padrões e determinar quem é (ou quem não é) processado por crime. É improvável que esses grupos apliquem o rótulo "desviante" ao executivo de um grande grupo empresarial cujas decisões causam poluição ambiental em larga escala. No entender dos teóricos do conflito, os agentes do controle social e os grupos mais poderosos normalmente conseguem impor ao público em geral definições de sua própria autoria e que atendem às suas próprias conveniências.

A perspectiva feminista

Criminologistas feministas como Freda Adler e Meda Chesney-Lind sugeriram que as abordagens do desvio e da criminalidade foram desenvolvidas pensando-se apenas nos homens. Por exemplo, nos Estados Unidos, durante muitos anos, um marido que forçasse a mulher a fazer sexo com ele – sem o consentimento e contra a vontade dela – não era considerado, por lei, como estupro. Pela lei, o estupro só era cabível na esfera das relações sexuais entre pessoas não casadas entre si, o que refletia a composição avassaladoramente masculina das câmaras legislativas da época.

Foram precisos reiterados protestos de organizações feministas para mudar a definição de estupro na legislação penal. A partir de 1993, em todos os 50 estados americanos e na maioria das circunstâncias, os maridos tornaram-se passíveis de processo pelo estupro da própria mulher. Persistem, porém, escandalosas exceções em nada menos que 30 estados. Por exemplo, o marido que não precisa recorrer à força porque a mulher está adormecida, inconsciente ou é portadora de deficiência física ou mental é isentado. São interpretações que repousam na noção de que o contrato matrimonial garante ao marido o direito ao sexo (Bergen, 2006).

A expectativa é de um aumento radical das contribuições feministas no futuro. O pensamento feminista tem muito a dizer, sobretudo na questão da definição do desvio, mas também em questões como o crime do colarinho branco, o comportamento ligado à bebida, o consumo excessivo de drogas e as taxas diferenciadas de condenação de acordo com o gênero do réu.

A Tabela 4.2 recapitula as diversas abordagens usadas pelos sociólogos no estudo do desvio.

Mapeando as perspectivas

Tabela 4.2 Abordagens do desvio

Abordagem	Perspectiva	Proponente	Ênfase
Anomia	Funcionalista	Émile Durkheim Robert Merton	Adaptação às normas sociais
Transmissão cultural/ Associação diferencial	Interacionista	Edwin Sutherland	Padrões aprendidos com os outros
Desorganização social	Interacionista	Clifford Shaw Henry McKay	Relações comunitárias
Rotulagem/ Reação social	Interacionista	Howard Becker William Chambliss	Reação social aos atos
Conflito	Conflito	Richard Quinney	Domínio dos agentes autorizados Justiça discriminatória
Feminista	Conflito/ Feminista	Meda Chesney-Lind Freda Adler	Papel de gênero Mulheres como vítimas e como perpetradoras

CRIMINALIDADE: UMA ABORDAGEM SOCIOLÓGICA

Crime é uma violação da legislação penal que dá margem à aplicação de penalidades formais por parte de alguma autoridade pública. O crime representa um desvio das normas sociais formais administradas pelo Estado. A legislação separa os crimes em várias categorias, dependendo da gravidade do delito, da idade do réu, da punição cabível e do tribunal com jurisdição sobre o caso.

Em vez de confiar exclusivamente nas categorias legais, os sociólogos classificam os crimes de acordo com o modo como eles são cometidos e com o modo como diferentes delitos são vistos pela sociedade. Neste item examinaremos seis tipos de crime distinguidos pelos sociólogos: crime sem vítima; crime profissional; crime organizado; crime do colarinho branco e crime tecnológico; crime de ódio e crime transnacional.

Crime sem vítima

Quando pensamos em crime, costumamos pensar em atos que ameaçam o bem-estar pessoal ou econômico das pessoas com ou sem o conhecimento direto delas. Os sociólogos, por sua vez, usam o termo ***crime sem vítima*** para descrever a troca voluntária entre adultos de bens e serviços altamente cobiçados, porém, ilegais. É o caso da prostituição (Schur, 1965, 1985).

Alguns ativistas trabalham para descriminalizar muitas dessas práticas ilegais. A tentativa de transformar em lei um código de comportamento moral para adultos não é bem vista pelos simpatizantes da descriminalização. No entender deles, é impossível impedir a prostituição, o consumo abusivo de drogas, o jogo e outros crimes sem vítima. O sistema jurídico penal, já sobrecarregado, deveria canalizar seus recursos para os "crimes de rua" e outros delitos com vítimas óbvias.

A despeito do uso disseminado da expressão *crime sem vítima*, muitos fazem objeção à noção de que a única vítima em tais crimes seria o réu. A bebida em excesso, a compulsão ao jogo e o uso de drogas ilícitas contribuem para uma quantidade imensa de prejuízos pessoais e materiais. Alguém que tenha problemas com a bebida talvez use de violência com o cônjuge ou com os filhos; um jogador compulsivo ou alguém que abusa das drogas talvez roube para alimentar a sua obsessão; e as sociólogas feministas sustentam que a prostituição, juntamente com os aspectos mais sensíveis da pornografia, reforça o equívoco de que as mulheres são "brinquedos" que podem ser tratados não como pessoas, mas como objetos. Segundo os críticos da descriminalização, a sociedade não deve dar apoio tácito a condutas que acarretam consequências tão danosas (Farley e Malarek, 2008).

A controvérsia acerca da descriminalização nos remete aos importantes *insights* dos teóricos da rotulagem e do conflito, previamente abordados. O debate suscita duas questões interessantes: Quem tem o poder para definir o jogo, a prostituição e a embriaguez em público como "crimes"? E quem tem o poder para rotular tais comportamentos como "sem vítima"? Ambas as perguntas costumam ter uma mesma resposta: as câmaras legislativas e, às vezes, a polícia e os tribunais.

Crime profissional

Apesar do popular ditado "o crime não compensa", muita gente faz carreira em atividades ilegais. O ***criminoso profissional*** (ou criminoso de carreira) é alguém que pratica o crime como ocupação cotidiana, desenvolvendo competências técnicas e desfrutando de certo prestígio junto a outros criminosos. Alguns criminosos profissionais especializam-se em furto, arrombamento de cofres, roubo de cargas, batção de carteira ou furto em lojas. São pessoas que desenvolveram habilidades para reduzir as chances de serem presas, condenadas e encarceradas. Logo, podem ter um longo futuro na sua "profissão" de escolha.

Edwin Sutherland (1937) proporcionou *insights* pioneiros sobre o comportamento de criminosos profissionais ao publicar um relato anotado de autoria de um ladrão profissional. Ao contrário de alguém que se limita a cometer um ou dois delitos, ele faz do roubo um negócio. Dedica-se em tempo integral a planejar e a executar crimes e às vezes viaja país afora para perseguir seus "encargos profissionais". Assim como pessoas que se dedicam a ocupações convencionais, os ladrões profissionais conferenciam com os colegas sobre o trabalho e passam a integrar uma subcultura de indivíduos em ocupações semelhantes. Trocam informações sobre locais propícios para furtos, receptação de artigos roubados e meios para garantir o pagamento da fiança.

Crime organizado

Um relatório do governo norte-americano datado de 1976 dedica três páginas à definição do termo *crime organizado*. Para o que nos interessa, pode-se definir ***crime organizado*** como o trabalho de um grupo que rege as relações entre várias iniciativas criminosas abrangendo várias atividades ilegais, como contrabando e venda de drogas, prostituição e jogo. O crime organizado domina o mundo dos negócios ilegais exatamente como as grandes corporações dominam o mundo dos negócios convencionais. Ele demarca o território, fixa os preços dos bens e dos serviços e arbitra as disputas internas. Na qualidade de atividade secreta e conspiratória que normalmente escapa das garras da lei, assume o controle de negócios legais, infiltra-se em sindicatos, corrompe autoridades públicas, intimida testemunhas de processos na justiça e pode "cobrar proteção" dos comerciantes (National Advisory Commission on Criminal Justice, 1976).

O crime organizado representa uma oportunidade de mobilidade ascendente para grupos de pessoas que lutam para fugir da pobreza. O sociólogo Daniel Bell (1953) usou a expressão *sucessão étnica* para descrever a transferência da liderança dos norte-americanos de origem irlandesa no início do século XX para os norte-

-americanos de origem judaica na década de 1920, e em seguida, para os ítalo-americanos no início da década de 1930. Desde então, a sucessão étnica tornou-se mais complexa, espelhando a diversidade das imigrações mais recentes no país. Imigrantes da Colômbia, do México, da Rússia, da China, do Paquistão e da Nigéria são alguns dos que passaram a desempenhar um papel importante em atividades do crime organizado (Chin, 1996; Kleinknecht, 1996).

Crime do colarinho branco e crime tecnológico

Use a sua imaginação sociológica

Você é editor de um serviço de notícias *on-line*. Como a sua forma de tratar os casos de crime do colarinho branco poderia diferenciar-se de como você trata os casos de violência criminal?

Sonegação fiscal, manipulação do estoque, fraude contra o consumidor, embolso de propina, cobrança de "comissões", desvio de dinheiro e publicidade enganosa – tudo isto é exemplo do ***crime do colarinho branco***, ilegalidades cometidas em atividades de negócios, normalmente por pessoas afluentes e "respeitáveis". Edwin Sutherland (1949, 1983) estabeleceu uma analogia destes crimes com o crime organizado, pois as pessoas costumam perpetrá-los mediante os seus respectivos papéis ocupacionais.

Recentemente, surgiu um novo tipo de crime do colarinho branco: o crime virtual. A tecnologia de última geração permite que os criminosos desviem fundos, cometam fraudes eletrônicas sem deixar maiores rastros, ou acessem de casa o estoque da empresa. Segundo um estudo do FBI e do National White Collar Crime Center, foram denunciados pela internet, em menos de quatro anos, mais de um milhão de crimes, de golpes a roubos de identidade (Internet Crime Complaint Center, 2011).

Sutherland (1940) cunhou em 1939 a expressão *crime do colarinho branco* para designar atos individuais; mais recentemente, o termo passou a incorporar os delitos de empresas e de grupos corporativos. O *crime corporativo*, ou seja, todo e qualquer ato de um grupo empresarial que seja passível de punição pelo Estado, reveste-se de múltiplos formatos e inclui entre as suas vítimas indivíduos, organizações e instituições. As grandes corporações podem incorrer em comportamento comercial predatório, poluição ambiental, fraude fiscal, fraude contábil, manipulação e fraude de estoque, produção de artigos que oferecem riscos, suborno e corrupção, e infrações às condições de segurança e de saúde do trabalhador (J. Coleman, 2006).

Durante muitos anos, os malfeitos corporativos passaram em branco pelos tribunais porque os seus perpetradores comprovavam um longo histórico de contribuições filantrópicas e comprometiam-se a ajudar as autoridades legais a localizar outros criminosos do colarinho branco. Infelizmente, isso continua ocorrendo. A alta visibilidade da prisão da celebridade multimidiática Martha Stewart em

"Mas se voltarmos para a escola e tivermos uma boa educação, pense em todas as portas que se abrirão para o crime do colarinho branco."

2004, junto com as recentes revelações sobre a "ganância em Wall Street", talvez levem um observador fortuito a imaginar que o governo está endurecendo com o crime do colarinho branco. No entanto, uma análise independente constatou que entre 2000 e 2009, o número de processos contra crimes do colarinho branco apresentou um aumento apenas modesto (Transactional Records Access Clearinghouse, 2009).

Mesmo quando alguém é condenado por crime corporativo, o veredito não costuma prejudicar a reputação e as perspectivas de carreira da pessoa na mesma escala da condenação por um crime de rua. Aparentemente, o rótulo "criminoso do colarinho branco" não tem o estigma do rótulo "culpado e condenado por violência criminal". Os teóricos do conflito consideram essa discrepância de tratamento e de rotulagem surpreendente. Alegam que o sistema jurídico penal desconsidera em larga escala os crimes do colarinho branco dos ricos, preferindo concentrar-se nos crimes cometidos por pobres. Se o réu ou a ré é alguém de prestígio e de influência, o crime é tratado como menos grave e a sanção é muito mais leniente.

Crime de ódio

Ao contrário de outros crimes, os crimes de ódio são definidos não só pelas ações, mas também pela intenção dos perpetradores. O governo considera um crime comum como um ***crime de ódio*** quando a motivação do réu ao escolher a vítima baseia-se na raça, na religião, no grupo étnico, no país de origem ou na orientação sexual, e quando as evidências indicam que o réu cometeu o crime movido pelo ódio. Os crimes de ódio também são chamados de *crimes de preconceito* (Department of Justice, 2008).

Em 1990, o congresso norte-americano aprovou a Lei de Dados Estatísticos de Crimes de Ódio, criando um mandado nacional para a identificação de crimes baseados na raça, na religião, no grupo étnico e na nacionalidade de origem. (Até então, apenas 12 estados monitoravam tais crimes.) A partir daí, a lei vem sendo ampliada para incluir deficiências, tanto físicas quanto mentais, e orientação sexual. Além disso, algumas jurisdições aplicam sanções mais duras (como prisão ou multa) aos crimes de ódio do que a outros crimes. Por exemplo, se a pena por assalto com agravante é de um ano de cadeia, ela dobra para dois anos se caracterizado o crime de ódio.

Em 2011, órgãos de segurança pública dos Estados Unidos entregaram ao governo federal as estatísticas sobre os crimes de ódio. Os dados contidos nos relatórios oficiais indicavam mais de 7.600 crimes e incidentes motivados pelo preconceito. Como demonstra a Figura 4.2, aproximadamente 47% dos relatórios apontavam a raça como motivação aparente. Embora os crimes mais comuns fossem o vandalismo e a intimidação, 40% dos incidentes envolviam assalto com agravante, estupro ou homicídio.

Não todos, mas a imensa maioria dos crimes de ódio é cometida por integrantes do grupo dominante contra pessoas relativamente indefesas. De cada seis crimes de ódio de fundo racial, um é por preconceito contra os brancos. A não ser os crimes de ódio mais hediondos, os meios de comunicação não costumam dar muita atenção a esses delitos; provavelmente, menos ainda aos incidentes contra os brancos (Department of Justice, 2011b).

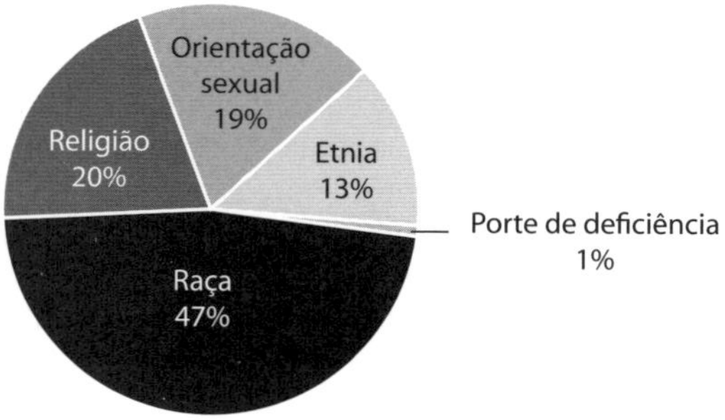

Figura 4.2 Categorização dos crimes de ódio denunciados.
Fonte: Incidentes denunciados referentes ao ano de 2010 (2011). Department of Justice, 2011b.

Crime transnacional

Cada vez mais, pensadores e autoridades policiais voltam sua atenção para o ***crime transnacional***, ou seja, o crime que ultrapassa múltiplas fronteiras nacionais. Antigamente, o crime internacional costumava restringir-se ao transporte clandestino de produtos por meio da fronteira entre dois países. As fronteiras, porém, não inibem mais o crime do que o comércio legal. Em vez de concentrar-se em países específicos, o crime internacional alastra-se agora por todo o planeta.

Do ponto de vista histórico, é provável que o exemplo mais hediondo de crime transnacional tenha sido a escravidão. A princípio, a escravidão não era considerada crime pelos governos, que apenas a regulavam assim como faziam com o comércio de bens. No século XX, o crime transnacional passou a abranger o tráfico de espécies ameaçadas, de drogas e de obras de arte e antiguidades roubadas.

Esse tipo de crime não exclui alguns dos outros tipos que acabamos de discutir. Por exemplo, as redes do crime organizado globalizam-se cada vez mais. Suas atividades ilegais, como o tráfico de pornografia infantil, são inquestionavelmente facilitadas pela tecnologia. Na década de 1990, as Nações Unidas passaram a categorizar os crimes transnacionais, cujos tipos mais comuns constam na Tabela 4.3.

ESTATÍSTICA DA CRIMINALIDADE

As estatísticas criminais não são tão exatas como os cientistas sociais gostariam. Infelizmente, elas costumam ser citadas como se fossem absolutamente confiáveis. Os dados servem como indicadores da ação policial e da escala aproximada de certos crimes, mas seria um equívoco interpretá-los como uma representação exata da incidência da criminalidade.

Tabela 4.3 Tipologia do crime transnacional

Falência fraudulenta e fraude contra o seguro
Crime virtual (utilizar o computador tanto como instrumento quanto como alvo de ações criminosas)
Corrupção e suborno de autoridades públicas
Crime ambiental
Sequestro de aviões ("sequestro aéreo")
Comércio ilegal de drogas
Transferências financeiras ilegais ("lavagem de dinheiro")
Venda ilegal de armas de fogo e de munição
Infiltração em negócios lícitos
Crime contra a propriedade intelectual
Articulação em rede do crime organizado
Pirataria marítima
Terrorismo
Roubo de objetos de arte e culturais
Tráfico de órgãos (inclui transplantes ilegais de órgãos)
Tráfico de seres humanos (inclui o tráfico sexual)

Fonte: Compilação do autor com base em Mueller, 2001 e Escritório das Nações Unidas sobre Drogas e Crime (UNODC), 2012.

Crimes indexados e pesquisas de vitimização

Nos Estados Unidos, os relatórios sobre a criminalidade costumam basear-se nos ***crimes indexados***, ou seja, nos oito tipos de crimes tabulados anualmente pelo FBI. Esta categoria de comportamento criminal geralmente consiste nos delitos graves em que as pessoas pensam quando manifestam preocupação com o problema da criminalidade no país. Os crimes indexados incluem homicídio, estupro, roubo, assalto com agravante – todos eles crimes violentos contra a pessoa – e crimes contra o patrimônio, como arrombamento, furto/roubo, roubo de veículo e incêndio premeditado (ver Tab. 4.4). Os indicadores da criminalidade são divulgados anualmente pelo FBI em sua publicação *Uniform Crime Reports.*

Obviamente, tais indicadores deixam de incluir muitos delitos graves, como os crimes do colarinho branco (que constam em outro cadastro). Além disso, embora a violência criminal seja a grande preocupação para a maioria dos cidadãos, o peso dos crimes contra o patrimônio resulta em indicadores desproporcionais. Assim, uma queda expressiva no número de estupros e roubos pode ser neutralizada por um aumento ligeiramente superior no número de automóveis roubados, causando a impressão equivocada de que a segurança *pessoal* está mais ameaçada do que antes.

A limitação mais grave das estatísticas oficiais de criminalidade é o fato de elas incluírem apenas os crimes efetivamente *denunciados* aos órgãos de segurança pública. Como os integrantes das minorias raciais e étnicas costumam desconfiar desses órgãos, talvez deixem de ir à polícia. As sociólogas feministas observaram que

Tabela 4.4 Taxas e variação percentual da criminalidade nos Estados Unidos

Crimes indexados Ano: 2010	Número de denúncias registradas	Taxa por 100 mil habitantes	Variação percentual da taxa desde 2001
Crimes violentos			
Homicídio	14.748	5	-15
Estupro com violência	84.767	28	-14
Roubo	367.832	119	-20
Assalto com agravante	778.901	252	-21
Total	1.246.248	404	-20
Crimes contra o patrimônio			
Arrombamento	2.159.878	700	-6
Furto/Roubo	6.185.867	2.004	-19
Roubo de veículo	737.142	239	-40
Total	9.082.887	2.942	-20

Nota: A inclusão do incêndio premeditado entre os crimes indexados data de 1979; os dados sobre incêndio premeditado ainda estavam incompletos em 2012. Devido ao arredondamento, pode haver discrepância entre o total e a soma dos crimes.
Fonte: Department of Justice, 2011a, Tables 1, 1a.

muitas mulheres não denunciam o estupro ou a violência doméstica por medo de vir a ser culpada pelo crime.

Devido a essas deficiências nas estatísticas oficiais, iniciou-se, em 1972, a Pesquisa Nacional de Vitimização. Ao compilar este relatório anual, o Bureau of Justice Statistics, braço estatístico do Departamento de Justiça dos Estados Unidos, coleta informações dos órgãos de segurança pública, mas também faz entrevistas domiciliares no país inteiro, indagando se as pessoas foram vítimas de um conjunto específico de crimes no ano anterior. Em geral, quem aplica a ***pesquisa de vitimização*** entrevista pessoas comuns, e não policiais, para apurar se elas foram vítimas de algum crime.

Infelizmente, assim como outros dados sobre a criminalidade, as pesquisas de vitimização têm limitações específicas. É preciso que as vítimas entendam o que lhes sucedeu e que estejam dispostas a confiar essas informações aos entrevistadores. É improvável que as pesquisas de vitimização contenham denúncias de fraude, sonegação fiscal e chantagem, entre outros crimes.

Tendências da criminalidade

A criminalidade inunda os noticiários da televisão, da internet e dos jornais. Consequentemente, o público vê nela um dos grandes problemas nacionais. O fato é que a violência criminal, depois de muitos anos em curva ascendente, vem apresentando um expressivo declínio nos Estados Unidos.

Em quanto monta este declínio? Vejamos: a taxa de criminalidade divulgada em 2012 compara-se à do ano em que a gasolina custava 29 centavos de dólar o galão e as pessoas ganhavam, em média, menos de 6 mil dólares por ano, ou seja, 1963.

Ocorreram quedas drásticas na última década. Como mostra a Tabela 4.4, tanto a violência criminal quanto o crime contra o patrimônio recuaram 20% nos últimos 10 anos. A cifra de 14.748 pessoas assassinadas em 2010 é sinistra, mas em 1991 ela chegou ao assombroso patamar de 24.700 pessoas. As pesquisas de vitimização também registram quedas (ver Fig. 4.3).

Como se explica o declínio nos crimes indexados e nas pesquisas de vitimização? Entre as possíveis explicações, incluem-se as seguintes:

- Policiamento monitorado pela comunidade e programas de prevenção do crime.
- Novas leis de controle das armas.
- Aumento maciço da população carcerária, o que impede que os presos cometam crimes fora da prisão.
- Novas tecnologias de vigilância.
- O declínio no consumo de *crack*, que atingiu o auge no fim da década de 1980.
- O envelhecimento da população, com a expansão do número de pessoas na casa dos 50 anos e a retração do número de pessoas na casa dos 20.

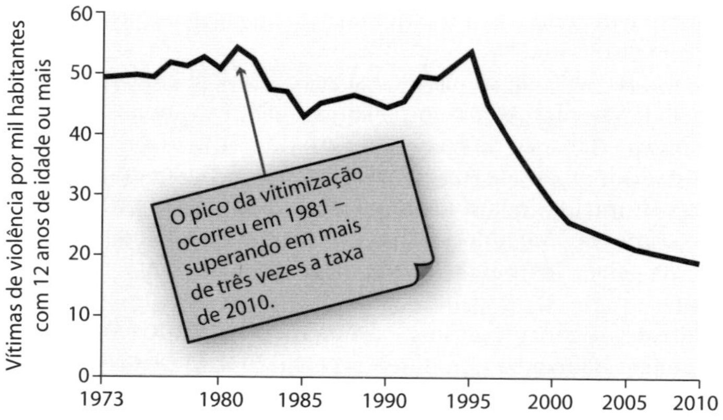

Figura 4.3 Taxa de vitimização, 1973-2010.
Fonte: Rennison, 2002; Truman, 2011.

> **Pense nisto**
> O que poderia ter ocasionado uma queda tão drástica da taxa de vitimização a partir de meados da década de 1990?

Não há somente uma explicação que dê conta de uma mudança tão acentuada nas taxas de criminalidade. Ela pode estar no conjunto de mudanças ocorridas nas políticas públicas, na saúde pública, na tecnologia e na demografia (Eckberg, 2006, p. 5-223; Florida, 2011; James Q. Wilson, 2011; Wood, 2012; Zimring, 2007).

As pensadoras feministas assinalam um revés significativo: cresceu a proporção de crimes graves cometidos por mulheres. Por outro lado, os crimes violentos cometidos por mulheres, que nunca foram muito comuns, apresentaram queda. A despeito das manchetes nos tabloides sobre as "meninas más", todos os parâmetros confiáveis demonstram que, entre as mulheres, as brigas, a posse de armas, os assaltos com agravante e as lesões violentas caíram vertiginosamente na última década (Males e Lind, 2010).

Taxas da criminalidade internacional

Se é difícil compilar dados confiáveis sobre a criminalidade nos Estados Unidos, é ainda mais difícil estabelecer comparações úteis de caráter transnacional. No entanto, com certas ressalvas, podemos oferecer constatações preliminares sobre o modo como as taxas de criminalidade variam ao redor do mundo.

Nas décadas de 1980 e de 1990, a violência criminal era muito mais comum nos Estados Unidos do que na Europa Ocidental. As taxas de homicídios, estupros e roubos denunciados à polícia eram muito superiores nos Estados Unidos. Mas a incidência de outros tipos de crime parece ser mais alta em outros lugares. Por exemplo, a Inglaterra, a Itália, a Austrália e a Nova Zelândia apresentam taxas mais elevadas de roubo de carro do que os Estados Unidos (International Crime Victim Survey, 2004).

Por que motivo seriam as taxas de violência criminal nos Estados Unidos tão superiores às da Europa Ocidental? O sociólogo Elliot Currie (1985, 1998) sugeriu que a sociedade norte-americana dá mais importância às conquistas econômicas individuais do que outras sociedades. Ao mesmo tempo, como muitos observadores notaram, a cultura dos Estados Unidos tem um longo histórico de tolerância, senão de conivência, com muitas formas de violência. Todos esses fatores, somados às agudas disparidades entre os cidadãos afluentes e os pobres, ao desemprego expressivo e ao abuso substancial de álcool e de drogas, produzem uma atmosfera propícia à criminalidade.

Outras sociedades ocidentais, porém, evidenciam aumentos preocupantes da violência criminal. A criminalidade na Rússia disparou desde 1991, quando acabou o mando do Partido Comunista (com os seus rígidos controles sobre as armas e os criminosos). Em 1988, o número de homicídios em Moscou não chegou a 260; hoje, são mais de mil por ano. O crime organizado preencheu um vácuo de poder ali existente desde o fim do comunismo; surge, então, o recrudescimento dos tiroteios nos territórios das gangues e dos "crimes de aluguel". Alguns políticos reformistas de proa também estão na linha de mira (Winslow e Zhang, 2008a, 2008b).

Para concluir, um desdobramento alarmante é a rápida escalada das taxas de homicídio nos países em desenvolvimento que fornecem drogas aos países industrializados, em especial os Estados Unidos. Os lucros fabulosos gerados pelas exportações de cocaína para a América do Norte e para a Europa permitiram que as gangues do tráfico se armassem a ponto de constituírem exércitos ilegais. As taxas de homicídio no México são hoje cerca do dobro das taxas dos Estados Unidos. As taxas de homicídio em Honduras, Guatemala, Venezuela e El Salvador são de três a cinco vezes superiores às do México (*The Economist*, 2010c).

A SOCIOLOGIA É IMPORTANTE

A sociologia é importante porque explica o que motiva você a acatar quase automaticamente certas normas sociais – e por que você paga um preço ao descumpri-las.

- Que normas sociais esperava-se que você cumprisse como calouro de sua faculdade ou universidade? Há coincidência ou divergência entre essas normas e as que pautaram a sua criação?
- O que ocorre com alunos que não se submetem às normas sociais aceitas? O controle social em seu *campus* é mais rígido ou mais brando do que em outras esferas da sociedade?
- A criminalidade constitui um problema no seu *campus*? Em caso positivo, que forças sociais poderiam estar atuando para provocá-la?

RECURSOS DO CAPÍTULO

Resumo

Conformidade e **desvio** são duas formas de reação pessoal à pressão real ou imaginária de outras pessoas. Este capítulo examinou os mecanismos de **controle social** usados pela sociedade para estimular a conformidade às normas sociais. Definimos o desvio e oferecemos algumas teorias que explicam a sua existência. Fechamos o capítulo com uma discussão sobre a **criminalidade** e as respectivas estatísticas nos Estados Unidos e em outros países.

1. Stanley Milgram definiu **conformidade** como curvar-se ao arbítrio dos pares. **Obediência,** por sua vez, significa curvar-se às autoridades superiores na estrutura hierárquica.
2. Algumas normas são tão importantes para uma sociedade que são formalizadas e tornam-se **leis.** A socialização é a fonte primária tanto da conformidade quanto da obediência à lei.
3. **Desvio** é qualquer comportamento que descumpra uma norma social, quer referente à conduta, quer à aparência pessoal. Algumas formas de desvio carregam um **estigma** social negativo, ao passo que outras são mais ou menos aceitas.
4. O sociólogo Robert Merton observou que pessoas que aderem a um comportamento desviante compartilham grande parte dos objetivos e dos valores de pessoas que agem dentro das normas sociais; as diferenças estão nos meios empregados para alcançar esses objetivos. A teoria de Merton é conhecida como **teoria da anomia e do desvio.**
5. O teórico interacionista Edwin Sutherland acreditava que as pessoas aprendem o comportamento criminoso ao associar-se com outras pessoas, abordagem conhecida como **transmissão cultural**. A teoria da **associação diferencial** de Sutherland propõe que o desvio é consequência da exposição da pessoa a indivíduos que concordam com atos criminosos.
6. Outros interacionistas atribuem as escaladas da criminalidade e do desvio à ausência ou à ruptura das relações comunais e de instituições sociais, como a família, a escola, a igreja e o governo local. Essa abordagem é conhecida como **teoria da desorganização social**.
7. A **teoria da rotulagem** salienta que a sociedade designa algumas pessoas adeptas a determinados comportamentos como desviantes, muitas vezes em função da classe social, da raça ou da etnia da pessoa. Essa teoria do desvio também é conhecida como **abordagem da reação social**.
8. Os teóricos do conflito ressaltam que as leis e as correspondentes **sanções** impostas aos criminosos pela sua transgressão espelham os interesses dos poderosos. Por exemplo: as feministas observam que a leniência no tratamento de alguns crimes contra as mulheres, como o estupro marital, reflete a situação relativamente indefesa das mulheres.

9. **Crime** é uma transgressão da lei penal que faz jus à aplicação de punições formais por parte de alguma autoridade pública. Os sociólogos estabelecem uma distinção entre **crimes sem vítima**, **crime profissional**, **crime organizado**, **crime do colarinho branco**, **crime de ódio** e **crime transnacional**.
10. As estatísticas de criminalidade estão entre os dados sociais menos confiáveis, pois muitos crimes não são denunciados aos órgãos de segurança pública. As taxas de violência criminal são mais elevadas nos Estados Unidos do que na maioria das sociedades ocidentais.

Palavras-chave

CAPÍTULO

5

ESTRATIFICAÇÃO E DESIGUALDADE GLOBAL

Sani Abdu, de 11 anos, percorre duas horas montado no lombo de um burrico antes de ir para a escola. Transportando grandes vasilhames de plástico, ele monta no burrico e vai buscar água para a família em um poço barrento. Atento para não se desequilibrar, pois já houve casos de crianças que caíram dentro do poço, ele baixa o balde com todo cuidado até o fundo do poço, amarrado na ponta de uma corda. Ao chegar de volta em casa, Sani já está atrasado para a escola.

A incumbência de ir buscar água não é exclusividade de Sani. Ele tem um colega de turma que acorda às 4 horas da madrugada e faz a jornada a pé, e o faz novamente ao voltar da escola; no final da tarde, está esgotado. Ambas as crianças, de 11 anos de idade, são alunos típicos do Níger, onde 90% da população carece de pronto acesso à água potável. Infelizmente, isso se repete com crianças em muitos lugares do mundo, onde a demorada missão de ir buscar água é uma batalha cotidiana (Nossiter 2012; UN Office for the Coordination of Humanitarian Affairs, 2006; UNICEF, 2011).

A renda *per capita* no Níger é de 215 dólares por ano – 28% inferior à de 1975. No mesmo período, a renda *per capita* nos Estados Unidos subiu 50%, acima de 30 mil dólares. Estes dados e a batalha cotidiana por água no Níger sublinham o hiato global entre ricos e pobres. Nos Estados Unidos, as pessoas veem garrafas de plástico mais como um poluidor do meio ambiente do que como um apetrecho vital à sobrevivência.

O hiato global separa os indivíduos e as nações. De um dos lados ficam os biliardários internacionais, entre eles o cofundador da Microsoft, Bill Gates e o magnata das telecomunicações, o mexicano Carlos Slim Helú, detentor da maior fortuna pessoal do mundo em 2012, com valor líquido de 69 bilhões de dólares. Na atualidade, há pelo menos 1.153 bilionários espalhados em 59 países. A fortuna de Gates, sozinha, equivale a 44 vezes a renda nacional bruta do Níger, que tem mais de 11 milhões de habitantes (*Forbes*, 2012; World Bank, 2012a, p. 43, p. 219).

Desigualdade social é a expressão que designa as disparidades de riqueza, de prestígio ou de poder entre os membros de uma sociedade. Toda sociedade manifesta algum grau de desigualdade social. Os sociólogos dão o nome de ***estratificação*** à estruturação escalonada de grupos inteiros de pessoas que perpetua as disparidades de poder e de compensação econômica. Nas sociedades industrializadas, a disparidade das compensações evidencia-se tanto na ***renda*** (salários e remunerações) quanto na ***riqueza*** (patrimônio material como terras, ações e demais ativos) das pessoas. Mas a disparidade das compensações da estratificação também se reflete nas taxas de mortalidade dos diferentes grupos.

Examinaremos neste capítulo alguns sistemas de estratificação, com especial atenção às teorias de Karl Marx e Max Weber. Veremos como a classe social afeta as oportunidades de uma pessoa, inclusive suas chances de ascender na escala social. Iremos nos deter na estratificação nos países em desenvolvimento, onde as multinacionais sediadas em países desenvolvidos têm sido acusadas de exploração de mão de obra em suas fábricas.

SISTEMAS DE ESTRATIFICAÇÃO

Nem todas as sociedades estratificam-se da mesma forma. Os sociólogos estudaram a estratificação na antiguidade e na modernidade, em sociedades ocidentais e não ocidentais. No próximo item, compararemos quatro tipos gerais de estratificação. Em seguida, discutiremos algumas de suas abordagens teóricas, além da sua finalidade e oportunidade.

Considerem-se esses quatro sistemas aqui examinados – escravidão, castas, sistema feudal e classes sociais – como tipos ideais, úteis em termos de análise. Na realidade, qualquer sistema de estratificação pode conter elementos de mais de um tipo. Por exemplo, antes da Guerra Civil dos Estados Unidos, havia nos estados sulistas, além da escravidão institucionalizada dos negros, a divisão dos brancos em diferentes classes sociais.

Pare entender melhor esses sistemas, talvez seja útil recapitular a distinção entre *status adquirido* e *status atribuído* discutida no Capítulo 3. ***Status atribuído*** é uma posição social "conferida" pela sociedade sem levar em conta as características ou os talentos singulares da pessoa. Por sua vez, ***status adquirido*** é a posição social conquistada pela pessoa por meio do esforço próprio. Há um vínculo estreito entre ambas. Assim como as famílias mais ricas do país normalmente herdam riqueza e *status*, os integrantes de minorias raciais e étnicas herdam um *status* desfavorável. Idade e gênero também são *status* atribuídos que influenciam a riqueza e a posição social da pessoa.

Escravidão

A forma mais extrema de desigualdade social que se aplica tanto a indivíduos quanto a grupos é a ***escravidão***. O que distingue esse sistema opressivo de estratificação é o fato de os indivíduos escravizados serem *propriedade* de outros, que os tratam como ativos patrimoniais, como se fossem utilidades domésticas ou animais de estimação.

A escravidão varia de acordo com o modo como é praticada. Na Grécia antiga, os presos de guerras e de pirataria eram a principal fonte de escravos. Mesmo podendo ser transmitida de geração em geração, a condição de escravo não era necessariamente permanente. O *status* da pessoa podia mudar dependendo de que cidade-estado saísse vitoriosa em um conflito militar. Na verdade, todo cidadão era potencialmente sujeito a tornar-se escravo ou a ser alforriado, conforme as circunstâncias históricas. Em contrapartida, nos Estados Unidos e na América Latina, onde a escravidão era um *status* atribuído, havia impedimentos raciais e jurídicos à libertação dos escravos.

Atualmente, a Declaração Universal dos Direitos Humanos, imposta a todos os estados membros das Nações Unidas, proíbe todo e qualquer tipo de escravidão. No entanto, há, hoje, mais pessoas escravizadas do que em qualquer momento da história mundial. Em muitos países em desenvolvimento, trabalhadores endividados são aprisionados em empregos praticamente perpétuos; em alguns países, seres humanos são propriedade cabal de outros seres humanos. Na Europa e nos Estados Unidos, porém, há outra forma de escravidão, em que trabalhadores com visto temporário e imigrantes ilegais são forçados a trabalhar anos a fio em condições tenebrosas, seja para saldar dívidas, seja para evitar ser entregues às autoridades da imigração. Ambas as situações costumam envolver o crime transnacional de tráfico de seres humanos. A cada ano, um total de homens, mulheres e crianças estimado entre 600 mil e 800 mil é traficado pelas fronteiras internacionais com fins de escravidão ou de exploração sexual.

Castas

As ***castas*** são sistemas hereditários de hierarquia social normalmente ditados pela religião e que costumam ser fixos e imutáveis. O sistema de castas costuma ser associado ao hinduísmo da Índia e de outros países. Há, na Índia, quatro grandes castas, conhecidas como *varnas*. Uma quinta categoria, conhecida como os *intocáveis*, é considerada tão inferior e tão impura que nem se inclui no sistema de estratificação. Há, ainda, múltiplas castas menores. Integrar uma casta é um *status* atribuído (ao nascer, a criança assume automaticamente a mesma posição dos pais). Cada casta é rigorosamente definida e espera-se que os casamentos se deem no interior das respectivas castas.

Nas últimas décadas, a industrialização e a urbanização minaram o rígido sistema de castas da Índia. Muitos moradores de aldeias se mudaram para áreas urbanas, onde o seu *status* de membro de uma casta inferior é desconhecido. O anonimato da vida urbana permite que essas famílias aproveitem oportunidades que de outra maneira seriam inexistentes e venham a ascender na escala social.

O termo *casta* também pode ser aplicado a contextos históricos fora da Índia. Por exemplo, o sistema de estratificação que caracterizou o Sul dos Estados Unidos entre o final da Guerra Civil e o fim da década de 1960 tinha semelhanças com um sistema de castas. O mesmo pode ser dito sobre o rígido sistema de segregação que prevaleceu na República da África do Sul de 1948 até a virada do milênio, o chamado *apartheid*. Em ambos os casos, o fator que definia a posição da pessoa na hierarquia social era a raça.

Sistema feudal

Um terceiro tipo de sistema de estratificação, conhecido como *feudal*, está associado às sociedades da Idade Média. O ***sistema feudal***, ou *feudalismo*, exigia que os camponeses trabalhassem a terra que os nobres lhes arrendavam em troca de proteção militar e outros serviços. A base do sistema estava na posse de terras pela nobreza, o que lhe garantia *status* superior e privilegiado. O elemento definidor do sistema, assim como nos casos da escravidão e nas castas, era a transmissão hereditária da posição social. Os nobres herdavam títulos e patrimônios; os camponeses nasciam para ser subalternos em uma sociedade agrária.

Classes sociais

Um ***sistema de classes*** é uma hierarquia social baseada em uma posição econômica cujas características adquiridas podem influir na mobilidade social. Ao contrário dos sistemas de escravidão, de castas, e feudal, a divisão entre classes não é rigidamente definida; a pessoa pode migrar de um para outro estrato da sociedade. Mas os sistemas de classe, além de manterem a estabilidade das hierarquias de estratificação e os padrões de divisão entre as classes, também se caracterizam pela desigualdade na distribuição da riqueza e do poder.

O sociólogo Daniel Rossides (1997) descreve o sistema de classes nos Estados Unidos como um modelo dotado de cinco categorias: classe alta, classe média alta, classe média baixa, classe operária e classe baixa. Embora no seu modelo as linhas divisórias entre as classes não tenham a mesma rigidez do sistema de castas, Rossides mostra que os integrantes das cinco categorias apresentam outras discrepâncias significativas além do nível de renda.

Ele categoriza como pertencendo à *classe alta* cerca de 1 a 2% da população norte-americana, grupo restrito aos super-ricos, pessoas que se agrupam em clubes e círculos sociais exclusivos. Na outra ponta, a *classe baixa*, constituída por aproximadamente 20 a 25% da população, inclui uma proporção exorbitante de negros, hispânicos, mães solteiras com filhos dependentes e pessoas que não conseguem um emprego regular ou cuja única alternativa é o trabalho de baixa remuneração. Trata-se de uma classe destituída de riqueza e de renda *e* de força política, incapaz, portanto, de exercer uma pressão significativa.

Ambas as classes, situadas nos dois extremos da hierarquia social norte-americana, refletem a importância do *status* atribuído e do *status* adquirido. *Status* atribuídos como raça e deficiência têm nítida influência na riqueza e na posição social de uma pessoa. O sociólogo Richard Jenkins (1991) investigou como o fato de ser

A classe média, cuja base já foi tão ampla, está na defensiva e vai pouco a pouco ficando entalada entre dois grupos em crescimento, os ricos e os pobres.

portador de deficiência marginaliza a pessoa no âmbito do mercado de trabalho dos Estados Unidos. Os portadores de deficiência estão mais sujeitos ao desemprego, são frequentemente mal remunerados e, em muitos casos, ocupam os degraus mais baixos da pirâmide ocupacional. Independentemente de seu desempenho no trabalho, eles são estigmatizados como incapazes de "prover o seu sustento". Eis um dos resultados do *status* atribuído.

Entaladas entre a classe mais alta e a classe mais baixa ficam a classe média alta, a classe média baixa e a classe operária. A *classe média alta*, que representa cerca de 10 a 15% da população, é constituída por profissionais liberais como médicos, advogados e arquitetos. Eles têm participação ativa na política e assumem cargos de liderança em associações de voluntários. A *classe média baixa*, que representa aproximadamente 30 e 35% da população, é constituída por profissionais menos abonados (como professores do ensino fundamental e enfermeiros), donos de pequenos negócios, e por uma massa considerável de pessoal de apoio administrativo. Embora nem todo integrante desta classe tão diversificada tenha escolaridade superior, todos compartilham a meta de proporcioná-la aos filhos.

Atualmente, a classe média sofre forte pressão econômica. Uma análise criteriosa indica que, daqueles que perderam sua condição de classe média na segunda metade do século XX, cerca de metade ascendeu a um patamar superior no sistema social de classes enquanto a outra metade recuou para uma posição inferior. Esses dados apontam que os Estados Unidos encaminham-se para uma "distribuição de renda bipolarizada". Em outras palavras, o extenso patamar da classe média vem pouco a pouco sendo substituído por dois grupos em expansão, o dos ricos e o dos pobres.

Rossides descreve a *classe operária* – cerca de 40 a 45% da população – como constituída por pessoas com emprego regular no setor industrial. Os rendimentos de certos integrantes da classe operária, como os eletricistas, talvez superem os de pessoas da classe média baixa. No entanto, apesar de terem garantido certa segurança econômica, a propensão deles é identificar-se com os trabalhadores braçais e seu longo passado de envolvimento no movimento trabalhista dos Estados Unidos. Das cinco classes de Rossides, a classe operária é a que apresenta um declínio numérico mais evidente. Na economia dos Estados Unidos, empregos técnicos e no setor de serviços vêm substituindo cargos associados aos setores de manufaturados e de transporte de bens.

Use a sua imaginação sociológica

Como inferir a classe social de uma pessoa? Que indicadores podem ser enganosos?

PERSPECTIVAS SOCIOLÓGICAS SOBRE ESTRATIFICAÇÃO

Os sociólogos participaram de acirrados debates sobre a estratificação e a desigualdade e chegaram a conclusões variadas. Karl Marx, por exemplo, sublinhou com veemência a importância da dimensão econômica na inteligibilidade das classes sociais. Já Max Weber argumentou que a estratificação deveria ser vista como multidimensional.

A visão de Karl Marx sobre a diferenciação de classe

A presença da estratificação em toda espécie de sociedade humana, desde as primitivas tribos agrícolas até o feudalismo preocupava Marx. Porém, seu maior interesse eram os efeitos da desigualdade econômica em todos os aspectos da Europa do século XIX. A má situação da classe trabalhadora deu a Marx a noção de que era imperioso lutar por mudanças na estrutura social de classes.

Na visão de Marx, as relações sociais dependem, em qualquer época da história, de quem controla a produção econômica, como a terra, ou as fábricas. O relacionamento entre os grupos é moldado pelo acesso diferenciado a recursos escassos. Assim, no sistema feudal, o grosso da produção era agrícola e a terra era de propriedade da nobreza. Os camponeses não tinham grandes opções a não ser trabalhar nos termos impostos pelos donos das terras.

Valendo-se desse tipo de análise, Marx debruçou-se sobre as relações sociais dentro do ***capitalismo*** – sistema econômico em que os meios de produção são de propriedade privada e em que o principal incentivo à atividade econômica é a acumulação de lucros (Rosenberg, 1991). Marx concentrou-se nas duas classes que começaram a emergir com o declínio do sistema feudal – a burguesia e o proletariado. A ***burguesia***, ou classe capitalista, é a detentora dos meios de produção, como fábricas e maquinário; o ***proletariado*** é a classe trabalhadora. Nas sociedades capitalistas, os integrantes da burguesia maximizam o lucro ao competir com as outras firmas e, nesse processo, exploram os trabalhadores, que precisam trocar o seu trabalho por uma remuneração. Na visão de Marx, cada classe tem a sua cultura distintiva, que é compartilhada pelos seus integrantes. Embora mais interessado na cultura do proletariado, Marx também examinou a ideologia da burguesia, que serve para justificar o domínio sobre os trabalhadores.

Segundo Marx, a exploração do proletariado levará à destruição do sistema capitalista, pois os trabalhadores irão rebelar-se. Mas, primeiro, é preciso que a classe trabalhadora adquira uma ***consciência de classe*** – a percepção subjetiva de interesses comuns e da necessidade de uma ação política coletiva para produzir a mudança social. Os trabalhadores normalmente precisam superar o que Marx chamou de ***falsa consciência***, em outras palavras, uma atitude que os integrantes de uma classe incorporam, mas que não reflete com exatidão a posição objetiva deles. Um trabalhador imbuído de falsa consciência talvez adote um ponto de vista individualista diante da exploração capitalista ("O *meu* patrão está *me* explorando"). Em contrapartida, o trabalhador com consciência de classe percebe que *todos* os trabalhadores estão sendo explorados pela burguesia e que a revolução é um interesse comum a todos eles.

Para Karl Marx, a consciência de classe insere-se em um processo coletivo em que o proletariado acabará por identificar na burguesia a fonte da sua opressão. As lideranças revolucionárias irão guiar o proletariado na sua luta de classe. Em última instância, será derrubado o jugo da burguesia e o governo (visto por Marx como representante dos interesses dos capitalistas) e eliminar a propriedade privada dos meios de produção. Na visão de Marx, as classes e a opressão inexistirão no Estado pós-revolucionário dos trabalhadores.

Use a sua
imaginação sociológica

Você já se enganou quanto à sua posição real na sociedade – em outras palavras, você já vivenciou a falsa consciência? Explique.

Até que ponto as previsões de Marx revelaram-se precisas? Como observam os teóricos do conflito contemporâneos, Marx não previu até que ponto as liberdades políticas e a relativa prosperidade iriam contribuir para a "falsa consciência". Muita gente passou a enxergar-se lutando para melhorar sociedades "livres" que proporcionam mobilidade significativa, e não integrando uma classe trabalhadora fadada a uma sina coletiva. A abordagem marxista ao estudo da classe vale para reforçar a importância da estratificação como determinante do comportamento social e da cisão fundamental entre dois grupos distintos, os ricos e os pobres.

A visão de Max Weber sobre estratificação

Max Weber insistiu que característica alguma (como a classe) define por si só a inserção da pessoa no sistema de estratificação. Em texto datado de 1916, Weber identifica três componentes analiticamente distintos da estratificação: classe, *status* e poder.

Na terminologia de Weber, a ***classe*** é um grupo de pessoas que compartilha de um mesmo patamar de riqueza e de renda. Por exemplo, certos trabalhadores tentam sustentar a família com empregos de salário mínimo. Pela definição de Weber, tais assalariados constituem uma classe, pois compartilham de uma mesma posição econômica e de uma mesma sina. Embora concordando com Marx no que tange à importância desta dimensão econômica da estratificação, Weber sustentava que era impossível explicar os atos individuais ou grupais em termos *exclusivamente* econômicos.

Weber aplicou o termo ***grupo de status*** a pessoas de prestígio ou de estilo de vida equivalente. O indivíduo ganha *status* ao afiliar-se a um grupo cobiçado, como a profissão de médico. Mas *status* não se confunde com posição econômica de classe. Na cultura norte-americana, um batedor de carteira de sucesso pode auferir renda igual à de um professor universitário. Mas, enquanto o ladrão é visto pela maioria como integrando um grupo de *status* inferior, o professor desfruta de um *status* elevado.

Para Weber, o terceiro grande componente da estratificação reflete uma dimensão política. O ***poder*** é a capacidade de impor aos outros o próprio arbítrio. Nos Estados Unidos, por exemplo, o poder emana da participação em grupos especialmente influentes, como o conselho de administração de uma grande empresa, ou órgãos públicos e grupos de interesse. Os teóricos do conflito normalmente concordam que há elos estreitos e poderosos interligando duas grandes fontes de poder – as grandes empresas e o governo.

Na visão de Weber, portanto, cada um de nós ocupa não uma, mas três posições na hierarquia social. O posicionamento da pessoa no sistema de estratificação reflete alguma combinação de classe, *status* e poder. Cada um dos fatores influencia os outros dois. Na verdade, tende a haver coincidência entre essas três dimensões. John F. Kennedy vinha de uma família extremamente rica, frequentou escolas exclusivas, formou-se na Harvard University e tornou-se presidente dos Estados Unidos. Como Kennedy, muitos indivíduos de origem abastada conquistam *status* e poder impressionantes.

A perspectiva interacionista sobre estratificação

Karl Marx e Max Weber analisaram a desigualdade pelo mesmo prisma macrossociológico, levando em consideração toda a sociedade e até mesmo a economia global. Marx, porém, chegou a sinalizar a importância de uma análise de caráter mais microssociológico ao ressaltar o modo como os indivíduos adquirem a verdadeira consciência de classe.

Os interacionistas, assim como os economistas, interessam-se há tempos pela importância da classe social no estilo de vida. O teórico Thorstein Veblen (1857-1929) observou que é típico daqueles no topo da hierarquia social converter parte de sua fortuna em *consumo ostensivo*, comprando mais automóveis do que são capazes de usar e construindo casas com mais cômodos do que são capazes de ocupar.

Use a sua imaginação sociológica

Dê alguns exemplos de consumo ostensivo entre os seus colegas de faculdade. Quais os mais óbvios e quais os mais sutis?

Também costumam realizar um *lazer ostensivo*, deslocando-se de jato para lugares remotos e ali permanecendo o suficiente para jantar ou para contemplar o cair do sol em algum local histórico (Veblen, [1899] 1964).

No outro extremo do espectro, o comportamento tido como típico da classe inferior não apenas é ridicularizado como também pode gerar processos na justiça. De tempos em tempos, alguma comunidade proíbe o estacionamento de *trailers* na rua e de sofás na varanda de frente. Há comunidades em que é ilegal deixar um veículo utilitário estacionado a noite toda na frente de casa.

A ESTRATIFICAÇÃO É UNIVERSAL?

É justificável que alguns membros da sociedade recebam compensações maiores que outros? É justificável que algumas pessoas se sintam social e economicamente superiores a outras? É possível organizar uma vida social isenta de desigualdades estruturadas? Essas questões vêm sendo debatidas há séculos, sobretudo por ativistas políticos. Iniciativas de estabelecer comunidades, abolindo a desigualdade nas relações sociais, foram tentadas por socialistas utópicos, por minorias religiosas e, mais recentemente, por integrantes de contraculturas.

Segundo constatações de pesquisas feitas por cientistas sociais, a desigualdade está presente em todas as sociedades, mesmo nas mais primitivas. Por exemplo, ao estudar os kiwais de Papua Nova Guiné, o antropólogo Gunnar Landtman ([1938] 1968) não observou, a princípio, diferenciação entre eles. Todos os homens da aldeia faziam o mesmo trabalho e moravam em habitações parecidas. No entanto, observando melhor, notou que certos papuásios – os guerreiros, os arpoadores e os feiticeiros – eram descritos como "um pouco mais acima" dos demais homens. Em contrapartida, as mulheres, os desempregados ou os solteiros da aldeia eram considerados como "um pouco mais abaixo" e impedidos de serem donos de terra.

A estratificação, portanto, é universal, já que todas as sociedades mantêm alguma forma de desigualdade social entre os seus integrantes. Dependendo dos seus valores, a sociedade pode atribuir posições hierárquicas diferenciadas com base nos conhecimentos da pessoa sobre religião, nas habilidades na caça, no traquejo comercial ou na capacidade de prover cuidados de saúde. Mas, *como* se explica o desenvolvimento da desigualdade nas sociedades humanas? E que grau de diferenciação entre as pessoas, se é que ela existe, é de fato essencial?

Os teóricos funcionalistas e do conflito propõem explicações contrastantes para a existência e a necessidade da estratificação social. Os funcionalistas sustentam que um sistema diferenciado de recompensas e punições é necessário à eficiência operacional da sociedade. Os teóricos do conflito argumentam que a competição por recursos escassos resulta em expressiva desigualdade política, econômica e social.

A perspectiva funcionalista

Será que as pessoas passariam anos a fio estudando para ser médico se conseguissem ganhar o mesmo dinheiro e o mesmo respeito como garis? Os funcionalistas dizem que não, o que em parte explica por que eles acreditam na universalidade da estratificação social.

Na visão de Kingsley Davis e Wilbert Moore (1945), a sociedade precisa distribuir os seus integrantes pelas mais variadas posições sociais. Precisa garantir que as posições sejam preenchidas e cuidar para que os seus respectivos ocupantes reúnam os talentos e as competências adequados. As recompensas, como dinheiro e prestígio, são baseadas na importância da posição e na escassez relativa de pessoas qualificadas. Com frequência, porém, tal avaliação deprecia o trabalho executado por certos segmentos da sociedade, como o trabalho de dona de casa e outras funções classicamente femininas, e trabalhos de baixo *status*, como atendente de lanchonete.

Davis e Moore afirmam que a estratificação é universal e que a desigualdade social é necessária como motivação para que as pessoas preencham posições importantes do ponto de vista funcional. Mas a desigualdade das recompensas não é o único meio de incentivar as pessoas a preencher posições e ocupações cruciais. Entre outros incentivos que as levam a ingressar em determinadas carreiras estão o prazer pessoal, a satisfação intrínseca e o direcionamento dos valores. Os funcionalistas concordam, mas ressalvam que a sociedade precisa usar algum tipo de recompensa para motivar as pessoas a aceitar empregos desagradáveis, arriscados, ou que exigem treinamento prolongado. Essa resposta não se aplica a sistemas de estratificação em que o *status* é normalmente transmitido por herança, como sistemas de escravidão, de castas ou feudais. Além disso, mesmo que a estratificação seja inexorável, a explicação funcionalista para a discrepância entre as recompensas não esclarece a grande disparidade entre ricos e pobres (R. Collins, 1975; Kerbo, 2012).

Use a sua imaginação sociológica

No seu entender, a dimensão da desigualdade social nos seu país é benéfica ou é prejudicial à sociedade como um todo? Explique.

A perspectiva do conflito

Os escritos de Karl Marx estão no cerne da teoria do conflito. Na visão de Marx, a história é uma luta contínua entre os opressores e os oprimidos, luta que em última instância iria culminar em uma sociedade igualitária, sem classes. Quanto à estratificação, Marx afirma que a classe dominante no capitalismo – a burguesia – manipula os sistemas econômico e político, visando a manter sob as suas rédeas o proletariado explorado. Marx não acreditava na inexorabilidade da estratificação, mas via, a desigualdade e a opressão como inerentes ao capitalismo (E. O. Wright et al., 1982; E. O. Wright, 2011).

Como Marx, os teóricos contemporâneos do conflito acreditam que os seres humanos são propensos a entrar em conflito por recursos escassos, como riqueza, *status* e poder. Todavia, enquanto o ponto focal de Marx era o conflito de classes, teóricos mais recentes ampliaram a análise para contemplar conflitos baseados em gênero, raça, idade e em outras dimensões. Entre as contribuições mais influentes à abordagem do conflito está a do sociólogo britânico Ralf Dahrendorf.

Dahrendorf (1959) alterou e estendeu a análise de Marx da sociedade capitalista às sociedades capitalistas *modernas*. Para ele, as classes sociais são grupos de pessoas que compartilham interesses comuns resultantes das suas relações de autoridade. Ao identificar os grupos de maior poder na sociedade, Dahrendorf inclui, além da burguesia – os donos dos meios de produção –, os gerentes de indústrias, os legisladores, o judiciário, a cúpula da burocracia estatal, entre outros. Nesse sentido, ele funde a ênfase de Marx sobre o conflito de classes com o reconhecimento de Weber de que o poder é um elemento importante da estratificação (Cuff et al., 1990).

Os teóricos do conflito, entre eles Dahrendorf, argumentam que os atuais poderosos, assim como a burguesia na época de Marx, querem que a sociedade funcione sem sobressaltos para que possam desfrutar das suas posições de privilégio. Como o *status quo* convém aos detentores de riqueza, *status* e poder, é nítido o interesse em prevenir, minimizar ou controlar o conflito social. Uma das formas que os poderosos têm para manter o *status quo* é definir a ***ideologia dominante*** da sociedade – o conjunto de práticas e crenças culturais que sustenta os interesses políticos, econômicos e sociais. Na perspectiva do conflito, os grupos e as instituições mais poderosos da sociedade controlam não só a riqueza e os bens como também os meios de influenciar as crenças culturais da população por meio da religião, do ensino e dos meios de comunicação (Abercrombie et al., 1980, 1990; Robertson, 1988).

Os poderosos (p. ex., as autoridades públicas) também recorrem às reformas sociais de âmbito limitado para tapar a boca dos oprimidos e diminuir os riscos de ameaça à sua dominação. Por exemplo, não resta dúvida de que as leis do salário mínimo e do auxílio desemprego proporcionam algum amparo a homens e mulheres necessitados. Mas tais reformas também servem para pacificar os que, não fosse por isso, se rebelariam. Naturalmente, na visão dos teóricos do conflito, essas manobras jamais conseguem eliminar totalmente o conflito, pois os trabalhadores continuarão a reivindicar a igualdade e os poderosos não irão abrir mão de controlar a sociedade.

Na visão dos teóricos do conflito, a estratificação é uma das maiores fontes de tensão e de conflito social. Eles não concordam com Davis e Moore, que acreditavam que a estratificação servia ao funcionamento da sociedade, ou como fonte de estabilidade. A estratificação, afirmam os sociólogos do conflito, irá, inexoravelmente, resultar em instabilidade e mudança social. A Tabela 5.1 recapitula as três principais perspectivas sociológicas sobre a estratificação social (R. Collins, 1975; Coser, 1977).

Mapeando as perspectivas

Tabela 5.1 Três perspectivas de relevo sobre a estratificação social

	Funcionalista	Conflito	Interacionista
Finalidade da estratificação social	Ajuda a preencher as posições sociais	Propicia a exploração	Influencia o estilo de vida das pessoas
Visão sobre a desigualdade social	É até certo ponto necessária	É excessiva e está aumentando	Influencia as relações entre os grupos
Avaliação sobre os ricos	Talentosos e competentes, geram oportunidades para terceiros	Usam a ideologia dominante em prol dos seus interesses	Ostentam hábitos de consumo e de lazer ostensivos

O ponto de vista de Lenski

Voltemos a uma questão já formulada – "É a estratificação universal?" – para abordar a resposta sociológica. Em todas as culturas, desde as mais primitivas até as mais avançadas sociedades industrializadas da nossa era, constata-se a presença de alguma forma de diferenciação. Ancorado na sua abordagem da evolução sociocultural, o sociólogo Gerhard Lenski descreveu o modo como os sistemas econômicos mudam conforme o nível de tecnologia cresce em complexidade, principiando com a caça e coleta e culminando na sociedade industrial.

Nas sociedades de subsistência baseadas na caça e coleta, as pessoas concentravam-se em sobreviver. A despeito das evidências de presença de algum grau de desigualdade e de diferenciação, não se configura nelas um sistema de estratificação baseado na classe social porque inexiste riqueza real a ser pleiteada. À medida que avança tecnologicamente, a sociedade habilita-se a produzir um importante *superavit* de bens. O surgimento de recursos superavitários, além de expandir substancialmente as chances de haver desigualdade de *status*, influência e poder, dá margem ao desenvolvimento de um sistema rígido e bem definido de classes sociais. Para minimizar a ocorrência de paralisações, de operações tartaruga e de sabotagem industrial, as elites podem optar por repartir parte do *superavit* econômico com as classes inferiores, mas não o suficiente para reduzir seu próprio poder e privilégios.

Como afirmou Lenski, a alocação de bens e serviços superavitários controlados pelos detentores de riqueza, *status* e poder reforça a desigualdade social atrelada aos sistemas de estratificação. Embora esse sistema de compensação talvez tenha, em algum momento, servido aos propósitos gerais da sociedade, como querem os funcionalistas, não se pode dizer o mesmo das fortes disparidades que separam ricos e pobres nas sociedades de hoje. Na sociedade industrial contemporânea, o grau de desigualdade social e econômica excede a necessidade de oferta de bens e serviços (Lenski, 1966; Nolan e Lenski, 2009).

ESTRATIFICAÇÃO POR CLASSE SOCIAL

Medindo a classe social

Para avaliar o nível de riqueza das pessoas, nós observamos que carro elas guiam, as casas onde moram, as roupas que vestem e assim por diante. Mas é menos fácil situar um indivíduo nos nossos critérios de classificação social do que nos sistemas de estratificação de escravidão, de castas ou feudal. Para definir a posição de classe de alguém, os sociólogos costumam recorrer ao método objetivo.

Método objetivo. O ***método objetivo*** de medir a classe social vê a classe como uma categoria estatística. Os pesquisadores pareiam os indivíduos às classes sociais baseados em critérios como ocupação, escolaridade, renda e local de moradia. O ponto principal do método objetivo é que cabe ao *pesquisador*, e não a quem está sendo classificado, identificar a posição de classe da pessoa.

O primeiro passo ao aplicar o método é decidir que indicadores ou fatores causais serão medidos – riqueza, renda, escolaridade, ocupação. O grau de prestígio das ocupações revelou-se um indicador valioso da posição de classe por ser mais fácil de definir com rigor do que a renda ou a riqueza. O termo ***prestígio*** tem a ver com o respeito e a admiração que uma ocupação suscita na sociedade. Dizer "a minha filha, que é física" tem uma conotação muito diferente de dizer "a minha filha, que é motorista de ônibus". O prestígio independe de quem está ocupando o cargo, característica que distingue o prestígio da ***estima***, que tem a ver com a reputação conquistada por uma pessoa específica no âmbito de uma ocupação. Pode-se, então, dizer que ser presidente é uma posição de elevado prestígio, embora possa ser ocupada por pessoas com graus variados de estima. Um cabeleireiro pode ter a estima da sua clientela, mas carece do prestígio de um executivo de um grande grupo empresarial.

A Tabela 5.2 apresenta uma classificação de prestígio por ocupação. Em uma série de *surveys* de âmbito nacional realizados nos Estados Unidos, os sociólogos classificaram o prestígio de cerca de 500 ocupações, de médico a jornaleiro. A pontuação máxima era 100 e a mínima, zero. Constatou-se que as ocupações mais prestigiadas eram médico, advogado, dentista e professor universitário. Os sociólogos usaram esses dados para atribuir graus de prestígio a praticamente todas as ocupações e verificou-se que a classificação se manteve estável entre 1925 e 1991. Em outros países, estudos semelhantes também estabeleceram valiosas classificações de prestígio para as ocupações (Nakao e Treas, 1994).

Por muitos anos, a tendência dos sociólogos foi ignorar a ocupação e a renda da *mulher* como determinantes da posição social. Hoje, com mais da metade das mulheres casadas trabalhando fora (ver Cap. 7), essa abordagem soa ultrapassada. Como avaliar a classe ou o *status* nas famílias de dupla carreira? Uma abordagem possível é focar na pessoa (em vez de focar na família ou no domicílio). Assim, a mulher seria classificada em função de seu *status* ocupacional, e não do *status* cônjuge (O'Donnell, 1992). Outra abordagem seria atribuir um valor monetário ao trabalho não remunerado da mulher em casa.

Tabela 5.2 Classificação das ocupações em função do prestígio

Ocupação	Pontuação	Ocupação	Pontuação
Médico	86	Caixa de banco	50
Professor do ensino superior	78	Eletricista	49
Advogado	76	Administrador de fazendas	48
Dentista	74	Corretor de seguros	47
Banqueiro	72	Secretária	46
Arquiteto	71	Carteiro	42
Piloto da aviação comercial	70	Agricultor	41
Membro do clero	69	Agente penitenciário	40
Enfermeiro diplomado	66	Carpinteiro	40
Professor do ensino médio	63	Recepcionista	39
Técnico em higiene dental	61	Barbeiro	38
Parlamentar	61	Cuidador de crianças	36
Farmacêutico	61	Funcionário de hotel	32
Professor do ensino fundamental	60	Motorista de ônibus	32
Veterinário	60	Lanterneiro	31
Policial ou detetive	60	Motorista de caminhão	30
Educador de creche	60	Vendedor (de sapatos)	28
Contador	57	Garçom e garçonete	28
Bibliotecário	55	Cozinheiro de lanchonete	28
Bombeiro (Corpo de Bombeiros)	53	*Barman*	25
Agente funerário	52	Gari	17
Assistente social	52	Zelador	16
Optometrista	51	Jornaleiro	15

Nota: A pontuação máxima é 100 e a mínima é 0.
Fonte: General Social Survey, 2012.

Pense nisto
Você consegue apontar outras duas ocupações que você considera de alto prestígio? E outras duas ocupações de baixo prestígio?

Parâmetros múltiplos. A medição da classe social complica-se devido ao fato de os avanços dos métodos estatísticos e da tecnologia terem multiplicado os fatores usados para definir classe de acordo com o método objetivo. Ao avaliar a posição de classe de uma pessoa, os sociólogos não se limitam mais à renda anual e à escolaridade, utilizando, atualmente, critérios como valor da casa, fontes de renda, bens, número de anos em cargo profissional, vizinhança e considerações relativas à dupla carreira. A soma dessas variáveis não necessariamente alterará o quadro da diferenciação de classe nos Estados Unidos, mas permite aos sociólogos medir a classe de modo mais complexo e multidimensional. No caso de usarem parâmetros múltiplos, os pesquisadores falam em ***status socioeconômico***, expressão clássica para designar um parâmetro de classe social baseado na renda, na escolaridade e na ocupação. Para determinar o *status* socioeconômico de um jovem – por exemplo, um estudante universitário com menos de 25 anos – usa-se como parâmetro a renda, a escolaridade e a ocupação *dos pais*.

Independente da técnica utilizada, o que interessa ao sociólogo são as diferenças reais e por vezes dramáticas de poder, de privilégio e de oportunidade no seio da sociedade. O estudo da estratificação é o estudo da desigualdade. E isto é flagrante ao analisarmos a distribuição da riqueza e da renda.

Renda e riqueza

Quaisquer que sejam os parâmetros usados, a distribuição de renda nos Estados Unidos não é equitativa. Vejamos como o economista e ganhador do Prêmio Nobel Paul Samuelson descreveu a situação: "Se construíssemos em alvenaria uma pirâmide da renda, em que cada patamar equivalesse a 500 dólares de renda, o cume alcançaria uma altitude muitíssimo superior à do Monte Everest, mas a maioria das pessoas ficaria a poucas dezenas de centímetros acima do solo" (Samuelson e Nordhaus, 2010, p. 324).

Dados recentes respaldam a analogia de Samuelson. Em 2011, nos Estados Unidos, a renda mediana por domicílio foi de 50.054 dólares. Em outras palavras, a renda cresceu em metade dos domicílios e caiu na outra metade. Isso, porém, não nos dá uma medida plena das disparidades de renda na sociedade norte-americana. Podemos ter uma ideia da desigualdade comparando a renda mediana com a média aritmética de 69.677 dólares no mesmo ano. O forte hiato entre a média e a mediana deve-se ao fato de que alguns ganharam muito mais dinheiro do que outros – o que eleva a média, tornando-se uma estatística menos útil que a mediana para descrever a renda "média", ou seja, a renda típica (DeNavas-Walt et al., 2012, p. 6, Table HINC-01).

Para captar melhor a desigualdade de renda nos Estados Unidos, podemos olhar o posicionamento relativo dos domicílios quanto a distribuição de renda. Um dos melhores meios para fazer isso é listar, em ordem crescente, todos os domicílios que possuem alguma renda e, em seguida, separá-los em quintos. Como há aproximadamente 121 milhões de domicílios, cada quinto reúne um número mais ou menos equivalente a 24 milhões de domicílios. O método proporciona uma noção da renda média de cada quinto, juntamente com o percentual da renda total do país auferida no interior de cada quinto.

Como mostra a Figura 5.1, olhar a população por esse prisma revela um grau importante de desigualdade de renda. A renda dos domicílios situados no quinto inferior é de 11.239 dólares, contra 178.020 dólares no quinto superior. Nos 5% que ficam no topo – os maiores responsáveis pela elevação da média aritmética –, a mé-

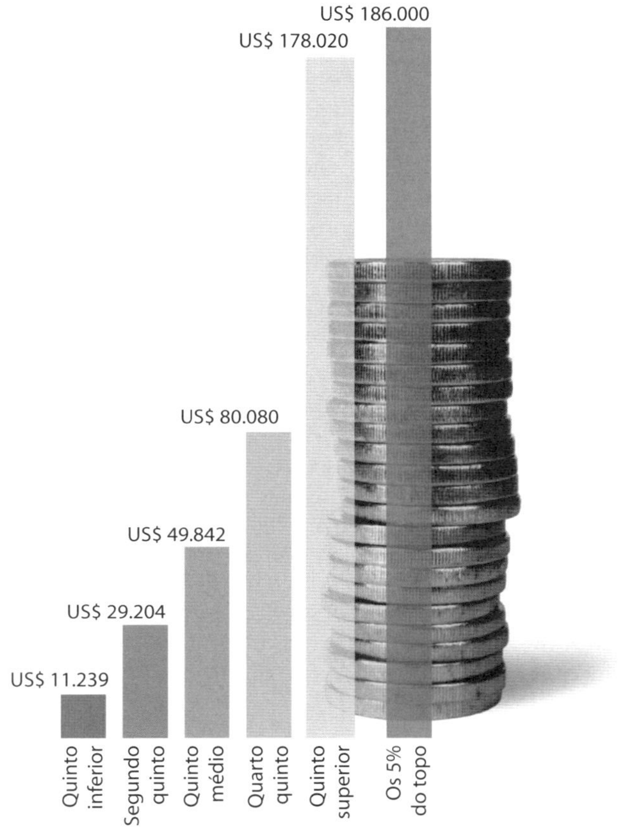

Figura 5.1 Renda domiciliar por quintos.
Fonte: Dados de 2011 em DeNavas-Walt et al., 2012, p. 38.

dia anual é de 186 mil dólares. Ainda mais acima na escala de distribuição de renda, constata-se que o topo do topo dos contribuintes – 0,01%, em torno de 15 mil domicílios – possui uma renda anual superior a 11,5 milhões de dólares, e controla 6% da renda total do país (DeNavas-Walt et al., 2012, p. 38).

Nos últimos 80 anos, houve uma modesta redistribuição de renda nos Estados Unidos, mas nem sempre em favor dos pobres ou da classe média. De 1929 até o fim de 1970, políticas econômicas e fiscais do governo concederam alguma renda para os pobres. Mas, nas quatro últimas décadas – sobretudo na década de 1980 e de 2001 ao final de 2012 –, as políticas fiscais federais favoreceram os ricos. E, embora os salários de profissionais e trabalhadores altamente qualificados continue a subir, houve *queda* – deduzida a inflação – na remuneração de trabalhadores menos qualificados.

Quão dramático, exatamente, foi esse aumento da desigualdade? Vejamos o período pré-recessão, entre 1984 e 2008. Em apenas 25 anos, ocorreram as seguintes mudanças na renda domiciliar real (deduzida a inflação):

- Para os 20% menos privilegiados da população, a renda subiu 9%.
- Para os 20% pobres da população, a renda subiu 10%.
- Para os 20% médios da população, a renda subiu 13%.
- Para os 20% ricos da população, a renda subiu 20%.
- Para os 20% mais privilegiados da população, a renda deu um salto de 40%.

O padrão é nítido. A despeito de todos terem melhorado, os que mais ganharam, de longe, foram os mais ricos.

Uma análise econômica criteriosa demonstra que nos últimos 30 anos as políticas fiscais norte-americanas, tanto estaduais quanto federais, a acentuaram o viés de desigualdade econômica. Em um período de 25 anos, o 1% mais privilegiado da população, *deduzidos os impostos*, viu a sua renda aumentar 228%, contra apenas 21% para os domicílios situados no quinto médio. Não espanta que a classe média esteja encolhendo (Billitteri, 2009; Sherman, 2007).

Nos Estados Unidos, há muito mais desigualdade na distribuição da riqueza do que da renda. Um estudo de 2009 do Federal Reserve Bank mostrou que, enquanto metade da população controla 2,5% da riqueza nacional, a outra metade controla mais de 97% (ver Fig. 5.2). Em outras palavras, a riqueza do 1% mais provilegiado é maior que a riqueza conjunta dos 90% menos privilegiados.

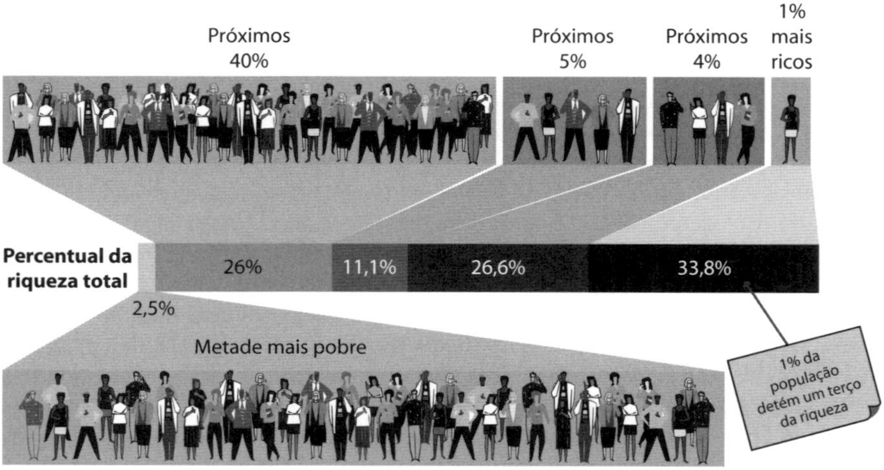

Figura 5.2 Distribuição da riqueza nos Estados Unidos.
Fonte: Dados de 2007 divulgados em estudo de 2009 do Federal Reserve Bank. Ver Kennickell, 2009, p. 35.

Pobreza

Nos Estados Unidos, aproximadamente uma em cada nove pessoas vive abaixo da linha de pobreza estabelecida pelo governo federal. Em 2012, nada menos que 46,2 milhões de pessoas viviam na pobreza. O *boom* econômico da década de 1990 passou longe dessa gente. Um relatório do Bureau of the Census mostra que um em cada cinco domicílios mal consegue suprir as necessidades básicas, como pagar os serviços de utilidade pública e pôr comida na mesa (Bauman, 1999; DeNavas-Walt et al., 2012).

Um fator que contribuiu para essa elevada taxa de pobreza foi o grande número de trabalhadores em empregos de salário mínimo. Nos últimos 50 anos, o governo federal elevou o salário mínimo de 75 centavos de dólar por hora em 1950 para 6,55 dólares por hora em 2008 e para 7,25 dólares por hora em 2009. Mas, em termos de valor real (deduzida a inflação), o salário mínimo não acompanhou o custo de vida.

O estudo da pobreza. O que complica os esforços dos sociólogos para entender melhor a pobreza é a dificuldade de defini-la. O problema evidencia-se até mesmo em programas do governo que enquadram a pobreza ou em termos absolutos, ou em termos relativos. ***Pobreza absoluta*** corresponde ao nível mínimo de subsistência em que família alguma teria condições de viver.

Um parâmetro comum de pobreza absoluta é a *linha de pobreza* do governo federal dos Estados Unidos, uma cifra monetária reajustada anualmente para refletir as exigências de consumo das famílias com base no seu tamanho e composição. A linha de pobreza serve como uma definição oficial de quem é pobre. Em 2012, por exemplo, uma família de quatro pessoas (dois adultos e duas crianças) com renda conjunta anual igual ou inferior a 22.811 dólares situava-se abaixo da linha de pobreza. Esta definição determina que pessoas e que famílias têm direito a certos benefícios públicos (DeNavas-Walt et al., 2012, p. 49).

Pobreza relativa, por sua vez, é um padrão flutuante de carência pelo qual as pessoas da base da sociedade, independentemente do estilo de vida, são consideradas em posição de desvantagem *se comparadas com o país como um todo*. Portanto, mesmo que os pobres da década de 1990 tenham melhorado de vida em termos absolutos se comparados aos pobres das décadas de 1930 ou de 1960, eles continuam sendo considerados merecedores de alguma assistência especial.

O debate acerca da exatidão do parâmetro de pobreza utilizado pelo governo norte-americano, que não mudou desde 1963, vem acirrando-se. A taxa de pobreza divulgada seria mais baixa caso fossem computados benefícios não monetários como Medicare, Medicaid, deduções fiscais, auxílio-alimentação, habitação social, assistência de saúde e outras vantagens adicionais oferecidas pelo empregador. Por outro lado, a taxa seria mais elevada caso fossem computadas as despesas médicas e as despesas compulsórias com transporte e assistência infantil custeadas do próprio bolso, ainda que associadas ao trabalho. Embora leve em conta o tamanho da família, o parâmetro de pobreza vigente não considera a localização do domicílio, se está situado em uma cidade relativamente cara como Nova York ou em uma área rural menos cara, e tampouco leva em conta se o chefe da família paga aluguel ou prestação hipotecária, ou se mora sozinho ou com outra pessoa.

Para corrigir algumas dessas deficiências, o governo norte-americano lançou, em 2010, uma segunda estatística chamada Supplemental Poverty Measure, a ser usada no cálculo da dificuldade econômica. Trata-se de um parâmetro de pobreza relativa baseado em uma extensa gama de despesas e de recursos domiciliares que vêm passando por transformações. O cálculo indica um contingente de pessoas vivendo na pobreza superior ao índice oficial do governo. Mas isso não altera a linha de pobreza, que determina o direito aos benefícios (Blank, 2011; Short, 2012).

Quem são os pobres? A categoria dos pobres, além de desafiar qualquer definição simples, também contraria estereótipos comuns a seu respeito. Por exemplo, muita gente nos Estados Unidos acredita que a maioria dos pobres não trabalha porque não quer, pois existem condições para isso. No entanto, embora muitos adultos pobres trabalhem fora de casa, apenas uma pequena parcela trabalha o ano todo e em tempo integral. Em 2011, cerca de 26% da totalidade dos adultos pobres que trabalham trabalhou em tempo integral, contra 50% da totalidade dos adultos. Dos adultos pobres que não trabalham, a maioria está doente ou incapacitada, ou ocupa-se de algum trabalho doméstico (DeNavas-Walt et al., 2012, p. 12).

Muitos pobres vivem em favelas urbanas, mas não a maioria. Há muita pobreza nas áreas rurais, como nos montes Apalaches, em reservas indígenas e em regiões agrícolas duramente danificadas. A Tabela 5.3 traz informações estatísticas suplementares sobre essas populações de baixa renda.

As mulheres representam, desde a Segunda Guerra Mundial, uma crescente parcela da população pobre nos Estados Unidos. Muitas são divorciadas ou mães solteiras. Em 1959, as mulheres chefes de família representavam 26% dos pobres do país; em 2011, esse percentual estava em 51% (ver Tab. 5.3). Esta tendência alarmante, conhecida como ***feminização da pobreza***, ocorre no mundo todo.

Do total de mulheres que vivem em situação de pobreza nos Estados Unidos, cerca de metade está em fase de "transição", às voltas com uma crise econômica gerada pela partida, pela incapacitação ou pela morte do marido. A outra metade tende a depender economicamente do sistema de previdência social ou de amigos e parentes que moram nas redondezas. Um dos principais fatores da feminização da pobreza é o aumento de domicílios em que a mulher é a única pessoa a prover o sustento (ver Cap. 7). Os teóricos do conflito e outros observadores associam a elevação das taxas de pobreza entre as mulheres a três fatores distintos: o custo inacessível da assistência infantil, o assédio sexual e a discriminação sexual no mercado de trabalho (Burns, 2010).

As análises sobre os pobres costumam mostrar que eles não são uma classe social estática. A sua composição muda constantemente, pois há indivíduos e famílias situados nas proximidades do teto da faixa de pobreza que, ao fim de um ou dois anos, ascendem acima do nível de pobreza, enquanto outros fazem a trajetória inversa. Mesmo assim, centenas de milhares de pessoas permanecem na pobreza por

Tabela 5.3 Quem são os pobres nos Estados Unidos?

Grupo	Percentual da população dos EUA (%)	Percentual da população pobre dos EUA (%)
Idade		
Menor de 18 anos	24	35
18 a 64 anos	63	57
65 anos ou mais	13	8
Raça-Etnia		
Brancos (não hispânicos)	63	41
Negros	13	24
Hispânicos	17	29
Asiáticos e oriundos das ilhas do Pacífico	5	4
Composição familiar		
Casais de cônjuges em que o homem é chefe de família	73	38
Mulheres chefes de família	19	52
Portadores de deficiência	8	16

Nota: Portadores de deficiência com idade de 18 a 64 anos.
Fonte: Dados de 2011 em DeNavas-Walt et al., 2012, p. 14, 17.

muitos anos a fio. Os negros e os latinos têm mais probabilidades que os brancos de perdurar na pobreza e menos probabilidades que eles de deixar os cadastros assistenciais em decorrência da reforma previdenciária (Jäntti, 2009).

Explicando a pobreza. Por que há tanta pobreza em um país tão rico? O sociólogo Herbert Gans (1995) aplicou a essa questão uma análise funcionalista; segundo ele, diversos segmentos da sociedade *beneficiam-se* da existência dos pobres. Gans identificou uma série de funções sociais, econômicas e políticas que os pobres cumprem para a sociedade:

- A presença de pessoas pobres significa que o trabalho sujo da sociedade – tarefas subalternas e sem futuro, mal remuneradas e sem dignidade, fisicamente insalubres ou arriscadas – será executado a custo baixo.
- A pobreza gera empregos em ocupações e em profissões que "prestam serviços" aos pobres – tanto legais (especialistas em saúde pública, assistentes sociais) quanto ilegais (traficantes de drogas, apontadores de apostas).
- Identificar e punir os pobres como desviantes garante a legitimidade de normas sociais e de valores convencionais, como empenho no trabalho, parcimônia e honestidade.
- No seio de uma sociedade relativamente hierárquica, a existência dos pobres garante o *status* superior dos ricos. Como observou o psicólogo William Ryan (1976),

os ricos podem justificar a desigualdade (e tirar daí alguma satisfação) "culpando as vítimas" da pobreza pela própria carência delas.

- Carentes de poder político, os pobres costumam pagar a conta da mudança social. Com a política de desinstitucionalização, os pacientes antes confinados a hospitais psiquiátricos foram "depositados" em comunidades e bairros de baixa renda. O mesmo acontece com as moradias assistidas para usuários de drogas reabilitados que, normalmente rejeitadas por comunidades mais abonadas, costumam ir parar nas comunidades mais pobres.

Portanto, na visão de Gans, a pobreza e os pobres desempenham, de fato, funções positivas para muitos grupos não carentes nos Estados Unidos.

Oportunidades de vida

Max Weber acreditava haver uma estreita associação entre a classe e as ***oportunidades de vida*** – ou seja, as oportunidades que as pessoas encontram para prover-se de bens materiais, condições de moradia positivas e experiências de vida favoráveis (Gerth e Mills, 1958). As oportunidades de vida refletem-se em parâmetros como habitação, escolaridade e saúde. Ocupar uma posição mais elevada na sociedade melhora as oportunidades de vida e amplia o acesso às compensações sociais. Ocupar uma posição mais baixa obriga a pessoa a dedicar mais energia e mais recursos às necessidades básicas da vida. Em alguns casos, as oportunidades de vida são uma questão de vida ou morte. Nos Estados Unidos, segundo um estudo médico publicado em 2011, aproximadamente 133 mil óbitos por ano podem ser atribuídos à pobreza, e outros 119 mil à desigualdade de renda. Somados, são mais de 250 mil óbitos por ano causados por graves limitações de recursos (Galea et al., 2011).

Em momentos de perigo, os ricos e poderosos têm mais chance de sobreviver do que as pessoas comuns. Quando o supostamente inafundável transatlântico britânico *Titanic* bateu em um *iceberg* em 1912, não havia botes salva-vidas suficientes para acomodar a todos os passageiros. Os planos eram remover apenas os passageiros da primeira e da segunda classe. Cerca de 60% dos passageiros da primeira classe sobreviveram à catástrofe. A despeito da regra de que os primeiros a sair seriam mulheres e crianças, aproximadamente um terço desses passageiros era de homens. Por sua vez, apenas 25% dos passageiros da terceira classe sobreviveram. A primeira tentativa de alertá-los sobre a necessidade de abandonar o navio ocorreu bem depois de os outros passageiros terem sido notificados. Em uma recente e irônica demonstração da continuada desigualdade social, uma organização de viagens de turismo de luxo chamada Bluefish cobrou 60 mil dólares para quem quisesse contemplar os vestígios submersos do *Titanic* em um submersível de águas profundas (Butler, 1998; Crouse, 1999; Dickler, 2011; Riding, 1998).

Use a sua imaginação sociológica

Imagine uma sociedade sem classes sociais – sem diferença alguma de riqueza, de renda e de oportunidades de vida entre as pessoas. Como seria uma sociedade assim? Ela seria estável? Ou o tempo se encarregaria de mudar a estrutura social?

Riqueza, *status* e poder podem não garantir a felicidade, mas proporcionam meios adicionais para enfrentar problemas e decepções. Por esse motivo, a oportunidade de progresso – a mobilidade social – é de especial relevância para as pessoas que vivem na base da sociedade. Essas pessoas querem as compensações e os privilégios outorgados aos integrantes dos altos escalões de uma cultura. O que pode a sociedade fazer para proporcionar a elas maior mobilidade social? Uma estratégia é disponibilizar auxílio financeiro para estudantes universitários de famílias de baixa renda, com base na teoria de que a educação tira as pessoas da pobreza. No entanto, tais programas não estão surtindo o efeito sonhado por seus formuladores, pois muitos dos que se formam no ensino superior irão passar anos e anos de suas vidas pagando o crédito educativo.

MOBILIDADE SOCIAL

No filme *Encontro de amor,* Jennifer Lopez faz a personagem principal da história, uma Cinderela moderna que ascende do *status* subalterno de camareira de hotel em uma grande cidade a supervisora de uma empresa e namorada de um político endinheirado. A ascensão de alguém de família pobre a uma posição de prestígio, poder ou conforto financeiro é um exemplo de mobilidade social. Em sua definição formal, o termo ***mobilidade social*** designa a passagem de indivíduos ou de grupos de uma posição para outra dentro do sistema de estratificação de uma sociedade. Mas, qual a real importância – a frequência, a dramaticidade – da mobilidade em uma sociedade de classes?

Sistemas de estratificação abertos e fechados

Os sociólogos usam as expressões *sistema de estratificação aberto* e *sistema de estratificação fechado* para indicar o grau de mobilidade dentro de uma sociedade. Um ***sistema aberto*** implica que a posição de cada indivíduo é sensível ao seu status *adquirido*. É um sistema que estimula a competição entre os integrantes da sociedade. Os Estados Unidos caminham para este tipo ideal à medida que o país tenta reduzir as barreiras enfrentadas pelas mulheres, pelas minorias raciais e étnicas, e pelas pessoas nascidas em classes sociais mais baixas. Mesmo em meio à recessão econômica de 2008-2009, cerca de 80% das pessoas acreditavam que subir na vida era algo que estava ao seu alcance (Economic Mobility Project, 2009).

No outro extremo da mobilidade social está o ***sistema fechado***, que dá margem a pouca ou a nenhuma possibilidade de ascensão. Os sistemas de escravidão, de castas e feudal são exemplos de sistemas fechados. Nessas sociedades, o posicionamento social baseia-se em status *atribuídos* que são imutáveis, como raça ou origem familiar.

Tipos de mobilidade social

Um professor do ensino fundamental que se torna policial migra de uma posição social para outra em um mesmo patamar. Ambas as ocupações têm o mesmo grau de prestígio: 60, em uma escala ascendente em que o mínimo é 0 e o máximo é 100 (ver Tab. 5.2). Os sociólogos dão a esse tipo de transição o nome de ***mobilidade horizontal***. No entanto, se o professor se tornasse advogado (grau de prestígio 76), ele vivenciaria uma ***mobilidade vertical***, ou seja, mudaria de uma posição social para outra em um patamar diferente. A mobilidade vertical também inclui *descer* no sistema de estratificação social, como seria o caso de um professor que se tornasse caixa de banco (grau de prestígio 50). Pitirim Sorokin ([1927] 1959) foi o primeiro sociólogo a distinguir mobilidade horizontal e mobilidade vertical.

O grosso da análise sociológica contempla a mobilidade social vertical. Uma forma de examinar esse tipo de mobilidade é comparar a mobilidade intergeração com a mobilidade intrageração. A ***mobilidade intergeração*** implica mudanças de posição social dos filhos em relação aos pais. Assim, um encanador cujo pai era médico é um exemplo de mobilidade intergeração descendente. Uma estrela de cinema cujos pais eram operários de fábrica ilustra a mobilidade intergeração ascendente. Como a escolaridade contribui de modo expressivo para a mobilidade ascendente, qualquer entrave à pretensão de cursar o ensino superior pode ser uma limitação definitiva à mobilidade intergerações (Isaacs, 2007a; Isaacs et al., 2008; Sawhill e Morton, 2007).

Nos Estados Unidos, os homens nascidos na década de 1960 vivenciaram ampla mobilidade intergeração em decorrência do crescimento econômico. Em média, ganhavam mais que os pais na mesma idade; sua renda familiar também melhorou. No entanto, a tendência não se manteve na geração seguinte. Atualmente, os jovens ganham menos que os pais na mesma idade – em torno de 12% menos. A renda familiar subiu ligeiramente em relação à geração anterior, mas apenas porque as mulheres ingressaram na força de trabalho remunerada para complementar a renda do marido (Sawhill e Haskins, 2009).

A ***mobilidade intrageração*** implica mudanças de posição social na vida adulta da pessoa. A mulher que ingressa no mercado de trabalho remunerado como auxiliar de ensino e acaba tornando-se superintendente do distrito escolar vivencia uma mobilidade intrageração ascendente. Um homem que se torna taxista após a falência da sua firma de contabilidade vivencia uma mobilidade intrageração descendente.

Mobilidade social nos Estados Unidos

A crença na mobilidade ascendente é um valor importante na sociedade norte-americana. Quer dizer que os Estados Unidos são de fato a terra da oportunidade? Não até que categorias atribuídas, como raça, gênero e origem familiar, tenham deixado de ser determinantes para as futuras perspectivas da pessoa. Podemos observar o impacto desses fatores na estrutura ocupacional.

Mobilidade ocupacional. Dois estudos sociológicos realizados com uma década de diferença proporcionam uma visão clara do grau de mobilidade social na estrutura ocupacional dos Estados Unidos (Blau e Duncan, 1967; Featherman e Hauser, 1978). Vistas em conjunto, as investigações dão margem a algumas conclusões dignas de nota. Em primeiro lugar, a mobilidade ocupacional (tanto intergeração quanto intrageração) é comum entre os homens. Aproximadamente de 60 a 70% dos filhos estão empregados em ocupações com prestígio superior às ocupações dos pais.

Em segundo lugar, embora a mobilidade social nos Estados Unidos seja importante, boa parte dela correponde a um salto pequeno. Ou seja, quem muda de nível ocupacional em relação aos pais normalmente avança ou recua apenas um ou dois níveis em uma escala de oito níveis ocupacionais possíveis de serem alcançados. Assim, o filho de um trabalhador braçal pode tornar-se artesão ou técnico, mas é pouco provável que venha a ser gerente ou profissional liberal. As chances de chegar ao topo são extremamente reduzidas, a não ser que a pessoa parta de uma posição relativamente privilegiada.

O impacto da educação. Outra conclusão de ambos os estudos é que a educação desempenha um papel crucial na mobilidade social. O impacto da escolaridade formal no *status* de um adulto é ainda maior que o da origem familiar (embora a origem familiar influa na probabilidade de a pessoa cursar o ensino superior). A educação ainda representa um importante meio de mobilidade intergeração. A chance de uma pessoa de família pobre, mas com ensino superior, integrar, na vida adulta, o quinto superior da população que recebe renda é de 1 em 5 (Isaacs et al., 2008).

Porém, o impacto da educação na mobilidade social recuou um pouco na última década. Um diploma de graduação hoje vale menos como garantia de mobilidade ascendente, já que o número de detentores de diploma de graduação que entram no mercado de trabalho cresce cada vez mais. Além disso, há um declínio da mobilidade intergeração, pois a diferença entre elas deixou de ser tão gritante. Décadas atrás, muitos pais formados apenas no ensino médio conseguiam mandar os filhos para a universidade, mas são cada vez maiores as probabilidades de os estudantes universitários de hoje serem filhos de pais com curso superior (Sawhill e Morton, 2007).

O impacto da raça e da etnia. Faz tempo que sociólogos documentam a maior rigidez do sistema de classes norte-americano em relação aos afro-americanos do que aos integrantes de outros grupos raciais. Homens negros com bons empregos, por exemplo, têm menos chance que os brancos de verem seus filhos atingindo seu *status* quando adultos. A desvantagem cumulativa da discriminação desempenha um papel importante na disparidade entre a experiência dos dois grupos. A riqueza relativamente modesta dos domicílios afro-americanos, comparada à dos domicílios brancos, implica que as crianças negras, quando adultas, tenham menos chance do que as crianças brancas de contar com o apoio financeiro dos pais. Na realidade, os casais negros jovens têm muito mais chances de estar prestando ajuda aos pais – ônus que emperra a sua mobilidade social – do que casais brancos jovens (Favreault, 2008).

Use a sua imaginação sociológica

Na sua expectativa, que fator – ocupação, educação, raça e etnia, ou gênero – impactará mais a sua mobilidade social pessoal? Explique.

A classe média afro-americana cresceu nessas últimas décadas devido à expansão econômica e aos benefícios do movimento por direitos civis da década de 1960. No entanto, muitos desses domicílios de classe média têm poucas reservas de poupança, o que os torna mais vulneráveis em épocas de crise. A riqueza mediana dos domicílios negros representa apenas um vinteavos da dos domicílios brancos. Além disso, estudos que remontam a décadas atrás mostram que a mobilidade descendente é significativamente mais alta entre os negros do que entre os brancos (Conley, 2010; Oliver e Shapiro, 2006; Sernau, 2001; Shapiro et al., 2010; W. J. Wilson, 1996).

A situação dos latinos não é muito melhor. A riqueza mediana de seus domicílios corresponde a um dezoitoavos da dos domicílios brancos. Além disso, as evidências sinalizam que o hiato se amplia. A incessante imigração é responsável por parte da disparidade, pois a maioria dos recém-chegados encontra-se desassistida. Mesmo os 5% dos domicílios latinos mais ricos perfazem apenas um terço do valor líquido dos 5% dos domicílios brancos mais ricos (Kochhar, 2008; Pew Social and Demographic Trends, 2011; Shapiro et al., 2010).

O impacto do gênero. Embora os estudos de mobilidade tenham classicamente ignorado a importância do gênero, algumas conclusões de pesquisa disponíveis contemplam a relação entre gênero e mobilidade.

As oportunidades de emprego são muito mais limitadas para as mulheres do que para os homens (como irá mostrar o Cap. 7). Além disso, segundo pesquisa recente, as mulheres com competências muito superiores aos empregos oferecidos a elas são muito mais propensas do que os homens a abandonar de vez o mercado de trabalho remunerado. A debandada feminina contraria um pressuposto comum aos estudos clássicos de mobilidade, de que a maioria das pessoas aspira à mobilidade ascendente e tenta tirar o maior proveito possível das oportunidades.

Uma ampla gama de tarefas de escritório abre-se para as mulheres, à diferença dos homens. Mas o acanhamento das correspondentes faixas salariais e perspectivas de futuro limita o acesso delas à mobilidade ascendente. Por outro lado, a maior dificuldade das mulheres para obter financiamento é um entrave à atuação feminina em ocupações como, entre outras, a de pequena comerciante, de empreendedora ou de profissional autônoma, importante via de mobilidade ascendente para os homens. É comum os filhos seguirem os passos do pai, mas é improvável que uma mulher ocupe a posição do pai. Portanto, o gênero continua sendo um fator relevante na configuração da mobilidade social. As mulheres estão mais propensas a ficarem presas na pobreza, impotentes para sair do seu *status* de baixa renda (Beller, 2009; Heilman, 2001).

O lado positivo é que, embora ainda estejam bem atrás dos homens em matéria de emprego, as mulheres ganham mais do que as mães ganhavam por volta da mesma idade, o que resulta em um aumento substancial da renda. A única exceção são as filhas de pais de baixa renda. Incumbidas de cuidar das crianças – muitas delas como mães solteiras – e até mesmo de outros parentes, a sua mobilidade é severamente limitada (Isaacs, 2007b).

O HIATO GLOBAL

Em algumas partes do mundo, os que dedicaram a vida a lutar contra a fome falam em "mecanismos de enfrentamento" referindo-se às formas como as pessoas em situação de pobreza severa tentam lidar com a fome. As mulheres da Eritreia amarram junto ao corpo pedras em formato abaulado para pressionar o estômago e, assim, reduzir as pontadas da fome. Em Moçambique, os gafanhotos que destroem as lavouras são chamados de "camarões voadores" e servidos como alimento. O ato de comer terra – tido entre as populações bem-alimentadas como um transtorno patológico (alotriofagia) – agrega à dieta dos pobres um suplemento mineral. Em muitos países, sabe-se que as mães fervem água com pedras para convencer os filhos famintos de que o jantar está quase saindo – enquanto, na verdade, esperam que eles caiam no sono (McNeil, 2004).

No mundo todo, a desigualdade é um determinante substancial do comportamento humano, pois abre para alguns e fecha para outros as portas das oportunidades. Com efeito, as disparidades entre as oportunidades de vida chegam a tal extremo que, em alguns lugares, os pobres mais pobres talvez nem se deem conta delas. As imagens veiculadas pelos meios de comunicação ocidentais podem rodar o mundo, mas, em áreas rurais extremamente carentes, são praticamente inacessíveis para os que estão na base da pirâmide social. Poucos séculos atrás, não havia divisões tão grandes na riqueza global. Com exceção de alguns governantes e donos de terras, todos no planeta eram pobres. Em boa parte de Europa, a vida era tão difícil como na Ásia ou na América do Sul. Isso até a Revolução Industrial e o aumento da produtividade agrícola gerar um crescimento econômico explosivo. A decorrente melhora dos padrões de vida não se distribuiu de modo equilibrado pelo mundo.

A despeito do forte hiato entre as nações industrializadas e as nações em desenvolvimento, os sociólogos distinguem um *continuum* de nações, das mais ricas

Use a sua imaginação sociológica

Imagine que em um país fronteiriço ao seu o padrão de vida seja mais elevado. No país vizinho, o piso salarial da mão de obra com curso superior é de 120 mil dólares por ano. Como seria viver em seu país?

Use a sua imaginação sociológica

Você faz uma viagem por um país em desenvolvimento. Que evidências de neocolonialismo você consegue notar?

dentre as ricas às mais pobres dentre as pobres. Por exemplo, em 2010, a média da produção de bens e serviços *per capita* (ou renda nacional bruta *per capita*) em países industrializados como Estados Unidos, Holanda, Suíça e Noruega ficou acima de 47 mil dólares, contra mil dólares em pelo menos 11 dos países mais pobres. Porém, maioria dos países situa-se no intervalo entre os dois extremos (Haub e Kaneda, 2012; Weeks, 2012).

Mesmo assim, os contrastes são gritantes. Três forças aqui discutidas são responsáveis pela dominação do mercado mundial por um punhado de países: a herança do colonialismo, o surgimento das corporações multinacionais e a modernização.

Herança do colonialismo

O ***colonialismo*** é quando uma potência estrangeira mantém prolongado domínio político, social, econômico e cultural sobre uma população. Simplificando, é o domínio do estrangeiro. O longo reinado do Império Britânico em boa parte da América do Norte, em partes da África e na Índia é um exemplo de dominação colonial. O mesmo se aplica ao domínio da França na Argélia, na Tunísia e em outras regiões da África Setentrional.

Em 1980, o colonialismo já estava praticamente extinto. A maioria dos países que eram colônias até a Primeira Guerra Mundial havia conquistado a independência política e constituído governo próprio. No entanto, muitos deles ainda não haviam completado a transição para uma soberania efetiva. O domínio colonial estabelecera padrões de exploração econômica que persistiam mesmo após as colônias terem conquistado a soberania nacional – em parte pela incapacidade delas em desenvolver indústria e tecnologia próprias. Dependentes de nações mais industrializadas para *expertise* gerencial e técnica, capital de investimento e artigos manufaturados, as ex-colônias mantiveram a posição subalterna. Essa dependência continuada e a dominação estrangeira configuram o ***neocolonialismo***.

As consequências econômicas e políticas do colonialismo e do neocolonialismo saltam à vista. Baseado na perspectiva do conflito, o sociólogo Immanuel Wallerstein (1974, 1979a, 2000, 2012) vê o sistema econômico global como dividido entre as nações que controlam a riqueza e as nações de onde se extraem os recursos. Na sua ***análise dos sistemas mundiais***, Wallerstein descreveu uma economia global interdependente que repousa sobre relações políticas e econômicas desiguais. É essencial à análise de Wallerstein a noção que as nações, por conta própria, não são nem jamais foram sistemas completos. Pelo contrário, a existência das nações insere-se em um contexto social mais amplo, ou global.

Na visão de Wallerstein, o *cerne* do sistema econômico mundial é dominado por certas nações industrializadas (p. ex., Estados Unidos, Japão e Alemanha) e pelas suas empresas globais (ver Fig. 5.3). Na *semiperiferia* do sistema situam-se países com *status* econômico marginal, como Israel, Irlanda e Coreia do Sul. Wallerstein sugere que os países em desenvolvimento pobres da Ásia, da África e da América Latina situam-se na *periferia* do sistema econômico mundial. A chave para a macroanálise de Wallerstein está na relação de exploração dos países *centrais* em relação a países *não centrais*. As nações centrais e os seus grandes grupos empresariais controlam e exploram a economia dos países não centrais. Ao contrário de outras, essas nações são relativamente independentes de controle externo (Chase-Dunn e Grimes, 1995).

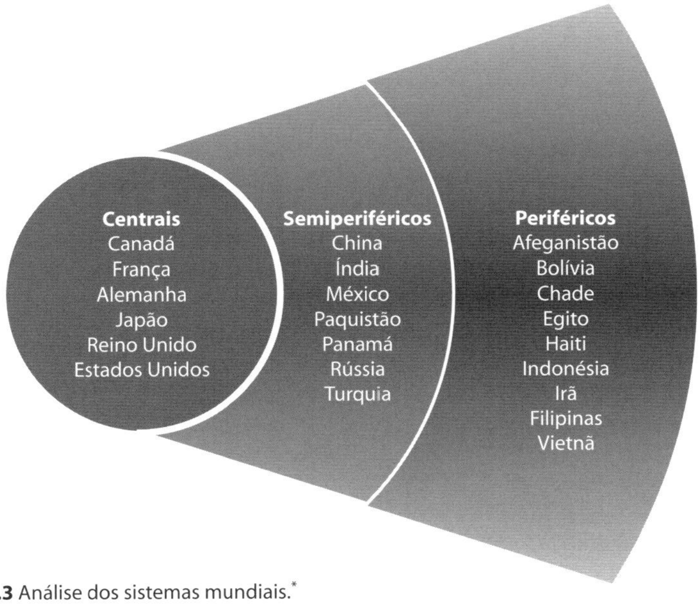

Figura 5.3 Análise dos sistemas mundiais.*
Nota: A figura mostra apenas uma seleção parcial de países feita pelo autor.

---

* N. de R. T.: O Brasil é frequentemente mencionado como um país "emergente" (semiperiférico), mas não há consenso nas ciências sociais sobre o enquadramento dos países em categorias como as descritas pelo autor. A utilização ou não de critérios como renda *per capita*, valor do produto interno bruto *per capita*, índice de desenvolvimento humano, além de fatores subjetivos como o bem-estar e a felicidade, entre outros, pode variar dependendo das concepções teóricas e epistêmicas de quem produz a tipologia. Outro ponto crítico é a ideia implícita de que os países (centrais) são uma referência de modernização e desenvolvimento a ser seguida, o que é questionável do ponto de vista da sustentabilidade e da diversidade de experiências civilizatórias.

A divisão das nações entre centrais e periféricas é significativa e notoriamente estável. Um estudo do Fundo Monetário Internacional (2000) constatou que, nos *últimos 100 anos*, as 42 economias estudadas pouco mudaram. As únicas mudanças foram a ascensão do Japão ao grupo das nações centrais e o retrocesso da China para a orla das nações semiperiféricas. Porém, Immanuel Wallerstein (2012, p. 9) especula que o sistema mundial assim como está entendido talvez não tarde a sofrer mudanças imprevisíveis. O mundo está cada vez mais urbanizado, tendência que elimina paulatinamente os grandes celeiros de mão de obra barata nas áreas rurais. No futuro, as nações centrais terão de encontrar outros meios para reduzir os seus custos de mão de obra. O esgotamento dos recursos terrestres e aquáticos decorrente do desmatamento e de outras formas de poluição também vem empurrando para cima os custos de produção.

A análise dos sistemas mundiais de Wallerstein é a versão mais difundida da ***teoria da dependência***. Segundo essa teoria, os países em desenvolvimento – a despeito dos seus avanços econômicos – permanecem fracos e subservientes às nações e aos grandes grupos empresariais centrais em uma economia global cada vez mais interligada. A fraqueza deles permite que nações industrializadas continuem a explorá-los. Em certo sentido, a teoria da dependência aplica em escala global a perspectiva do conflito.

Segundo os analistas dos sistemas mundiais e os teóricos da dependência, há uma redistribuição da crescente parcela dos recursos humanos e naturais de países em desenvolvimento para nações industrializadas centrais. Em parte, essa redistribuição decorre do colossal endividamento dos países em desenvolvimento com as nações industrializadas referente a ajuda externa, empréstimos e *déficits* na balança comercial. Nesse sentido, a crise da dívida global intensificou a dependência dos países em desenvolvimento iniciada com o colonialismo, o neocolonialismo e o investimento multinacional. Os países endividados estão sendo pressionados pelas instituições financeiras internacionais para adotar medidas drásticas de modo a honrar o pagamento dos juros. Como consequência, é possível que as nações em desenvolvimento sejam obrigadas a desvalorizar a moeda, a congelar os salários dos trabalhadores, a intensificar a privatização da indústria e reduzir os serviços e os empregos públicos.

Use a sua imaginação sociológica

Quando um país em desenvolvimento é exibido no cinema ou na televisão, o filme ou o programa privilegia o progresso ou os problemas do país?

Globalização

A ***globalização***, ou a integração mundial de políticas públicas, culturas, movimentos sociais e mercados financeiros por meio do comércio e do intercâmbio de ideias, está intimamente associada a esses problemas.

Como os mercados financeiros mundiais transcendem a convencional governança dos estados/nações, organizações internacionais, como o Banco Mundial e o Fundo Monetário Internacional, ganharam grande destaque na economia global.

A função dessas instituições, fortemente financiadas e influenciadas pelas nações centrais, é promover o desenvolvimento e o comércio internacional e garantir a operação azeitada dos mercados financeiros internacionais. Essas instituições são vistas como paladinas da globalização e defensoras ferrenhas do interesse das nações centrais.

Os críticos apontam problemas variados, inclusive de descumprimento dos direitos dos trabalhadores, destruição do meio ambiente, perda da identidade cultural e discriminação contra minorias em nações periféricas. O impacto da globalização parece ser mais problemático nos países em desenvolvimento da América Latina e da África. Na Ásia, o investimento estrangeiro abrange o setor de alta tecnologia, que produz um crescimento econômico mais sustentável (Kerbo, 2006). Porém, a globalização em nada reduziu as disparidades de renda, quer entre nações diferentes, quer dentro dos países.

Na visão de alguns observadores, a globalização e os seus efeitos são decorrência natural de avanços na tecnologia das comunicações, sobretudo a internet e a transmissão por satélite dos meios de comunicação. Outros têm uma visão mais crítica, considerando-a um processo que permite a expansão desenfreada das corporações multinacionais. Analisaremos a questão mais detalhamente no próximo item (Chase-Dunn et al., 2000).

Corporações multinacionais

Como observamos anteriormente, a globalização não melhorou necessariamente a vida dos pobres no mundo em desenvolvimento. Outro desdobramento que nem sempre atende aos interesses dos países em desenvolvimento é a ascensão das ***corporações multinacionais***. O termo designa organizações comerciais que têm sede em um país, mas que atuam no mundo todo. Os relacionamentos privados de comércio e de crédito não são novidade; faz centenas de anos que os mercadores fazem negócios no exterior, comercializando pedras preciosas, especiarias, roupas e outros artigos. No entanto, as atuais multinacionais não se limitam a comprar e a vender no exterior; elas também *produzem* bens no mundo todo, de sapatos a máquinas de costura (Wallerstein, 1974).

Além da "sede global", há as "fábricas globais" (fábricas espalhadas por todo o mundo em desenvolvimento, geridas por corporações multinacionais). Multinacionais sediadas em países centrais começam a montar, em países periféricos, centrais de reservas e de regularização de sinistros e centros de processamento de dados. À medida que as indústrias de serviços ganham maior importância no mercado internacional, muitas empresas chegam à conclusão de que os baixos custos das operações no exterior compensam a despesa de fazer cicular informações ao redor do mundo.

É preciso não subestimar o porte dessas corporações globais. Como mostra a Figura 5.4, a receita total de muitas empresas multinacionais equivale ao total de bens e serviços transacionados em *nações inteiras*. As vendas no exterior representam uma importante fonte de lucros para essas corporações, o que estimula a

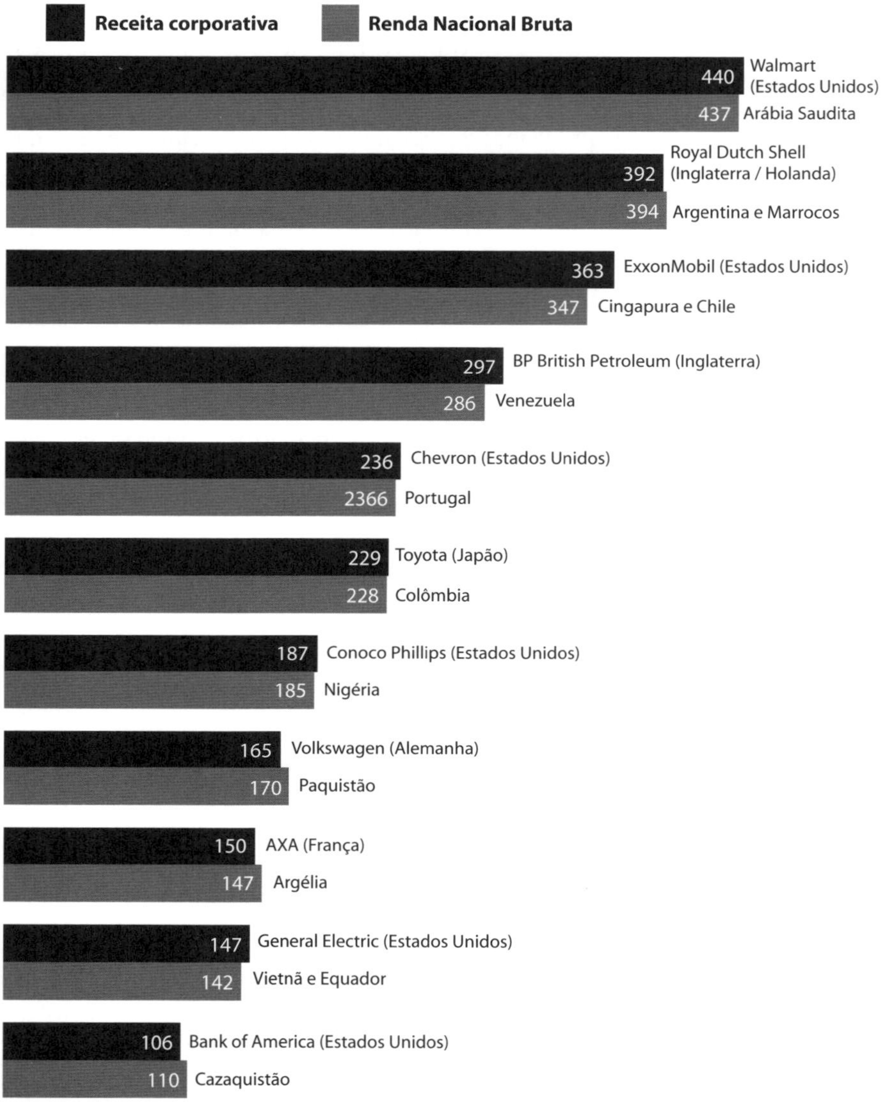

Figura 5.4 Comparação entre multinacionais e países.

Fonte: Classificação estabelecida pelo autor. Receita corporativa extraída dos relatórios trimestrais de 2011. Renda Nacional Bruta divulgada pelo Bureau of the Census, 2011a, p. 846, Table 1348.

Pense nisto

O que acontece com a sociedade quando as empresas passam a deter mais riqueza do que os países e extrapolam as fronteiras internacionais?

sua expansão para outros países (em muitos casos, as nações em desenvolvimento). A economia dos Estados Unidos depende fortemente do comércio exterior, em boa parte nas mãos de multinacionais. Mais de 12% de todos os bens e serviços produzidos no país estão associados à exportação de bens para países estrangeiros, que sustenta um total estimado de 10,3 milhões de empregos (U.S. Office of Trade Representative, 2012).

Os sociólogos divergem na avaliação dos efeitos econômicos e sociais dessas organizações gigantescas. Tomemos duas perspectivas sobre as corporações multinacionais: a visão funcionalista e a visão do conflito.

A perspectiva funcionalista. Os funcionalistas acreditam que as corporações multinacionais são, na realidade, capazes de ajudar as nações em desenvolvimento. Elas trazem empregos e indústrias para áreas que, até então, tinham na agricultura de subsistência o seu único meio de sobrevivência. Aceleram o desenvolvimento ao difundir invenções e inovações das nações industrializadas. Vista pela perspectiva funcionalista, a conjugação da competência tecnológica e de gestão proporcionada pelas multinacionais com a mão de obra relativamente barata disponível nas nações em desenvolvimento é ideal para uma iniciativa globalizada. As multinacionais têm como tirar o melhor partido possível da tecnologia e, ao mesmo tempo, reduzir custos e aumentar os lucros.

Por meio de suas ligações internacionais, as corporações multinacionais também facilitam o intercâmbio global de ideias e de tecnologia, ampliando a interdependência mundial das nações. Essas ligações podem impedir a evolução de certas disputas para conflitos graves. Um país não pode se dar ao luxo de cortar relações diplomáticas ou de envolver-se em uma guerra com uma nação que é a sede das suas principais fontes de negócios, tampouco com um mercado vital para as suas exportações.

A perspectiva do conflito. Os teóricos do conflito contestam a avaliação favorável do impacto das corporações multinacionais. Eles ressaltam que as multinacionais exploram mão de obra local para maximizar os lucros. A Starbucks – cadeia varejista de cafés com sede na cidade de Seattle – compra parte do seu café de agricultores da Guatemala. Mas, para ganhar o suficiente para comprar meio quilo de café Starbucks, um agricultor guatemalteco teria de colher 250 quilos de grãos, o que equivale a cinco dias de trabalho (Entine e Nichols, 1996).

O celeiro de mão de obra barata representado pelo mundo em desenvolvimento leva as multinacionais a expandirem suas fábricas para além dos países centrais. Uma vantagem extra para as multinacionais é o desestímulo aos sindicatos fortes no mundo em desenvolvimento. Em países industrializados, a mão de obra organizada insiste em ter salários decentes e condições humanas de trabalho, mas governos interessados em atrair ou em segurar empresas multi-

Use a sua imaginação sociológica

Pense em algo que você tenha comprado ultimamente que seja fabricada por uma corporação multinacional. Como você sabe que ela foi fabricada por uma multinacional?

nacionais talvez criem um "clima de investimento" que inclui leis antitrabalhistas repressivas restringindo a atuação sindical e a negociação coletiva. Esses governos sabem que, caso as demandas sejam excessivas, a multinacional simplesmente levará a sua fábrica para outro lugar. A Nike, por exemplo, transferiu as suas fábricas dos Estados Unidos para a Coreia do Sul, para a Indonésia e para o Vietnã em busca de custos de mão de obra mais reduzidos. A conclusão dos teóricos do conflito é que o impacto social das corporações multinacionais sobre os trabalhadores é negativo no mundo inteiro, tanto nas nações industrializadas quanto nas nações em desenvolvimento.

Alguns sociólogos que estudaram os efeitos do investimento externo constataram que, embora contribua, a princípio, para a riqueza da nação hospedeira, esse tipo de investimento acabará aumentando a desigualdade econômica interna das nações em desenvolvimento. Tanto na renda quanto na propriedade da terra, os maiores beneficiários da expansão econômica serão as classes alta e média; as classes inferiores têm menos chances de se beneficiar. As multinacionais investem em setores limitados e em regiões restritas. A despeito da expansão de certos setores da economia da nação hospedeira, como hotéis e restaurantes de luxo, parece existir certo retardamento no crescimento da agricultura e em outros setores da economia. Além disso, as corporações multinacionais costumam comprar ou expulsar empreendedores e empresas locais, o que reforça a dependência econômica e cultural da nação (Chase-Dunn e Grimes, 1995; Kerbo, 2012; Wallerstein, 1979b).

Modernização

A globalização e a ascensão das corporações multinacionais afetaram os países em desenvolvimento em termos econômicos e culturais. No mundo inteiro, milhões de pessoas vivenciam uma transformação revolucionária do seu dia a dia. Os cientistas sociais da atualidade usam o termo ***modernização*** para descrever o amplo processo pelo qual as nações em desenvolvimento transitam, de instituições tradicionais ou menos desenvolvidas para instituições características de sociedades mais desenvolvidas.

O sociólogo Wendell Bell (1981), autor da definição de modernização que estamos usando, observa que as sociedades modernas costumam ser urbanas, alfabetizadas e industrializadas. Contam com sistemas de transporte e meios de comunicação sofisticados. O modelo de organização familiar tende a ser o da família nuclear, mais destacado que o da família estendida. Os integrantes das sociedades que se modernizaram transferem as suas lealdades a autoridades tradicionais, como pais e sacerdotes, para novas fontes de autoridade, como as autoridades públicas.

Muitos sociólogos salientam a existência do viés etnocêntrico de termos como *modernização* e *desenvolvimento*. O pressuposto implícito subjacente é que o esforço "delas" (pessoas que vivem nos países em desenvolvimento) é aproximar-se de "nós" (as nações industrializadas centrais). Na visão da perspectiva do conflito, esses termos perpetuam a ideologia dominante das sociedades capitalistas.

O termo *modernização* também sugere uma mudança positiva. Mas a mudança, quando ocorre, costuma ser lenta e tende a servir aos interesses dos segmentos mais influentes das nações industrializadas. Esse truísmo parece aplicar-se à difusão das mais recentes tecnologias eletrônicas para o mundo em desenvolvimento.

Crítica semelhante foi feita à ***teoria da modernização*** – a visão funcionalista de que a modernização e o desenvolvimento irão, pouco a pouco, melhorar a vida das pessoas que vivem em nações em desenvolvimento. Segundo a teoria, a despeito das disparidades entre os índices de desenvolvimento dos países, o desenvolvimento dos países periféricos é amparado pela transferência das inovações do mundo industrializado. Os críticos da teoria da modernização, inclusive os teóricos da dependência, contra-argumentam que qualquer transferência de tecnologia dessa natureza apenas reforça a dominação dos países em desenvolvimento pelas nações centrais e facilita o recrudescimento da exploração. A Tabela 5.4 recapitula as perspectivas sociológicas sobre a desigualdade global.

Vendo os símbolos da Coca-Cola e da Dunkin' Donuts invadirem os países em desenvolvimento fica fácil acreditar que a globalização e a mudança econômica trazem mudança cultural. Mas nem sempre é assim, observam os pesquisadores. Não raro, tradições culturais marcantes, como determinada orientação religiosa ou identidade nacionalista, perduram nas nações em desenvolvimento e são capazes de atenuar o impacto da modernização. Alguns sociólogos da atualidade enfatizam que tanto os países industrializados quanto os países em desenvolvimento são "modernos". Cada vez mais os pesquisadores encaram a modernização como uma transição que passa por uma série de indicadores sociais – grau de urbanização, uso de energia, letramento, democracia política e aplicação do controle da natalidade, entre outros. Esses indicadores sociais são nitidamente subjetivos; mesmo nas nações industrializadas, nem todos concordariam que ampliar o controle da natalidade significa "progresso" (Armer e Katsillis, 1992; Hedley, 1992; Inglehart e Baker, 2000).

Mapeando as perspectivas

Tabela 5.4 Perspectivas sociológicas sobre a desigualdade global

Abordagem	Perspectiva sociológica	Explicação
Análise dos sistemas mundiais	Funcionalista/ Conflito	A desigualdade das relações econômicas e políticas mantém uma separação nítida entre as nações
Teoria da dependência	Conflito	As nações industrializadas exploram os países em desenvolvimento por meio do colonialismo e das corporações multinacionais
Teoria da modernização	Funcionalista	Os países em desenvolvimento estão substituindo a cultura tradicional pela cultura das nações industrializadas

Em geral, os estudos mais recentes sobre a modernização adotam uma perspectiva convergente. Com base nos indicadores já citados, os pesquisadores dão atenção ao modo como, a despeito das suas tradicionais diferenças, as sociedades vêm aproximando-se. Porém, de acordo com a perspectiva do conflito, a modernização dos países em desenvolvimento não raro perpetua a sua dependência de continuada exploração por outras nações mais industrializadas. Os teóricos do conflito interpretam essa dependência continuada em relação às potências estrangeiras como uma forma contemporânea de neocolonialismo.

A SOCIOLOGIA É IMPORTANTE

A sociologia é importante porque identifica e define a classe social dos indivíduos, o que é importante para a compreensão de seu posicionamento no sistema social.

- Há, na sua instituição de ensino, grandes hiatos de riqueza e de renda familiar entre os estudantes? E entre os seus conterrâneos? Como os sociólogos explicam essas diferenças?
- Qual é a classe social de sua família, e em que medidas de classe social você baseia a sua resposta? De que modo a classe social de sua família afeta as suas oportunidades de vida?
- Onde você se enquadra no sistema de estratificação global? Quantos dos produtos que você usa são fabricados com mão de obra de países em desenvolvimento? O seu *status* social mudaria caso não tivesse dinheiro para comprar esses produtos?

RECURSOS DO CAPÍTULO

Resumo

Estratificação é a classificação estruturada de grupos inteiros de pessoas que pertencem a uma sociedade, visando a perpetuar a **desigualdade social.** No mundo todo, a estratificação revela-se tanto na distribuição desigual da **renda** e da **riqueza** interna dos países quanto no hiato entre as nações ricas e as nações pobres. Neste capítulo, foram examinados quatro sistemas de estratificação, inclusive o **sistema de classes** prevalente nos Estados Unidos. Consideraram-se duas explicações teóricas para a existência da desigualdade social, além da relação entre estratificação e **mobilidade social**. Para encerrar, discutiu-se a estratificação no mundo em desenvolvimento.

1. Toda cultura manifesta algum grau de **desigualdade social** por intermédio de sistemas de estratificação como **escravidão**, de **castas**, **feudal** e de **classes**.
2. Karl Marx escreveu que o **capitalismo** criou duas classes sociais distintas: a **burguesia** (os donos dos meios de produção) e o **proletariado** (os trabalhadores).
3. Max Weber identificou três componentes analiticamente distintos de **estratificação: classe**, **grupo de *status*** e **poder**.
4. Os funcionalistas afirmam que a estratificação beneficia a sociedade ao motivar as pessoas a ocuparem posições desafiadoras. Os teóricos do conflito, porém, veem na estratificação uma fonte importante de tensão social. Os interacionistas enfatizam o modo como a estratificação molda o estilo de vida da pessoa.
5. Os sociólogos distinguem **pobreza absoluta**, definida como o piso mínimo de subsistência, e **pobreza relativa**, padrão flutuante de privação baseado na comparação com a sociedade como um todo.
6. As **oportunidades de vida** – as oportunidades da pessoa em conseguir bens materiais, condições de vida positivas e experiências de vida favoráveis – estão ligadas à classe social. Quanto mais alta a posição da pessoa na escala social, melhores são as suas oportunidades de vida.
7. A **mobilidade social** é mais provável em um **sistema aberto** que enfatize o ***status* adquirido** da pessoa do que em um **sistema fechado** que privilegie o ***status* atribuído** da pessoa.
8. Em 2010, a renda nacional bruta *per capita* de vários países em desenvolvimento não ultrapassava mil dólares. Muitos desses países, ex-colônias de nações desenvolvidas, ainda estão sujeitos ao domínio estrangeiro sob o processo conhecido como **neocolonialismo**.
9. Segundo o sociólogo Immanuel Wallerstein, o sistema econômico global divide-se entre nações industrializadas que controlam a riqueza do mundo, chamadas de *nações centrais*, e nações em desenvolvimento por elas exploradas, chamadas de *nações periféricas*. Os ensinamentos de Wallerstein, uma versão da **teoria da dependência**, constituem a **análise dos sistemas mundiais**.
10. Os críticos acusam o processo de **globalização** – integração mundial de políticas públicas, culturas, movimentos sociais e mercados financeiros por intermédio do comércio e do intercâmbio de ideias – de contribuir para a dominação cultural das nações periféricas pelas nações centrais. Também acusam as **corporações multinacionais** de explorar a mão de obra dos países em desenvolvimento para maximizar os seus lucros.

Palavras-chave

análise dos sistemas mundiais, 159
burguesia, 137
capitalismo, 137
castas, 134
classe, 139
colonialismo, 158
consciência de classe, 138
corporações multinacionais, 161
desigualdade social, 133
escravidão, 133
estima, 144
estratificação, 133
falsa consciência, 138
feminização da pobreza, 150
globalização, 160
grupo de *status*, 139
ideologia dominante, 142
método objetivo, 144
mobilidade horizontal, 154
mobilidade intergeração, 154
mobilidade intrageração, 155
mobilidade social, 153
mobilidade vertical, 154
modernização, 164
neocolonialismo, 158
oportunidades de vida, 152
pobreza absoluta, 149
pobreza relativa, 149
poder, 139
prestígio, 144
proletariado, 137
renda, 133
riqueza, 133
sistema aberto, 154
sistema de classes, 135
sistema fechado, 154
sistema feudal, 135
status adquirido, 133
status atribuído, 133
status socioeconômico (SES), 146
teoria da dependência, 160
teoria da modernização, 165

CAPÍTULO

6

DESIGUALDADE RACIAL E ÉTNICA

Em 1900, discursando em Londres para a entidade antiescravagista Anti-Slavery Union, o pensador W. E. B. Du Bois previu que a "linha de cor" seria o principal problema do século XX. Du Bois, um negro nascido livre em 1868, presenciara preconceito e discriminação pelos Estados Unidos afora. A previsão revelou-se profética. Passado mais de um século, a raça e a etnia ainda têm enorme peso no país (Du Bois, [1900] 1969).

Desde 1900, porém, a linha de cor diluiu-se bastante. O casamento inter-racial deixou de ser proibido pela lei e pelo costume. Assim, Geetha Lakshmi-narayanan, nascida em Ann Arbor, Estado de Michigan, é, ao mesmo tempo, branca e indiana. Frequentemente confundida como filipina ou latina, ela já se acostumou a ser questionada sem rodeios, "O que você é?" (Navarro, 2005). Figuras públicas alardeiam a sua origem miscigenada, em vez de ocultá-la. A cantora Mariah Carey orgulha-se da sua origem americana-irlandesa e Barack Obama conta que nasceu no Havaí, filho de pai queniano e de mãe branca do Estado do Kansas.

Atualmente, a linha de cor é mais acentuada entre os jovens e os velhos. Em 2011, pela primeira vez na história dos Estados Unidos, nasceram mais crianças hispânicas e não brancas do que crianças brancas. Em uma nação fundada por europeus brancos que passaram mais de dois séculos lutando para preservar o seu domínio sobre populações tribais, escravos, imigrantes e territórios adquiridos (como o Havaí e o Alasca), isso é um marco demográfico. Embora a população dos Estados Unidos como um todo continue sendo predominantemente branca, é nítida a tendência à "maioria minoritária". Em outras palavras, à medida que os bebês nascidos a partir de 2011 forem crescendo, o padrão demográfico que veremos nos berçários dos hospitais se estenderá às escolas e à força de trabalho da nação. No futuro, haverá um momento em que as minorias raciais e étnicas, em conjunto, irão perfazer mais de 50% da população total.

A composição da população minoritária dos Estados Unidos também está mudando. Os afro-americanos só mantêm a posição de maior grupo minoritário do país entre os adultos acima dos 50 anos. Entre os americanos mais jovens, inclusive os recém-nascidos, o maior grupo minoritário é o dos latinos. A mudança é visível não só nas grandes cidades como também nas áreas rurais. Por exemplo, Shuyler, no Estado do Nebraska, uma cidade rural de 6.211 habitantes fundada por imigrantes irlandeses e alemães, é hoje 65% hispânica (Bureau of the Census, 2012d; C. Dougherty e Jordan, 2012; Tavernise, 2012).

Essas mudanças demográficas não facilitaram em nada a vida das minorias raciais e étnicas. De forma nítida, a raça e a etnia ainda contam. Coletivamente, há um viés racial subjacente ao preconceito social enfrentado no dia a dia pelos integrantes de determinados grupos étnicos e raciais. Veremos neste capítulo como as características atribuídas de raça e de etnia geram privilégios sociais para alguns e discriminação para outros. Veremos trambém que raça e etnia são conceitos socialmente construídos e não traços geneticamente determinados. Embora os funcionalistas, os teóricos do conflito, os teóricos da rotulagem e os interacionistas tenham apresentado explicações diferentes para a desigualdade de tratamento em relação aos brancos e aos negros, todos concordam que o preconceito e a discriminação são reais, tanto no nível individual quanto no nível institucional.

PRIVILÉGIOS DOS DOMINANTES

Um aspecto da discriminação frequentemente negligenciado são os privilégios desfrutados pelos grupos dominantes em detrimento dos demais. Um exemplo é a nossa tendência a olhar mais para a dificuldade das mulheres para progredir no trabalho e para conseguir ajuda em casa do que para a facilidade com que os homens esquivam-se das tarefas domésticas e conseguem subir na vida. De modo semelhante, concentramo-nos mais na discriminação contra as minorias raciais e étnicas do que nas vantagens desfrutadas por integrantes da maioria branca. Com efeito, a maioria dos brancos raramente pensa na sua "branquidade" e considera o seu *status* como assunto não problemático.

Os sociólogos e outros cientistas sociais interessam-se cada vez mais pelo significado de ser "branco", pois o privilégio branco é a outra face da proverbial moeda da discriminação racial. Nesse contexto, ***privilégio branco*** são os direitos ou as imunidades conferidos como benefício ou favor especial a pessoas pelo mero fato de elas serem brancas (Ferber e Kimmel, 2008).

Essa visão de privilégio faz eco a uma observação de W. E. B. Du Bois: em vez de pleitearem condições justas de trabalho para todos os trabalhadores, os trabalhadores brancos haviam aceitado a "remuneração pública e psicológica" da branquidade ([1935] 1962, p. 700).

A pensadora feminista Peggy McIntosh (1988) interessou-se pelo privilégio branco após notar que a maioria dos homens não admitia a existência de privilégios vinculados à condição masculina – muito embora concordassem que ser mulher tinha desvantagens. Teriam os brancos um ponto cego que os impedia de enxergar o seu próprio privilégio racial? Intrigada, McIntosh foi listando todos os benefícios que a cor de sua pele lhe rendia. Logo percebeu que a lista das vantagens tácitas era longa e significativa.

Ela constatou que, por ser branca, não importa aonde fosse, raramente precisava afastar-se da sua zona de conforto. Se quisesse, podia passar a maior parte do tempo na companhia de pessoas da sua raça. Podia encontrar uma boa moradia em uma vizinhança agradável e comprar os seus alimentos preferidos em praticamente qualquer mercearia. Podia, também, comparecer a um evento público sem sentir-se deslocada e diferente de todos os demais.

McIntosh constatou que a cor da sua pela abria-lhe as portas. Podia descontar cheques e usar cartões de crédito sem levantar suspeitas, ou andar por lojas sem ser seguida pelos seguranças. Conseguia lugar em restaurantes sem a menor dificuldade. Se pedisse para falar com o gerente, provavelmente seria alguém da sua mesma raça. Caso precisasse, podia procurar um médico ou um advogado.

Use a sua imaginação sociológica

Com que frequência passa pela sua cabeça que os privilégios desfrutados pelas pessoas têm a ver com a raça ou com a etnia delas? E com que frequência você desfruta de privilégios?

Ela também se deu conta de que o fato de ser branca facilitava a sua vida como mãe. Não precisava preocupar-se em proteger os filhos de pessoas que não gostavam deles. Podia ficar tranquila, pois os livros didáticos retratariam pessoas parecidas com eles e os textos de história relatariam os feitos dos brancos. Sabia que nos programas de televisão assistidos por seus filhos havia personagens brancos.

Por fim, McIntosh teve que admitir que os outros não a avaliavam o tempo todo em função da raça. Em público, não precisava se preocupar se os brancos torceriam o nariz para as suas roupas ou para o seu comportamento. Caso tivesse alguma realização importante e reconhecida, ela seria vista como sua, e não como de toda uma raça. E ninguém presumia que suas opiniões pessoais confundiam-se com as de toda a população branca. Por não se destacar dos outros ao seu redor, McIntosh não vivia o tempo todo na berlinda.

Esses são apenas alguns dos privilégios que McIntosh percebeu serem naturais pelo fato de integrar o grupo racial dominante nos Estados Unidos. Ser branco acarreta privilégios – em um grau muito maior do que a maioria dos brancos percebe. No próximo item, examinaremos a construção social da raça e da etnia – conceitos abstratos que têm enormes consequências práticas para milhões de pessoas no mundo todo (Fitzgerald, 2008; Picca e Feagin, 2007).

CONSTRUÇÃO SOCIAL DA RAÇA E DA ETNIA

As definições raciais cristalizam-se por meio do que Michael Omi e Howard Winant (1994) chamaram de ***formação racial***, processo sócio-histórico em que as categorias raciais são criadas, inibidas, transformadas e destruídas. Nesse processo, os que detêm o poder definem os grupos de pessoas de acordo com uma estrutura social racista. A criação de um sistema de reservas para os índios norte-americanos no fim do século XIX é um exemplo de formação racial. As autoridades federais juntaram tribos até então distintas em um único grupo racial, a que nos referimos como norte-americanos de origem indígena (*native americans*). A extensão e a frequência com que populações são submetidas à formação racial são de tal monta que ninguém escapa dela.

Outro exemplo de formação racial do século XIX é a regra conhecida como "*one-drop rule*" – qualquer pessoa que possuísse uma única gota de "sangue negro" era definida e considerada como negra, mesmo que sua aparência fosse branca. A raça tinha tanta importância social que parlamentares brancos padronizaram oficialmente quem era "negro" e quem era "branco".

A *one-drop rule* foi um exemplo eloquente da *construção social da raça* – processo pelo qual um grupo passa a ser definido como uma raça com base em suas características físicas, e também em fatores históricos, culturais e econômicos. Por exemplo, no século XIX, grupos de imigrantes de origem italiana e de origem irlandesa não eram tidos como "brancos", mas como estrangeiros não confiáveis. A construção da raça é um processo em curso e sujeito a controvérsia, sobretudo em uma sociedade diversificada como a dos Estados Unidos, em que cresce a cada ano o número de crianças nascidas de pais com origens raciais diferentes.

No fim do século XX, a escalada da imigração proveniente da América Latina evidenciou a natureza fluida da formação racial. De repente, falava-se em "latino-americanização" dos Estados Unidos, ou na substituição de uma sociedade birracial branca e negra por uma sociedade trirracial. No censo de 2010, mais de 9 milhões de pessoas nos Estados Unidos (ou aproximadamente 2,9% da população) declararam pertencer a duas ou mais raças. Metade das pessoas classificadas como multirraciais tinha menos de 18 anos de idade, o que sugere o crescimento desse segmento da população em anos futuros. O grupo mais numeroso de residentes multirraciais foi o que se declarou duplamente descendente de brancos e de índios norte-americanos (Bonilla-Silva, 2004; Humes et al., 2011).

A constatação estatística da presença de milhões de indivíduos de origem multirracial encobre o modo como as pessoas lidam com a própria identidade. A prevalente construção social da raça induz as pessoas a escolherem apenas uma raça, mesmo quando elas reconhecem a existência de uma origem cultural mais ampla. Ainda assim, muitos indivíduos, sobretudo adultos jovens, driblam a pressão social pela escolha de uma identidade única e optam por adotar abertamente heranças múltiplas. Tiger Woods, o jogador profissional de golfe mais famoso do mundo, define-se como um norte-americano com origem dupla – asiática e africana. A etnia também é sujeita à construção social. Por exemplo, que grupos étnicos são brancos? Os norte-americanos de origem árabe e de origem turca são considerados brancos? Vimos anteriormente que, no século XIX, os norte-americanos de origem irlandesa e de origem italiana eram vistos e tratados como não brancos. Mas, paulatinamente, com os outros grupos étnicos considerando-os brancos, passaram a ser aceitos como integrantes da sociedade dominante.

A construção social da raça e da etnia ocorre no mundo inteiro, pois, em praticamente todas as sociedades, as pessoas definem a sua própria posição na hierarquia social em função da raça, da etnia e da nacionalidade. Assim, o grupo dominante ou majoritário tem o duplo poder de autodefinir-se juridicamente e de definir os valores da sociedade. O sociólogo William I. Thomas (1923), um dos primeiros críticos das diferenças de raça e de gênero, escreveu que a "definição da situação" poderia moldar a personalidade do indivíduo. Em outras palavras, as pessoas reagem não só às características objetivas de uma situação ou de uma pessoa, mas também ao que essa situação ou pessoa *significa* para elas. Assim, podemos criar imagens ou estereótipos falsos que se tornam verdadeiros nas suas consequências. ***Estereótipos*** são generalizações espúrias sobre todos os integrantes de um grupo sem levar em conta as diferenças individuais no seio do grupo.

Como os sociólogos concebem raça e etnia nos dias atuais? Eles costumam distinguir grupos raciais e grupos étnicos. O temo ***grupo racial*** é usado para descrever um grupo que é dissociado dos outros devido a diferenças físicas óbvias. Brancos, afro-americanos e norte-americanos de origem asiática são considerados, nos Estados Unidos, grupos raciais. Embora, a raça implique diferenças físicas, é a cultura de uma dada sociedade que constrói e confere importância social a essas diferenças, como veremos mais à frente. Diferentemente dos grupos raciais, um ***grupo étnico*** é dissociado dos outros devido à sua origem nacional ou às suas peculiaridades culturais. Os norte-americanos de origem porto-riquenha, judaica ou polonesa são categorizados como grupos étnicos (ver Tab. 6.1).

Use a sua imaginação sociológica

Manejando o controle remoto, quanto tempo você acha que levaria para encontrar um programa de televisão em que todos os personagens têm a mesma origem racial ou étnica que você? E quanto tempo levaria para encontrar um programa em que todos os personagens têm origens raciais ou étnicas diferentes da sua?

Raça

O termo *grupo racial* designa as minorias (e os grupos dominantes correspondentes) dissociadas dos demais grupos em virtude de diferenças físicas óbvias. Mas, o que seria uma diferença física "óbvia"? Cada sociedade determina que diferenças são importantes e, ao mesmo tempo, ignora outras características que também poderiam servir como base de diferenciação social. Enxergam-se diferenças na cor da pele, na cor dos cabelos. Mas aprende-se informalmente que as diferenças na cor da pele têm um poderoso significado social e político, e as diferenças na cor dos cabelos não.

Nos Estados Unidos, a tendência é agrupar as pessoas em categorias como "negros", "brancos" e "asiáticos". Diferenças sutis na cor da pele costumam passar despercebidas. No entanto, não é assim em todas as sociedades. Em muitos países da América Central e da América do Sul, distinguem-se gradientes de cor em um *continuum* que vai da pele clara à escura. No Brasil há aproximadamente 40 denominações de cor, ao passo que em outros países encontram-se descrições como "hondurenhos mestiços", "colombianos mulatos", "afropanamenhos". Portanto, diferenças que são "óbvias" em um país na verdade dependem das definições sociais de cada sociedade.

Tabela 6.1 Grupos raciais e étnicos nos Estados Unidos, 2010

Classificação	Número (em milhares)	Percentual da população total (%)
Grupos raciais		
Brancos (não hispânicos)	194.553	63,1
Negros / afro-americanos	34.658	11,2
Americanos de origem indígena (inclui Alasca)	2.476	0,8
Americanos de origem asiática	15.899	5,2
chineses	3.535	1,1
indianos	2.919	1,0
filipinos	2.650	0,9
vietnamitas	1.633	0,5
coreanos	1.464	0,5
japoneses	842	0,3
Ilhas do Pacífico e outros	2.856	0,9
Grupos étnicos		
De ascendência branca (pura ou mista, não hispânica)		
alemães	49.345	16,0
irlandeses	35.664	11,6
ingleses	26.874	8,7
italianos	17.491	5,7
poloneses	9.757	3,2
franceses	9.159	3,0
escoceses e escoceses irlandeses	9.122	3,0
judeus	6.452	2,1
Hispânicos (ou latinos)	50.478	16,4
mexicanos	31.798	10,3
porto-riquenhos	4.624	1,5
cubanos	1.785	0,6
salvadorenhos	1.648	0,5
dominicanos	1.415	0,5
outros hispânicos	8.164	2,7
Total (todos os grupos)	**308.746**	

Nota: Os percentuais não somam 100 e os subtotais não somam os totais nas principais categorias devido à superposição entre grupos (por exemplo, americanos de origem judaica polonesa ou pessoas de ascendência mista, como irlandesa e italiana).
Fonte: Estimativa anual 2008-2010 3, American Community Survey, 2011, Tables B04003, B03001, C04006; Davidson and Pyle, 2011, p. 117; Ennis et al., 2011; Hoeffel et al., 2012; Humes et al., 2011.

As minorias raciais mais numerosas nos Estados Unidos são os afro-americanos, os norte-americanos de origem indígena e os de origem asiática. A Figura 6.1 traz informações sobre a mudança demográfica em grupos raciais e étnicos ocorrida no país no século passado. Ela sugere que, nos próximos 50 anos, a mudança na composição racial e étnica da população será tão grande como a ocorrida nos últimos 100 anos.

Etnia

Um grupo étnico, à diferença de um grupo racial, é dissociado dos outros em função da nacionalidade de origem ou das diferenças nos padrões culturais. Entre os grupos étnicos nos Estados Unidos, incluem-se populações de língua espanhola chamadas de *latinas* ou *hispânicas* – porto-riquenhos e norte-americanos de origem mexicana e de origem cubana, entre outros latino-americanos. Além desses, também constituem grupos étnicos os norte-americanos de origem judaica, irlandesa, italiana e norueguesa. Embora convenientes, tais agrupamentos, além de diluírem as diferenças *dentro* das categorias étnicas (como é o caso dos hispânicos), desconsideram a ascendência mista presente em tantas populações étnicas dos Estados Unidos.

A distinção entre grupos raciais e grupos étnicos nem sempre é cristalina. Alguns integrantes de grupos raciais, como os norte-americanos de origem asiática, podem apresentar diferenças culturais importantes em relação a outros grupos. Ao mesmo tempo, certos grupos étnicos, como os latinos, podem apresentar diferenças físicas óbvias que os distinguem de outros habitantes.

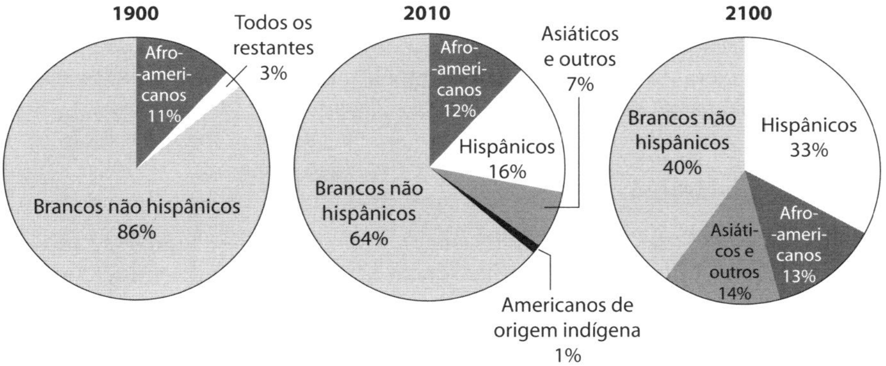

Figura 6.1 Grupos raciais e étnicos nos Estados Unidos, 1900-2100 (projeção).

Nota: A composição racial e étnica nos Estados Unidos vem apresentando acelerada mudança.

Fonte: Estimativa do autor; Bureau of the Census, 2004a; Humes et al., 2011. Dados de 2010 e para 2100 referem-se a afro-americanos, asiáticos e outros (excluídos os hispânicos).

A despeito dos problemas de categorização, os sociólogos continuam acreditando que a distinção entre grupos raciais e grupos étnicos é socialmente significativa. Na maioria das sociedades, as diferenças físicas socialmente construídas costumam ser mais flagrantes do que as diferenças étnicas. Em parte por isso, a estratificação pautada por linhas raciais é mais resistente à mudança do que a estratificação por linhas étnicas. Com o passar do tempo, os integrantes de uma minoria étnica podem tornar-se indistinguíveis da maioria – mas o processo pode prolongar-se por gerações e talvez jamais se estenda a todos os integrantes do grupo. Por sua vez, os integrantes de uma minoria racial lidam com muito mais dificuldades para fundir-se à sociedade como um todo e obter a aceitação da maioria.

IMIGRAÇÃO E GRUPOS ÉTNICOS NOVOS

Um segmento importante da população dos Estados Unidos é constituído por etnias brancas cujos ancestrais imigraram da Europa nos últimos 100 anos. A população étnica branca inclui cerca de 50 milhões de pessoas que alegam ascendência parcialmente alemã, 36 milhões de norte-americanos de origem irlandesa, 18 milhões de ítalo-americanos, e 10 milhões de norte-americanos de ascendência polonesa, além de imigrantes de outras nações europeias (ver Tab. 6.1). Algumas dessas populações continuam vivendo em bairros étnicos "fechados", ao passo que outras se assimilaram e deixaram para trás os "antigos costumes".

Atualmente, muitas etnias brancas identificam-se com as suas respectivas tradições apenas de modo esporádico. *O* termo ***etnia simbólica*** refere-se à ênfase dada às preocupações com a culinária ou com questões políticas acima de ligações mais profundas com a tradição étnica. Isso se reflete nas ocasionais idas da família a uma padaria étnica em festividades religiosas, como o Dia de São José entre os ítalo-americanos, ou nas apreensões dos norte-americanos de origem irlandesa quanto ao futuro da Irlanda do Norte. A não ser quando as antigas tradições são reforçadas por uma nova leva de imigração, a etnia simbólica tende a declinar a cada geração sucessiva (Alba, 1990; Winter, 2008).

História da imigração

A atual diversidade dos Estados Unidos não é acidental, é o resultado de séculos de imigração. As políticas para determinar quem tem preferência de entrada no país são antigas. Com frequência, estão impregnadas de preconceitos raciais e étnicos. Na década de 1920, a política norte-americana dava preferência a europeus ocidentais e dificultava a entrada de habitantes da Europa Oriental e Meridional, da Ásia e da África. Na virada da década de 1930 para a década de 1940, o governo federal negou-se a revogar ou a flexibilizar as limitações às cotas de imigração, o que daria aos judeus uma chance de escapar do terror nazista. Nessa linha, o *S.S. St. Louis*, com mais de 900 refugiados judeus a bordo, não obteve permissão para aportar nos Estados Unidos em 1939. O navio foi obrigado a retornar à Europa aonde centenas de passageiros acabaram morrendo nas mãos dos nazistas (Morse, 1967; G. Thomas e Witts, 1974).

Desde a década de 1960, os Estados Unidos adotam políticas de estímulo à imigração de pessoas que têm parentes no país e de indivíduos dotados de competências necessárias para o país. A mudança provocou uma alteração significativa no padrão dos países de emigração. Até então, os europeus eram maioria, mas, nos últimos 40 anos, os imigrantes vieram principalmente da América Latina e da Ásia (ver Fig. 6.2). Isso acarretará, no futuro, em um constante crescimento da proporção de asiáticos e de hispânicos nos Estados Unidos. O medo e o rancor frente ao progressivo crescimento da diversidade étnica é um fator de resistência à imigração. Há grande preocupação com o fato de que os recém-chegados destoam da herança racial e cultural da nação.

A imensa divisa com o México proporciona extensas oportunidades de imigração ilegal para os Estados Unidos. Ao longo da década de 1980, aumentou a percepção pública de que o país havia perdido o controle de suas fronteiras. Pressionado, o Congresso norte-americano encerrou uma década de discussões ao aprovar a Lei de Reforma e Controle da Imigração de 1986, que marcou uma mudança histórica na política nacional de imigração. Pela primeira vez, a contratação de estrangeiros em situação ilegal foi proscrita e os empregadores que infringiam a lei ficaram sujeitos a multa e até a prisão. Outra mudança igualmente significa-

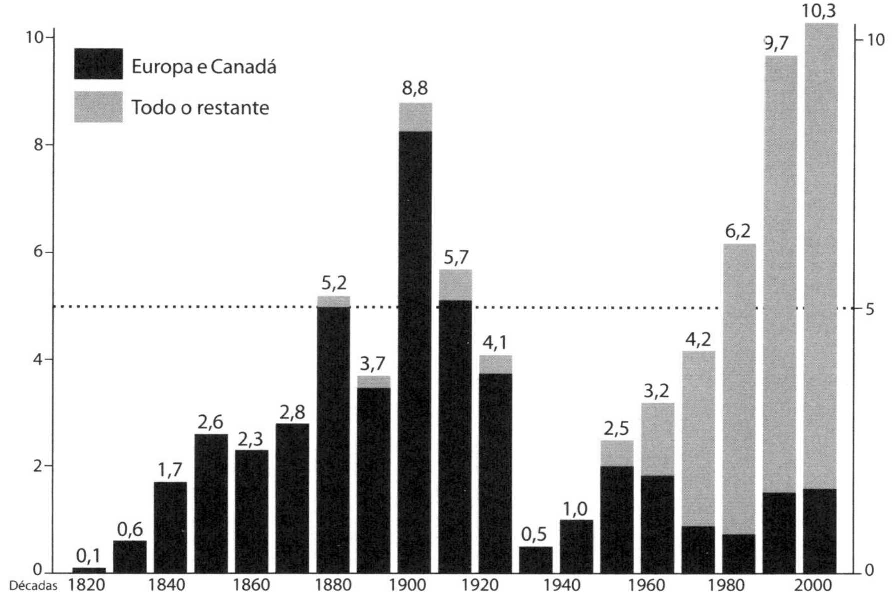

Figura 6.2 Imigração legal nos Estados Unidos, 1820-2010.

Fonte: Estimativas do autor para o período 2000-2010; Office of Immigration Statistics, 2011.

tiva foi a extensão da anistia e da regularização do *status* a muitos imigrantes ilegais que já residiam no país.

Passados mais de 20 anos, a lei parece ter surtido efeitos heterogêneos. Ano após ano, os imigrantes ilegais continuam a entrar maciçamente nos Estados Unidos; estima-se que eles cheguem a um total de 11 milhões – um aumento acentuado em relação a 2000, quando a estimativa era de 8 milhões (Passel e Cohn, 2011).

Muita gente tem uma visão equivocada dos norte-americanos de origem mexicana, como se fossem um grupo originariamente imigrante. A verdade é que muitos deles descendem dos habitantes dos territórios anexados pelos Estados Unidos após a guerra de 1848 com o México. Pelo menos desde 2000, o número de pessoas de origem mexicana nascidas nos Estados Unidos supera o dos que entram no país como imigrantes, correspondendo a 42% do crescimento demográfico nacional entre 2000 e 2010. Dois terços deles nasceram nos Estados Unidos; o restante é constituído de recém-chegados (Bureau of the Census, 2011[a], p. 8; Pew Hispanic Center, 2011).

Funções da imigração

A despeito dos temores suscitados pela imigração, ela cumpre muitas funções importantes. Para a sociedade hospedeira, a imigração alivia a escassez de mão de obra em áreas como saúde e tecnologia. Em 1998, o Congresso norte-americano não debateu se os Estados Unidos deveriam ou não aceitar a entrada de indivíduos com competências tecnológicas, porém, debateu em quanto se deveria aumentar a cota anual. Para o país de origem, a emigração pode aliviar economias incapazes de sustentar grandes números de pessoas. Algo que costuma ser negligenciado é a quantidade de dinheiro que os imigrantes mandam *de volta* para os seus países de origem. Segundo estimativa do Banco Mundial, o valor global das remessas enviadas pelos imigrantes dos países em desenvolvimento aos seus países de origem é de cerca de 500 bilhões de dólares por ano (DeParle, 2007; World Bank, 2012b).

A imigração também pode ser perniciosa. Embora os estudos apontem o impacto positivo da imigração na economia da nação hospedeira, áreas que congregam elevadas concentrações de imigrantes podem ter dificuldades em atender em curto prazo à demanda de assistência social. Por outro lado, quando migrantes capacitados ou com potencial acadêmico deixam os países em desenvolvimento, a ausência deles pode ser nociva para essas nações. Para os países pobres, por maiores que sejam as remessas de dinheiro para casa, nada compensa a perda de preciosos recursos humanos.

A perspectiva do conflito sobre imigração

As minorias raciais e étnicas brancas têm um longo histórico de confrontos ligados à competição econômica – interpretação assentada na abordagem sociológica do conflito. À medida que ascendem da classe inferior, negros, latinos e norte-america-

nos de origem indígena passam a competir pelas oportunidades de ensino, de habitação e de emprego com os brancos da classe trabalhadora. Em épocas de inflação ou de desemprego elevado, essa competição pode facilmente descambar para um acirrado conflito entre os grupos.

Os teóricos do conflito observaram o quanto o debate sobre a imigração é expresso em termos econômicos. O debate intensifica-se quando os que chegam são de origens raciais e étnicas diferentes da população hospedeira. Por exemplo, os europeus costumam falar em "estrangeiros", mas o termo não necessariamente designa alguém nascido no exterior. "Estrangeiro", na Alemanha, é qualquer um que não seja de ascendência alemã, mesmo que tenha *nascido* na Alemanha; porém, pessoas de ascendência alemã nascidas em outro país que decidam imigrar para o seu "país natal" não são consideradas "estrangeiras". O medo e a aversão a "novos" grupos étnicos dividem países do mundo inteiro.

Use a sua imaginação sociológica

Você é imigrante em um país cuja cultura é muito diferente. Como faria para assimilar essa cultura?

PERSPECTIVAS SOCIOLÓGICAS SOBRE RAÇA E ETNIA

Para entender como e porque ocorrem distinções sociais baseadas na raça e na etnia, é preciso recorrer à teoria. Todas as principais perspectivas teóricas presumem que a cultura, e não a biologia, é o principal determinante das distinções raciais e étnicas, embora ofereçam explicações significativamente diferentes para a discriminação. A partir de uma visão macro da raça, os funcionalistas observam que o preconceito e a discriminação baseados na raça e na etnia cumprem funções positivas para os grupos dominantes. Por sua vez, os teóricos do conflito veem a estrutura econômica como um fator central na exploração das minorias. Os interacionistas ressaltam as muitas formas pelas quais o contato cotidiano entre pessoas de diferentes origens raciais e étnicas contribui para a tolerância ou para a hostilidade.

A perspectiva funcionalista

Que utilidade poderia a intolerância ter para a sociedade? Os teóricos funcionalistas, embora concordem que a hostilidade racial nada tem de admirável, salientam que ela exerce funções positivas para quem pratica a discriminação.

O antropólogo Manning Nash (1962) apontou três funções do preconceito racial para o grupo dominante:

1. As ideias racistas oferecem uma justificativa moral à manutenção de uma sociedade desigual que costuma privar um grupo subalterno dos seus direitos e privilégios. Por exemplo, nos Estados Unidos, os brancos sulistas justificavam a escravidão alegando que os africanos eram física e espiritualmente sub-humanos e destituídos de alma.
2. As crenças racistas desestimulam os integrantes do grupo subalterno a tentar questionar o seu *status* inferior, o que equivaleria a questionar os alicerces da sociedade.
3. Os mitos raciais estimulam o apoio à ordem vigente ao introduzir o argumento de que qualquer mudança social de maior porte (como o fim da discriminação) resultaria apenas em aumento da pobreza para o grupo subalterno e queda do padrão de vida do grupo dominante. Consequentemente, sugere Nash, o preconceito racial recrudesce quando o sistema de valores da sociedade (p. ex., o sistema de valores subjacente a um império colonial ou a um regime que perpetua a escravidão) é ameaçado.

Embora o preconceito e a discriminação raciais possam servir aos interesses dos poderosos, a desigualdade de tratamento também pode ser nociva para a sociedade, inclusive para o grupo dominante. O sociólogo Arnold Rose (1951) esboçou quatro problemas associados ao racismo:

1. A sociedade que pratica a discriminação deixa de usar os recursos de todos os indivíduos. A discriminação limita a busca de talento e de liderança ao grupo dominante.
2. A discriminação agrava problemas sociais como a pobreza, a delinquência e a criminalidade e imputa ao grupo dominante o ônus financeiro de amenizar esses problemas.

3. A sociedade precisa investir muito tempo e dinheiro na defesa das barreiras à plena participação de todos os integrantes.
4. O preconceito e a discriminação raciais costumam desgastar a boa vontade e a amistosidade das relações diplomáticas entre as nações.

A perspectiva do conflito

Os teóricos do conflito certamente concordariam com Arnold Rose que o preconceito e a discriminação racial trazem muitas consequências prejudiciais à sociedade. Sociólogos como Oliver Cox (1948), Robert Blauner (1972) e Herbert M. Hunter (2000) usaram a ***teoria marxista*** para explicar a base da subordinação racial nos Estados Unidos. Como vimos no Capítulo 5, Karl Marx considerava a exploração da classe trabalhadora um componente básico do sistema econômico capitalista. Do ponto de vista marxista, ao manter os integrantes dos grupos subalternos em empregos mal remunerados, o racismo proporciona à classe capitalista dirigente um celeiro de mão de obra barata. Além disso, ao forçar esses trabalhadores a aceitar os baixos salários, os capitalistas conseguem limitar o salário de *todos* os membros do proletariado. Assim, sempre que puderem, substituirão os trabalhadores do grupo dominante, que exigem salários mais elevados, por outros do grupo subalterno, que têm como única opção aceitar empregos mal pagos.

A visão das relações de raça pela perspectiva do conflito soa convincente em vários casos. Os norte-americanos de origem japonesa não sofriam maiores preconceitos até começarem a competir com os brancos no emprego. Nos Estados Unidos, o movimento para barrar a entrada de imigrantes chineses atingiu o auge na segunda metade do século XIX, quando os chineses disputavam com os brancos as minguantes oportunidades de trabalho. A escravização dos negros e o extermínio e o deslocamento forçado dos indígenas para o oeste tiveram, ambos, uma motivação econômica substantiva.

A perspectiva da rotulagem

Use a sua imaginação sociológica

Relate um exemplo de rotulagem que você tenha testemunhado pessoalmente.

A prática do perfilhamento racial encaixa-se tanto na perspectiva do conflito quanto na teoria da rotulagem. Pode-se definir ***perfilhamento racial*** como qualquer ação arbitrária iniciada por uma autoridade com base não no comportamento, mas na raça, na etnia ou na nacionalidade de origem da pessoa. Em geral, o perfilhamento racial ocorre quando autoridades da lei – da alfândega, da segurança dos aeroportos, da polícia – presumem o provável envolvimento das pessoas em atividades ilegais baseado em determinadas descrições. A cor da pele tornou-se marca registrada de perfil criminoso a partir da década de 1980, com o surgimento do mercado de *crack* e cocaína. Mas a caracterização também pode recorrer a estereótipos muito mais explícitos. Nos Estados Unidos, por exemplo, a iniciativa federal de combate às drogas, conhecida como operação Pipeline, orientava os agentes a buscarem especificamente sujeitos com cabelos rastafári e homens latinos que estivessem viajando juntos.

A despeito das avassaladoras evidências de que o perfilhamento racial induz a equívocos, as autoridades continuam a dar-lhe crédito. Um estudo recente mostrou que, quando interpelados, os afro-americanos continuam sendo mais suscetíveis que os brancos a revistas e a tratamentos com o uso de força. No entanto, a probabilidade de porte de armas, de drogas ilegais ou de objetos roubados é maior entre os brancos do que entre os negros (Farrell e McDevitt, 2010).

A perspectiva interacionista

Uma mulher hispânica transferida de posto na linha de montagem passa a trabalhar ao lado de um homem branco. A princípio, o homem a trata com desdém, presumindo que ela é incompetente. A mulher reage com frieza e ressentimento; mesmo que precise de ajuda, não dá o braço a torcer. No fim de uma semana, a crescente tensão entre ambos explode em uma feroz discussão. Mas, pouco a pouco, com o tempo, ambos começam a reconhecer os pontos fortes e os talentos cada um. Após um ano trabalhando juntos, os dois desenvolveram uma respeitosa amizade. O caso ilustra o que os interacionistas chamam de ***hipótese do contato***.

Segundo essa hipótese, o contato inter-racial entre pessoas de um mesmo *status* engajadas em uma tarefa cooperativa fará com que elas se tornem menos preconceituosas e descartem antigos estereótipos. Elas passarão a se enxergar mutuamente como indivíduos e a abandonar as generalizações típicas da estereotipagem. É importante ressaltar as expressões *mesmo status* e *tarefa cooperativa*. No exemplo supracitado, se os dois estivessem competindo por uma vaga de supervisão, a hostilidade racial recíproca poderia agravar-se (Allport, 1979; Fine, 2008).

À medida que os latinos e que outros grupos subalternos vão pouco a pouco tendo acesso a cargos mais bem remunerados e de maior responsabilidade, a hipótese do contato pode vir a ganhar ainda mais relevância. A sociedade norte-americana costuma reforçar o contato individual entre os grupos dominantes e os grupos subalternos. Essa pode ser uma forma de abolir – ou pelo menos reduzir – a estereotipagem e o preconceito racial e étnico. Estabelecer coalizões inter-raciais, ideia sugerida pelo sociólogo William Julius Wilson (1999), talvez seja outra forma de diminuir esses preconceitos. Obviamente, para funcionarem, essas coalizões precisam estar alicerçadas na igualdade de papéis para todos os integrantes.

A Tabela 6.2 recapitula as quatro principais perspectivas sociológicas sobre raça – funcionalista, do conflito, da rotulagem e interacionista. Não importa a explicação dada às distinções raciais e étnicas, as desigualdades socialmente construídas podem ter consequências poderosas sob a forma do preconceito e da discriminação demonstrado. No próximo item veremos como a desigualdade baseada nas características atribuídas de raça e de etnia podem envenenar as relações interpessoais, privando grupos inteiros de oportunidades que outros consideram como líquidas e certas.

Mapeando as perspectivas

Tabela 6.2 Perspectivas sociológicas sobre raça

Perspectiva	Ênfase
Funcionalista	A subalternidade das minorias raciais beneficia a classe dominante
Conflito	Os interesses pessoais perpetuam a desigualdade racial mediante a exploração econômica
Rotulagem	As pessoas são caracterizadas e estereotipadas em função das suas identidades raciais e étnicas
Interacionista	Os contatos estabelecidos na cooperação inter-racial podem reduzir a hostilidade

PADRÕES DE PRECONCEITO E DE DISCRIMINAÇÃO

Nos últimos anos, os *campi* universitários norte-americanos têm sido palco de incidentes associados à intolerância. Jornais e estações de rádio liderados por estudantes ridicularizam grupos raciais e étnicos subalternos; estudantes recebem, por debaixo da porta, mensagens ameaçadoras; os muros das universidades aparecem pichados com inscrições que endossam as opiniões de organizações extremistas como a Ku Klux Klan. Houve casos de enfrentamento e violência entre grupos de estudantes brancos e negros (Southern Poverty Law Center, 2010). O que causa incidentes tão tenebrosos?

Preconceito

O ***preconceito*** é uma atitude negativa perante toda uma categoria de pessoas, geralmente um grupo étnico ou racial. Implicar com o colega de quarto porque ele é desleixado não necessariamente o torna preconceituoso. Mas, se você estereotipa o seu colega de quarto em função de características como raça, etnia ou religião, isso constitui uma forma de preconceito, que tende a perpetuar falsas definições de indivíduos e de grupos.

Às vezes o preconceito decorre do ***etnocentrismo*** – a tendência em crer que a própria cultura e o próprio estilo de vida representam a norma e são superiores a todos os demais. As pessoas etnocêntricas julgam as outras culturas pelos padrões do seu próprio grupo, o que facilmente redunda em preconceito contra culturas tidas como inferiores.

Uma forma de preconceito grave e altamente disseminada é o ***racismo***, a crença na supremacia de uma raça e na inferioridade intrínseca de todas as demais. Quando o racismo prevalece em uma sociedade, os membros dos grupos subalternos normalmente sofrem preconceito, discriminação e exploração. O ato pode ser sutil e estar profundamente arraigado. Embora muitas pessoas – tanto brancas quanto negras – condenem o racismo, as pesquisas sugerem a possibilidade de trazermos arraigados em nossos processos mentais subconscientes estereótipos racistas – como o do homem negro e violento.

Racismo daltônico

Ao longo das três últimas gerações, *surveys* englobando todo o território norte-americano revelam o crescente apoio dos brancos à integração, aos romances inter-raciais e à eleição de integrantes de minorias para cargos públicos – inclusive para a presidência dos Estados Unidos. Como explicar essa tendência, tendo em vista a existência do preconceito racial e étnico? A resposta, até certo ponto, é que o preconceito racial e étnico deixou de ser manifestado com a liberdade de antigamente. Com frequência, ele esconde-se por trás da igualdade de oportunidades.

Racismo daltônico é o uso do princípio da neutralidade racial para defender um *status quo* de desigualdade racial. Os proponentes da neutralidade racial juram crer que todos devem ser tratados com igualdade. No entanto, o modo como aplicam esse princípio às políticas públicas não é neutro. Os proponentes dessa abordagem opõem-se à ação afirmativa, à previdência social pública e, em larga escala, ao financiamento público da saúde, todos tidos como favores a grupos de minorias. Porém, objeções não são feitas às práticas que privilegiam os brancos, como critérios de aceitação no ensino superior que conferem preferência a parentes de ex-alunos. Tampouco se opõem a incentivos fiscais para os que têm casa própria – na maioria, brancos –, ou ao auxílio financeiro público a estudantes universitários – na imensa maioria, também brancos. Embora a neutralidade não se baseie em teorias de superioridade ou de inferioridade racial, a ideia de que a sociedade deva ser daltônica apenas perpetua a desigualdade racial.

O racismo daltônico também já foi chamado de "racismo dissimulado". Embora os seus proponentes raramente falem em racismo, outros indicadores de *status* social, como classe social ou cidadania, costumam ser alvos, em vez da raça. Assim, muitos brancos convencem-se de que não são racistas – nem conhecem alguém que o seja – mesmo mantendo o preconceito contra as "mães 'encostadas' na previdência social" e os "imigrantes". Talvez cheguem à conclusão, errônea, de que se atingiu a tolerância racial, ou mesmo a igualdade racial e étnica.

Pesquisadores que realizaram *surveys* sobre a atitude dos brancos em relação aos afro-americanos nessas últimas décadas chegaram a duas conclusões. Primeiro, que as pessoas mudam de atitude. Em épocas de desordem social, podem ocorrer, dentro de uma mesma geração, mudanças dramáticas de atitude. Segundo, que houve menos progresso racial na virada do século XX para o século XXI do que no intervalo relativamente curto que compreende as décadas de 1950 e de 1960.

Hoje, grupos economicamente desfavorecidos como os afro-americanos e os latinos tornaram-se tão identificados com a decadência urbana, os sem-teto, a previdência e a criminalidade que tais problemas passaram a ser encarados como de ordem racial, embora não sejam rotulados dessa forma. A tendência a *culpabilizar as vítimas* pelos males sociais emperra a solução deles, sobretudo em uma época em que a capacidade do governo para cuidar dos problemas sociais é limitada por iniciativas contra os impostos e pela apreensão com o terrorismo. Em suma, a linha de cor ainda está vigente, mesmo com mais gente recusando-se a admitir que ela existe (Ansell, 2008; Bonilla-Silva, 2006; Coates, 2008; Meredith King 2007, p. 3-4; Quillian, 2006; Winant, 1994, p. 106-108).

Comportamento discriminatório

Com frequência, o preconceito leva à ***discriminação***, ou seja, à negação de oportunidades e de igualdade de direitos a indivíduos e a grupos em função de algum tipo de intolerância arbitrária. Suponha-se que a presidência de uma grande empresa é ocupada por um branco que tem preconceito contra pessoas de origem asiática e que tem que preencher um cargo executivo. O candidato é de origem vietnamita. Caso se recuse a contratá-lo e dê preferência a um candidato pior, mas branco, ele estará cometendo um ato de discriminação racial.

Use a sua imaginação sociológica

O que seria mais relevante socialmente: abolir o preconceito ou abolir a discriminação?

É preciso não confundir *atitudes* preconceituosas com discriminatórias. Embora as duas coisas costumem estar associadas, elas não são idênticas; qualquer uma das duas pode estar presente sem a outra. A pessoa pode ser preconceituosa e nem sempre pautar-se pelas próprias intolerâncias. Por exemplo, é possível que o empresário branco, apesar dos seus estereótipos, opte pelo candidato de origem vietnamita. Isso configuraria preconceito sem discriminação. Por sua vez, é possível que um presidente de empresa que nada tenha contra pessoas de origem vietnamita se recuse a contratá-las para cargos executivos pelo temor de perder clientes que sejam preconceituosos. Nesse caso, o ato configuraria discriminação sem preconceito.

A discriminação fundada no racismo criou raízes profundas após a Guerra Civil, quando os estados sulistas aprovaram leis destinadas a manter os antigos escravos e os seus descendentes em posição subalterna. Essas leis, apelidadas de ***Jim Crow***,* foram responsáveis pelo entrincheiramento da segregação no Sul dos Estados Unidos. O nome Jim Crow, aparentemente tirado de uma música, já era, em 1890, sinônimo de segregação e de estatutos que mantinham os afro-americanos em uma posição desfavorecida. As leis Jim Crow* concederam aos brancos a autoridade suprema sobre os negros. Em 1896, o veredito da Suprema Corte norte-americana no caso *Plessy versus Ferguson* foi de que as leis estaduais que exigiam acomodações "separadas, mas iguais" para os negros configuravam um uso "razoável" do poder público estadual. Embora os estatutos tenham sido revogados, é possível que novas leis venham a ter um impacto semelhante no século XXI, como veremos no item seguinte sobre discriminação institucional.

A discriminação ocorre até mesmo com pessoas altamente escolarizadas e altamente qualificadas com impecáveis antecedentes familiares. A despeito do seu ta-

* Ver N. de R.T. na p. xi.

lento e da sua experiência, é comum elas se depararem com preconceitos atitudinais ou organizacionais que as impedem de realizar plenamente o seu potencial. A expressão ***teto de vidro*** alude à barreira invisível que emperra a promoção profissional de pessoa qualificada em função de gênero, raça ou etnia (Schaefer, 2012; Yamagata et al., 1997).

No início de 1995, a Glass Ceiling Commission, de âmbito federal, lançou o primeiro estudo abrangente sobre os entraves à promoção profissional nos Estados Unidos. A comissão constatou a vigência de "tetos de vidro" bloqueando o acesso de mulheres e de homens de grupos raciais e étnicos subalternos a cargos mais altos nas indústrias do país (Department of Labor, 1995a, 1995b).

Discriminação institucional

A discriminação é praticada não apenas por indivíduos, mas também por instituições. Os cientistas sociais veem com especial preocupação as formas com que a significância social da raça e da etnia é mantido por fatores estruturais como emprego, habitação, assistência de saúde e administração pública. O termo ***discriminação institucional*** designa a negação de oportunidades e de igualdade de direitos a indivíduos e a grupos resultante das operações normais de uma sociedade. Esse tipo de discriminação afeta mais certos grupos raciais e étnicos que outros.

A Comissão de Direitos Civis (Commission on Civil Rights, 1981, p. 9-10) identificou diversas formas de discriminação institucional, entre elas:

As leis estaduais que exigem aos leitores a apresentação de um documento de identidade com foto discriminam muitos cidadãos de minorias raciais. Exemplo de racismo institucional, elas são reminiscentes das antigas práticas Jim Crow no Sul dos Estados Unidos, que ditavam tratamentos diferenciados e desiguais aos afro-americanos.

- Normas exigindo que se fale apenas inglês no local de trabalho, mesmo quando a restrição ao uso de outras línguas não seja imprescindível para o bom andamento do trabalho.
- Preferências demonstradas por faculdades de direito e de medicina ao ingresso dos filhos de ex-alunos ricos e influentes, quase todos eles brancos.
- Políticas restritivas de afastamento do trabalho, acopladas a proibições ao trabalho em tempo parcial, que dificultam que chefes de famílias monoparentais (mulheres, na maioria) consigam e mantenham o emprego.

Há casos em que até padrões institucionais aparentemente neutros podem ter efeitos discriminatórios. Por exemplo, significativa discriminação institucional está presente na legislação eleitoral local. Recentemente, estados norte-americanos passaram a exigir dos eleitores a apresentação de documento de identidade com foto, supostamente para impedir a fraude eleitoral. No entanto, há poucas evidências de pessoas tentando fazer-se passar por pessoas aptas a votar. Uma lei assim representa um cerceamento descabido do direito ao voto de integrantes de minorias apenas porque eles não têm carteira de motorista. Segundo *surveys* de âmbito nacional, 25% dos cidadãos afro-americanos e 16% dos cidadãos "latinos" – contra 8% dos cidadãos brancos – não têm documento de identidade com foto válido e emitido pelo governo (Brennan Center, 2006; Dade, 2012).

Foram feitas tentativas para erradicar ou para compensar a discriminação nos Estados Unidos. Na década de 1960, muitas leis pioneiras de direitos civis foram aprovadas, como a histórica Civil Rights Act, de 1964, que proíbe a discriminação em locais públicos em função de raça, cor, religião, nacionalidade de origem e gênero. Em 1965, a Voting Rights Act proibiu a cobrança de de taxas eleitorais e outras exigências cuja finalidade era impedir os negros de votar.

Há mais de 20 anos foram instituídos programas de ação afirmativa para vencer a discriminação pregressa. ***Ações afirmativas*** são esforços proativos no sentido de recrutar membros de grupos subalternos ou mulheres para empregos, promoções e oportunidades educacionais. Muita gente reprova esses programas, argumentando que defender a causa de um grupo simplesmente transfere a discriminação para outro grupo. Ao dar prioridade de ingresso aos afro-americanos, por exemplo, a escola pode deixar de lado candidatos brancos mais qualificados. Em muitos pontos do país e em muitos setores da economia, a ação afirmativa vem sendo revertida, mesmo sem jamais ter sido implementada.

Ainda hoje, práticas discriminatórias permeiam praticamente todos os aspectos da vida dos norte-americanos, em parte porque vários indivíduos e grupos *beneficiam-se* delas em termos de dinheiro, *status* e influência. A discriminação permite que integrantes da maioria engordem a própria fortuna, poder e prestígio à custa dos outros. Pessoas menos qualificadas conseguem empregos e promoções simplesmente por serem do grupo dominante. Esses indivíduos e grupos não irão desistir facilmente dessas vantagens. Até entre ex-presidiários, os brancos são privilegiados se comparados aos não brancos. Um estudo da socióloga Devah Pager (2003) documenta esse tipo de discriminação racial. Pager mandou quatro estudantes irem para Milwaukee, no Estado de Wisconsin, em busca de emprego. Todos tinham 23 anos de idade e eram universitários, mas apresentaram-se como formados no ensino médio e com experiências de trabalho semelhantes. Dois deles eram negros e, os outros dois, brancos. Um dos negros e um dos brancos admitiram ter passado 18 meses na cadeia, condenados por posse de cocaína visando ao tráfico.

Como era previsto , os quatro rapazes tiveram experiências muito diferentes entre um total de 350 potenciais empregadores. Obviamente, o postulante branco que declarou ter cumprido pena recebeu apenas metade dos telefonemas de retorno recebidos pelo outro candidato branco – 17% contra 34%. Mas, por maior que tenha sido o impacto da sua ficha criminal, o fator raça falou mais alto. Mesmo declarando-se ex-detento, o candidato branco com ficha criminal obteve alguns retornos a mais do que o candidato negro *sem ficha criminal* (17% contra 14%). Aparentemente, para os potenciais empregadores, o peso da raça era maior que o de uma ficha criminal. As implicações dessa pesquisa não se restringem à cidade de Milwaukee. Pager replicou o estudo na cidade de Nova York com um colega, o sociólogo Bruce Western, e os resultados foram semelhantes. Estudos em Chicago, San Diego e na capital federal, Washington, também confirmaram o tratamento discriminatório dispensado aos candidatos a emprego. Com o passar do tempo, o efeito cumulativo desse tipo de comportamento por parte dos empregadores contribui para diferenças importantes na renda (Pager, 2007; Pager et al., 2009).

Medindo a discriminação

Pode-se medir a discriminação em termos de perda de renda ou de oportunidades? Não é fácil. Primeiro, os pesquisadores precisam, ao avaliarem as pessoas, confirmar se há preconceito em relação a um grupo racial ou étnico e comprovar que os membros do grupo recebem tratamento diferenciado. Em seguida, precisam encontrar um modo de atribuir um custo à discriminação.

Os pesquisadores, porém, conseguiram chegar a alguns esboços de conclusão comparando os dados da renda de afro-americanos com brancos, e de homens com mulheres. Como mostra a Figura 6.3, os homens brancos ganharam, em 2011, uma renda média de US$ 55.711, ou seja, 36% mais que os homens negros e quase 100% mais do que as mulheres hispânicas. As mulheres negras ganharam significativamente menos que as mulheres brancas (US$ 35.407 contra US$ 41.149), o que indica um duplo ônus: o da raça e o do gênero. A forte disparidade de renda entre as mulheres negras e os homens brancos mantém-se inalterada há mais de 60 anos. Por maior que pareça ser essa desigualdade de renda, os estudos demonstram que a desigualdade de riqueza entre os grupos raciais e étnicos é ainda maior.

As diferenças não resultam totalmente de discriminação no emprego, pois os integrantes desses grupos não estão igualmente preparados para disputar empregos de remuneração mais elevada. A discriminação pregressa é um fator importante na fraca escolaridade de alguns grupos. Historicamente, os contribuintes, que são predominantemente brancos, relutam em subsidiar o ensino público dos afro-americanos e dos hispânicos em nível equivalente ao dos alunos brancos. Testes realiza-

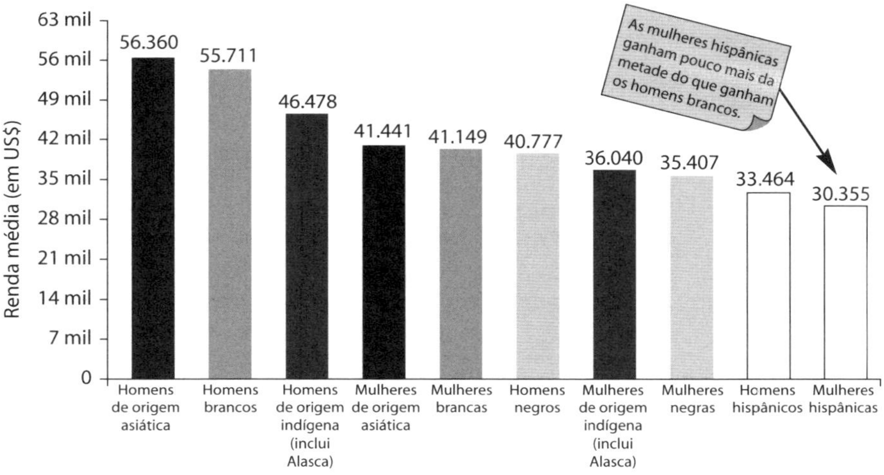

Figura 6.3 Renda média por raça, etnia e gênero nos Estados Unidos.

Nota: Renda obtida em 2011. Inclui apenas quem trabalha em tempo integral, o ano todo, com idade mínima de 25 anos. Por "brancos(as)", entenda-se de origem não hispânica.

Fonte: Bureau of the Census, 2012b; DeNavas-Walt et al., 2012, p. PINC-03.

dos em escolas do centro das cidades demonstram o efeito continuado desses padrões de gastos discriminatórios.

Para entender o problema, os pesquisadores compararam as rendas médias de negros, brancos e hispânicos, e de homens e mulheres, todos com um grau de escolaridade mais ou menos equivalente. Como mostra a Tabela 6.3, embora os trabalhadores mais escolarizados ganhem mais do que os outros, a disparidade entre as raças e os sexos é mantida. O hiato entre as raças de fato diminui um pouco à medida que o grau de escolarização aumenta; mesmo assim, os afro-americanos e as mulheres ficam para trás. O contraste às vezes é dramático: mulheres com mestrado ganham cerca de US$ 5.900 menos do que homens formados no ensino médio (US$ 60.304 contra US$ 66.196).

Vejamos também o que ocorre em domicílios norte-americanos de origem asiática. Embora tenham renda elevada, os norte-americanos de origem asiática mais escolarizados também perdem para os brancos. Tendo alguém da família com doutorado, a renda estimada do domicílio é de US$ 114.662 – mais de US$ 10.000 inferior à de um domicílio branco.

A diferença de renda mostrada na Tabela 6.3 pode não ter só a ver com discriminação no emprego. A tabela mostra apenas o grau de escolaridade atingido pelos trabalhadores, não sua qualificação. A despeito dos recentes esforços para abolir as disparidades geográficas no financiamento ao ensino, os grupos raciais subalternos têm maiores chances de frequentar escolas subfinanciadas. A desigualdade das opor-

Tabela 6.3 Renda média por raça e por sexo, mantida a escolaridade como constante

A diferença de renda entre os brancos e os não brancos mantém-se inclusive nos graus de escolaridade mais elevados. A escolaridade tampouco parece afetar a diferença entre a renda dos homens e a das mulheres.

	Raça				Sexo	
	Famílias brancas	**Famílias negras**	**Famílias de origem asiática**	**Famílias hispânicas**	**Masculino**	**Feminino**
Total (em US$)	69.829	40.495	72.996	40.061	50.655	38.909
Ensino médio						
Incompleto	35.970	20.768	37.118	30.868	30.423	21.113
Completo	53.478	32.699	49.658	39.451	40.447	30.611
Ensino superior						
Curso técnico ou profissionalizante de nível superior	71.735	49.989	66.921	53.386	50.928	39.286
Bacharelado / Licenciatura	97.442	76.444	87.704	70.849	66.196	49.108
Mestrado	111.071	80.184	111.871	87.956	83.027	60.304
Doutorado	125.059	111.535	114.662	115.434	100.766	77.458

Nota: Renda média em 2011 somadas todas as fontes, exceto ganhos de capital. Inclui recebimentos de auxílios públicos, dividendos, pensões, auxílio desemprego e outros. Inclui a renda total dos trabalhadores com idade acima de 25 anos. Ensino médio inclui supletivo. Por brancos, entendem-se brancos não hispânicos.
Fonte: DeNavas-Walt et al., 2012, p. FINC-01.

tunidades educacionais também pode afetar as mulheres, que frequentemente são empurradas pelas instituições de ensino para ocupações mal remuneradas e marcadas pela segregação sexual, como enfermagem e magistério no ensino fundamental.

Qual é o efeito coletivo da discriminação no emprego? O economista Andrew Brimmer (1995), citando inúmeros estudos do governo, estima que, se os empregadores usassem, em toda a sua plenitude, os talentos e as competências dos afro-americanos, conforme refletidos na escolaridade formal, o produto interno bruto (PIB) norte-americano cresceria cerca de 3 a 4% ao ano. As estimativas do custo econômico da discriminação mantêm-se mais ou menos estáveis desde meados da década de 1960. O percentual de perda no PIB seria ainda maior, é claro, se os economistas computassem as perdas decorrentes da subutilização dos talentos das mulheres e de outros grupos subalternos. A sociedade paga um preço velado pela difundida prática de encaminhar as mulheres para empregos mal remunerados e de baixo nível, mesmo quando elas estão qualificadas para tarefas mais desafiadoras e gratificantes.

A SOCIOLOGIA É IMPORTANTE

A sociologia é importante pois ela nos faz pensar por que algumas pessoas na sociedade são tratadas melhor que as outras.

- Você tem algum tipo de preconceito contra grupos raciais ou étnicos subalternos? Caso tenha, a leitura deste capítulo contribuiu para você ver esses grupos por uma outra perspectiva? Que mudanças haveria na sua vida se você fosse de um desses grupos?
- Você é branco? Se sim, de que privilégios desfruta, em função da sua raça ou da sua cidadania, que você jamais questionou? Você consegue imaginar alguma forma de reduzir pelo menos um desses privilégios para proporcionar mais igualdade a outras pessoas – e você colaboraria com uma iniciativa assim?

  A sociologia é importante pois ela nos torna mais conscientes do preconceito e da discriminação contra os integrantes de determinados grupos raciais e étnicos.
- Você não é branco? Se sim, que tipos de estereótipos e de discriminação você viu não brancos vivenciarem? Você acha que o contato entre pessoas de raças diferentes em tarefas cooperativas pode reduzir a discriminação racial?
- Você ou os seus pais são imigrantes recentes em seu país? Se sim, qual é o principal responsável pela reação dos outros contra você – sua etnia, raça ou país de origem? Você acredita que um dia você ou os seus filhos serão parte da sociedade dominante? Se sim, o que poderia ser feito para acelerar esse processo?

RECURSOS DO CAPÍTULO

Resumo

As dimensões sociais de raça e de etnia são fatores importantes que moldam a vida das pessoas. Neste capítulo, definimos o significado de raça e de etnia e examinamos a construção social desses *status* atribuídos. Discutimos quatro perspectivas teóricas sobre a desigualdade do tratamento dado aos indivíduos em função dos seus respectivos **grupos raciais** e **étnicos**. Observamos alguns padrões de **preconceito** e de **discriminação** contra integrantes desses grupos, muitos deles recém imigrados. Também estudamos os efeitos econômicos da desigualdade de tratamento dos grupos subalternos.

1. Em muitos países, quem é branco desfruta de inúmeros direitos e imunidades pelo simples fato de ser branco. Mas raramente admite, para si mesmo ou para pessoas de outras raças, a existência desse **privilégio branco**.

2. Raça e etnia são construções sociais. O significado que as pessoas atribuem às características físicas de certos grupos, frequentemente expressas em **estereótipos**, confere relevância social à raça e à etnia.
3. Os **grupos raciais** distinguem-se entre si por diferenças físicas óbvias, ao passo que os **grupos étnicos** distinguem-se primordialmente pela nacionalidade de origem ou por padrões culturais distintos.
4. Ao longo do século passado, o perfil racial e étnico da imigração nos Estados Unidos mudou porque as principais nações de emigração mudaram. Cem anos atrás, predominavam as etnias brancas da Europa; agora, os imigrantes vêm principalmente da América Latina e da Ásia.
5. Os funcionalistas salientam que os grupos dominantes da sociedade podem ter alguma função na discriminação contra os grupos subalternos. Para a sociedade como um todo, a discriminação pode ser nociva.
6. Os teóricos do conflito dão ênfase às consequências danosas da subordinação racial. Para eles, a desigualdade de tratamento dos grupos subalternos faz parte do capitalismo, visão conhecida como **teoria da exploração**.
7. Os interacionistas enfocam o nível micro das relações de raça, apontando as formas como os brancos dominam os integrantes de outros grupos raciais e étnicos nas interações sociais cotidianas. Segundo a **hipótese do contato**, o contato entre as raças em tarefas cooperativas pode reduzir o preconceito e a discriminação raciais.
8. O **preconceito** é uma atitude negativa perante todo um grupo, normalmente uma minoria racial ou étnica. O preconceito costuma ser fundado ou no **etnocentrismo** – a crença de que a cultura de uma pessoa é superior a todas as outras – ou no **racismo** – a crença na supremacia da raça de uma pessoa e na inferioridade de todas as demais raças.
9. O preconceito não raro leva à **discriminação** contra integrantes de determinados grupos raciais e étnicos. No local de trabalho, os integrantes desses grupos podem deparar-se com um **teto de vidro**, barreira invisível que bloqueia a sua promoção.
10. A discriminação decorrente das operações normais da sociedade é conhecida como **discriminação institucional**. Para remediar esse tipo de discriminação, governos, empresas e escolas desenvolveram programas de **ação afirmativa**.

Palavras-chave

ação afirmativa, 187
discriminação, 185
discriminação institucional, 186
estereótipo, 173
etnia simbólica, 176
etnocentrismo, 183
formação racial, 171
grupo étnico, 173
grupo racial, 173
hipótese do contato, 182
Jim Crow, 185
perfilhamento racial, 181
preconceito, 183
privilégio branco, 170
racismo, 183
racismo daltônico, 184
teoria da exploração, 176
teto de vidro, 186

CAPÍTULO 7

DESIGUALDADE DE GÊNERO

CONSTRUÇÃO SOCIAL DO GÊNERO
PERSPECTIVAS SOCIOLÓGICAS SOBRE GÊNERO
MULHERES: A MAIORIA OPRIMIDA
AS MULHERES NA FORÇA DE TRABALHO

Ele trabalha. Ela também. Ambos são médicos de família, ocupação de elevado *status* e com bom retorno financeiro. Ele ganha 140 mil dólares por ano. Ela, 88 mil.

Essas são rendas médias de médicos nos Estados Unidos, de acordo com o Bureau of the Census. Tomemos, agora, o exemplo dos controladores do tráfego aéreo. Ele ganha 67 mil dólares; ela, 56 mil. E os empregados domésticos: ele ganha 19 mil dólares; ela, 15 mil. E os auxiliares de ensino? Ele ganha 20 mil dólares; ela, 15 mil. As estatísticas do Bureau indicam a renda média de 821 ocupações, de lavador de pratos a executivo-chefe. Corrigidos os desvios relacionados à idade, escolaridade e experiência profissional do trabalhador, a conclusão foi inequívoca: a renda média de trabalhadores de tempo integral acusa substancial diferença de gênero.

Nem sempre os homens ganham mais que as mulheres pelo mesmo trabalho. Os pesquisadores do Bureau of the Census constataram que em 2 das 821 ocupações, a renda das mulheres é 1% superior a dos homens: coleta de materiais de risco e instalação de linhas de transmissão para telecomunicações. Porém, menos de um em cada mil trabalhadores pesquisados pelo Bureau estavam empregados nessas duas ocupações. As análises de previsão não revelam quaisquer evidências convincentes de redução da diferença salarial.

O que explica o descabido aumento da diferença salarial entre homens e mulheres em uma mesma ocupação? Os estudiosos do Bureau of the Census consideram as seguintes características de cada um.

- Idade e grau de escolaridade.
- Estado civil e crianças em casa.
- Especialização (p. ex., medicina clínica *versus* cirúrgica).
- Anos de experiência profissional.
- Horas trabalhadas por ano.

Computados todos esses fatores, a diferença entre a remuneração dos homens e das mulheres recuou em apenas três centavos de dólar. A remuneração da mulher continuou equivalendo apenas 80 centavos de cada dólar pago a um homem. Em suma, as opções de carreira das mulheres não servem como justificativa para a disparidade entre a remuneração dos homens e das mulheres (Government Accountability Office, 2003; Weinberg, 2004, 2007).

Veremos neste capítulo como a característica atribuída de gênero gera privilégios para os homens e discriminação para as mulheres. As diferenças de gênero, assim como as de raça, são flagrantes, e da mesma forma que a raça e etnia, o gênero é uma construção social. A despeito das divergências entre as visões funcionalista, do conflito, feminista e interacionista nesse tópico, todas elas concordam que o tratamento que a sociedade dispensa às mulheres e aos homens é desigual. Mesmo que representem a maioria numérica, as mulheres são tratadas como um grupo subalterno. Em alguns casos, a interseção de gênero, raça e classe gera um grau de discriminação a que nenhum outro grupo subalterno está exposto.

CONSTRUÇÃO SOCIAL DO GÊNERO

Como reagem os passageiros do avião ao ouvirem a voz do comandante, e perceberem que é uma voz de mulher? Que imagem fazemos de um pai que avisa que vai se atrasar para o trabalho porque precisa levar o filho a uma consulta médica de rotina? Consciente ou inconscientemente, costumamos achar que pilotar um avião comercial é trabalho de *homem*, e que a maioria das responsabilidades dos pais é, na verdade, das *mães*. O gênero é um componente tão rotineiro do nosso cotidiano que nos abstraímos dele, exceto quando alguém se desvia do comportamento e das expectativas convencionais.

Embora poucas pessoas comecem a vida com uma identidade sexual ambígua, a maioria começa com um sexo definido e não tarda a receber mensagens da sociedade sobre como se comportar. Muitas sociedades estabeleceram distinções sociais entre mulheres e homens que não decorrem necessariamente das diferenças biológicas entre os sexos (p. ex., a capacidade reprodutiva das mulheres).

No estudo do gênero, o interesse dos sociólogos volta-se para a socialização do papel de gênero que induz mulheres e homens a comportamentos diferentes. No Capítulo 2, definiu-se ***papel de gênero*** como as expectativas quanto a comportamentos, atitudes e atividades adequados aos homens ou às mulheres. A aplicação dos tradicionais papéis de gênero leva a muitas formas de diferenciação entre mulheres e homens. Ambos os sexos são fisicamente capazes de aprender a cozinhar e a costurar, mas a maioria das sociedades ocidentais determina que cabe à mulher desempenhar essas tarefas. Tanto os homens quanto as mulheres podem aprender a soldar e a pilotar aviões, mas essas funções são normalmente entregues aos homens.

Use a sua imaginação sociológica

Quais as semelhanças e diferenças entre construção social de gênero e construção social de raça?

Os papéis de gênero evidenciam-se não só no trabalho e no comportamento, mas também no modo como reagimos aos outros. Estamos constantemente "fazendo gênero" sem perceber. Se, no meio de um dia útil, um pai está sentado com o filho na sala de espera de um consultório médico, é provável que seja alvo de olhares aprovadores por parte da recepcionista e dos demais pacientes. "Que pai maravilhoso, não?" é o que lhes passa pela cabeça. Mas, se a mãe sai do emprego *dela* e aguarda com o filho no consultório médico, ela não receberá essa silenciosa ovação.

Construímos socialmente nosso comportamento para estabelecer ou exagerar as diferenças entre homens e mulheres. Por exemplo, homens e mulheres variam na altura, no porte e na idade. Mas as normas tradicionais referentes ao casamento ou até mesmo ao namoro sem compromisso dizem-nos que, em um casal heterossexual, o homem deve ser mais velho, mais alto e mais sensato que a mulher. Veremos, ao longo deste capítulo, normas sociais que contribuem para reforçar e legitimar padrões de dominação masculina.

Nas últimas décadas, as mulheres ingressaram em ocupações e profissões antigamente dominadas pelos homens. Mas a sociedade segue focada em qualidades "masculinas" e "femininas", como se fosse preciso avaliar homens e mulheres nesses termos. Continuamos "fazendo gênero", e a construção social do gênero continua ditando expectativas significativamente diferentes em relação às mulheres e aos homens.

Socialização do papel de gênero

A manta do bebê é azul para os meninos e cor-de-rosa para as meninas. Meninos brincam com caminhões, blocos de montar e soldados de brinquedo; meninas ganham bonecas e cozinhas de brinquedo. Os meninos precisam ser másculos – ativos, agressivos, valentes, ousados e dominantes –, mas as meninas precisam ser femininas – delicadas, sensíveis, doces e submissas. Esses padrões tradicionais do papel de gênero têm influenciado a socialização das crianças.

Um importante elemento das tradicionais concepções sobre a adequação do comportamento "masculino" e do comportamento "feminino" é a ***homofobia***, ou seja, o temor e o preconceito com a homossexualidade. A homofobia contribui expressivamente para a rígida socialização do papel de gênero, pois muita gente endossa a associação estereotipada entre homossexualidade masculina e feminilidade, e entre lesbianismo e masculinidade. Por conseguinte, homens e mulheres que se desviam das tradicionais expectativas em relação aos papéis de gênero não raro são considerados *gays*. Apesar dos avanços conquistados pelo movimento de liberação *gay*, o renitente estigma relacionado à homossexualidade pressiona a totalidade dos homens (sejam ou não *gays*) a exibir apenas comportamentos estritamente "masculinos" e a totalidade das mulheres (sejam ou não lésbicas) a exibir apenas comportamentos estritamente "femininos" (Lindsey, 2005; Seidman, 2002).

São os *adultos* que encaminham as crianças para esses papéis de gêneros tidos pela sociedade como adequados. Em geral, os primeiros agentes da socialização – e os mais importantes – são os pais. Porém, outros adultos, irmãos mais velhos, meios de comunicação e instituições religiosas e de ensino também exercem importante influência na socialização do papel de gênero.

Não é difícil testar até que ponto a socialização do papel de gênero pode ser rígida. Basta você tentar transgredir alguma norma de gênero – por exemplo, fumar um charuto em público se você for mulher, ou ou andar de bolsa se for homem. Esta foi a tarefa prescrita a estudantes de sociologia da University of Colorado e do Luther College, no Estado de Iowa. Os professores instruíram os alunos a adotarem comportamentos que, no entender deles, transgrediam as normas de como um homem ou de como uma mulher deveria agir. Não foi problema para os estudantes atinar com transgressões à norma de gênero (ver Tab. 7.1); as reações de terceiros ao seu comportamento, anotadas por eles, variaram do bom humor à indignação (Nielsen et al., 2000).

Papéis de gênero da mulher e do homem

Como uma menina chega a desenvolver uma imagem própria feminina, enquanto um menino desenvolve a masculina? Em parte, identificando-se com pessoas da família, da vizinhança ou com a presença frequente dos meios de comunicação. Se uma menina costuma ver, na televisão, mulheres atuando como advogadas de defesa e juízas, ela talvez acredite ser capaz de tornar-se advogada. Nada mau se as mulheres que ela conhece – mãe, irmã, amigas dos pais, vizinhas – forem advogadas. Mas, se as mulheres apresentadas nos meios de comunicação forem retratadas apenas como modelos, enfermeiras e secretárias, a identificação e a imagem própria da menina serão bem diferentes. Mesmo tendo uma profissão, lá no fundo ela talvez lamente não ter conseguido encaixar-se nos estereótipos estampados pelos meios

Tabela 7.1 Experimento com universitários sobre transgressão à norma de gênero

Exemplos de transgressão à norma (mulheres)	Exemplos de transgressão à norma (homens)
Mandar flores para um homem	Pintar as unhas
Cuspir em público	Bordar em público
Usar o banheiro masculino	Promover reuniões sociais para venda de produtos
Comprar suporte atlético	Chorar em público
Comprar/mascar fumo	Fazer os pés
Conhecer e conversar sobre carros	Candidatar-se para tomar conta de crianças
Abrir a porta para um homem	Depilar-se

Fonte: Nielsen et al., 2000, p. 287.
Em um experimento para testar os estereótipos do papel de gênero, estudantes de sociologia foram instruídos a assumir comportamentos capazes de configurar transgressões às normas de gênero, anotando as reações de terceiros. Esta é uma amostra das opções de comportamento testadas ao longo de um período de sete anos. Você concorda que estes atos testam as fronteiras do comportamento convencional de gênero?

de comunicação – a jovem bem feita de corpo e atraente de maiô, ou a esposa e mãe exemplar.

A televisão está longe de ser o único meio a estereotipar as mulheres. Estudos sobre as publicações infantis norte-americanas nas décadas de 1940, 1950 e 1960 constataram uma importante sub-representação das mulheres não só como protagonistas, mas também nas ilustrações. Praticamente todas as personagens femininas eram retratadas como indefesas, passivas, incompetentes e necessitadas de um vigoroso macho cuidador. Estudos sobre as ilustrações dos livros publicados de 1970 até a virada do milênio constataram certa melhora, mas o protagonismo continuava com os homens. Enquanto os homens encarnavam os mais variados personagens, a tendência era apresentar as mulheres nos papéis tradicionais – mãe, avó, voluntária – mesmo quando elas também exerciam papéis não tradicionais, como, por exemplo, uma carreira profissional (Etaugh, 2003).

Os papéis masculinos são socialmente construídos de maneira análoga à dos papéis femininos, mas isso vem mudando com o passar do tempo. Há algumas décadas, um pai ficar em casa era algo impensável. Porém, em um *survey* recente abrangendo todo o território dos Estados Unidos, 69% dos respondentes declararam que, se um dos pais fica com os filhos em casa, não faz a menor diferença se quem fica é a mãe ou o pai. Apenas 30% acreditavam que cabia à mãe ficar em casa. Mas, a despeito das óbvias mudanças nas concepções acerca dos papéis de gênero, o fato é que os homens que ficam em casa cuidando dos filhos continuam sendo um fenômeno incomum. A proporção é de 38 mães para cada pai que fica em casa (Jason Fields, 2004, p. 11-12; Robison, 2002).

A despeito das possíveis mudanças de atitude perante as incumbências advindas da paternidade e/ou da maternidade, os estudos revelam que o tradicional papel de gênero masculino pouco mudou. Os papéis masculino e feminino são socialmente construídos de modo bem parecido. A família, os pares e os meios de comunicação de massa, todos influem no modo como um menino ou como um homem vem a enxergar o seu devido papel na sociedade. O papel de gênero masculino não só é antifeminino (nada de "frescuras"), como inclui a comprovação da própria masculinidade no trabalho e nos esportes – não raro mediante o uso de força no contato com terceiros – e a tomada da iniciativa e do controle em todas as relações sexuais.

Os homens que fogem ao papel de gênero socialmente construído deparam-se constantemente com críticas e até mesmo humilhações, tanto por parte das crianças, quando meninos, quanto dos adultos, após tornarem-se homens. Pode ser doloroso para um garoto ser tratado de "frouxo" ou de "boiola" – sobretudo se isso é dito pelo pai ou pelos irmãos. Já os adultos que se dedicam a ocupações não tradicionais, como professor ou cuidador infantil, precisam lidar o tempo todo com a desconfiança e o olhar torto de terceiros. Em um estudo, os entrevistadores constataram que esses homens sentiam a necessidade de alterar o seu comportamento para minimizar as reações negativas de terceiros. Um enfermeiro de 35 anos relatou que, quando "ia para a noite", sentia-se obrigado a dizer-se "carpinteiro ou algo semelhante", pois as mulheres não se interessavam em um enfermeiro. Participantes do estudo recorreram a subterfúgios semelhantes em conversas ocasionais com outros homens (Cross e Bagilhole, 2002, p. 215).

Ao mesmo tempo, meninos bem ajustados aos padrões culturais de masculinidade predominantes podem tornar-se homens inexpressivos e incapazes de partilhar os seus sentimentos com terceiros. Mantêm-se firmes e durões, mas fecham-se e isolam-se. De fato, um pequeno, mas crescente, corpo de entendimento sugere que os tradicionais papéis de gênero podem trazer desvantagens tanto para homens quanto para mulheres. Em muitas comunidades norte-americanas, o desempenho das meninas no ensino médio parece superar o dos meninos, levando-as a abiscoitar uma fatia desmesurada das posições de liderança, de oradora e representante de turma a editora do livro do ano – em suma, todas as posições, exceto a de capitã em equipes atléticas masculinas. As meninas mantêm a vantagem após a conclusão do ensino médio. Na década de 1980, nos Estados Unidos, as meninas superaram os meninos em termos das probabilidades de ingresso na universidade. Em 2010, mais de 57% dos estudantes universitários norte-americanos eram mulheres. E, em 2002, pela primeira vez na história dos Estados Unidos, o número de mulheres com doutorado completo superou o de homens (Bureau of the Census, 2011[a], p. 177, Table 277).

À parte dessas desvantagens, muitos homens descobrem que a masculinidade tradicional não lhes traz grandes vantagens no mercado de trabalho. A expansão da economia de serviços ao longo das duas últimas gerações gerou uma demanda por competências, atitudes e comportamentos que são a antítese da masculinidade tradicional. Cada vez mais, o setor representa a única opção de emprego para os homens de baixa qualificação. Um estudo britânico demonstra que muitos homens desempregados relutam em assumir o tipo de comportamento sensível e deferente exigido pelos empregos do setor de serviços (Nixon, 2009).

Nos últimos 40 anos, em boa parte sob a inspiração do movimento feminista contemporâneo (que examinaremos mais adiante neste capítulo), multiplica-se, nos Estados Unidos, o número de homens que criticam os aspectos restritivos do clássico papel de gênero masculino. Alguns aderiram publicamente à luta das mulheres pela igualdade plena, a ponto de organizarem associações voluntárias nesse sentido. Em contrapartida, porém, são contestados por outros homens que se julgam injustiçados pelas leis que regem a pensão alimentar, a custódia e o sustento dos filhos, a violência doméstica e a ação afirmativa (Kimmel, 2008; National Organization for Men Against Sexism, 2012).

Uma pesquisa recente sobre os papéis de gênero demonstra que não há uma caracterização única e singela do papel de gênero masculino. O sociólogo australiano R. W. Connell (1987, 2002, 2005) fala em ***masculinidades múltiplas***, ou seja, além do clássico papel de dominação das mulheres, os homens desempenham um leque de papéis de gênero que inclui os de provedor e de *gay* efeminado. A sociedade, porém, reforça o tradicional papel dominante mais que qualquer outro papel masculino (McCormack, 2010).

A perspectiva transcultural

Até que ponto as efetivas diferenças biológicas entre os sexos contribuem para as diferenças culturais associadas ao gênero? A questão leva-nos de volta à discussão de natureza *versus* cultura (ver Cap. 2). Ao avaliar as supostas e as efetivas diferenças entre homens e mulheres, convém examinarmos os dados transculturais.

Use a sua imaginação sociológica

Você vive em uma sociedade em que inexistem papéis de gênero. Como isso afeta a sua vida?

Pelo mundo afora, os antropólogos documentaram construções de gênero extremamente diversificadas que nem sempre casam com os nossos ideais de masculinidade e de feminilidade. Principiando com o trabalho revolucionário de Margaret Mead ([1935] 2001) e prosseguindo com o trabalho de campo contemporâneo, esses pensadores demonstraram que os papéis de gêneros podem variar muito de um sistema político, econômico e ambiental para outro.

Em qualquer sociedade, a estratificação de gênero exige não apenas que a socialização individual nos tradicionais papéis de gênero ocorra no seio da família, mas também que esses papéis sejam promovidos e apoiados por outras instituições sociais, como a religião e o ensino. Ademais, mesmo que as principais instituições socializem unanimemente os jovens nos papéis de gênero convencionais, há, em todas as sociedades, mulheres e homens que resistem e se opõem com sucesso aos estereótipos: mulheres fortes que se tornam lideranças ou que se dedicam à profissão, homens carinhosos que cuidam de crianças, e assim por diante. Parece claro que as diferenças entre os sexos não são ditadas pela biologia. Na realidade, preservar os tradicionais papéis de gênero requer controles sociais perenes, mas que nem sempre são eficazes.

Podemos analisar a pressão que a guerra e a convulsão social exercem sobre a construção social dos papéis de gênero. Embora o objetivo primordial dos Estados Unidos ao enviar tropas para o Afeganistão tenha sido combater o terrorismo, também buscou-se melhorar a situação dos direitos das mulheres em um país em que as proteções sociais e a regulamentação da lei haviam entrado em colapso. As mulheres afegãs jamais tiveram segurança nessa sociedade patriarcal destruída pela pobreza e pela guerra; a presença delas em público é arriscada. No Afeganistão, a violência contra as mulheres é não só corriqueira como raramente é investigada ou levada à justiça, mesmo nos casos mais graves. As vítimas de violência arriscam ser acusadas de adultério caso apresentem denúncia às autoridades. Porém, graças à intervenção da Organização das Nações Unidas (ONU) em prol das mulheres, os afegãos começam a admitir que a violência contra a mulher é um problema social (Organisation for Economic cooperation and Development, 2012b).

PERSPECTIVAS SOCIOLÓGICAS SOBRE GÊNERO

A perspectiva funcionalista

Estudos transculturais demonstram que sociedades dominadas por homens são muito mais comuns do que sociedades em que as mulheres têm a palavra final. Para os funcionalistas, esse tipo de diferenciação de gênero contribui para a estabilidade social. Os sociólogos Talcott Parsons e Robert Bales (1955) argumentam que a família, para funcionar com plena eficácia, requer adultos especializados em papéis específicos. Na visão deles, a configuração tradicional dos papéis de gênero emana da necessidade de se estabelecer uma divisão de trabalho entre os cônjuges.

Para Parsons e Bales, as mulheres assumem o papel da expressividade e do apoio emocional e os homens, o papel instrumental e prático, papéis complementares entre si. O termo ***instrumentalidade*** designa a ênfase nas tarefas, o foco em objetivos menos imediatos e a preocupação com o relacionamento que a família mantém com outras instituições sociais externas a ela. Já ***expressividade*** designa a preocupação com a manutenção da harmonia e com as questões emocionais da família. De acordo com essa teoria, o interesse das mulheres em objetivos mais expressivos libera os homens para tarefas instrumentais, e vice-versa. As mulheres passam a desempenhar funções de esposas, mães e donas de casa; os homens desempenham suas funções no mundo ocupacional fora do lar. É claro que Parsons e Bales propuseram esse esquema na década de 1950, quando muito mais mulheres eram donas de casa em tempo integral. Mesmo sem terem endossado explicitamente os papéis de gênero tradicionais, a mensagem implícita é que a divisão de tarefas entre os cônjuges contribui para o funcionamento da unidade familiar.

Considerando-se a socialização típica das mulheres e dos homens nos Estados Unidos, a visão funcionalista talvez soe convincente. No entanto, ela geraria expectativas de que meninas e mulheres sem o menor interesse por crianças sejam babás e mães. Na mesma linha, homens que amam estar cercados por crianças poderiam, quem sabe, estar "programados" para seguir carreira no mundo dos negócios. Essa diferenciação pode ser ruim para quem não se adéqua aos papéis prescritos e privar a sociedade das contribuições de muita gente de talento aprisionada pelos estereótipos de gênero. Ademais, a abordagem funcionalista não esclarece de modo convincente o porquê de os homens estarem fadados ao papel instrumental e as mulheres, ao papel expressivo.

A perspectiva do conflito

Vista pela lente do conflito, a explicação funcionalista para as distinções de gênero mascara as relações subliminares de poder entre homens e mulheres. Embora Parsons e Bales jamais tenham afirmado explicitamente que o valor atribuído pela sociedade às tarefas expressivas e instrumentais é desigual, a desigualdade é flagrante. A despeito do discurso "da boca para fora" das instituições sociais que louvam as qualidades expressivas das mulheres, as competências instrumentais dos homens geram recompensas mais elevadas, quer em dinheiro, quer em prestígio. Consequentemente, qualquer divisão de trabalho entre tarefas instrumentais e expressivas realizada em função do gênero está longe de apresentar neutralidade em seu impacto sob as mulheres.

Os teóricos do conflito sustentam que a relação tradicional entre mulheres e homens é de desigualdade de poder, com os homens ocupando a posição dominante. É possível que, em épocas pré-industriais, o poderio dos homens – derivado do seu porte, força física e desobrigação dos ônus da maternidade – tenha-lhes permitido dominar as mulheres fisicamente. Embora essas considerações não tenham tanta importância para as sociedades contemporâneas, as crenças culturais relativas aos sexos são antigas e arraigadas. Tais crenças sustentam uma estrutura social que põe os homens em posições de controle.

Os teóricos do conflito veem as diferenças de gênero como um reflexo da subjugação de um grupo (no caso, as mulheres) por outro (os homens). Em uma analogia com a análise de Marx sobre o conflito de classes (ver Cap. 5), podemos dizer que os homens são como a burguesia: eles controlam o grosso da riqueza, do prestígio e do poder da sociedade. As mulheres são como o proletariado: elas só conseguem obter recursos de valor curvando-se aos ditames dos "patrões". O trabalho dos homens é uniformemente valorizado; o trabalho das mulheres (quer doméstico e não remunerado, quer fora de casa e assalariado) é desvalorizado.

A perspectiva feminista

Um importante componente da abordagem do conflito para a estratificação por gênero provém da teoria feminista. Embora o uso do termo *teoria feminista* seja relativamente recente, a crítica da posição das mulheres na sociedade e na cultura remonta a algumas influências pioneiras na sociologia. Dentre as mais importantes, incluem-se *A vindication of the rights of women* (*Em defesa dos direitos da mulher*), de Mary Wollstonecraft (originalmente publicada em 1792), *The subjection of women* (*A sujeição das mulheres*) de John Stuart Mill (originalmente publicada em 1869) e *The origin of the family, private property, and the state* (*A origem da família, da propriedade privada e do Estado*) de Friedrich Engels (originalmente publicada em 1884).

Para Engels, que colaborou com Karl Marx, a subjugação das mulheres coincidiu com o avanço da propriedade privada durante a Revolução Industrial. Só depois de superada a economia agrária é que foi possível aos homens desfrutar do luxo e do ócio, privando as mulheres de recompensas e privilégios. Baseados na obra de Marx e Engels, as teóricas feministas contemporâneas normalmente veem a subordinação das mulheres como parte da exploração e da injustiça generalizadas, consideradas por elas como inerentes às sociedades capitalistas. Algumas feministas radicais, porém, veem a opressão das mulheres como inevitável em *todas* as sociedades dominadas pelos homens, independentemente de serem rotuladas como "capitalistas", "socialistas" ou "comunistas" (Feuer, 1959; Tuchman, 1992; Tucker, 1978, p. 734-759).

As sociólogas feministas pouco têm para se a opor à perspectiva dos teóricos do conflito, com a ressalva de que elas são mais propensas a engajar-se na ação política. As feministas também alegam que a discussão sobre mulher e sociedade, por mais bem intencionada que seja, foi distorcida devido à exclusão das mulheres do modo de pensar acadêmico, inclusive da sociologia. Vimos no Capítulo 1 as inúmeras realizações de Jane Addams e Ida Wells-Barnett, mas a atuação delas deu-se em maior parte fora da disciplina, com foco no que classificaríamos como *sociologia aplicada* e assistência social. Na época, os esforços das duas, embora valorizados pelo teor humanitário, eram tidos como dissociados da pesquisa e das conclusões então alcançadas nos meios acadêmicos, obviamente restritos aos homens (Andersen, 2007; J. Howard, 1999).

Interseções com raça, classe e outros fatores sociais

Hoje, as feministas reconhecem que o tratamento diferenciado de algumas mulheres não se deve somente ao seu gênero, mas também à sua raça, etnia e *status* socioeconômico. Simplificando: mulheres pobres e não brancas são dominadas pelos brancos por não serem brancas, pelos homens por serem mulheres, e pelos ricos por serem pobres. A teórica feminista afro-americana Patricia Hill Collins (2000) deu o nome de ***matriz de dominação*** (ver Fig. 7.1) à convergência de forças sociais que contribui para o *status* subalterno das mulheres de *status* inferior.

Gênero, raça e classe social não são as únicas fontes de opressão, embora afetem profundamente mulheres e as pessoas não brancas. Outras formas de categorizar e de estigmatizar presentes na matriz são a orientação sexual, a religião, a presença de alguma deficiência e a idade. Se aplicarmos a matriz ao mundo, poderíamos acrescentar à lista *status* legal de cidadania ou percepção do *status* colonialista ou neocolonialista (Winant, 2006).

Embora as feministas tenham tratado das necessidades de mulheres das minorias, essas mulheres são muito mais oprimidas em função da sua raça e etnia do que do seu gênero. Aparentemente, a questão para as latinas, afro-americanas e norte-americanas de origem asiática ou de origem indígena é se elas devem unir-se aos seus irmãos contra o racismo ou se deveriam confrontá-los pelo seu sexismo. A resposta é que a sociedade precisa erradicar tanto o sexismo quanto o racismo (Beisel e Kay, 2004; Breines, 2007; Epstein, 1999).

Use a sua imaginação sociológica

Em que elementos da matriz de dominação você leva vantagem? E quais representam desvantagem para você?

A discussão sobre os papéis de gênero entre as afro-americanas sempre gerou controvérsia. Quem defende o nacionalismo negro sustenta que o feminismo desvia as mulheres da plena participação na luta dos afro-americanos, e entende que a existência de grupos feministas apenas divide a comunidade negra, servindo à maioria branca dominante. Por outro lado, feministas negras, como Bell Hooks (1994), alegam que pouco se ganha em aceitar as divisões da sociedade dominante, que colocam as mulheres em posição separada e subalterna. Embora os meios de comunicação costumem traçar um retrato pejorativo das mulheres negras – analfabetas, "encostadas" na previdência social ou prostitutas –, as feministas negras ressaltam que não são apenas os brancos e os meios de comunicação dominados por brancos que privilegiam as imagens negativas. Homens negros (mais recentemente, artistas do *rap*) também retratam as mulheres afro-americanas de modo negativo (Raybon, 1989; Threadcraft, 2008).

Historicamente, as norte-americanas de origem indígena destacam-se como exceção à tradição patriarcal norte-americana. À época da chegada dos colonizadores europeus, os papéis de gênero das índias variavam muito de tribo para tribo. As tribos do Sul, por motivos ignorados, eram matriarcais e definiam a sua genealogia pela mãe. Os missionários europeus, que procuravam tornar os povos nativos mais

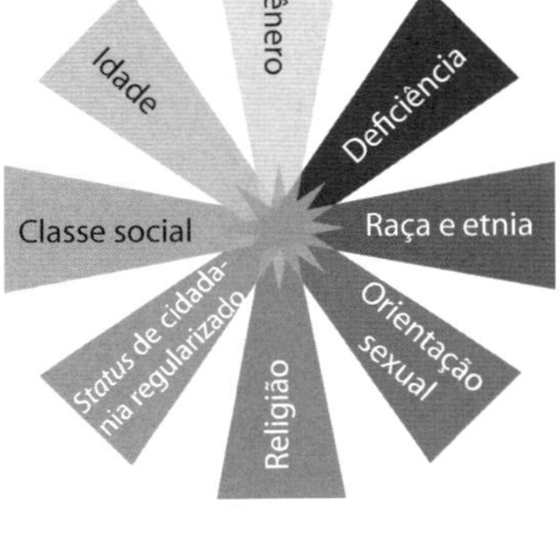

Figura 7.1 Matriz de dominação.

A matriz de dominação ilustra a forma com que uma série de fatores sociais, como gênero, classe social, raça e etnia, convergem para gerar um impacto cumulativo na posição social de uma pessoa.

Fonte: Compilação do autor.

parecidos aos seus povos, buscaram modificar esse arranjo, que não era inteiramente universal. Assim como ocorre em outros grupos, algumas mulheres norte-americanas de origem indígena resistiram aos estereótipos de gênero (Marubbio, 2006).

As latinas são tidas, em geral, como pertencentes ao movimento ou hispânico ou feminista, e a sua vivência distintiva é ignorada. No passado, elas foram privadas da esfera decisória nas duas instituições sociais que mais afetam o seu cotidiano: a família e a igreja. Sobretudo na classe desfavorecida, a família hispânica sofre a tradição ubíqua de dominação masculina. A Igreja Católica , por sua vez, relega as mulheres a papéis acessórios, reservando aos homens posições de liderança (Browne, 2001; De Anda, 2004).

Nos capítulos anteriores, grande parte do que discutimos focou os efeitos sociais da raça e da etnia, associados à pobreza, à baixa renda e à riqueza insuficiente. A matriz de dominação ressalta a confluência entre esses fatores e a discriminação de gênero, que não pode ser esquecida caso se queira captar plenamente os dilemas vividos pelas mulheres não brancas.

A perspectiva interacionista

Embora os funcionalistas e os teóricos do conflito que estudam as distinções de gênero privilegiem as instituições e as forças sociais do ponto de vista macro, os pesquisadores interacionistas tendem a examinar a estratificação de gênero pela lente micro do comportamento cotidiano. Esta última abordagem baseia-se no modo como o gênero é construído socialmente nas interações do dia a dia. Nós "fazemos gênero" ao reforçar atos tradicionalmente masculinos e femininos. Por exemplo, um homem se "faz de homem" quando abre a porta para a namorada; ela se "faz de mulher" quando aceita a ajuda dele. Obviamente, a construção social de gênero vai além desses rituais relativamente triviais. Os interacionistas também reconhecem que as pessoas podem desafiar os papéis de gênero tradicionais. A jogadora de golfe que usa "tacos de homem" e o homem que participa ativamente na organização de um almoço de aniversário no trabalho estão "refazendo gênero" (Deutsch, 2007; West e Zimmerman, 1987).

Um constante tópico de investigação é o papel de gênero nos diálogos entre homens e mulheres, sobretudo a ideia de que os homens interrompem as mulheres mais do que as mulheres interrompem os homens. É interessante notar que a pesquisa empírica não dá maior respaldo a essa afirmação. É verdade que as conversas interpessoais são dominadas por quem ocupa a posição de autoridade ou de prestígio – na maior parte das vezes, os homens. O que não significa que as mulheres não consigam-se fazer escutar. Futuros resultados de pesquisas talvez desconstruam o clichê de que as mulheres precisam manifestar-se a favor de uma investigação centrada nas estruturas situacionais que escalam os homens para posições dominantes (Cameron, 2007; Hyde, 2005; Tannen, 1990).

A Tabela 7.2 resume as principais perspectivas sociológicas sobre gênero.

Mapeando as perspectivas

Tabela 7.2 Perspectivas sociológicas sobre gênero

Perspectiva teórica	Ênfase
Funcionalista	A diferenciação de gênero contribui para a estabilidade social
Conflito	A desigualdade de gênero está arraigada na relação de poder mulher-homem
Feminista	A subjugação da mulher é um componente da sociedade e da estrutura social
Interacionista	As distinções de gênero e o "fazer gênero" refletem-se no comportamento cotidiano das pessoas

MULHERES: A MAIORIA OPRIMIDA

Muita gente, tanto homens quanto mulheres, tem dificuldade de ver as mulheres como um grupo subalterno e oprimido. Tomemos, porém, a estrutura política dos Estados Unidos: elas continuam sendo visivelmente sub-representadas. No final de 2012, por exemplo, apenas 5 dos 50 estados norte-americanos eram governados por mulheres (Arizona, New Hampshire, Novo México, Oklahoma e Carolina do Sul).

As mulheres avançam com lentidão, mas com firmeza, em certas arenas políticas. Em 1981, de 535 parlamentares no Congresso dos Estados Unidos, apenas 21 eram mulheres: 19 na Câmara e duas no Senado. Mas, após a eleição de 2012, já havia 98 mulheres no Congresso: 78 na Câmara e 20 no Senado. No entanto, a maioria avassaladora dos parlamentares e das lideranças no Congresso são homens.

Sexismo e discriminação sexual

Assim como os afro-americanos são vítimas do racismo, as mulheres sofrem com o ***sexismo***, a ideologia da superioridade de um sexo sobre o outro. O termo costuma ser usado para designar o preconceito do homem e a discriminação contra a mulher. Vimos no Capítulo 6 que os negros podem ser objeto tanto de atos individuais de racismo quanto de *discriminação institucional*, termo que desgina a negação de oportunidades e de igualdade de direitos a indivíduos e a grupos existentes no funcionamento normal da sociedade. Na mesma linha, as mulheres são objeto tanto de atos individuais de sexismo (como comentários sexistas ou atos de violência) quanto do sexismo institucional.

Nos Estados Unidos, a questão não se limita aos homens que tratam as mulheres com preconceito. Todas as grandes instituições da sociedade norte-americana – governo, forças armadas, grandes grupos empresariais, meios de comunicação de massa, universidades, o *establishment* médico – são controladas por ho-

Use a sua imaginação sociológica

Pense nas organizações ou instituições a que você pertence cujos líderes costumam ser homens. Como elas seriam se lideradas por mulheres?

mens. Com frequência, mulheres são discriminadas em operações cotidianas "normais" dessas instituições, perpetuando o sexismo. Por exemplo, se a agência central de uma rede bancária nacional baixa uma diretriz que estabelece que mulheres solteiras representam alto risco de crédito – independentemente de suas rendas e investimentos –, o banco estará cometendo um ato discriminatório contra mulheres de diferentes estados, mesmo em agências cujos gerentes de crédito não têm preconceito pessoal contra as mulheres, apenas "cumprem ordens".

A sociedade norte-americana é administrada por instituições lideradas pelos homens, mas o poder que flui para eles acarreta responsabilidades e estresse. Os índices comprovados de doença mental são mais elevados entre homens do que entre mulheres, e eles têm maiores chances de morrer de infarto ou de derrame. Eles estão sujeitos a pressões intensas para alcançar o sucesso e manter-se no topo do competitivo universo do trabalho. Não se deve interpretar que, por isso, a estratificação de gênero é tão prejudicial aos homens quanto às mulheres. Mas o poder e o privilégio que os homens desfrutam não são garantia de felicidade pessoal.

O *status* das mulheres no mundo

Segundo um relatório detalhado sobre o *status* das mulheres no mundo, divulgado pelo Banco Mundial em 2012, a vida das meninas e das mulheres sofreu mudanças radicais nos últimos 25 anos. Em alguns aspectos, porém, os progressos foram restritos. Em muitas partes do mundo, as mulheres continuam muitíssimo atrás dos homens em termos de renda e de capacidade de manifestação política (World Bank, 2012b).

A crítica vale tanto para os países ocidentais quanto para os países não ocidentais. A despeito da tendência do Ocidente em considerar algumas sociedades – por exemplo, os países islâmicos – rígidas em relação às mulheres, essa percepção é, na verdade, uma generalização exagerada. Os países islâmicos são extremamente diversos e complexos e nem sempre correspondem aos estereótipos criados pelos meios de comunicação ocidentais.

Porém, as mulheres, independentemente de sua cultura, são relegadas a um *status* de segunda classe. Estima-se que sejam responsáveis pelo cultivo de metade dos alimentos no planeta, mas raramente são donas da terra. Constituem um terço da força de trabalho remunerada mundial, mas geralmente em empregos mal remunerados. Classicamente, os domicílios monoparentais chefiados por mulheres, que se multiplicam em muitos países, localizam-se nas faixas mais pobres da população. A feminização da pobreza tornou-se um fenômeno global. No mundo todo verifica-se a sub-representação das mulheres na política.

Apesar desses desafios, as mulheres não estão passivas; elas se mobilizam, individual e coletivamente. Mas é uma tarefa difícil, devido ao nível de sub-representação feminina em cargos públicos e em parlamentos nacionais.

Nos países industrializados, a desigualdade de *status* das mulheres espelha-se não só na divisão do trabalho doméstico, mas também em seus empregos e em sua remuneração. A socióloga Jan Paul Heisig analisou a desigualdade de gênero entre ricos (os 10% com renda mais alta) e pobres (os 10% com renda mais baixa) em 33 países industrializados. Concluiu-se que os homens pobres ocupam-se mais das tarefas domésticas do que os homens ricos; mas, ricos ou pobres, os homens ocupam-se muito menos das tarefas domésticas do que as mulheres. A recente recessão econômica acentuou a desigualdade na divisão do trabalho doméstico. Obviamente, tanto para os homens quanto para as mulheres, estar desempregado disponibiliza mais tempo para os afazeres domésticos. No entanto, as mulheres desempregadas fazem o dobro do trabalho doméstico que os homens desempregados (Gough e Killewald, 2011).

AS MULHERES NA FORÇA DE TRABALHO

Há mais de 35 anos, a Comissão de Direitos Civis (1976, p. 1) chegou à conclusão de que o trecho da Declaração de Independência dos Estados Unidos proclamando que "todos os homens dos Estados Unidos são criados iguais" foi interpretado ao pé da letra por tempo demais. O que não deixa de ser verdade, sobretudo no que tange às oportunidades de emprego. Veremos, neste item, como o preconceito de gênero limita as oportunidades de emprego da mulher fora de casa e, ao mesmo tempo, as obriga a suportar um ônus doméstico descabido.

Participação na força de trabalho

A participação das mulheres na força de trabalho remunerada dos Estados Unidos vem crescendo de modo constante desde o início do século XX (ver Fig. 7.2). Atualmente, milhões de mulheres – casadas ou solteiras, com ou sem filhos, grávidas ou que acabaram de dar à luz – compõem a força de trabalho. Grosso modo, o percentual de mulheres adultas na força de trabalho norte-americana foi de 59% em 2010, contra 41% em 1970. Já o dos homens foi de 71% em 2010 contra 76% em 1970 (Bureau of the Census, 2011[a], p. 377, Table 587).

Porém, ao ingressar no mercado de trabalho, as mulheres deparam-se com obstáculos que restringem as suas opções. As mulheres são *sub-representadas* em ocupações historicamente definidas como "empregos de homem", mais bem remunerados e prestigiosos que os empregos considerados de mulher. Por exemplo, em 2010, as mulheres, embora totalizando aproximadamente 47% da força de trabalho remunerada dos Estados Unidos, representavam apenas 10% dos engenheiros civis, 31% dos analistas de sistemas e 32% da totalidade de médicos do país (ver Tab. 7.3).

A segregação ocupacional é típica dos países industrializados. Na Grã-Bretanha, por exemplo, apenas 29% dos analistas de sistemas – contra 81% dos caixas de lojas e 90% dos enfermeiros – são mulheres (Cross e Bagilhole, 2002).

Às vezes, mulheres de todos os grupos e homens das minorias deparam-se com intolerâncias atitudinais ou organizacionais que os impedem de desenvolver plenamente o seu potencial. Como vimos no Capítulo 6, dá-se o nome de ***teto de vidro*** à

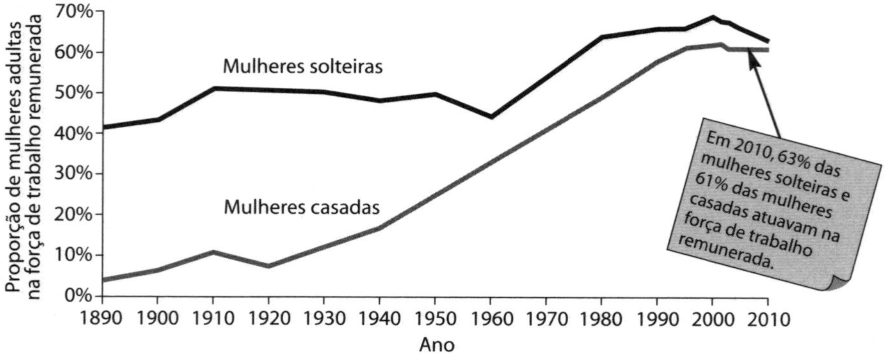

Figura 7.2 Tendências da atuação feminina na força de trabalho remunerada dos Estados Unidos, 1890-2010.

Fonte: Bureau of the Census, 1975, 2011a, p. 384, Table 597.

Pense nisto

Na década de 1960, o índice das mulheres casadas que trabalham subiu e aproximou-se do índice das mulheres solteiras, que sofreu um leve recuo. Por quê?

Tabela 7.3 Mulheres norte-americanas em ocupações selecionadas: percentual das mulheres no todo da ocupação

Sub-representação	%	Super-representação	%
Bombeiras (Corpo de Bombeiros)	4	Professoras do ensino médio	57
Pilotos e engenheiras de aviação	5	Balconistas	74
Engenheiras civis	10	Assistentes sociais	81
Policiais	13	Professoras do ensino fundamental	82
Integrantes do clero	18	Arquivistas	82
Chefs e cozinheiras chefes	19	Bibliotecárias	83
Dentistas	26	Caixas de banco	88
Analistas de sistemas	31	Enfermeiras diplomadas	91
Técnicas e juízas esportivas	32	Digitadoras e datilógrafas	93
Advogadas	32	Recepcionistas	93
Médicas	32	Cuidadoras infantis	95
Carteiras	38	Técnicas em higiene dental	98

Nota: Percentual das mulheres na força de trabalho total: 47%.

Fonte: Dados de 2010 divulgados em Bureau of the Census, 2011a, p. 393-396, Table 616.

barreira invisível que emperra a promoção de alguém qualificado em função do gênero, da raça ou da etnia. Um estudo da *Fortune 500* sobre os maiores grupos corporativos dos Estados Unidos mostrou que, em 2011, o percentual de mulheres com lugar no Conselho de Administração não chegava a 16%. Além disso, o percentual de mulheres entre as faixas de remuneração mais elevadas era inferior a 8% (Catalyst, 2011).

Quando as mulheres de fato conseguem assento nos conselhos de administração, a reação do mundo financeiro não é inteiramente positiva. A despeito de testes objetivos comprovarem a existência de uma associação entre a diversidade de gênero na liderança e um desempenho financeiro sólido, alguns investidores não pensam assim. Uma pesquisa de Frank Dobbin e Jiwook Jung (2011) mostra que os pequenos investidores tendem a desfazer-se de suas ações quando mulheres ascendem à cúpula corporativa. É como se endossassem o estereótipo que associa o sexo masculino ao sucesso. Esse padrão de venda não é característico de grandes investidores institucionais, que reconhecem que a diversificação é boa para os negócios.

No mundo todo, as mulheres ocupam menos de 1% dos cargos corporativos de gestão. Reconhecendo a sub-representação das mulheres nos conselhos de administração, a legislação norueguesa estipulou cotas mínimas de assento para mulheres. Nas palavras dos formuladores do plano, "em vez de presumir o que as pessoas *são incapazes* de fazer no trabalho, dar oportunidades para que elas comprovem o que são capazes de fazer". O objetivo não era conceder às mulheres igualdade plena, e sim uma representação de 40% até 2008 – em 2012, o percentual estava em 18% (European PWN, 2012).

Consequências sociais do emprego feminino

Atualmente, muitas mulheres enfrentam o desafio de tentar conciliar trabalho e família. A situação das mulheres tem inúmeras consequências sociais. Uma delas é a pressão sobre os equipamentos de assistência infantil, sobre o financiamento público das creches e até sobre a indústria de *fast-food*, que supre grande parte das refeições que costumavam ser preparadas pelas mulheres. Outra é de trazer à tona a discussão sobre as responsabilidades domésticas dos homens que atuam na força de trabalho remunerada.

Quem se encarrega do trabalho doméstico quando as mulheres tornam-se produtivas trabalhadoras remuneradas? Os estudos indicam um nítido hiato de gênero no desempenho dos afazeres domésticos, embora as diferenças estejam estreitando-se. As mulheres fazem mais trabalho doméstico e gastam mais tempo cuidando das crianças do que os homens, dias úteis ou não. No cômputo final, a carga horária da mulher, ao somar-se o emprego e as tarefas de casa, resultam, pois, muito mais pesada que a do homem (Sayer et al., 2004).

A socióloga Arlie Hochschild (1989, 1990, 2005) usou a expressão ***segundo turno*** para descrever o duplo ônus – trabalhar fora e ainda cuidar das crianças e dos afazeres domésticos – que muitas mulheres enfrentam e poucos homens partilham de modo equitativo. Infelizmente, com o advento das tecnologias móveis de informação, o local de trabalho vem tornando-se um escritório virtual sete dias por semana e 24 horas por dia. À medida que tais dispositivos vão absorvendo o pouco tempo que ainda nos resta, a sobrecarga física sobre as mulheres fica ainda mais pesada.

Use a sua imaginação sociológica

Você acha que o casal deve dividir os afazeres domésticos? Até que ponto?

Como é a vida dessas mulheres? Baseada em suas observações e entrevistas com 52 casais ao longo de um período de oito anos, Hochschild relata que, enquanto voltam para casa, as mulheres planejam os compromissos domésticos e o lazer dos filhos – antes de darem início ao seu segundo turno. Reportando-se a estudos de âmbito nacional, Hochschild concluiu que as mulheres se dedicam a atividades de lazer 15 horas a menos, por semana, que o marido; ao longo de um ano, o segundo turno as mantém ocupadas por um mês a mais, 24 horas por dia; ao fim de 12 anos, isso representa um ano a mais, também 24 horas por dia. Hochschild constatou que os casais de cônjuges que ela havia estudado estavam sucumbindo, tanto na carreira quanto no casamento. Em vista de tais relatos, muitas feministas reivindicam maior apoio do governo e das empresas à assistência infantil, a políticas mais flexíveis de licença familiar e a outras reformas destinadas a amenizar a sobrecarga das famílias (Eby et al., 2010).

A enorme quantidade de tempo que as mulheres dedicam a cuidar dos filhos e da casa, afeta em especial aquelas envolvidas com uma carreira profissional. Em um *survey* de 2005 publicado na *Harvard Business Review*, cerca 40% das mulheres – contra apenas 24% dos homens – mencionaram ter-se afastado voluntariamente do trabalho por prazos de meses ou até de anos. Como mostra a Figura 7.3, a probabilidade de afastamento do trabalho por motivos de família é muito maior entre as mulheres do que entre os homens.

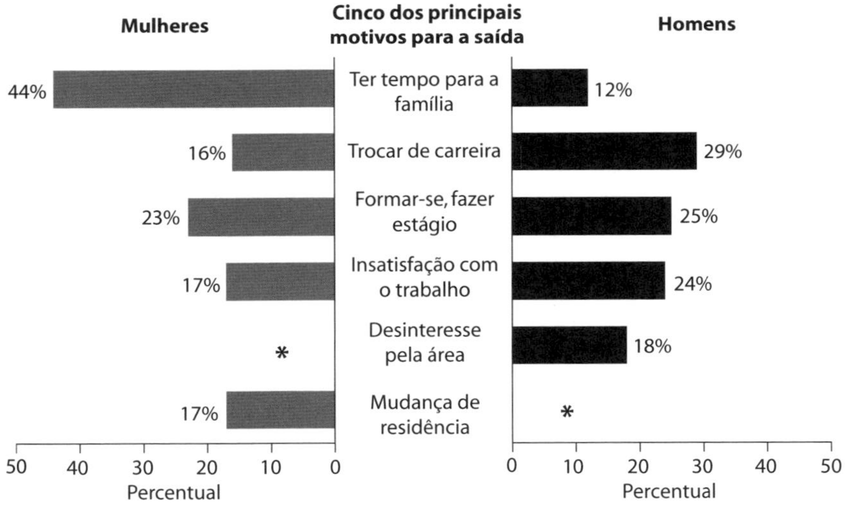

Figura 7.3 Por que sair do emprego?

* Não está entre os cinco principais

Nota: Baseada em *survey* representativo da firma de pesquisa de mercado Harris Interactive com pessoal "altamente qualificado" (definido como portador de diploma de pós-graduação, curso profissionalizante ou graduação com louvor).

Fonte: Adaptada de Sylvia Ann Hewlett e Carolyn Burk Luce, 2005. "Off-Ramps and On-Ramps: Keeping Talented Women on the Road to Success," *Harvard Business Review*, March 2005 ("Vias de saída e de acesso: como manter a mulher de talento no caminho do sucesso", *HBR*, março de 2005). © 2005 Harvard Business School Publishing Corporation, todos os direitos reservados. Reprodução autorizada pela Harvard Business Review.

A SOCIOLOGIA É IMPORTANTE

A sociologia é importante pois explica como incorporamos o feminino ou o masculino.

- Quando você era criança, como, em sua imaginação, deveria comportar-se uma pessoa do mesmo gênero que você? E o que fazia você imaginar isso? Alguma vez você já se sentiu cerceado pelos papéis de gênero que aprendeu na infância? De que forma?
- O seu conceito de papel de gênero modificou-se com o passar do tempo? Nesse caso, quem ou o quê o influenciou a mudar a sua maneira de pensar e de se comportar? Os seus filhos irão aprender os mesmos papéis de gênero que você? Por que sim, ou por que não?

A sociologia é importante pois aguça a nossa consciência a respeito da desigualdade de tratamento dispensado às mulheres e aos homens.

- Já ocorreu de você e um amigo terem sido tratados de forma diferente em função da diferença de sexo? Se sim, você se aborreceu com o tratamento desigual? Você consegue imaginar um meio de mudar essa situação?
- Você acredita que um dia haverá igualdade entre homens e mulheres? Por que sim, ou por que não?

A sociologia é importante pois destaca a grande diversidade de *status* sociais que afetam a vida de homens e mulheres.

- Atualmente, você presta mais atenção em como a vida das pessoas é afetada pelo gênero, pela classe social pelo *status* legal de cidadania?

RECURSOS DO CAPÍTULO

Resumo

Assim como a raça e a etnia, o gênero tem enorme influência sobre a vida das pessoas. Neste capítulo, explicamos a base cultural do gênero e examinamos como ele define os papéis sociais do indivíduo. Discutimos quatro perspectivas teóricas sobre gênero e estudamos os efeitos econômicos e sociais do preconceito e da discriminação contra as mulheres ao redor do mundo.

1. Assim como a raça e a etnia, o gênero é um *status* atribuído e socialmente construído. Os **papéis de gênero** manifestam-se no nosso trabalho, no nosso comportamento e nas nossas reações aos outros. Historicamente, esses papéis restringiram muito mais as mulheres do que os homens.

2. Nos Estados Unidos, a **homofobia** – o medo e o preconceito contra a homossexualidade – contribui para uma rígida socialização do papel de gênero. A família, os pares e os meios de comunicação reforçam os estereótipos do papel de gênero para ambos os sexos.
3. Embora os homens possam exteriorizar uma variedade de papéis de gênero distintos, conhecidos como **masculinidades múltiplas**, a sociedade reforça o seu papel clássico de dominação sob as mulheres.
4. A pesquisa antropológica assinala a importância do condicionamento cultural na definição dos papéis sociais dos homens e das mulheres.
5. Os funcionalistas sustentam que papéis de gênero bem definidos contribuem para a estabilidade social. Eles ressaltam a **instrumentalidade**, ou ênfase nas tarefas, do papel masculino, e a **expressividade**, ou ênfase na harmonia, do papel feminino.
6. Os teóricos do conflito destacam a dominação dos homens sobre as mulheres. Para eles, a desigualdade de renda, riqueza e poder das mulheres é uma decorrência da deliberada subjugação pelos homens.
7. As feministas, assim como os teóricos do conflito, enfatizam a luta de poder entre os sexos. Porém, tendem a ver a desigualdade das mulheres como um componente da exploração inerente às sociedades capitalistas.
8. Os interacionistas sublinham que o gênero é socialmente construído nas interações cotidianas das pessoas. "Fazer gênero" significa reforçar os tradicionais comportamentos masculino e feminino.
9. As mulheres vivenciam um tipo especial de preconceito conhecido como **sexismo**. A discriminação institucional contra as mulheres é representada pela remuneração mais baixa e pelas oportunidades restritas.
10. No mundo todo, as mulheres têm *deficits* de escolaridade e de remuneração e sofrem pelo excesso de trabalho. Nos Estados Unidos, as mulheres que atuam na força de trabalho remunerada são cerceadas pelo **teto de vidro** que emperra a sua promoção a cargos de remuneração mais elevada. Estas mulheres costumam enfrentar um **segundo turno** de trabalho quando chegam em casa.

Palavras-chave

CAPÍTULO

8

INSTITUIÇÕES SOCIAIS: FAMÍLIA E RELIGIÃO

PERSPECTIVAS SOCIOLÓGICAS SOBRE AS INSTITUIÇÕES SOCIAIS

A FAMÍLIA: UMA VISÃO GLOBAL

PERSPECTIVAS SOCIOLÓGICAS SOBRE A FAMÍLIA

SEXUALIDADE HUMANA

A RELIGIÃO COMO INSTITUIÇÃO SOCIAL

COMPONENTES DA RELIGIÃO

No povo nyinba do Nepal e do Tibete, uma mulher pode ser casada com mais de um homem ao mesmo tempo – e, geralmente, com os próprios irmãos. Com esse sistema, os filhos homens podem partilhar o pouco de terra boa que talvez venham a herdar. Entre os betsileus de Madagascar, um homem tem várias mulheres – cada uma delas morando em uma das diferentes aldeias onde ele cultiva arroz. Aquela que mora no local onde fica a sua melhor lavoura de arroz é considerada a sua principal, ou primeira, mulher. Entre os ianomâmis do Brasil e da Venezuela, é considerado adequado ter relações sexuais com primos do sexo oposto que sejam filhos de um irmão da mãe ou de uma irmã do pai. Mas, se esses primos forem filhos de uma irmã da mãe ou de um irmão do pai, a mesma prática é considerada incesto. O que sinalizam esses padrões tão variados da vida familiar? A despeito da sensação de que eles desafiam qualquer generalização, os sociólogos constataram que a atordoante diversidade das famílias pelo mundo afora resguarda semelhanças na função social da família (Haviland et al., 2011; Kottak, 2011).

Pode-se dizer o mesmo da diversidade religiosa. Nos Estados Unidos, basta pensar em religião para aflorarem à mente imagens variadas – um culto solene de prece em uma cidadezinha da Nova Inglaterra, um emocionado encontro de revivência nos sertões sulistas, a cantoria dos *hare krishna* nas ruas de São Francisco. Se pensarmos nos credos religiosos ao redor do mundo, podemos citar peregrinações islâmicas a Meca, judeus ortodoxos rezando no Muro das Lamentações em Jerusalém ou o ritual de uma tribo africana que celebra o nascimento de uma criança. Podemos enconstrar uma extraordinária diversidade de grupos religiosos ao redor do mundo. Ainda assim, os sociólogos destacariam as funções sociais que todas as religião desempenham.

Tanto a religião quanto a família são ***instituições sociais*** – modelos organizados de crenças e de comportamentos centrados em necessidades sociais básicas, como a reposição de pessoal (a família) e a preservação da ordem (o governo). Toda sociedade tem instituições sociais; elas podem ser concebidas como *universais culturais* – práticas gerais constatadas em todas as culturas, como esportes, culinária, casamento, rituais religiosos e tabus sexuais (ver Cap. 2). Não é de se espantar que os culturais universais estejam presentes em todas as sociedades, pois eles atendem às nossas necessidades de alimentação, vestuário e abrigo, além de garantirem apoio e reconforto, treinamento ocupacional e ordem social. Neste capítulo, examinaremos as instituições sociais por meio das três principais perspectivas sociológicas: funcionalista, do conflito e interacionista. Em seguida, aplicaremos essas perspectivas a duas das principais instituições sociais: a família e a religião. Também abordaremos a sexualidade humana, componente da função de reposição de pessoal da família. No Capítulo 9, iremos estender a análise a três outras instituições sociais: o ensino, o governo e a economia (Murdock, 1945).

PERSPECTIVAS SOCIOLÓGICAS SOBRE AS INSTITUIÇÕES SOCIAIS

Embora as instituições sociais sejam fundamentais para o bem-estar de qualquer sociedade, nem todos os sociólogos as enxergam da mesma maneira. Os funcionalistas, como veremos, privilegiam as necessidades básicas que as instituições sociais satisfazem. Já os teóricos do conflito veem as instituições como a família e a religião como um misto de bênção e de maldição – são fontes tanto de aconchego e reconforto quanto de desigualdade e de opressão. Os interacionistas salientam de que forma as instituições sociais ajudam a definir os *status* e os papéis sociais dos indivíduos.

A perspectiva funcionalista

Uma forma de estudar as instituições sociais é examinar de que modo elas cumprem funções essenciais. Para sobreviver, qualquer sociedade ou grupo relativamente permanente precisa cumprir cinco grandes tarefas, ou pré-requisitos funcionais (ver Tab. 8.1).

1. *Reposição de pessoal.* Qualquer grupo ou sociedade precisa repor pessoal quando alguém morre, vai embora ou fica incapacitado. Essa função é cumprida por meio da imigração, da anexação de grupos vizinhos, da aquisição de escravos ou da reprodução sexual. Os *shakers*, uma seita religiosa chegada aos Estados Unidos em 1774, são um exemplo de grupo que *deixou* de repor pessoal. Por força das suas crenças religiosas, os *shakers* professam o celibato; para sobreviver, o grupo precisa recrutar novos membros. A princípio, saíram-se muito bem nesse recrutamento, chegando a somar cerca de 6 mil integrantes no seu auge, na década de 1840. Porém, em 2011, a única comunidade *shaker* que restava no país era uma

Tabela 8.1 As cinco principais funções das instituições

Pré-requisito funcional	Instituições sociais envolvidas
Reposição de pessoal	Família Governo (imigração)
Treinar novos integrantes	Família (capacitações básicas) Economia (ocupações) Educação (escolas) Meios de comunicação de massa Religião (ensinamentos sagrados)
Produzir e distribuir bens e serviços	Família (preparar a comida) Economia Governo (regular o trabalho e o comércio) Sistema de saúde
Preservar a ordem	Família (criar os filhos, regular o comportamento sexual) Governo Religião (moral)
Transmitir e manter um propósito	Governo (patriotismo) Religião

fazenda no estado do Maine que contava com três integrantes – um homem e duas mulheres (Schaefer e Zellner, 2011).

2. *Treinamento dos novos recrutas.* Nenhum grupo ou sociedade é capaz de sobreviver se o comportamento e as responsabilidades estabelecidos forem rejeitados por grande parte dos seus integrantes. Assim, não basta encontrar ou produzir novos integrantes. É preciso que o grupo ou a sociedade estimule seus integrantes a aprender e a acatar os seus valores e costumes. O aprendizado pode ser tanto formal, nas escolas (em que o aprendizado é uma função manifesta), quanto informal, na interação e negociação com os grupos de pares (em que o aprendizado é uma função latente).
3. *Produção e distribuição de bens e serviços.* Qualquer sociedade ou grupo relativamente permanente precisa fornecer e distribuir aos seus integrantes bens e serviços desejados. Cada sociedade estipula um conjunto de regras para a alocação dos recursos financeiros, entre outros recursos. É preciso que as regras atendam, até certo ponto, às necessidades da maioria dos integrantes, ou a sociedade correrá riscos de criar insatisfação popular e, em última instância, sublevação.
4. *Preservação da ordem.* No mundo todo, povos indígenas e aborígenes lutam para proteger-se de invasores externos, com graus de êxito variados. A incapacidade de preservar a ordem e de defender-se dos conquistadores acarreta a morte não só de um povo, mas também de uma cultura.
5. *Apresentação e manutenção de um propósito.* Para cumprir os quatro primeiros requisitos, as pessoas precisam sentir-se motivadas a prosseguir como integrantes do grupo ou da sociedade. O patriotismo, as identidades tribais, os valores religiosos e os códigos morais das pessoas podem contribuir para o desenvolvi-

mento e a manutenção de um propósito. Não importa qual seja o elemento motivador, toda sociedade defronta-se com uma mesma realidade crucial: sem um propósito, as pessoas não têm muito por que contribuir para a sobrevivência da sociedade.

A lista de pré-requisitos funcionais não especifica *como* a sociedade e as suas respectivas instituições sociais devem cumprir cada uma das tarefas. Por exemplo, uma sociedade talvez se proteja de um ataque externo reunindo um temível arsenal de armamentos, ao passo que outra talvez empreenda um determinado esforço para manter-se neutra na política mundial enquanto promove a cooperação com os vizinhos. Não importa a estratégia, qualquer sociedade ou grupo relativamente permanente precisa cumprir todos esses pré-requisitos funcionais para sobreviver. Basta o fracasso em apenas uma das condições para que uma sociedade incorra ao risco de extinção (Aberle et al., 1950; Mack e Bradford, 1979).

A perspectiva do conflito

Os teóricos do conflito não concordam com a abordagem funcionalista às instituições sociais. Apesar de teóricos de ambas as perspectivas concordarem que as instituições organizam-se para atender às necessidades sociais básicas, os teóricos do conflito rejeitam a implicação de que o resultado é sempre eficiente e desejável.

Na perspectiva do conflito, a atual organização das instituições sociais não é obra do acaso. Instituições de relevância, como o ensino, ajudam a manter os privilégios dos grupos e dos indivíduos mais poderosos da sociedade enquanto contribuem para a impotência dos demais. Por exemplo, nos Estados Unidos, as escolas públicas são, em grande parte, financiadas pelo imposto predial e territorial, arranjo que permite aos moradores de áreas mais abastadas oferecer a seus filhos escolas mais bem equipadas e com professores mais bem pagos do que os moradores de áreas de baixa renda têm condições de bancar. Logo, os filhos de comunidades prósperas saem mais bem preparados para a disputa acadêmica do que os filhos de comunidades mais carentes. A estrutura do sistema educacional norte-americano permite e promove o tratamento desigual entre alunos.

Para os teóricos do conflito, instituições sociais como a do ensino são intrinsecamente conservadoras. Sem dúvidas, tem sido difícil pôr em prática reformas do ensino que promovam oportunidades iguais – seja o ensino bilíngue, o fim da segregação nas escolas ou a inclusão de alunos portadores de deficiências. Da perspectiva funcionalista, a mudança social pode ser disfuncional, pois gera instabilidade. Mas, pela ótica do conflito, por que preservar a estrutura social vigente se ela é injusta e discriminatória?

Teóricos do conflito, feministas e interacionistas assinalaram que as instituições sociais também operam em ambientes racistas e com preconceito de gênero. Nas escolas, nos gabinetes e nas instituições públicas, os pressupostos sobre o que as pessoas conseguem fazer refletem o sexismo e o racismo da sociedade como um todo. Por exemplo, muita gente parte do princípio de que as mulheres – até mesmo aquelas que estão nos escalões mais elevados da gestão corporativa – não conseguem tomar decisões difíceis. Outro pressuposto é de que todos os negros que estudam em escolas superiores de elite só estão ali graças a uma ação afirmativa. A desigualdade baseada no gênero, no *status* econômico, na raça e na etnia floresce em ambientes como esses – e poderíamos acrescentar a isso a discriminação baseada na idade, na deficiência física e na orientação sexual. A verdade dessa afirmação pode ser vista nas decisões rotineiras dos empregadores sobre a maneira de anunciar os empregos e também sobre a conveniência de se oferecer vantagens adicionais como creche e licença maternidade/paternidade.

A perspectiva interacionista

As instituições sociais afetam o nosso comportamento cotidiano, seja ao descer a rua dirigindo, seja ao esperar por um atendimento de venda. O sociólogo Mitchell Duneier (1994a, 1994b) estudou o comportamento social das digitadoras, todas mulheres, que trabalhavam no centro de atendimento de um grande escritório de advocacia em Chicago. O foco de Duneier eram as normas sociais informais surgidas nesse ambiente de trabalho e na rede social montada pelas funcionárias.

O chamado Network Center é um salão amplo e sem janelas em um grande edifício comercial, onde a empresa ocupa sete andares. Nesse centro, revezam-se dois turnos de digitadoras em dois horários – quatro da tarde à meia-noite, e meia-noite às oito da manhã. Cada digitadora trabalha em um cubículo onde cabem apenas o teclado, o terminal, a impressora e o telefone. O material a ser digitado é depositado em um cesto central e o trabalho é executado conforme procedimentos precisos.

À primeira vista, imagina-se que essas mulheres mantenham pouco contato social no trabalho, exceto nos estritos intervalos e eventuais diálogos com a supervisora. No entanto, valendo-se da perspectiva interacionista, Duneier constatou que, mesmo trabalhando em um salão grande, as mulheres encontravam momentos de privacidade para trocar ideias (geralmente nos corredores ou à porta do banheiro) e críticas sobre os advogados e as secretárias, que cumpriam seu expediente durante o dia. Na realidade, as digitadoras insinuavam que o serviço delas consistia em tarefas que competia às "preguiçosas" das secretárias concluir no horário normal de trabalho. Uma digitadora em especial mostrava-se indignada com a atitude de superioridade dos advogados e recusava-se a reconhecer ou a dirigir a palavra a qualquer advogado que não a chamasse pelo nome (Duneier, 1994b).

Os teóricos interacionistas enfatizam que o nosso comportamento social é condicionado pelos papéis e pelos *status* que acatamos, pelos grupos aos quais pertencemos, e pelas instituições em que atuamos. Por exemplo, os papéis sociais associados ao cargo de juiz inserem-se em um contexto

Use a sua imaginação sociológica

Na sua opinião, poderiam as redes sociais ser mais importantes para um trabalhador migrante na Califórnia do que para alguém com influência política e social? Por que sim, ou por que não?

mais amplo do sistema judiciário penal. O *status* de "juiz" está relacionado a outros *status*, como os de advogado, querelante, réu e testemunha, e também à instituição social do governo. Embora os tribunais e as prisões tenham mais relevância simbólica, o sistema judiciário deriva a sua continuada importância dos papéis que as pessoas desempenham nas suas interações sociais (Berger e Luckmann, 1966).

A Tabela 8.2 recapitula as três principais perspectivas sociológicas sobre as instituições sociais.

A FAMÍLIA: UMA VISÃO GLOBAL

Como vimos no início deste capítulo, o conceito de família varia muito de cultura para cultura. Ainda assim, a família, como instituição social, existe em todas as culturas, e certos princípios gerais referentes à sua composição, às relações de parentesco e aos padrões de autoridade são universais.

Composição: o que é a família?

Pode-se definir ***família*** como um conjunto de pessoas ligadas por relações de sangue, de casamento (ou algum outro relacionamento pactuado) ou de adoção, que compartilham a responsabilidade primária de reproduzir-se e de cuidar dos membros da sociedade. Se fôssemos relacionar o que vemos pela televisão com nossas informações sobre o que é uma família, talvez nos deparássemos com alguns cenários bizarros. Os meios de comunicação nem sempre veiculam uma visão realista do que é a família. Além disso, muita gente mantém uma visão muito limitada sobre o assunto, estereotipando a família como um casal de cônjuges com filhos solteiros morando sob um mesmo teto. No entanto, isso representa apenas um tipo de família, que os sociólogos chamam de ***família nuclear***. O termo foi bem escolhido, pois esse tipo de família funciona como o núcleo, ou o cerne, a partir do qual se constroem grupos familiares mais amplos.

Mapeando as perspectivas

Tabela 8.2 Perspectivas sociológicas sobre as instituições sociais

Perspectiva	Papel das instituições sociais	Ponto focal
Funcionalista	Atender às necessidades sociais básicas	As funções essenciais
Conflito	Atender às necessidades sociais básicas	A manutenção dos privilégios e da desigualdade
Interacionista	Propiciar o comportamento cotidiano	A influência dos papéis e dos *status* que aceitamos encarnar

Nos Estados Unidos, a maioria das pessoas considera a família nuclear como o melhor arranjo familiar. Em 2000, porém, apenas cerca de um terço dos domicílios do país encaixava-se nesse modelo. A proporção de domicílios constituídos por casais de cônjuges com filhos morando em casa vem caindo continuamente nos últimos 30 anos – e a previsão é de que declínio se mantenha. Ao mesmo tempo, cresce o número de domicílios chefiados por mulheres (ver Fig. 8.1).

Uma família em que parentes como avós, tias ou tios coabitam sob o mesmo teto com o casal de pais e seus filhos é conhecida como ***família estendida***. Esse tipo de arranjo existe nos Estados Unidos, embora não seja comum. A estrutura da família estendida proporciona certas vantagens em relação à família nuclear. Crises causadas por falecimento, divórcio e doença são menos estressantes para seus membros, pois há mais gente para garantir assistência e apoio emocional. Além disso, a família estendida constitui uma unidade econômica mais extensa que a família nuclear. Caso a família se dedique a uma iniciativa comum – como uma fa-

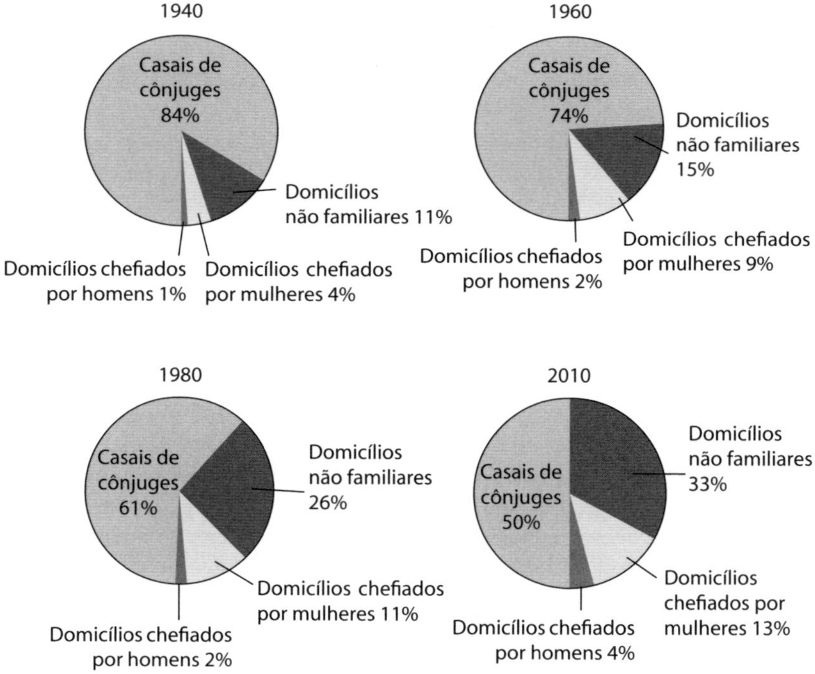

Figura 8.1 Domicílios nos Estados Unidos por tipo de família, 1940-2010.

Nota: Domicílios não familiares abrangem mulheres e homens que moram sós ou com pessoas não aparentadas, como em dormitórios universitários, abrigos para sem-teto ou bases militares.

Fonte: Bureau of the Census, 2010b, Table HH1.

zenda ou um pequeno negócio –, o maior número de membros da família pode representar a diferença entre a prosperidade e a falência.

As nossas considerações acerca desses diferentes tipos de família limitam-se à forma de casamento dos Estados Unidos – monogâmica. O termo ***monogamia*** descreve uma forma de casamento em que um homem e uma mulher são casados exclusivamente entre si. Na sugestão de alguns observadores, devido ao alto índice de divórcios nos Estados Unidos, a expressão ***monogamia em série*** seria uma descrição mais exata da forma como a monogamia configura-se no país. Ou seja, a pessoa pode ter vários na vida, mas apenas um cônjuge de cada vez.

Use a sua imaginação sociológica

Em uma sociedade que maximiza o bem-estar de todos os membros da família, até que ponto deve-se facilitar o divórcio? E o casamento?

A monogamia em série é mais comum hoje do que era há um século devido à aceitação e o consequente aumento nos casos de divórcio. Em muitos países, o número de divórcio começou a crescer no fim da década de 1960, estabilizando-se logo após e recuando em 30% no fim da década de 1980. Essa tendência decorre, em parte, por causa do envelhecimento da população nascida no pós-guerra em meados do século XX e do correspondente declínio da proporção de pessoas em idade núbil. Mas esse índice também indica um aumento da estabilidade conjugal nesses últimos anos (Coontz, 2006).

Algumas culturas permitem que uma pessoa tenha, simultaneamente, vários maridos ou várias esposas. Essa forma de casamento é conhecida como ***poligamia***. Na verdade, a maioria das sociedades do planeta, passadas e presentes, prefere a poligamia à monogamia. O antropólogo George Murdock (1949, 1957) analisou uma amostra de 565 sociedades e constatou que, para mais de 80% delas, a forma preferencial era alguma forma de poligamia. A despeito do continuado declínio da poligamia na maior parte do século XX e durante o século XXI, em pelo menos cinco nações africanas, no mínimo 20% dos homens ainda praticam uniões poligâmicas (Population Reference Bureau, 1996).

Existem dois tipos básicos de poligamia. Segundo Murdock, o mais comum – endossado pela maioria das culturas que ele estudou – é a ***poliginia***, em que um marido pode ser casado com várias mulheres ao mesmo tempo. As mulheres costumam ser irmãs, supostamente com valores semelhantes e com experiência em partilhar o domicílio. Nas sociedades políginas, poucos homens possuem cônjuges. A maioria vive em famílias monogâmicas; ter várias mulheres é considerado uma marca de *status*.

A outra variante é a ***poliandria***, em que uma mulher pode ter vários maridos ao mesmo tempo. É o caso do Tibete, como vimos no início deste capítulo. No entanto, a poliandria é extremamente rara. É aceita em algumas sociedades excepcionalmente pobres que praticam o infanticídio feminino (o assassinato de recém-nascidas) que, consequentemente, têm um número relativamente escasso de mulheres. Como muitas outras sociedades, as culturas poliândricas depreciam o valor social das mulheres (Zeitzen, 2008).

Relações de parentesco: de quem somos parentes?

Muitos de nós podemos retraçar as nossas raízes ao consultar a árvore genealógica da família ou ao ouvir os mais velhos contarem histórias sobre a sua vida – e sobre a vida de antepassados que morreram muito antes de termos nascido. Mas a linhagem da pessoa é mais que uma história pessoal – ela reflete padrões sociais que regem a descendência. Em toda cultura, as crianças deparam-se com parentes a quem deveriam demonstrar apego emocional. Este estar relacionado com outros é chamado de ***parentesco***, algo transmitido culturalmente, e não simplesmente determinado por laços biológicos e conjugais. Por exemplo, a adoção cria um vínculo de parentesco que é legalmente reconhecido e socialmente acatado.

Família e grupo de parentes não são necessariamente a mesma coisa. A família é uma unidade domiciliar, mas os parentes nem sempre moram juntos ou funcionam como entidade coletiva no dia a dia. Os grupos de parentes incluem tias, tios, primos, afins e assim por diante. Em uma sociedade como a brasileira, o grupo de parentes pode reunir-se ocasionalmente para um casamento ou para um enterro, por exemplo. Não obstante, os laços de parentesco criam obrigações e responsabilidades. Podemos sentir-nos na obrigação de ajudar os parentes e temos a liberdade para recorrer à ajuda deles em muitas ocasiões, como em um pedido para ficar ficar com as crianças e para emprestar-nos algum dinheiro.

Use a sua imaginação sociológica

De quem você é mais próximo dentro da sua família? E que parentes você raramente vê?

Como identificamos os grupos de parentes? O princípio da descendência situa as pessoas em grupos de parentesco conforme a relação delas com o pai ou com a mãe. Há três formas básicas de determinar a descendência. O Brasil segue o sistema da ***descendência bilateral***, em que ambos os lados da família são considerados de igual importância. Por exemplo, não se confere mais valor aos irmãos do pai do que aos irmãos da mãe.

A maioria das sociedades – de acordo com George Murdock, 64% delas – privilegia um ou outro lado da família ao determinar a descendência. A ***descendência patrilinear*** (do latim *pater*, "pai") privilegia os parentes do pai em termos de patrimônio, herança e vínculos emocionais. A ***descendência matrilinear*** (do latim *mater*, "mãe") privilegia os parentes da mãe.

As novas tecnologias de reprodução não tardarão a impor uma nova forma de olhar o parentesco. Hoje, a combinação entre processos biológicos e processos sociais pode "criar" um membro da família, demandando um desdobramento maior das distinções acerca de quem é parente de quem.

Padrões de autoridade: quem manda?

Imagine que você acaba de se casar e precisa começar a tomar decisões sobre o futuro de sua nova família. O casal enfrenta muitas indagações. Onde morar? Como mobiliar e arrumar a casa? Quem vai cozinhar, fazer as compras, cuidar da limpeza? Que amigos convidar para jantar? A cada decisão que precisa ser tomada, surge uma questão: Quem tem o poder de decidir? Simplificando, quem manda na família? Os teóricos do conflito examinam estas questões no contexto das tradicionais distinções de gênero, que concedem aos homens uma posição dominante em relação às mulheres.

As sociedades variam no modo como o poder é distribuído dentro da família. Se a sociedade espera que os homens tomem as decisões pela família, estaremos diante de um ***patriarcado***. Em sociedades patriarcais como a do Irã, o poder máximo cabe ao homem mais velho, embora se espere que as esposas sejam tratadas com respeito e bondade. O *status* de uma mulher iraniana define-se pelo seu relacionamento com um parente homem, normalmente como esposa ou filha. Em muitas sociedades patriarcais, conseguir um divórcio é mais difícil para as mulheres do que o para os homens. Em contrapartida, no ***matriarcado*** as mulheres mandam nas decisões familiares. Os matriarcados são raros; eles surgiram nas tribos indígenas norte-americanas e em países onde os homens ausentavam-se por longos períodos, lutando em guerras ou participando de expedições para coleta de alimento (Farr, 1999).

Um terceiro tipo de padrão de autoridade é a ***família igualitária***, em que os cônjuges são considerados iguais. Porém, esse padrão não significa que toda decisão seja compartilhada. A mulher detém a autoridade em certas esferas, o homem, em outras. Muitos sociólogos acreditam que a família igualitária já começou a substituir a família patriarcal como a norma social nos Estados Unidos.

Claramente, há enorme variação na composição, nas relações de parentesco e nos padrões de autoridade das famílias ao redor do mundo. Mas, como vimos, a família preenche certas funções sociais e universais. No próximo item examinaremos essas funções por três perspectivas sociológicas diferentes.

PERSPECTIVAS SOCIOLÓGICAS SOBRE A FAMÍLIA

Precisamos mesmo da família? Um século atrás, Friedrich Engels ([1884] 1959), colega de Karl Marx, descreveu a família como a fonte suprema de desigualdade social devido ao seu papel na transferência de poder, de patrimônio e de privilégio. Mais recentemente, teóricos do conflito afirmaram que a família contribui para a injustiça social, nega às mulheres oportunidades que são concedidas aos homens, e limita a liberdade de expressão sexual e de seleção do parceiro. Por sua vez, a perspectiva funcionalista foca no modo como a família gratifica as necessidades dos seus membros e contribui para a estabilidade social. A visão interacionista interessa-se pelos relacionamentos íntimos, face a face, que acontecem na família. E a abordagem feminista examina o papel da esposa e da mãe, sobretudo na ausência de um adulto do sexo masculino.

A perspectiva funcionalista

A família desempenha seis funções principais, esboçadas pela primeira vez há quase 80 anos pelo sociólogo William F. Ogburn (Ogburn e Tibbits, 1934):

1. *Reprodução.* Para que uma sociedade se mantenha, ela precisa substituir os membros que morrem. Nesse sentido, a família contribui para a sobrevivência humana mediante a sua função de reprodução.
2. *Proteção.* Ao contrário dos filhotes de outras espécies de animais, os bebês humanos precisam de cuidados constantes e de segurança econômica. Em todas as culturas, a família assume a responsabilidade final pela proteção e criação das crianças.
3. *Socialização.* Os pais e parentes monitoram o comportamento da criança e transmitem a ela as normas, os valores e a língua da sua cultura.
4. *Regulação do comportamento sexual.* As normas sexuais podem variar conforme a época (p. ex., os costumes de namoro) e a cultura (compare a rigidez da Arábia Saudita com a maior permissividade da Dinamarca). Porém, independentemente da época ou dos valores culturais de uma sociedade, é na esfera familiar que os padrões de comportamento sexual são definidos com mais clareza.
5. *Afeto e companhia.* Idealmente, a família deve proporcionar a seus membros relacionamentos calorosos e afetivos, ajudando a transmitir-lhes a sensação de satisfação e de segurança. Naturalmente, pode ser que um membro da família encontre essas recompensas fora da esfera familiar – entre os pares, na escola, no trabalho – e perceba o seu lar como um ambiente desagradável ou violento. No entanto, a nossa expectativa é de que os parentes nos deem compreensão, afeto e apoio quando necessitamos.
6. *Transmissão do* status *social.* Nós herdamos uma posição social devido ao passado da família e à reputação dos pais e dos irmãos. A família presenteia a criança recém-nascida com um *status* atribuído baseado na raça e na etnia, o qual ajuda a determinar a posição dela no sistema de estratificação da sociedade. Além disso, os recursos da família afetam a capacidade da criança de buscar certas oportunidades, como o ensino superior e cursos especiais.

A família exerce uma série de outras funções, como prover formação religiosa, a educação e lazer. Mas Ogburn alegou que muitas dessas funções passaram a ser assumidas por outras instituições sociais. Antigamente, a educação acontecia em casa, à beira do fogão; agora, é responsabilidade de profissionais que trabalham em escolas e universidades. Até a função recreativa da família foi transferida para grupos externos, como ligas e clubes esportivos, e redes sociais vituais, como o Twitter.

A perspectiva do conflito

Os teóricos do conflito veem a família não como algo que contribui para a estabilidade social, mas como um reflexo da desigualdade de riqueza e de poder presente na sociedade. Os teóricos do conflito e as feministas observam que a família tradicionalmente legitima e perpetua a dominação masculina. Na maior parte da história da humanidade – e em diversas sociedades – os maridos exercem uma autoridade e um poder exacerbados na família. A primeira onda do feminismo contemporâneo ocorrida nos Estados Unidos em meados do século XIX, foi o primeiro questionamento significativo ao histórico *status* das esposas e dos filhos como propriedade legal dos maridos.

Embora nas últimas décadas o padrão da família igualitária tenha-se difundido mais – em grande parte devido ao ativismo das feministas a partir da virada da década de 1960 para a década de 1970 –, a dominação masculina na família não desapareceu por completo. Os sociólogos constataram que, mesmo com a intensificação do envolvimento dos homens casados na criação dos filhos, o encargo das esposas ainda é incomparavelmente maior: para cada "pai do lar" há 38 "mães do lar". E, infelizmente, muitos maridos reforçam o poder e o controle sobre as esposas e os filhos praticando atos de violência doméstica (Jason Fields, 2004, p. 11-12; Garcia-Moreno et al., 2005; Sayer et al., 2004).

Para os teóricos do conflito, a família, como unidade econômica, também contribui para a injustiça social. Ela é a base da transferência de poder, de patrimônio e de privilégio de geração em geração. A despeito da imagem criada de que os Estados Unidos é a terra da oportunidade, existem restrições significativas à mobilidade social. Os filhos herdam o *status* econômico e social privilegiado ou subprivilegiado dos pais ou de gerações passadas. Como ressaltam os teóricos do conflito, a classe social dos pais tem influência nas experiências de socialização dos filhos e no grau de proteção que eles recebem. Assim, o *status* socioeconômico da família terá influência marcante na nutrição, na assistência de saúde, na habitação, nas oportunidades educacionais e de vida quando adultos.

A perspectiva interacionista

Os interacionistas analisam a família e outros relacionamentos íntimos pela ótica micro. Eles privilegiam a interação mútua dos indivíduos, quer sejam namorados vivendo juntos sob o mesmo teto, quer sejam casados há muito tempo. Por exemplo, em um estudo de casais com filhos em domicílios formados tanto por negros quanto por brancos, os pesquisadores constataram que os filhos cujo pai é mais presente (lendo para eles, ajudando nos deveres de casa, regulando os seus horários diante da tevê) têm menos problemas de comportamento, relacionam-se melhor com os outros e são mais responsáveis (Mosley e Thomson, 1995).

Um outro estudo interacionista pode enfocar o papel dos padrastos e das madrastas. A multiplicação de pais e de mães que casam de novo atiçou o interesse sobre essas pessoas que ajudam a criar os filhos alheios. De acordo com os estudos, a probabilidade de culpar-se pelos problemas de relacionamento com os filhos afins é maior entre as madrastas do que entre os padrastos. Na teoria dos interacionistas, os padrastos (assim como a maioria dos pais) podem simplesmente estar desacostumados a interagir diretamente com os filhos na ausência da mãe (Bray e Kelly, 1999; Furstenberg e Cherlin, 1991).

A perspectiva feminista

Como o "trabalho de mulher" é cuidar da família, as sociólogas feministas têm enorme interesse na análise da família como instituição social. Como vimos no Capítulo 7, são muitas as pesquisas sobre papéis de gênero no que tange a cuidar dos filhos e da casa. A sociologia tem dado atenção ao impacto que o trabalho da mulher fora de casa tem sobre os cuidados com os filhos e os afazeres domésticos – trabalho a que Arlie Hochschild (1989, 1990) dá o nome de "segundo turno". Atualmente, as pesquisas apontam que o segundo turno também abrange o cuidado dos pais idosos.

As teóricas feministas clamam para que cientistas e agências sociais repensem a noção de que famílias sem a presença de um adulto do sexo masculino são preocupantes ou até mesmo disfuncionais. Outra contribuição delas diz respeito às pesquisas sobre mulheres solteiras, domicílios monoparentais e casais de lésbicas. No caso das mães solteiras, as pesquisadoras concentraram-se na resiliência de muitos domicílios desse tipo, a despeito do estresse econômico. Segundo Velma McBride Murray e colaboradores (2001), esses estudos demonstram que, entre afro-americanos, as mães solteiras recorrem maciçamente aos parentes para obter recursos materiais, conselhos sobre a criação de filhos e apoio social. Considerando a pesquisa feminista sobre a família como um todo, uma pesquisadora concluiu que a família é a "fonte da força das mulheres" (V. Taylor et al., 2009).

Por fim, as feministas ressaltam a necessidade de se investigar tópicos negligenciados nos estudos da família. Por exemplo, em um número pequeno, mas significativo, de domicílios com dupla renda, a mulher ganha mais que o marido. As pesquisadoras estimam que, em 11% dos casamentos, a mulher contribui com pelo menos 60% da renda familiar. No entanto, com a execução de estudos de caso individuais, há poucas pesquisas sobre as possíveis diferenças entre essas famílias e aquelas em que o principal sustento concentra-se no figura do marido (Wills e Risman, 2006).

A Tabela 8.3 recapitula as quatro principais perspectivas teóricas sobre a família.

Mapeando as perspectivas

Tabela 8.3 Perspectivas sociológicas sobre a família

Perspectiva teórica	Ênfase
Funcionalista	A família como propiciadora da estabilidade social O papel dos membros da família
Conflito	A família como perpetuadora da desigualdade A transmissão da pobreza ou da riqueza de geração em geração
Interacionista	Os relacionamentos intrafamiliares
Feminista	A família como perpetuadora dos papéis de gênero Os domicílios chefiados por mulheres

SEXUALIDADE HUMANA

A sexualidade é essencial à instituição da família, dada a sua função de procriação. No entanto, a sua função de regular a sexualidade é dificultada pela complexidade do comportamento sexual humano, que abrange uma extensa gama de comportamentos, alguns não aceitos por determinadas sociedades.

Na perspectiva da sociologia, a sexualidade não se limita ao comportamento físico, mas inclui também crenças, valores e normas sociais que, em conjunto, regem a sua expressão. Por exemplo, a maioria das sociedades busca restringir a expressão sexual ao casamento devido ao seu efeito sobre a família, em especial sobre o bem-estar das mulheres e das crianças. Nessas sociedades, a família procura coibir o sexo pré-marital e extraconjugal (C. Schneider, 2008).

Embora a sexualidade humana manifeste-se em todas as sociedades, a forma como ela é sancionada diverge tanto do ponto de vista geográfico quanto histórico. Na África do Sul, após o fim do *apartheid*, em 1990, os parlamentares removeram barreiras à coabitação e ao casamento inter-racial. Em 1998, aprovaram a Recognition of Customary Marriages Act, que legalizou a poligamia em alguns grupos tribais africanos, mas não para os muçulmanos e outros grupos religiosos. Finalmente, com a Civil Union Act de 2006, foram concedidos aos casais *gays* e lésbicos os mesmos direitos e responsabilidades dos casais heterossexuais (Stacey, 2011).

As atitudes e as práticas sexuais mudam com o passar do tempo. *Sites* da rede virtual incitam descrições de praticamente todo e qualquer tipo de sexualidade humana. Além da nova abertura cultural no que se refere a sexo, os avanços na medicina propiciaram algo a que muitos dão o nome de revolução sexual. Por exemplo, o desenvolvimento de anticoncepcionais orais ("a pílula"), em 1965, e de medicamentos para a disfunção erétil (o Viagra e outros fármacos do gênero), em 1998, levou à redução do risco de gravidez indesejada e ao aumento da frequência da atividade sexual. Atualmente, os jovens entregam-se a práticas sexuais que poucas pessoas das gerações passadas teriam ousado atrever-se.

Rotulagem e sexualidade humana

Vimos no Capítulo 4 como a sociedade rotula certos grupos de pessoas positiva ou negativamente – por exemplo, "bons meninos" ou "delinquentes". Os teóricos da rotulagem também estudaram o modo como os rótulos são usados para sancionar certos comportamentos sexuais considerados "desviantes".

A definição de comportamento sexual desviante varia significativamente com o passar do tempo e de uma cultura para outra. Até 1973, a American Psychiatric Association classificava a homossexualidade como um "transtorno de personalidade sociopata" – em outras palavras, os homossexuais deviam fazer terapia. Dois anos depois, a associação excluiu a homossexualidade da sua lista de doenças mentais. Atualmente, a organização afirma publicamente que "ser *gay* é tão saudável como ser hétero". Para usar a terminologia de Goffman, os profissionais de saúde mental removeram o *estigma* associado a essa forma de expressão sexual. Em

Use a sua imaginação sociológica

Algumas expressões da sexualidade humana suscitam entre os seus amigos reações diversas? Caso sim, em que sentidos?

consequência disso, o sexo consensual entre adultos do mesmo sexo deixou de ser crime e em muitos países. (American Psychological Association, 2008; International Gay and Lesbian Human Rights Commission, 2010).

Apesar da mudança de atitude dos profissionais de saúde, o estigma social da homossexualidade perdura. Diante disso, muita gente prefere utilizar os termos mais positivos *gay* e *lésbica*. Já outros desafiaram o estigma e adotaram com orgulho, o termo pejorativo *queer* ("estranho", na acepção original) em deliberada reação ao ridículo suscitado pela sua orientação sexual. Outros ainda sustentam que construir a própria orientação sexual como homossexual ou como heterossexual é limitante demais. Com efeito, esses rótulos ignoram os *bissexuais*, ou seja, aqueles que sentem atração por ambos os sexos.

Outro grupo que possui uma orientação sexual que não se encaixa nas categorias habituais são os *transgêneros*, indivíduos cuja identidade de gênero não corresponde à identidade física ao nascer. Alguns transgêneros consideram-se, ao mesmo tempo, homem e mulher. Outros, chamados de *transexuais*, podem tomar hormônios ou submeter-se a cirurgias, a fim de aproximar-se fisicamente da identidade de gênero. Os transgêneros são, às vezes, confundidos com *travestis*, pessoas que se vestem com os trajes do sexo oposto. Os travestis geralmente são homens, *gays* ou heterossexuais, que optam por se vestir de mulher.

O uso desses termos, mesmo que com boas intenções, é problemático, devido à implicação de que é possível confinar a sexualidade humana a categorias nítidas e excludentes. A desestigmatização desses rótulos reflete a influência dos socialmente privilegiados que dispõem de recursos para superar o estigma. Em contraposição, o tradicional conceito ameríndio de *dois espíritos*, uma personalidade que mescla o masculino e o feminino, tem sido amplamente ridicularizado ou ignorado (Gilley, 2006; Wentling et al., 2008).

O que, então, constitui o desvio sexual? A resposta a essa pergunta parece mudar a cada geração. Hoje, as leis dos Estados Unidos permitem que mulheres casadas acusem o marido de estupro, delito não reconhecido na geração passada. Da mesma forma, a *pedofilia* (um adulto fazendo sexo com um menor), mesmo quando consensual, é normalmente execrada. Em muitos países, contudo, grupos radicais exaltam o "sexo intergerações", argumentando que a "infância" não é uma condição biológica (Hendershott, 2002).

A pedofilia e alguns outros aspectos da expressão sexual ainda são contra a lei, mas o significado do rótulo começa a perder a nitidez. Por exemplo, embora a pornografia infantil seja ilegal e a maioria das pessoas a abominem, muitos anúncios de moda em revistas tradicionais não se distanciam muito dela. E, embora a maioria de nós veja o sexo profissional e o tráfico sexual como errados, a sociedade tolera e até regulamenta muitos aspectos dessas atividades (Barton, 2006).

Relacionamentos *gays* e lésbicos

O estilo de vida de lésbicas e *gays* varia muito. Alguns vivem relacionamentos monogâmicos e duradouros; outros moram sós ou dividem o quarto ou a casa. Alguns mantêm um casamento heterossexual "de fachada" e não admitem sua orienteção sexual publicamente. Outros moram com filhos de um casamento anterior ou adotados. Com base em pesquisas de boca de urna, pesquisadores do National Health and Social Life Survey e do Voter News Service estimam que 2 a 5% da população adulta identifica-se como *gay* ou lésbica. Uma análise do censo norte-americano de 2010 indica que há cerca de 600 mil domicílios *gays* e uma população adulta de *gays* e lésbicas de aproximadamente 10 milhões de pessoas (Laumann et al., 1994b, p. 293; Lofquist, 2011).

Os casais *gays* e lésbicos enfrentam discriminação tanto pessoal quanto legal. A impossibilidade de se casarem veda-lhes muitos direitos assegurados aos cônjuges, desde tomar decisões por um parceiro incapacitado até receber benefícios públicos concedidos aos dependentes, como os da previdência social.* Embora constituam famílias exatamente como os casais hétero, é comum os casais *gays* não serem tratados da mesma forma.

---

* N. de R. T.: O casamento entre pessoas do mesmo sexo foi legalizado em todos os Estados Unidos em 26 de junho de 2015, em decisão histórica da Suprema Corte norte-americana. Com a decisão, os 13 estados que ainda proibiam o casamento entre homossexuais não podem mais barrar esse tipo de união. No Brasil, o casamento *gay* é legal desde 2013.

A RELIGIÃO COMO INSTITUIÇÃO SOCIAL

Segundo Émile Durkheim ([1912] 2001), ***religião*** é um sistema unificado de crenças e práticas relacionadas ao sagrado. Na qualidade de universal cultural, a religião cumpre um papel básico que engloba funções manifestas e latentes. Dentre as suas funções *manifestas* (explícitas e ostensivas), a religião define o mundo espiritual e confere sentido ao divino. Ela também explica acontecimentos que parecem difíceis de entender, como o que existe após a morte. Por sua vez, as funções *latentes* da religião são desintencionais, veladas ou clandestinas. Embora a função manifesta dos cultos eclesiásticos seja oferecer um foro para a devoção religiosa, os cultos podem desempenhar, ao mesmo tempo, a função latente de local de encontro de fiéis solteiros.

Neste item, consideraremos quatro funções ressaltadas pelos sociólogos em seus estudos sobre religião. Veremos que a religião ajuda a integrar a sociedade e oferece apoio social às pessoas em época de necessidade. Discutiremos a visão de Max Weber sobre a religião – para ele, uma fonte de mudança social. Por fim, examinaremos a perspectiva do conflito que a vê como um meio de controle social. Vale notar que o impacto da religião é, em sua maior parte, mais bem entendido do ponto de vista macro, voltado para a sociedade como um todo. A função de apoio social é uma exceção: o melhor ponto de vista é o micro, voltado para o indivíduo.

A função integradora da religião

Émile Durkheim via a religião como um poder integrador da sociedade humana – e o atual pensamento funcionalista reflete essa perspectiva. Durkheim buscava responder a uma pergunta desconcertante: "Como é possível manter a coesão das sociedades humanas sendo elas compostas de indivíduos e de grupos sociais com aspirações e interesses diversos?". Na visão de Durkheim, os vínculos religiosos frequentemente transcendem as forças pessoais e divisórias, mas ele admitia que a religião não á a única força integradora – o nacionalismo e o patriotismo podem servir ao mesmo propósito.

De que modo a religião provê esse "adesivo social"? A religião, seja ela budista, islâmica, cristã ou judaica (ver Tab. 8.4), dá um sentido e uma finalidade às pessoas. Oferece-lhes certos valores e propósitos a serem comungados, os quais, embora subjetivos e nem sempre aceitos, ajudam a sociedade a integrar-se em um sistema social. Por exemplo, funerais, casamentos, *bar* e *bat mitzvahs* e crismas servem para integrar as pessoas em comunidades mais extensas por meio do compartilhamento de crenças e de valores acerca das questões supremas da vida.

Nos Estados Unidos, pode-se apreciar o poder integrador da religião no papel tradicionalmente desempenhado pelas igrejas, sinagogas e mesquitas junto aos grupos de imigrantes. Por exemplo: imigrantes que professam o catolicismo

Use a sua imaginação sociológica

Que sinais da presença de diferentes religiões nas vizinhanças da sua casa ou da sua universidade você é capaz de perceber?

Tabela 8.4 As principais religiões no mundo

Credo	Número atual de fiéis, em milhões (% da população mundial)	Principal concentração de fiéis	Fundador (ano aproximado de nascimento)	Textos importantes (lugares sagrados)
Budismo	463 (6,7%)	Sudeste Asiático, Mongólia, Tibete	Sidarta Gautama (563 a.C.)	Tripitaka (áreas do Nepal)
Cristianismo	2.281 (33%)	Europa, América do Norte, América do Sul	Jesus (6 a.C.)	Bíblia (Jerusalém, Roma)
Hinduísmo	935 (13,7%)	Índia, comunidades indianas fora da Índia	Inespecífico (1500 a.C.)	Textos *shruti* e *smriti* (sete cidades sagradas, incluindo Varanasi)
Islamismo	1.553 (22,5%)	Oriente Médio, Ásia Central, África Setentrional, Indonésia	Maomé (570 a.C.)	Alcorão ou Corão (Meca, Medina, Jerusalém)
Judaísmo	15 (0,2%)	Israel, Estados, Unidos, França, Rússia	Abraão (2000 a.C.)	Torá, Talmude (Jerusalém)

Fonte: Autor, baseado em Britannica Online, 2011; Swatos, 1998.

romano podem radicar-se perto de uma paróquia que ofereça cultos na sua língua materna. Da mesma forma, os coreanos podem filiar-se a uma igreja presbiteriana que reúna muitos fiéis de origem coreana e tenha práticas religiosas ao estilo das igrejas da Coreia. Assim como outras organizações religiosas, as igrejas católicas romanas e as presbiterianas ajudam a integrar os imigrantes à sua nova pátria.

Religião e apoio social

A maioria das pessoas tem dificuldade em aceitar os acontecimentos estressantes da vida, como a morte de um ente querido, um traumatismo grave, falência, divórcio, e assim por diante. A dificuldade pronuncia-se diante de um acontecimento "sem sentido". Como podem a família e os amigos conformarem-se com a morte precoce de um talentoso colega de faculdade?

Ao enfatizar o divino e o sobrenatural, a religião nos permite "fazer alguma coisa" a respeito das calamidades que enfrentamos. Em alguns credos, fiéis podem oferecer sacrifícios ou rezar para uma divindade na crença de que tais atos irão modificar a sua situação terrena. De forma mais básica, a religião nos estimula a encarar nossos infortúnios pessoais como não sendo tão relevantes em uma perspectiva mais ampla da história da humanidade, ou até mesmo como parte integrante de um propósito divino oculto. Os amigos e os parentes do colega de faculdade podem encarar a morte dele como expressão da "vontade de Deus", dotada de algum benefício supremo que por ora não conseguimos entender. Essa perspectiva pode ser muito mais reconfortante do que a aterradora sensação de que qualquer um de nós pode, a qualquer momento, ter uma morte sem sentido, e que não existe uma "resposta" divina ao fato de uma pessoa ter uma vida longa e plena, enquanto outra morre de forma trágica e precocemente.

A função religiosa de apoio social também torna-se evidente no uso das mídias sociais. No geral, 31% dos usuários do Facebook nos Estados Unidos e 24% fora do país incluem no perfil a sua religião. Dezenas de milhões declaram-se fãs ou "amigos" de uma categoria ou de uma figura religiosa. Como consequência, as organizações religiosas estão voltando-se para o Twitter e para o Facebook buscando reforçar o seu contato com os fiéis e proporcionando-lhes apoio social 24 horas por dia, sete dias por semana (Preston, 2011).

Religião e mudança social

Quando uma pessoa que se empenha no trabalho faz sucesso, é comum atribuirmos a sua ambição à "ética de trabalho protestante". A expressão vem dos escritos de Max Weber, que examinou minuciosamente a conexão entre o credo religioso e o desenvolvimento capitalista. As constatações de Weber constam em sua obra pioneira *The Protestant Ethic and the Spirit of Capitalism* (*A ética protestante e o espírito do capitalismo*) ([1904] 2009).

Weber observou que, nos países europeus em que havia uma mescla de protestantes e católicos, a maioria absoluta das lideranças empresariais, dos donos do capital e dos trabalhadores qualificados era protestante. Para Weber, não se tratava de pura coincidência. Ele ressaltou que os seguidores de João Calvino (1509-1564), o líder da Reforma protestante, enfatizavam uma ética de disciplina no trabalho, preocupações terrenas e vida racional, a que Weber deu o nome de ***ética protestante***. Um subproduto da ética protestante foi o acúmulo de poupança para investir no futuro. Este "espírito do capitalismo", para usar a expressão de Weber, contrastava com as horas de trabalho modestas, com os hábitos de trabalho despreocupados e com a falta de ambição que eram típicas da época.

Poucos livros sobre a sociologia da religião suscitaram tantos comentários e críticas quanto os de Weber, cuja obra teórica foi aclamada como uma das mais importantes na área, além de ser um excelente exemplo de análise macro. Assim como Durkheim, Weber demonstrou que a religião é mais que uma simples questão de crença íntima e pessoal. Na ver-

Use a sua imaginação sociológica

De uma hora para outra, a sua comunidade se vê privada do suporte social oferecido por grupos religiosos. Que impacto isso terá sobre a sua vida ou sobre a vida dos outros? O que acontecerá sem a pressão dos grupos religiosos por mudança social?

dade, a natureza coletiva da religião tem consequências sociais para a sociedade como um todo. Uma recente análise de dados econômicos históricos mostra que a ética protestante foi um fator importante para o crescimento do capitalismo no período entre 1500 e fins de 1870 (Sanderson et al., 2011).

Weber descreveu de forma convincente as origens do capitalismo europeu. Desde então, o sistema econômico capitalista foi adotado por não calvinistas em muitos lugares do mundo. Estudos contemporâneos feitos nos Estados Unidos mostram pouca ou nenhuma diferença entre católicos e protestantes no que tange à "política" de resultados. Aparentemente, o "espírito do capitalismo" tornou-se um traço cultural generalizado (Greeley, 1989).

Os teóricos do conflito alertam que não se deve considerar a teoria de Weber, mesmo quando ela é acatada, aplicável ao capitalismo maduro (p. ex., à ascensão das corporações multinacionais). Os marxistas discordariam de Weber, não quanto às origens, mas quanto ao futuro do capitalismo. Ao contrário de Marx, ele acreditava que o capitalismo seria capaz de perdurar indefinidamente como sistema econômico. No entanto, acrescentou que o declínio da religião como a principal força social abriu caminho para que os trabalhadores vocalizassem mais o seu descontentamento (R. Collins, 1980).

Religião e controle social: a perspectiva do conflito

Karl Marx ([1844] 1964) acreditava que a religião colocava obstáculos à mudança social ao estimular os oprimidos a focar em questões extraterrenas em vez em sua pobreza ou exploração. Marx descreveu a religião como um "ópio" especialmente nocivo para as populações oprimidas. Ao seu ver, a religião dopava as massas ao ponto da submissão, oferecendo-lhes a esperança da salvação no pós-vida, como consolo pela árdua vida terrena. Por exemplo: durante a escravatura nos Estados Unidos, os brancos donos de escravos proibiam os negros de praticar as religiões africanas, estimulando-os a abraçar o cristianismo, que prometia a salvação e a eterna felicidade por meio da obediência. Visto pela perspectiva do conflito, o cristianismo talvez tenha pacificado certos escravos e amortecido o ódio que induz à rebelião.

Em um conjunto de pesquisas de opinião pública realizadas em 114 países, 95% dos habitantes dos países mais pobres acreditavam que a religião é importante na vida cotidiana, contra apenas 47% dos habitantes dos países mais ricos (Crabtree, 2010). A religião desempenha um papel importante para manter em de pé a estrutura social vigente. Os valores religiosos, como já observamos, reforçam outras instituições sociais e a ordem social como um todo. Na perspectiva de Marx, porém, a estabilidade social promovida pela religião contribui apenas para perpetuar as relações de desigualdade social. Segundo Marx, a religião dominante reforça os interesses dos que estão no poder. Por exemplo: o cristianismo contemporâneo reforça padrões de comportamento tradicionais que exigem a subordinação dos menos poderosos. O papel das mulheres na Igreja exemplifica a distribuição desigual do poder. Pressupostos sobre os papéis de gênero relegam as mulheres cristãs a uma posição subalterna tanto na igreja quanto em casa. Na verdade, em muitas igrejas, as mulheres deparam-se com dificuldades para conquistar posições de liderança similares às encontradas em grandes grupos empresariais. Mesmo nas denominações religiosas mais liberais, a evolução da carreira religiosa da mulher costuma ser dificultada por um "teto de vitrais".

Assim como Marx, os teóricos do conflito afirmam que, independentemente do real alcance da sua influência no comportamento social, a religião reforça as relações vigentes de dominação e de desigualdade. Na perspectiva marxista, a religião impede que as pessoas tenham uma visão política de sua própria vida e de sua condição social – por exemplo, como quando encobre a importância primordial de interesses econômicos divergentes. Alguns marxistas sugerem que, ao induzir os desprivilegiados a uma "falsa consciência", a religião reduz a possibilidade de uma ação política coletiva capaz de pôr fim à opressão capitalista e de transformar a sociedade.

A religião não é a única instituição social cujas funções têm suscitado controvérsias entre os teóricos. Segundo os teóricos do conflito, as escolas também discriminam a favor dos poderosos e contra os desprivilegiados, como veremos no Capítulo 9.

A perspectiva feminista sobre religião

Inspirando-se na abordagem feminista, pesquisadores e teóricos sublinharam o papel fundamental das mulheres na socialização religiosa. Para a maioria deles, a adesão a um determinado credo desenvolve-se na infância, em um processo em que a mãe desempenha um papel crucial. É significativo que mães agnósticas tendam a influenciar os filhos a adotarem um ferrenho ceticismo em relação à religião organizada.

No entanto, as mulheres geralmente assumem papéis subalternos na governança religiosa. A maioria dos credos tem, de fato, uma longa tradição de liderança espiritual exclusivamente masculina. Além disso, por serem na maioria patriarcais, as religiões tendem a reforçar a dominação dos homens tanto nas questões espirituais quanto nas seculares. Apesar da atuação das mulheres como voluntárias, em funções de apoio e como catequistas ser vital, as decisões e a liderança cabem, ainda, aos homens. Exceções à regra são raras, como é o caso dos *shakers*, dos cientistas, cristãos, e do hinduísmo, com o seu longo histórico de deusas (Schaefer e Zellner, 2011).

Nos Estados Unidos, as chances de professar uma religião, rezar, acreditar em Deus, declarar que a religião é importante na própria vida e frequentar semanalmente os cultos religiosos são muito maiores entre as mulheres do que entre os homens. Mas a religião organizada não costuma confiar às mulheres funções de liderança. No país, as mulheres representam 34% do total de matrículas em instituições teológicas, mas perfazem apenas 18% do clero nacional. A carreira eclesiástica das mulheres costuma ser mais curta que a dos homens e, na maioria das vezes, desenvolvida em áreas afins – como aconselhamento – que não envolvem a liderança congregacional. Nos credos em que os postos de liderança são prerrogativa exclusiva dos homens, as mulheres atuam em caráter extraoficial. Por exemplo, em cerca de 4% das congregações católicas romanas, o cargo pastoral é confiado a mulheres não ordenadas – uma necessidade em igrejas que enfrentam escassez de sacerdotes homens (Association of Theological Schools, 2011; Bureau of the Census, 2011a, p. 393, Table 616).

A Tabela 8.5 recapitula as principais perspectivas sociológicas sobre a religião.

COMPONENTES DA RELIGIÃO

Todas as religiões têm certos elementos em comum, mas esses elementos expressam-se de forma distinta em cada credo. Os padrões do comportamento religioso, assim como outros padrões do comportamento social, são de grande interesse para os sociólogos – especialmente os interacionistas –, pois sublinham a relação entre a religião e a sociedade.

As crenças religiosas, os rituais religiosos e a experiência religiosa – tudo isso ajuda a definir o que é sagrado e a diferenciá-lo do profano. Examinemos essas três dimensões do comportamento religioso pela ótica dos interacionistas.

Crença

Algumas pessoas acreditam na vida após a morte, em seres supremos com poderes ilimitados, ou em forças sobrenaturais. As ***crenças religiosas*** são teses acatadas pelos membros de uma determinada religião. Essas teses podem variar radicalmente de religião para religião.

No fim da década de 1960, aconteceu algo notável na expressão das crenças religiosas nos Estados Unidos. Enquanto denominações que adotavam interpretações

Mapeando as perspectivas

Tabela 8.5 Perspectivas sociológicas sobre religião

Perspectiva teórica	Ênfase
Funcionalista	A religião como fonte de união e de integração social A religião como fonte de apoio social aos indivíduos
Conflito	A religião como obstáculo à mudança social estrutural
Interacionista	A expressão religiosa individual por meio da crença, do ritual e da experiência
Feminista	A religião como instrumento de subordinação da mulher, salvo na socialização religiosa

relativamente liberais das escrituras religiosas (como os presbiterianos, os metodistas e os luteranos) perdiam fiéis, outras, que adotavam interpretações conservadoras, cresciam numericamente. Além disso, na maioria dos credos, os fiéis que cultivavam um entendimento literal das escrituras começaram a falar mais alto, questionando aqueles que se mantinham receptivos a novas interpretações.

Essa tendência ao ***fundamentalismo***, ou seja, à ênfase na conformidade doutrinária e na interpretação literal dos textos sagrados, ia de encontro à secularização que se evidenciava na sociedade como um todo. A expressão "fundamentalismo religioso" foi aplicada pela primeira vez nos Estados Unidos a crentes protestantes que adotavam uma interpretação literal da Bíblia; mas há fundamentalismo no mundo todo e nos principais grupos religiosos – como o catolicismo romano, o islamismo e o judaísmo. Mesmo em credos relativamente novos, alguns fiéis reclamam o excesso de mudanças. Para fiéis de muitas religiões, os fundamentalistas podem ser tão difíceis em se adaptar quanto os secularistas.

O comportamento dos fundamentalistas varia muito. Alguns afirmam que é preciso manter o rigor do credo, mas pouco se interessam pela problemática social. Outros mantêm-se atentos às ações da sociedade, como as políticas públicas, que, em seu entender, vão de encontro à doutrina fundamentalista.

A história da criação de Adão e Eva encontrada no Gênese, o primeiro livro do Velho Testamento, exemplifica bem uma crença religiosa. Muitas pessoas acreditam piamente nessa explicação bíblica para a criação e insiste que ela seja ensinada nas escolas públicas. Essas pessoas, conhecidas como *criacionistas*, preocupam-se com a secularização da sociedade e opõem-se a um ensino que, direta ou indiretamente, questione as escrituras bíblicas.

Em geral, a espiritualidade é menos intensa nas nações industrializadas do que nas nações em desenvolvimento. Os Estados Unidos são uma exceção ao viés de secularização, em parte porque o governo incentiva a expressão religiosa (sem explicitamente apoiá-la) ao permitir, por exemplo, que grupos religiosos reivindiquem o *status* de filantropia e recebam auxílio federal para atividades de ensino. Embora a crença em Deus seja relativamente fraca em antigos estados comunistas, como a Rússia, os levantamentos demonstram que a espiritualidade nesses países cresceu nos últimos 10 anos (Norris e Inglehart, 2004).

Ritual

Rituais religiosos são práticas exigidas ou esperadas dos fiéis de um credo. Os rituais costumam reverenciar o poder divino venerado pelos crentes; além disso, lembram os fiéis de seus deveres e responsabilidades religiosos. Pode ocorrer interdependência entre rituais e crenças; os rituais normalmente subscrevem as crenças, como na confissão pública ou privada de um pecado. Como qualquer instituição social, a religião desenvolve normas distintivas para estruturar o comportamento das pessoas. Além disso, os rituais religiosos agregam sanções que podem tanto ser recompensas (os presentes no *bar mitzvah*) quanto punições (expulsão de um credo religioso devido à transgressão das suas normas).

Os rituais podem ser singelos, como uma oração realizada durante uma refeição ou um momento de silêncio pela morte de alguém. Porém, alguns deles, como o processo de canonização de um santo, são bastante elaborados. A maioria dos rituais religiosos nas culturas ocidentais consiste em cultos realizados em locais de veneração. Comparecer ao culto, rezar em voz alta ou em silêncio, comungar, cantar hinos e cânticos religiosos são formas usuais de comportamento ritualístico que normalmente ocorrem em grupo. Da perspectiva interacionista, esses rituais funcionam como encontros importantes, em que as pessoas renovam as suas crenças religiosas e o compromisso com a sua fé.

Para os muçulmanos, um ritual de suma importância é o *hadji*, a peregrinação à Grande Mesquita de Meca na Arábia Saudita. Espera-se que todo muçulmano com condições físicas e financeiras faça a viagem pelo menos uma vez na vida. Todo ano, 2 milhões de peregrinos vão à Meca durante a semana indicada pelo calendário lunar islâmico. Muçulmanos do mundo inteiro fazem o *hadji*.

Nas últimas décadas e na maioria dos países, a participação das pessoas em rituais religiosos encontra-se estável ou em queda. A Figura 8.2 traz os índices de participação religiosa em determinados países.

Experiência

No estudo sociológico da religião, o termo ***experiência religiosa*** designa a sensação ou a percepção de estar em contato direto com a realidade suprema – como um ser divino – ou de ser arrebatado pela emoção religiosa. A experiência pode ser sutil, como a sensação de exaltação que a pessoa vivencia ao ouvir o "Aleluia" de Handel cantado por um coro. Muitas experiências religiosas, porém, são mais profundas – como a de um muçulmano no *hadji*. Na sua biografia, o ativista afro-americano Malcolm X (1964, p. 338) relata o seu *hadji* e a sua emoção ao ver que o encontro dos muçulmanos em Meca transcendia as linhas de raça e de cor. Para ele, o daltonismo do mundo islâmico "comprovou para mim o poder do Deus Único".

Use a sua imaginação sociológica

Tome uma tradição religiosa diferente da sua. Se você tivesse sido criado nessa tradição, como isso repercutiria nas suas crenças, rituais e experiências religiosas?

Outra experiência religiosa profunda é, para muitos cristãos, representada pelo "renascer" – ou seja, o ato de assumir um compromisso pessoal com Jesus em um momento crucial da vida. Segundo um *survey* de 2010, 42% da população dos Estados Unidos declarou ter tido, em algum momento da vida, a experiência cristã do renascer. Em um *survey* anterior, a maior incidência de relatos da experiência concentrava-se entre os batistas do Sul dos Estados Unidos (75%), contra apenas 21% dos católicos e 24% dos episcopais. Essas estatísticas evi-

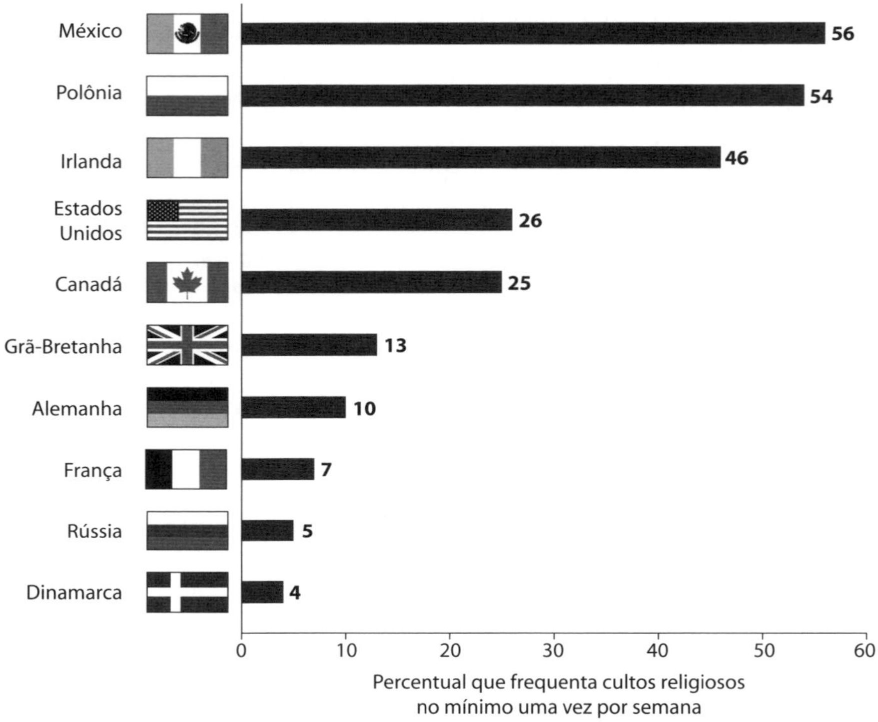

Figura 8.2 A participação religiosa em determinados países, 2006.
Nota: Dados referentes a 2006, salvo Canadá e México (referentes a 2004).
Fonte: Tom W. Smith, 2009, p. 28, 60, 72.

Pense nisto
O fato de a participação religiosa variar de país para país surpreende você? Por que sim ou por que não?

denciam a natureza coletiva da religião, ressaltada por Durkheim. As crenças e os rituais de determinados credos são capazes de criar uma atmosfera tanto de acolhimento quanto de indiferença a esse tipo de experiência religiosa. Assim, enquanto um batista seria encorajado a relatar sua experiência e a partilhá-la com os outros, um episcopal que declarasse ter renascido não suscitaria o mesmo interesse (Gallup, 2011a; Gallup Opinion Index, 1978).

A Tabela 8.6 resume os três elementos do comportamento religioso.

Recapitulando

Tabela 8.6 Elementos do comportamento religioso

Elemento	Definição	Exemplos
Crença	Proposição acatada pelos integrantes de determinada religião	A história da criação Figuras ou pessoas sagradas
Ritual	Prática exigida ou esperada dos integrantes de um credo	Culto Oração Hinos ou cânticos
Experiência	Sensação ou percepção de estar em contato direto com a realidade suprema – como um ser divino – ou de ser arrebatado pela emoção religiosa	"Renascer" Comunhão com o Espírito Santo

A SOCIOLOGIA É IMPORTANTE

A sociologia é importante pois explica os propósitos e as funções das nossas instituições sociais mais básicas.

- A sua visão das instituições da família e da religião mudou alguma coisa após a leitura deste capítulo? Alguma coisa que você tenha aprendido causou-lhe surpresa?
- Família e religião são duas instituições sociais cuja autoridade declinou ao longo do século passado. Por que, ao seu ver, teriam elas perdido parte de sua importância? Para você, isso deixou a sociedade mais frágil ou mais forte?

A sociologia é importante pois nos ajuda a olhar as instituições sociais familiares por perspectivas novas e diferentes.

- Das quatro principais perspectivas sobre a família, qual lhe parece fazer mais sentido? Por quê?
- Das quatro principais perspectivas, qual lhe seria mais útil para o estudo da religião?

RECURSOS DO CAPÍTULO

Resumo

As **instituições sociais** da **família** e da **religião** são universais culturais presentes sob formas variadas em todas as culturas humanas. Os funcionalistas ressaltam as tarefas essenciais exercidas pelas instituições sociais, mas os teóricos do conflito alegam que as instituições sociais fortalecem os poderosos à custa dos indefesos. Examinamos neste capítulo o **parentesco** e a família ao redor do mundo; as quatro perspectivas sociológicas sobre a família; a família e a sexualidade humana; as funções sociais da religião; e os três componentes da religião.

1. A sociedade, para sobreviver, precisa desempenhar cinco funções essenciais: repor pessoal, treinar novos recrutas, produzir e distribuir bens e serviços, preservar a ordem e proporcionar às pessoas um senso de propósito. Essas funções sociais são exercidas pelas **instituições sociais**.
2. A **família estendida**, antes comum, proporciona certas vantagens em relação à atual **família nuclear**. Para alguns sociólogos, a **família igualitária** tornou-se a norma nos Estados Unidos, substituindo a antiga **família patriarcal**.
3. Em todas as culturas, o **parentesco** é determinado por um dos três métodos: a **descendência bilateral**, biparental, isto é, por parte de ambos os genitores; a **descendência patrilinear**, apenas pelo lado do pai; e a **descendência matrilinear**, apenas pelo lado da mãe.
4. William F. Ogburn delineou seis funções básicas da **família**: reprodução, proteção, socialização, regulação do comportamento sexual, companhia e transmissão do *status* social.
5. Os teóricos do conflito alegam que a dominação da família pelo homem contribui para a injustiça social e nega às mulheres as oportunidades dadas aos homens. Na visão deles e também das feministas, o papel da família na socialização das crianças é a fonte primária do sexismo.
6. A sociedade utiliza rótulos para sancionar certos comportamentos sociais como "desviantes". Com a tradicional rotulagem da homossexualidade como comportamento desviante, os casais *gays* e lésbicos enfrentam uma discriminação significativa.
7. Émile Durkheim ressaltou o impacto social da **religião** na tentativa de se entender o comportamento religioso individual no contexto geral da sociedade.
8. A religião contribui para a integração de uma sociedade diversificada e oferece apoio social em momentos de necessidade. Ela pode ser fonte de mudança social e instrumento de controle social.
9. Max Weber viu uma conexão entre religião e capitalismo e deu-lhe o nome de **ética protestante**. Segundo Karl Marx, a religião reforça a opressão capitalista.
10. O comportamento religioso expressa-se pela **crença**, pelo **ritual** e pela **experiência** religiosos. Esses três componentes da religião ajudam a definir o sagrado e a diferenciá-lo do profano.

Palavras-chave

crença religiosa, 235
descendência bilateral, 222
descendência matrilinear, 222
descendência patrilinear, 222
ética protestante, 232
experiência religiosa, 237
família, 219
família estendida, 220
família igualitária, 223
família nuclear, 219
fundamentalismo, 236
instituições sociais, 215
matriarcado, 223
monogamia, 221
monogamia em série, 221
parentesco, 222
patriarcado, 223
poliandria, 221
poligamia, 221
poliginia, 221
religião, 230
rituais religiosos, 236

CAPÍTULO 9

INSTITUIÇÕES SOCIAIS: EDUCAÇÃO, GOVERNO E ECONOMIA

PERSPECTIVAS SOCIOLÓGICAS SOBRE EDUCAÇÃO

EDUCAÇÃO: AS ESCOLAS COMO ORGANIZAÇÕES FORMAIS

GOVERNO: PODER E AUTORIDADE

SISTEMAS ECONÔMICOS

O CAPITALISMO NA CHINA

ECONOMIAS EM TRANSIÇÃO

Em 11 de setembro de 2001 as torres gêmeas do World Trade Center, atingidas por dois aviões comerciais sequestrados, vieram abaixo em questão de minutos. Hoje, no lugar onde elas ficavam, está um memorial aos que morreram nesse dia tenebroso. Dois imensos fossos quadrados cravados no solo, cercados por um espelho d'água que verte cascatas pelas paredes internas do vão, aludem à ausência das gigantescas colunas. As bordas de bronze do espelho d'água trazem esculpidos os nomes dos amigos e colegas de trabalho que estavam nas torres, dos passageiros dos dois aviões usados no atentado, e das primeiras pessoas que acorreram ao local. Também foram homenageados no memorial as vítimas do atentado ao Pentágono e os passageiros do voo desviado para um alvo na capital norte-americana Washington que lutaram contra os sequestradores para frustrar os seus planos quando o avião caiu na Pensilvânia. Completando a lista, encontram-se os nomes dos seis mortos em um atentado com um caminhão bomba ocorrido no World Trade Center em 1993.

Localizado próximo a Wall Street, um dos principais eixos financeiros do mundo, o World Trade Center era um símbolo da globalização. Para os terroristas que o derrubaram, também representava o capitalismo e o imperialismo ocidental. Ao mirar no World Trade Center, os terroristas buscavam atacar o sistema econômico global. O ataque coordenado ao Pentágono e à capital Washington foi uma tentativa de desestabilizar o governo dos Estados Unidos, centro de comando da maior potência mundial.

Como vimos no capítulo anterior, uma *instituição social* é um padrão organizado de crenças e de comportamentos focados nas necessidades sociais básicas. Vimos, também, que duas instituições (a família e a religião), atendem à nossa necessidade de apoio e de senso de propósito, como faz o memorial do 11 de setembro. Neste capítulo, nos concentraremos em três outras instituições – a educação, o governo e a economia –, voltadas para atender às nossas necessidades de aprendizado, de ordem social e de bens e serviços.

Começaremos discutindo quatro perspectivas sociológicas sobre educação, seguindo-se uma análise das escolas como organizações formais. Depois, examinaremos o governo como fonte de legítimo poder e autoridade. Olharemos três modelos diferentes da estrutura de poder norte-americana e a expansão de uma elite do poder global com base nas corporações multinacionais. Em seguida, compararemos os dois principais sistemas econômicos: o capitalismo e o socialismo. Fecharemos o capítulo com uma discussão sobre as transformações econômicas da sociedade norte-americana e dos países em desenvolvimento, estimuladas pela globalização. Juntas, essas transformações e a mudança social causada por elas são, em parte, responsáveis pela atual efervescência mundial – do terrorismo global a recentes movimentos de protesto, como o Occupy Wall Street.

PERSPECTIVAS SOCIOLÓGICAS SOBRE EDUCAÇÃO

A ***educação*** é um processo de aprendizagem formal em que algumas pessoas assumem, de modo consciente, a tarefa de ensinar e em que outras assumem o papel social de alunos. Além de ser uma indústria de suma importância, a educação é a instituição social que socializa formalmente os integrantes da sociedade norte-americana.

A perspectiva funcionalista

Assim como outras instituições sociais, a educação tem funções tanto manifestas quanto latentes. A sua função *manifesta* mais básica é transmitir conhecimento. As escolas ensinam os alunos a ler, a falar outras línguas, a consertar automóveis. Outra função manifesta importante é a outorga de *status*, que muitos acreditam ser exercida de modo não equitativo; por isso, voltaremos a ela mais adiante, quando examinarmos a educação pela perspectiva do conflito.

Além de funções manifestas, as escolas desempenham uma série de funções *latentes*: transmitir a cultura, promover a integração política e social, manter o controle social e atuar como agente de mudança.

Transmitir a cultura. A educação, como instituição social, cumpre a função de transmitir a cultura dominante. O ensino escolar expõe as sucessivas gerações de jovens a crenças, normas e valores vigentes em sua cultura. Na sociedade norte-americana, aprende-se a respeitar o controle social e a reverência às instituições estabelecidas, como a religião, a família e a presidência. Naturalmente, a afirmação também se aplica a muitas outras culturas. Enquanto nos Estados Unidos os alunos ouvem falar das realizações de George Washington e Abraham Lincoln, na Grã-Bretanha as crianças ouvem falar das marcantes contribuições da rainha Elizabeth I e de *Sir* Winston Churchill.

Use a sua imaginação sociológica

Como você vê a versão da história brasileira que lhe ensinaram no ensino médio?

Os países podem, ocasionalmente, reavaliar as suas formas de transmitir a cultura. Recentemente, o governo chinês reviu seu passado. Ensina-se aos alunos que o Partido Comunista Chinês teve um papel crucial para a derrota do Japão na Segunda Guerra Mundial. Não há qualquer menção aos 30 milhões de chineses que morreram de fome devido ao Grande Salto para Frente (1958-1962) do fundador do partido, Mao Zedong, em uma iniciativa frustrada de transformar a economia agrária chinesa em uma potência industrial. Na região urbana e ocidentalizada de Xangai, os livros didáticos reconhecem os avanços tecnológicos dos países industrializados ocidentais, mas evitam criticar as antigas políticas do governo chinês (French, 2004; Kahn, 2006).

Promover a integração política e social. Muitas instituições exigem que, no primeiro e no segundo ano de faculdade, os estudantes residam no *campus*, para fomentar certo senso de comunidade entre os diversos grupos. A educação cumpre a função latente de promover a integração política e social, transformando uma população composta de diversos grupos raciais, étnicos e religiosos em uma sociedade cujos membros partilham, até certo ponto, uma identidade comum. Historicamente, as escolas norte-americanas exercem um papel importante na socialização dos filhos de imigrantes de acordo com as normas, os valores e as crenças da cultura dominante. Da perspectiva funcionalista, a identidade comum e a integração social propiciadas pela educação contribuem para o consenso e a estabilidade social (Touraine, 1974).

Antigamente, a marca mais óbvia da função integradora da educação era a ênfase em promover uma língua comum. Esperava-se que as crianças imigrantes aprendessem inglês. Em alguns casos, chegava-se a proibi-las de falar a língua materna no recinto escolar. Mais recentemente, o bilinguismo passou a ser defendido pelo seu valor educacional e por ser um meio para estimular a diversidade cultural. Os críticos, porém, alegam que o bilinguismo prejudica a integração política e social promovida pela educação.

Manter o controle social. No cumprimento da função manifesta de transmitir conhecimento, as escolas vão muito além do ensino de competências como a leitura, a escrita e a matemática. Assim como outras instituições sociais (p. ex., a família e a religião), a educação prepara os jovens para uma vida adulta produtiva e ordeira, instruindo-os sobre as normas, os valores e as sanções da sociedade em que estão inseridos.

No exercício do controle social, as escolas ensinam competências e valores variados que são essenciais para o futuro dos estudantes no mercado de trabalho. Os estudantes aprendem a ser pontuais e disciplinados, a organizar o seu tempo e a lidar com as complexidades de uma organização burocrática. A educação, como instituição social, reflete os interesses tanto da família quanto da economia. Os estudantes são treinados para enfrentar qualquer situação, seja uma linha de montagem, seja um consultório médico. As escolas atuam como um agente transicional de controle social, servindo como ponte entre pais e empregadores no ciclo de vida da maioria dos indivíduos (Bowles e Gintis, 1976; Cole, 1988).

Atuar como agente de mudança. Até agora, restringimos nosso foco às funções conservadoras da educação, como seu papel na transmissão da cultura vigente, na promoção da integração política e social e na manutenção do controle social. No entanto, ela também pode estimular ou deflagrar a mudança social desejada. A introdução de aulas de educação sexual nas escolas públicas foi uma resposta à forte escalada dos índices de gravidez na adolescência. A ação afirmativa no acesso ao ensino – prioridade para mulheres ou para minorias – foi endossada como um meio de combate à discriminação racial e sexual. O projeto Head Start, um programa de pré-educação infantil que atende mais de 904 mil crianças por ano, é uma tentativa de compensar as desvantagens das crianças de famílias de baixa renda, que costumam levar mais tempo para mostrarem-se aptas a entrar na escola (Bureau of the Census, 2011a, p. 368,Table 574).

Esses programas educacionais transformam a vida das pessoas. Por exemplo: a educação formal continuada tem se mostrado uma influência positiva na renda das pessoas; cada passo dado na escada educacional corresponde a um aumento substantivo na renda média (ver Fig. 9.1). Basta calcular a diferença que esses substanciais aumentos anuais representam multiplicando-os pelos anos trabalhados.

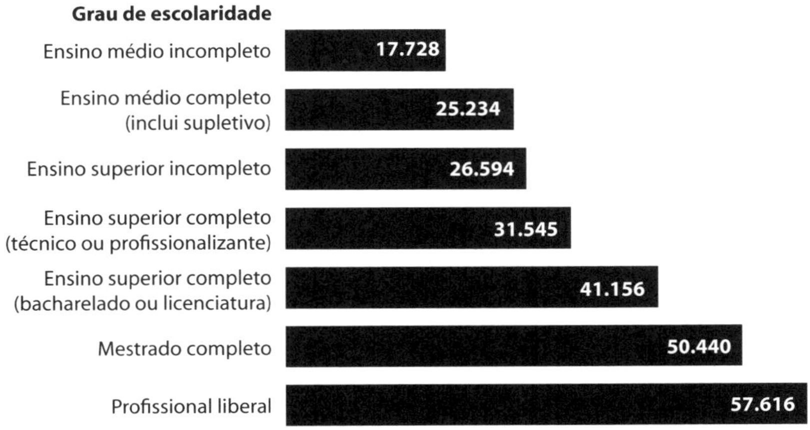

Figura 9.1 Renda média anual (em US$) por grau de escolaridade de trabalhadores na faixa etária de 25-34 anos.

Nota: Total anual de salários e proventos em regime de tempo integral correspondente ao ano de 2011.

Fonte: DeNavas-Walt et al., 2012, PINC-03.

A perspectiva do conflito

Os teóricos do conflito veem a educação como um instrumento de dominação da elite. Eles apontam as desigualdades existentes entre diferentes grupos raciais e étnicos quanto às oportunidades educacionais. O ano de 2004 marcou o 50º aniversário da histórica decisão da Suprema Corte dos Estados Unidos no caso *Brown v. Board of Education*, que declarou a inconstitucionalidade da segregação nas escolas públicas. Mas, ainda hoje, as escolas norte-americanas caracterizam-se pelo isolamento racial. Os estudantes mais isolados são os brancos; no ano letivo de 2005-2006, apenas 23% dos seus colegas de turma vinham de grupos de minorias. Em comparação, os estudantes negros e latinos têm mais colegas de turma de origens raciais e étnicas diferentes, entre as quais não costumam incluir-se os brancos (Orfield e Lee, 2007).

Os teóricos do conflito também alegam que o sistema educacional socializa os estudantes para os valores ditados pelos poderosos, sufocando o individualismo e a criatividade em prol da manutenção da ordem; em consequência, o grau de mudança que as escolas promovem é relativamente insignificante. Da perspectiva do conflito, os efeitos inibidores da educação são visíveis no "currículo oculto" e na diferenciada outorga de *status* aos estudantes.

Use a sua imaginação sociológica

De que maneira a escola que você frequentou no ensino médio transmitia o currículo oculto da educação?

O currículo oculto. As escolas, como veremos mais adiante, são organizações extremamente burocráticas. Muitos professores usam as normas e os regulamentos para manter a ordem. Infelizmente, a necessidade de controle e de disciplina pode prevalecer sobre o processo de aprendizado, transformando a obediência às normas em um fim em si mesmo, caso em que tanto estudantes quanto professores tornam-se vítimas do que Philip Jackson (1968) chamou de ***currículo oculto***.

O termo designa padrões de comportamento tidos como adequados pela sociedade e ensinados de forma sutil nas escolas. De acordo com esse currículo, as crianças não podem falar até o professor dirigir-lhes a palavra e precisam pautar as suas atividades pelo relógio ou pelo sinal. Além disso, espera-se que elas concentrem-se no próprio trabalho em vez de ajudar colegas que demoram mais para aprender. O currículo oculto evidencia-se em escolas do mundo todo. Por exemplo, as escolas japonesas oferecem sessões de orientação que buscam a melhorar a experiência em sala de aula e desenvolver competências para uma vida saudável. Na verdade, essas sessões incutem valores e estimulam um comportamento que será útil no mundo dos negócios japonês, como autodisciplina e coragem para resolver problemas e tomar decisões em grupo (Okano e Tsuchiya, 1999).

Credencialismo. Há 60 anos, bastava um diploma de ensino médio para ingressar na força de trabalho remunerada dos Estados Unidos. Agora, é preciso ter concluído, no mínimo, o primeiro ciclo – de dois anos – do ensino superior. A mudança reflete o processo de ***credencialismo***, termo usado para descrever uma elevação do nível mínimo de escolaridade exigido para ingresso em uma área.

O número de ocupações tidas como profissões aumentou nas últimas décadas. O credencialismo é um sintoma dessa tendência. Empregadores e associações de classe alegam que tais mudanças são uma resposta lógica à crescente complexidade de muitos cargos. No entanto, em muitos casos, os empregadores elevam as exigências de diploma simplesmente porque todos os candidatos ao cargo possuem o credenciamento mínimo em vigor (D. Brown, 2001; Hurn, 1985).

Os teóricos do conflito observam que o credencialismo pode reforçar a desigualdade social. A escalada das qualificações pode prejudicar especialmente os candidatos de origem pobre ou de minorias, que carecem dos recursos financeiros necessários à obtenção de sucessivos diplomas. Além disso, a escalada dos credenciamentos atende ao interesse dos dois grupos responsáveis por essa tendência: as instituições de ensino lucram ao prolongar o investimento de tempo e de dinheiro daqueles que prosseguem os estudos; e os atuais ocupantes dos cargos também têm interesse em ampliar os pré-requisitos ocupacionais, pois o credencialismo pode elevar o *status* da ocupação e propiciar reivindicações de aumento salarial. Max Weber previu essa possibilidade em 1916 ao concluir que o "clamor universal pela criação de certificados de conclusão de cursos em todas as áreas propicia a formação de um estrato privilegiado na esfera dos negócios e das funções administrativas" (Gerth e Mills, 1958, p. 240-241).

Use a sua imaginação sociológica

Como você reagiria se, de repente, passassem a exigir ensino superior completo para o emprego que você ocupa ou que você almeja? E se, de repente, as exigências fossem atenuadas?

Outorga de *status*. Os teóricos do conflito são ainda mais críticos no que tange à maneira *diferenciada* como a educação outorga o *status*. Eles ressaltam que as escolas separam os alunos de acordo com a classe social de origem. Embora contribuam para que determinadas crianças pobres ascendam a posições profissionais de classe média, o sistema educacional nega à maioria das criança socialmente desfavorecidas oportunidades educacionais iguais às concedidas aos filhos de famílias afluentes. Assim, a cada nova geração, as escolas tendem a preservar as desigualdades de classe social. O ensino superior, sobretudo, age mais como uma peneira para separar as pessoas e excluí-las das classes educadas do que como uma escada social para ajudar a subida de todos aqueles que têm ambições (Alon, 2009; Giroux, 1988; Sacks, 2007).

A escola também pode reforçar as diferenças de classe ao agrupar os alunos em turmas especiais. A prática, conhecida como ***nivelamento***, consiste em agrupar os alunos em turmas com currículos específicos em função das notas em provas e de outros critérios. O nivelamento começa muito cedo, com frequência em grupos de leitura da primeira série do ensino primário (no Basil, equivalente ao 2º ano do ensino fundamental). A estratégia pode reforçar as desvantagens enfrentadas por crianças de famílias menos afluentes que tiveram menos acesso a materiais de leitura, a computadores e a outros estímulos educacionais. Ignorar a interligação do nivelamento com a classe social e a raça dos alunos é, em essência, fechar os olhos para o modo como as escolas perpetuam a estrutura social vigente.

Não é de espantar que a maioria das pesquisas sobre o nivelamento questione a sua eficácia, sobretudo no caso de alunos menos capazes. Em um estudo sobre escolas de baixa renda da Califórnia, os pesquisadores constataram uma diferença estarrecedora entre os alunos das turmas especiais e os demais. Em uma das escolas, todos os alunos interessados, e não apenas os selecionados pela administração, podiam matricular-se em cursos de *advanced placement* (cursos de nível avançado que preparam para o ingresso no ensino superior e valem futuros créditos acadêmicos). Metade dos alunos que se matricularam por iniciativa própria tiraram notas boas o suficiente para fazer jus aos créditos acadêmicos – proporção muito superior à dos programas seletivos, em que apenas 17% dos alunos fizeram jus aos créditos acadêmicos. Os programas de nivelamento não identificam, necessariamente, os alunos com potencial de êxito (B. Ellison, 2008; Sacks, 2007).

A perspectiva feminista

O sistema educacional dos Estados Unidos caracteriza-se por seu tratamento discriminatório dispensado às mulheres. Em 1833, o Oberlin College tornou-se a primeira instituição de ensino superior a aceitar alunas mulheres – cerca de 200 anos depois da criação da primeira universidade masculina. Mas a administração de Oberlin acreditava que a aspiração das mulheres devia ser tornarem-se esposas e mães, e não advogadas e intelectuais. Além de frequentarem as aulas, as estudantes do sexo feminino lavavam a roupa dos rapazes, arrumavam o quarto deles e serviam-lhes as refeições. Na década de 1840, Lucy Stone, então aluna de Oberlin e mais tarde uma líder feminista conhecida por não ter papas na língua, recusou-se a redigir um discurso a ser lido em público na cerimônia de encerramento do ano letivo por um estudante do sexo masculino.

No século XX, o sexismo na educação manifestava-se de muitas formas: nos livros didáticos com os seus estereótipos femininos negativos, na pressão dos orientadores para que as alunas se preparassem para o "trabalho de mulher", no apoio financeiro desigual aos programas de educação física para os homens e para as mulheres. Mas a manifestação mais evidente da discriminação educacional talvez estivesse na contratação de docentes. Os cargos de professor universitário e de administrador do ensino superior, de *status* relativamente alto nos Estados Unidos, eram geralmente preenchidos por homens. As professoras de escola pública, que ganhavam salários muito menores, eram, em grande parte, mulheres.

Houve uma área em que as mulheres conseguiram destaque: a proporção de pessoas que prosseguem os estudos. Nos Estados Unidos, o acesso das mulheres à pós-graduação e às escolas de Medicina, de Odontologia e de Direito ampliou-se drasticamente nas últimas décadas em decorrência da Lei da Educação de 1972, que proibiu a discriminação contra as mulheres na educação.

Muito se falou sobre a superioridade do desempenho acadêmico das meninas e das mulheres. Na atualidade, os pesquisadores começam a examinar os motivos desse desempenho escolar forte – ou, em outras palavras, do fosco desempenho dos homens. Alguns estudos sugerem que a agressividade dos homens, aliada ao fato de eles se saírem melhor que as mulheres no trabalho, a despeito de terem menor escolaridade, acarreta uma predisposição a desmerecer o ensino superior. Embora a "ausência de homens" em muitos *campi* universitários tenha chegado às manchetes, ela também gerou uma falsa crise no discurso público. Poucos estudantes atingiram o seu potencial graças ao ensino formal; outros fatores, como ambição e talento pessoal, contribuem para o sucesso. E muitos estudantes, inclusive os filhos de famílias de baixa renda e de imigrantes, enfrentam desafios muito maiores que o chamado hiato de gênero na educação (Buchmann et al., 2008; Corbett et al., 2008; Kimmel, 2006).

A educação das mulheres pena nas culturas em que os papéis tradicionais de gênero continuam sendo a norma social. Desde 11 de setembro de 2001, a consciência cada vez mais disseminada da repressão das mulheres afegãs pelos talibãs vem realçando as disparidades de gênero no sistema educacional de países em desenvolvimento. As pesquisas demonstram que as mulheres são fundamentais para o desenvolvimento econômico e a boa governança, e que a educação é um instrumental para preparar as mulheres para esses papéis. Educar as mulheres, sobretudo as jovens, produz grandes retornos sociais, reduzindo as taxas de natalidade e melhorando a produtividade agrícola por meio de um melhor gerenciamento (Coleman, 2004).

A perspectiva interacionista

A abordagem da rotulagem sugere que se tratarmos as pessoas de determinadas formas é possível que elas correspondam às nossas expectativas. É possível que crianças rotuladas como "problemáticas" venham a se enxergar como delinquentes. Analogamente, a estereotipagem de grupos raciais subalternos pelo grupo dominante pode limitar suas oportunidades de romper com os papéis esperados.

O processo de rotulagem pode funcionar na sala de aula? O psicólogo Robert Rosenthal e a diretora de escola Lenore Jacobson (1968, 1992) documentaram o que eles chamaram de ***efeito da expectativa do professor*** – o possível impacto das expectativas de um professor quanto ao desempenho de um aluno sobre as suas próprias realizações. Esse efeito é especialmente evidenciado nas séries iniciais (até o final do 3º ano).

Use a sua imaginação sociológica

Que tipos de rótulos aplicam aos alunos os dirigentes da escola? Que efeito têm esses rótulos?

Estudos realizados nos Estados Unidos revelaram que os professores esperam mais tempo pela resposta de um aluno considerado altamente promissor e são mais propensos a dar uma segunda chance a crianças assim. Um experimento comprovou o impacto das expectativas dos professores sobre o desempenho atlético dos alunos. Os professores obtinham melhores resultados dos alunos de quem *esperavam* os melhores desempenhos (Babad e Taylor, 1992; Brint, 1998; Rosenthal e Jacobson, 1992, p. 247-262).

A Tabela 9.1 recapitula as quatro principais perspectivas teóricas sobre educação.

EDUCAÇÃO: AS ESCOLAS COMO ORGANIZAÇÕES FORMAIS

Os educadores do século XIX ficariam pasmos com o avanço das escolas norte-americanas nessa virada para o século XXI. O país tem cerca de 15 milhões de alunos cursando o ensino secundário, contra 10 milhões em 1961 e 5 milhões em 1931(Bureau of the Census 2011a, p. 161, Table 246; 2012c, p. Table HS-20).

Em muitos sentidos, as escolas atuais assemelham-se a organizações formais como fábricas, hospitais e empresas comerciais. Assim como essas organizações, elas não funcionam de maneira autônoma, sendo influenciadas pelo potencial mercado de alunos. Essa orientação para o mercado é especialmente verdadeira em escolas privadas, mas poderia ter um impacto mais abrangente caso ocorra o aumento da aceitação de programas de auxílio público que propiciem a escolha entre uma e outra escola. Os paralelos das escolas com outras organizações formais ficarão mais claros quando examinarmos a natureza burocrática das escolas, o ensino como papel ocupacional e as subculturas estudantis (K. Dougherty e Hammack, 1992).

A burocratização das escolas

Sozinho, um professor simplesmente não tem como transmitir cultura e competências a crianças de idades variadas, nem como prepará-las para tantas ocupações diversas. A burocratização das escolas resulta da combinação entre o número crescente de alunos atendidos atualmente por escolas isoladas e por redes de ensino e

Mapeando as perspectivas

Tabela 9.1 Perspectivas sociológicas sobre a educação

Perspectiva teórica	Ênfase
Funcionalista	Transmissão da cultura dominante Integração social e política Manutenção do controle social Promoção da mudança social desejável
Conflito	Dominação pela elite mediante o acesso desigual ao ensino Currículo oculto Credencialismo Outorga diferenciada de *status*
Feminista	Tratamento das alunas mulheres Papel da educação das mulheres no desenvolvimento econômico
Interacionista	Efeito da expectativa do professor

o maior grau de especialização demandado por uma sociedade tecnologicamente complexa.

Max Weber assinalou cinco características básicas da burocracia, todas elas evidentes na maioria das escolas, quer de ensino fundamental, de ensino médio ou de ensino superior.

1. *Divisão do trabalho.* Ensinar determinadas faixas etárias e disciplinas específicas é tarefa entregue a especialistas. Por exemplo, atualmente, as escolas públicas de ensino fundamental e médio dos Estados Unidos contratam instrutores cuja responsabilidade exclusiva é trabalhar com crianças com deficiências físicas ou déficits de aprendizagem.
2. *Autoridade hierárquica.* Todo funcionário de uma rede de ensino responde a uma instância superior. Os professores reportam-se aos diretores e aos vice-diretores e também podem ser supervisionados pelos chefes de departamento. Os diretores reportam-se a um superintendente das escolas, cuja contratação e demissão são prerrogativa de um conselho de educação.
3. *Normas e regulamentos escritos.* Professores e administradores precisam realizar os seus deveres em conformidade com inúmeras normas e regulamentos. Esse quesito burocrático pode tornar-se disfuncional: o tempo gasto preenchendo formulários poderia ser investido na preparação de aulas ou em sessões de orientação de alunos.
4. *Impessoalidade.* Com o aumento do tamanho das turmas em escolas e em universidades, ficou mais difícil para os professores darem atenção pessoal a cada aluno. É possível que as normas burocráticas estimulem os professores a tratar todos os alunos da mesma forma, a despeito das personalidades distintas e das necessidades de aprendizado de cada um.
5. *Emprego condicionado a qualificações técnicas.* Pelo menos em tese, a contratação de professores baseia-se na competência e na experiência profissionais. Normalmente, as promoções são ditadas por políticas de pessoal formalizadas por escrito; aqueles que se destacam podem fazer jus à estabilidade no emprego até a aposentadoria.

Os funcionalistas costumam ver a burocratização do ensino como positiva. Os professores têm condições de dominar as competências necessárias para trabalhar com uma clientela especializada, pois ninguém mais espera que eles abarquem uma extensa gama de saberes. A cadeia de comando dentro das escolas é clara. Os alunos são presumivelmente tratados sem preconceitos devido à aplicação uniforme de regras. Por fim, a estabilidade no cargo protege os professores da demissão injustificada. Por conseguinte, sustentam os funcionalistas, a burocratização do ensino tende a aumentar as chances de alunos, professores e administradores serem tratados com justiça – ou seja, com base em critérios racionais e equitativos.

Em contrapartida, os teóricos do conflito alegam que a tendência a um ensino mais centralizado tem sido negativa para os portadores de deficiências. A padronização dos currículos escolares e dos livros didáticos reflete os valores, os interesses e os estilos de vida dos grupos mais poderosos da sociedade e talvez ignore os das minorias raciais e étnicas. Além disso, os desfavorecidos terão mais dificuldades que os mais ricos para lidar com as complexas burocracias do ensino e para organizar grupos de pressão efetivos. Na visão dos teóricos do conflito, portanto, a tendência é que a influência dos pais de baixa renda e das minorias sobre os administradores do ensino municipal e estadual seja ainda menor do que sobre os dirigentes de escolas locais (Bowles e Gintis, 1976; Katz, 1971).

Por fim, algumas escolas podem ser percebidas como intoleravelmente burocráticas – o que, em vez de alimentar a curiosidade intelectual dos alunos, a sufoca. O problema levou muitos pais e formuladores de políticas a pressionar por programas que permitissem aos pais escolher a escola mais adequada às necessidades dos filhos, o que obrigaria as escolas a competir por "clientes".

Professores: funcionários e instrutores

Independentemente de ensinarem na educação infantil ou na pós-graduação, os professores são funcionários de organizações formais com estruturas burocráticas. Há um conflito inerente à atuação de um profissional no âmbito de uma burocracia. A organização pauta-se na hierarquia de autoridade e espera adesão às suas normas, mas o profissionalismo implica responsabilidade individual. Trata-se de um conflito real para os professores, que vivenciam todas as consequências positivas e negativas de trabalhar em uma burocracia.

Os professores enfrentam, diariamente, muitos problemas desconcertantes. Embora suas atribuições acadêmicas tenham tornado-se mais especializadas, as demandas sobre seu tempo continuam sendo diversificadas e contraditórias. Os conflitos ocorrem por atuarem, ao mesmo tempo, como instrutor, disciplinador e funcionário de uma jurisdição escolar. Em um número despropositado de escolas, disciplina significa lidar com a violência. A síndrome de *burnout* é consequência desses problemas: dos professores novos, entre um quarto e um terço demite-se nos primeiros três anos de trabalho, e cerca da metade desiste das escolas pobres dos centros urbanos nos primeiros cinco anos de atividade (Wallis, 2008).

Use a sua imaginação sociológica

Como você desburocratizaria a sua escola? Como ela seria?

Diante dessas dificuldades, o ensino continua sendo uma profissão atraente nos Estados Unidos? Em 2011, 3,1% dos calouros do ensino superior manifestaram interesse em tornarem-se professores do ensino fundamental ou médio. Essas cifras são drasticamente inferiores aos 11% dos calouros do sexo masculino e 37% do sexo feminino que, em 1966, nutriam essas aspirações ocupacionais (Pryor et al., 2007, p. 76, 122; 2011, p. 29).

Sem sombra de dúvida, a questão financeira influi no interesse dos estudantes pelo ensino. Em 2010, o salário médio anual de todo o conjunto de professores de escolas de ensino fundamental e médio dos Estados Unidos foi de 55.350 dólares, o que os situava nas proximidades da média nacional. Em alguns países industrializa-

Da educação infantil ao fim do ensino médio, os professores enfrentam diversos desafios, entre eles o de preparar os alunos para testes padronizados.

dos, os salários dos professores são mais elevados em relação ao padrão de vida geral. Naturalmente, os salários variam bastante de estado para estado, e até de uma jurisdição escolar para outra. Não obstante, a recompensa financeira pelo ensino é minúscula se comparada a certas opções de carreira: o presidente executivo de um grande grupo empresarial ganha, por dia, mais do que um professor ganha por ano.

O *status* de qualquer emprego reflete alguns fatores, inclusive o grau de escolaridade exigido, a compensação financeira e o apreço da sociedade pela ocupação. A profissão docente está em xeque nas três frentes. Primeiro, o grau de escolaridade formal exigido para ensinar continua elevado e o público pressiona por novos exames de habilitação. Segundo, as estatísticas citadas anteriormente demonstram que os salários dos professores são significativamente inferiores aos de muitos profissionais e trabalhadores qualificados. Por fim, o prestígio da profissão caiu na última década. Decepcionados e frustrados, muitos professores trocaram a docência por outras carreiras profissionais.

GOVERNO: PODER E AUTORIDADE

A sociedade não vive em um vácuo. Alguma pessoa ou algum grupo, seja um chefe tribal, um parlamento ou um ditador, toma decisões importantes sobre como usar os recursos e alocar os bens. O exercício da autoridade e do poder é um universal cultural comum a todas as sociedades. A disputa pela autoridade e pelo poder inevitavelmente envolve ***política***, definida pelo cientista político Harold Lasswell (1936) como "quem obtém o quê, quando e como". Ao estudarem a política e o governo, os sociólogos interessam-se pelas interações sociais dos indivíduos e dos grupos e pelo seu impacto na ordem econômica e política como um todo.

Segundo Max Weber, o ***poder***, cerne do sistema político, é a capacidade de exercer o próprio arbítrio sobre os outros. Em outras palavras, qualquer pessoa capaz de controlar o comportamento de outras pessoas está exercendo o poder. As relações de poder podem envolver grandes organizações, pequenos grupos e até mesmo pessoas intimamente associadas.

Tendo elaborado a sua concepção de poder no início do século XX, Weber fixou-se primordialmente no estado-nação e na sua esfera de influência. Hoje, os pensadores reconhecem que a tendência à globalização trouxe novas oportunidades e, com elas, novas concentrações de poder, que é agora exercido em um patamar não apenas nacional, mas também global, na medida em que países e corporações multinacionais disputam o controle do acesso a recursos e o gerenciamento da distribuição do capital (R. Schaefer, 2008b; Sernau, 2001).

Qualquer sistema político possui três fontes básicas de poder: força, influência e autoridade. ***Força*** é o uso real ou a ameaça de uso da coerção para impor aos outros o próprio arbítrio. Quando os dirigentes encarceram e executam dissidentes políticos, eles estão aplicando a força; o mesmo se aplica aos terroristas quando tomam ou bombardeiam uma embaixada, ou quando assassinam um líder político.

No século XXI, a força ganhou novos significados, com países reprimindo o uso da internet em manifestações de oposição ao governo ou na reafirmação da liberdade de expressão, dos direitos humanos e das opiniões de grupos religiosos ou de minorias. Por exemplo, quando um golpe militar derrubou o governo democraticamente eleito da Tailândia, em 2006, os cidadãos deixaram de ter acesso a *websites* que criticavam o golpe. A censura do conteúdo na esfera virtual é um uso da força equivalente ao fechamento de um jornal ou a prisão de dissidentes (Deibert et al., 2008; Zittrain e Palfrey, 2008).

O termo ***influência***, por sua vez, designa o exercício do poder por meio de um processo de persuasão. Um cidadão pode mudar a sua opinião sobre um candidato à Suprema Corte devido ao editorial de um jornal, ao testemunho especializado do diretor de uma faculdade de direito perante a Comissão de Justiça do Senado, ou ao empolgante discurso de um ativista político durante um comício. Não importa qual seja o caso, os sociólogos considerariam tais esforços para convencer as pessoas como exemplos de influência. Passemos agora à terceira fonte de poder, a *autoridade*.

Tipos de autoridade

O termo ***autoridade*** designa um poder institucionalizado e reconhecido pela população sobre a qual esse poder é exercido. Os sociólogos costumam aplicar o termo àqueles que detêm um poder legitimado por meio de eleições ou do reconhecimento público. A autoridade pessoal restringe-se às fronteiras da posição social. Assim, um juiz desportivo tem autoridade para decidir se aplica ou não um pênalti em uma partida de futebol, mas tem autoridade zero sobre o preço dos ingressos para o jogo.

Max Weber ([1913–1922] 1947) desenvolveu um sistema de classificação da autoridade que se tornou uma das contribuições mais úteis e mais citadas dos primórdios da sociologia. Weber identificou três tipos ideais de autoridade: tradicional, racional-legal e carismática. Um único tipo não necesariamente caracteriza uma dada sociedade ou uma dada organização: todos os três tipos podem estar presentes em uma mesma sociedade, mas a importância relativa de cada um deles irá variar. Os sociólogos constataram que a tipologia de Weber é importante para o entendimento das diferentes manifestações do poder legítimo.

Autoridade tradicional. Até meados do século passado, o Japão era governado por um imperador, cujo poder absoluto era transmitido de geração em geração. Em um sistema político baseado na ***autoridade tradicional***, o poder legítimo é conferido pelo costume e pela prática consagrada. Um rei ou uma rainha é aceito como governante da nação pelo simples fato de herdar a coroa; um chefe tribal governa porque essa é a prática consagrada. O governante pode ser amado ou odiado, competente ou desastrado; em termos de legitimidade, isso não importa. A autoridade do dirigente tradicional assenta-se sobre o costume, e não sobre características pessoais, competências técnicas ou leis escritas. As pessoas aceitam essa autoridade porque "sempre foi assim". A autoridade tradicional é absoluta quando o governante pode ditar as leis e as políticas da sociedade.

Autoridade racional-legal. A Constituição dos Estados Unidos confere ao congresso e ao presidente a autoridade de formular e de fazer cumprir as leis e as políticas. O poder legitimado pela lei – as leis e os regulamentos escritos de um sistema político – é conhecido como ***autoridade racional-legal***. Geralmente, nas sociedades baseadas nesse tipo de autoridade, supõe-se que os governantes possuam áreas de competência e de autoridade específicas, mas não que sejam dotados de inspiração divina, como em certas sociedades com formas de autoridade tradicionais.

Use a sua imaginação sociológica

Como seria o governo do seu país caso ele se baseasse não na autoridade racional-legal, mas na autoridade tradicional? Qual a repercussão disso para o cidadão comum?

Autoridade carismática. Joana d'Arc não passava de uma camponesa na França medieval, mas conseguiu mobilizar os franceses e liderá-los na luta contra os invasores ingleses. Como isso foi possível? Conforme observou Weber, o *carisma* de um indivíduo pode legitimar o poder. O termo ***autoridade carismática*** refere-se ao poder legitimado pelo excepcional apelo pessoal ou emocional de um líder junto aos seus seguidores.

O carisma permite que um indivíduo assuma a liderança sem pautar-se por normas ou tradições estabelecidas. Com efeito, a autoridade carismática deriva mais das crenças dos correligionários do que das qualidades reais do líder. Contanto que se *perceba* que o líder tem qualidades que o distinguem dos cidadãos comuns, a sua autoridade permanecerá sólida e, com frequência, incontestada.

Olhando pela lente interacionista, o sociólogo Carl Couch (1996) assinala que o crescimento dos meios de comunicação eletrônicos facilitou o desenvolvimento da autoridade carismática. Durante as décadas de 1930 e 1940, os chefes de Estado dos Estados Unidos, Grã-Bretanha e Alemanha usavam o rádio para fazer apelos diretos aos cidadãos. Nas últimas décadas, a televisão permitiu aos líderes "visitarem" a casa das pessoas e se comunicarem com elas. Reiteradas vezes, Saddam Hussein mobilizou o povo iraquiano manejando com astúcia as suas aparições na televisão. Tanto em Taiwan quanto na Coreia do Sul em 1996, líderes políticos preocupados com suas campanhas de reeleição dirigiam-se com frequência ao público em rede nacional exagerando as ameaças de suas vizinhas, China e Coreia do Norte.

Como vimos anteriormente, Weber classificou a autoridade tradicional, a autoridade racional-legal e a autoridade carismática como tipos ideais. Na realidade, os líderes individuais e os sistemas políticos utilizam-se de, pelo menos, duas dessas formas. Os presidentes Franklin D. Roosevelt, John F. Kennedy e Ronald Reagan exerceram o poder, em maior parte, pela autoridade racional-legal. Ao mesmo tempo, foram líderes excepcionalmente carismáticos, que despertaram a lealdade de um número incontável de cidadãos.

Quem governa nos Estados Unidos?

Quem de fato detém o poder nos Estados Unidos? Será que "o povo norte-americano", genuinamente governamos o país por meio dos representantes eleitos? Ou será verdade que, por debaixo do pano, uma pequena elite controla tanto o nosso governo quanto o nosso sistema econômico? É difícil determinar onde está o poder em uma sociedade tão complexa. Debruçando-se nessa questão, os cientistas sociais desenvolveram duas visões básicas da estrutura de poder dos Estados Unidos: o modelo da elite do poder e o modelo pluralista.

Os modelos da elite do poder. Karl Marx acreditava que a democracia representativa do século XIX era um blefe. Segundo ele, as sociedades industriais eram dominadas por um número relativamente pequeno de pessoas, que eram donas de fábricas e tinham o controle os recursos naturais. Na visão de Marx, as autoridades públicas e a liderança militar eram subservientes à classe capitalista e obedeciam aos desejos dela. Portanto, quaisquer decisões importantes tomadas pelos políticos refletiam, inevitavelmente, os interesses da burguesia dominante. Marx, assim como os que aderem ao ***modelo da elite*** nas relações de poder, acreditava que a sociedade era governada por um pequeno grupo de indivíduos que partilham de um conjunto de interesses políticos e econômicos comuns.

O modelo de Mills. O sociólogo C. Wright Mills desenvolve este modelo no seu livro *A elite do poder* ([1956] 2000b). Na descrição de Mills, um pequeno grupo de dirigentes públicos, industriais e militares controla o destino dos Estados Unidos.

O poder está nas mãos desse pequeno grupo, tanto de dentro quanto de fora do governo, designado como a ***elite do poder***.

No modelo de Mills, a estrutura de poder dos Estados Unidos é representada por uma pirâmide (ver Fig. 9.2a). No topo da pirâmide, ficam os grandes grupos empresariais, as autoridades do braço executivo do governo e as lideranças militares (chamadas por Mills de "senhores da guerra"), que constituem a elite do poder. Imediatamente abaixo ficam os formadores de opinião locais, os integrantes do braço legislativo do governo e as lideranças de grupos de interesse especiais. Mills acreditava que tais indivíduos e grupos obedeceriam fundamentalmente aos desejos da elite do poder dominante. Na base da pirâmide estão as massas exploradas e desorganizadas.

Esse modelo da elite do poder tem muitos paralelos com a obra de Karl Marx. A diferença mais gritante é que, para Mills, o poder econômico coordena as suas manobras com os poderes político e militar para servir aos seus interesses comuns. Mills, porém, remete a Marx quando afirma que os grandes grupos corporativos talvez sejam o elemento mais poderoso da elite do poder (o primeiro entre os "iguais"). Obviamente, as massas impotentes da base da pirâmide no modelo de Mills remetem à imagem traçada por Marx dos trabalhadores oprimidos, que "nada (têm) a perder senão os seus grilhões".

Um elemento fundamental da tese de Mills é que a elite do poder atua como uma unidade coesa e dotada de autoconsciência. Embora não seja necessariamente diabólica ou implacável, a elite abrange tipos parecidos de pessoas que mantêm uma interação regular e que, em essência, comungam dos mesmos interesses econômicos e políticos. A elite do poder de Mills não é uma conspiração; é uma comunidade de interesses e de sentimentos no meio de um pequeno número de pessoas influentes (Hacker, 1964).

É verdade que Mills não conseguiu esclarecer quando a elite reage aos protestos e quando os tolera; tampouco conseguiu apresentar estudos de caso detalhados para substanciar o inter-relacionamento dos integrantes da elite do poder. Não obstante, a sua teoria obrigou os pensadores a olhar o sistema político democrático dos Estados Unidos por uma perspectiva mais crítica.

Um dos desdobramentos do modelo da elite do poder de Mills é a pesquisa em curso sobre a presença de uma *elite do poder global* – ou seja, lideranças políticas e empresariais e ex-lideranças militares com influência fora das fronteiras nacionais. Como essa via de investigação é relativamente nova, há algumas controvérsias acerca da definição do termo. É preciso que os membros da elite do poder global demonstrem tanto consenso quanto os membros da elite do poder de Mills? Ou será a elite do poder global capaz de unir vozes tão dissonantes, como as do *publisher* Rupert Murdoch, do negociante de armas ilegais Viktor Bout e do ex-presidente Bill Clinton, no papel de líder da Clinton Global Initiative (Miller, 2008; Rothkopf, 2008)?

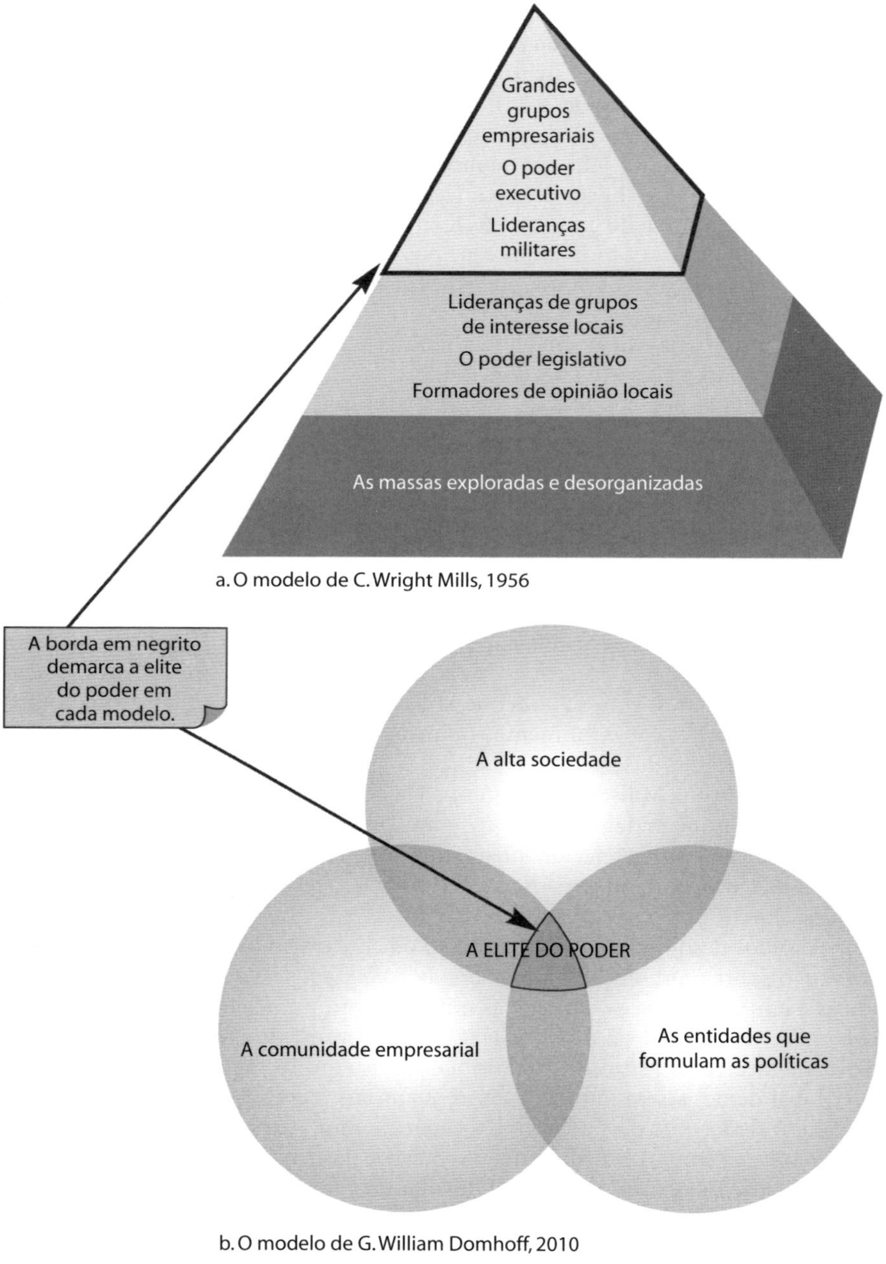

Figura 9.2 Modelos da elite do poder.

Fonte: (a) o autor, baseado em C. W. Mills, [1956] 2000b; (b) Domhoff, 2010, p. 116.

O modelo de Domhoff. Ao longo das três últimas décadas, o sociólogo G. William Domhoff (2010) vem apoiando a tese de Mills de que os Estados Unidos são governados por uma poderosa elite. Para Domhoff, a elite ainda é em larga escala branca, do sexo masculino e da classe mais alta, como consta no seu livro com Richard L. Zweigenhaft (2006). Domhoff, porém, sublinha o papel desempenhado tanto pela elite da comunidade empresarial quanto por dirigentes de organizações da rede de planejamento político, como câmaras de comércio e sindicatos. Muitas pessoas que pertencem a ambos os grupos pertencem igualmente à classe social mais alta. Além disso, Domhoff assinala a presença de um pequeno número de mulheres e de homens da minoria – grupos excluídos do escalão superior de Mills e até hoje sub-representados em posições-chave.

Embora exista uma área em que os três grupos do modelo da elite de poder de Domhoff se superpõem, como mostra a Figura 9.2b, esses grupos não necessariamente convergem quanto a políticas específicas. Domhoff observa que duas coalizões diferentes influenciavam a arena eleitoral. Uma delas, a *coalizão conservadora empresarial*, desempenhou, nos partidos políticos, um papel substancial, obtendo apoio para determinados candidatos mediante o uso da mala direta. A outra, a *coalizão liberal trabalhista*, tem em sua base sindicatos, organizações ambientais locais, parte da comunidade de grupos minoritários, igrejas liberais, universidades e comunidades artísticas (Zweigenhaft e Domhoff, 2006).

O modelo pluralista. Alguns cientistas sociais insistem que, nos Estados Unidos, o poder é mais compartilhado do que os modelos da elite apontam. Na visão deles, o sistema político norte-americano corresponde mais precisamente a um ***modelo pluralista***: muitos grupos que competem no seio da comunidade têm acesso às autoridades públicas; portanto, nenhum grupo é dominante.

O modelo pluralista sugere que diversos grupos têm um papel relevante no processo decisório. Os pluralistas fazem uso intensivo de estudos de caso ou de estudos comunitários baseados em pesquisas observacionais. Uma das pesquisas mais famosas – uma investigação sobre o processo decisório em New Haven, Estado de Connecticut – foi relatada por Robert Dahl em seu livro *Who Governs?* (Quem governa?) (1961). Dahl constatou que, a despeito do número relativamente pequeno de pessoas envolvidas em qualquer decisão importante, o poder da comunidade era difuso. Poucos atores políticos exerciam o poder de tomar todo tipo de decisões. Um indivíduo ou um grupo podia ser influente em um embate sobre reforma urbana e, ao mesmo tempo, ter pouco impacto sobre a política educacional.

No entanto, o modelo não escapou de sérios questionamentos. Domhoff (1978, 2010) reexaminou o estudo de Dahl sobre o processo decisório em New Haven e afirmou que Dahl e outros pluralistas não conseguiram demonstrar que as elites com influência no processo decisório local integram uma classe governante mais ampla, de âmbito nacional. Além disso, um estudo sobre o poder comunitário, como o trabalho de Dahl em New Haven, só examina o processo decisório nas questões inseridas na pauta política. Tais estudos não conseguem captar o possível poder das elites de *excluir* do debate público certos pontos que ameaçam a sua dominação.

Use a sua imaginação sociológica

Que modelo da estrutura de poder convém mais aos Estados Unidos: do poder da elite ou o pluralista? Justifique a sua resposta.

Dianne Pinderhughes (1987) criticou o modelo pluralista por este não conseguir dar conta da exclusão sofrida pelos afro-americanos no processo político. Baseada em seus estudos sobre a política de Chicago, Pinderhughes assinala que a segregação ocupacional e residencial dos negros e a sua exclusão do sufrágio político violam a lógica do pluralismo, que, supostamente defende a influência da minoria no processo decisório comunitário. A crítica aplica-se a muitas cidades do território norte-americano em que outras grandes minorias raciais e étnicas, como os dos americanos de origem asiática, dos porto-riquenhos e dos mexicano-americanos, são relativamente impotentes.

Historicamente, os pluralistas têm dado ênfase a formas pelas quais grandes contingentes de pessoas podem participar ou influir no processo decisório público. As novas tecnologias de comunicação, como a internet, vêm ampliando as oportunidades de fazer ouvir a própria voz no mundo todo. Porém, as duas perspectivas (da elite e pluralista) convergem em um ponto importante: a distribuição do poder no sistema político norte-americano é desigual. Em tese, todos os cidadãos talvez sejam iguais, mas os que estão no alto da estrutura do poder nacional são “mais iguais”. As novas tecnologias de comunicação podem alterar ou não a distribuição do poder (McFarland, 2007).

Independentemente do modelo de análise utilizado pelo cientista social, as disputas pelo poder subjacentes ao governo e à política têm muito a ver com a distribuição dos recursos econômicos da sociedade. Nos próximos itens deste capítulo, nos debruçaremos sobre a economia, tanto na teoria quanto nas suas implicações práticas para a força de trabalho.

SISTEMAS ECONÔMICOS

A economia cumpre a função social básica de produzir e distribuir bens e serviços (ver Tab. 8.1). Mas, como se organiza essa instituição social aparentemente amorfa? O ***sistema econômico***, para produzir, distribuir e consumir bens e serviços, dependerá tanto do grau de desenvolvimento quanto da ideologia política de cada sociedade.

Abordaremos, neste item, os dois sistemas econômicos básicos associados às sociedades industriais contemporâneas: o capitalismo e o socialismo. Na teoria, ambos moldam-se perfeitamente a determinados ideais, como a propriedade privada ou a propriedade coletiva. Todavia, os sistemas econômicos raramente correspondem aos tipos ideais nos quais se baseiam. Em maior ou em menor grau, a maioria dos sistemas atuais incorpora elementos tanto do capitalismo quanto do socialismo.

Capitalismo

Use a sua imaginação sociológica

Que aspectos do capitalismo você aprecia? E que aspectos considera preocupantes?

Nas sociedades pré-industriais, a terra era a fonte de praticamente toda a riqueza. A Revolução Industrial mudou esse cenário ao exigir que certos indivíduos e instituições assumissem riscos importantes para financiar novas invenções, máquinas e negócios. Banqueiros, industriais e outros detentores de grandes fortunas foram substituindo os donos de terras como a força econômica mais poderosa. Essas pessoas investiram os seus recursos na esperança de extrair lucros ainda maiores das fábricas e das firmas de negócios.

O sistema econômico capitalista surgiu durante a transição para a propriedade privada dos negócios. O ***capitalismo*** é um sistema econômico em que os meios de produção são, em grande parte, de propriedade privada, e o principal incentivo à atividade econômica é a acumulação de lucros. Na prática, esses sistemas variam conforme o grau de regulação pública sobre a propriedade privada e a atividade econômica (Rosenberg, 1991).

Logo após a Revolução Industrial, prevalecia uma forma de capitalismo chamada de *laissez-faire* ("deixe fazer"), em que, conforme apresentado e endossado pelo economista britânico Adam Smith (1723-1790), as firmas podiam competir com liberdade e sob a intervenção mínima do governo. Mantinham o direito à autorregulação, atuando sem receio da interferência governamental (Smelser, 1963).

Passados dois séculos, o capitalismo assumiu uma forma um tanto diferente. A propriedade privada e a maximização dos lucros continuam sendo as características mais relevantes dos sistemas econômicos capitalistas. No entanto, ao contrário da era do *laissez-faire*, o capitalismo, em sua atual configuração, é marcado pela ampla regulação pública das relações econômicas. Sem restrições, as empresas podem enganar os consumidores, pôr os seus funcionários em risco e até mesmo fraudar os investidores – tudo em prol de mais lucros. É por isso que, com frequência, o governo controla os preços, dita padrões de segurança para as indústrias, protege os direitos dos consumidores e regula as negociações coletivas entre os sindicatos e a administração. Porém, em um sistema capitalista, é raro que o governo assuma a propriedade integral de uma indústria.

O capitalismo contemporâneo também difere do ***laissez-faire*** em outro ponto importante: a tolerância a práticas monopolistas. O ***monopólio*** ocorre quando uma única empresa controla o mercado. O domínio de um setor permite que uma empresa controle uma *commodity*, ditando os seus preços, os seus padrões de qualidade e a disponibilidade de seus bens e serviços. Não restam opções aos compradores, senão curvar-se às decisões da firma; o produto ou o serviço tampouco pode ser adquirido em outro lugar. As práticas monopolistas violam o ideal de livre concorrência acalentado por Adam Smith e por outros adeptos do capitalismo *laissez-faire*.

Alguns países capitalistas tentam banir os monopólios com uma legislação antitruste – leis que visam a impedir qualquer empresa de apoderar-se de uma fatia tão grande de determinado setor a ponto de controlar o mercado. O governo norte-americano somente aprova monopólios em casos excepcionais, como o dos transportes e dos serviços públicos. Mesmo assim, os monopólios oficialmente aprovados são monitorados de perto por agências reguladoras, a fim de proteger a população. O infindável embate legal entre o Departamento de Justiça dos Estados Unidos e a Microsoft, proprietária do sistema operacional predominante no mercado de computadores pessoais, ilustra o tenso relacionamento entre governo e monopólios privados em países capitalistas.

Os teóricos do conflito assinalam que, embora os monopólios *puros* não sejam um elemento básico da economia dos Estados Unidos, a concorrência é muito mais restrita do que seria no chamado *sistema de livre concorrência*. Em numerosos setores, um punhado de empresas domina determinada área e impede a entrada de novos empreendimentos no mercado.

Durante a grave crise econômica iniciada em 2008, os Estados Unidos afastaram-se ainda mais do ideal do *laissez-faire*. Para impedir que grandes instituições financeiras fossem à falência, o governo federal investiu centenas de bilhões de dólares em empresas bancárias, em investimentos e em companhias de seguros. Em 2009, o governo salvou da falência a indústria automobilística, assumindo uma participação de 60% na General Motors. O governo canadense assumiu outros 12%.

Socialismo

A teoria socialista aprimorou-se nos escritos de Karl Marx e Friedrich Engels. Os dois radicais europeus viam com preocupação a exploração da classe trabalhadora que emergiu na Revolução Industrial. Na visão deles, o capitalismo forçou um numeroso contingente de pessoas a vender o seu próprio trabalho em troca de baixos salários. Os proprietários das indústrias lucravam com a mão de obra dos trabalhadores principalmente porque pagavam a eles um valor inferior ao dos bens produzidos.

O sistema econômico socialista ideal tenta abolir essa exploração econômica. No ***socialismo***, os meios de produção e de distribuição da sociedade são de propriedade coletiva, e não privada. O objetivo básico do sistema econômico é satisfazer as necessidades das pessoas, e não maximizar os lucros. Os socialistas repudiam a filosofia do *laissez-faire* de que a livre concorrência beneficia a população. Caberia ao governo central, agindo em nome da população, tomar decisões econômicas básicas. Portanto, a propriedade pública de todas as principais indústrias – como a produção de aço, a fabricação de automóveis e a agricultura – é uma das principais características do socialismo.

Na prática, os sistemas econômicos socialistas variam conforme a sua tolerância à propriedade privada. Por exemplo, na Grã-Bretanha, uma nação com aspectos socialistas e capitalistas, a British Airways, uma empresa pública, concentrava o serviço de transporte aéreo de passageiros. Porém, mesmo antes da privatização da British Airways em 1987, as empresas aéreas privadas tinham plena liberdade para concorrer com ela.

As sociedades socialistas diferem das nações capitalistas no que diz respeito ao compromisso com programas de assistência à população. Por exemplo, o governo dos Estados Unidos, por meio dos seus programas Medicare e Medicaid, oferece assistência de saúde e seguro-saúde aos idosos e aos pobres. Em contrapartida, em países socialistas, *todos* os cidadãos têm direito à assistência médica bancada pelo governo. Em tese, a riqueza coletiva da população é usada para fornecer assistência de saúde, habitação, educação e de outros serviços essenciais a cada indivíduo e a cada família.

Marx acreditava que o estado socialista acabaria "minguando" e evoluindo para uma sociedade *comunista*. O termo ***comunismo*** refere-se a um sistema econômico em que toda a propriedade é comum e não se fazem distinções sociais com base na produtividade das pessoas. Nas últimas décadas, a União Soviética, a República Popular da China, o Vietnã, Cuba e as nações do Leste Europeu eram comumente vistas como sistemas econômicos comunistas. No entanto, este ponto de vista representa um uso equivocado de um termo com delicadas conotações políticas. Na verdade, todas as nações tidas como comunistas não são do tipo ideal (Walder e Nguyen, 2008).

No início da década de 1990, as nações do Leste Europeu já não eram governadas por partidos comunistas. Há duas décadas, em 2012, Moscou tinha nada menos que 78 bilionários – mais que Nova York (58) e Londres (39). No mesmo ano, apenas China, Cuba, Laos, Coreia do Norte e Vietnã continuavam sendo sociedades socialistas governadas por partidos comunistas. Porém, mesmo nesses países, o capitalismo começou a insinuar-se. No Vietnã, por exemplo, a bolsa de valores da cidade de Ho Chi Minh abriu em 1990; hoje, o mercado negocia 600 ações que representam quase 40% do produto interno bruto (PIB) do Vietnã. Mesmo em Cuba, um baluarte socialista, o governo começou a ampliar as possibilidades de os cidadãos terem o seu próprio negócio e contratarem funcionários. Em meados de 2011, já haviam sido concedidas aos proprietários mais de 325 mil licenças para uma série de negócios, entre eles salões de beleza, marcenarias, sapatarias e restaurantes (K. Chu, 2010; *Forbes*, 2012; T. Wilkinson, 2011).

Como vimos, o capitalismo e o socialismo servem como tipos ideais. Na realidade, a economia de cada sociedade industrializada contém elementos tanto do capitalismo quanto do socialismo (ver Tab. 9.2). Não importa quais sejam as diferenças – se um país está mais para o capitalismo ou para o socialismo –, todas as sociedades industriais dependem, acima de tudo, da produção mecanizada de bens e serviços. E todas as economias, independentemente de serem capitalistas ou socia-

Recapitulando

Tabela 9.2 Características dos três principais sistemas econômicos

Sistema econômico	Características	Exemplos atuais
Capitalismo	Propriedade privada dos meios de produção Acumulação de lucros como principal incentivo	Canadá México Estados Unidos
Socialismo	Propriedade coletiva dos meios de produção Tem como objetivo básico o atendimento às necessidades da população	Alemanha Rússia Suécia
Comunismo	Propriedade comunal de todo o patrimônio Não se aplicam distinções sociais com base na produtividade pessoal	Cuba Coreia do Norte Vietnã

Nota: Os países listados na coluna da direita são exemplos típicos – mas não perfeitos – de cada um dos três sistemas econômicos. Na prática, a economia da maioria dos países mescla elementos dos três principais sistemas.

listas, mudam em decorrência de avanços sociais e tecnológicos. No próximo item, examinaremos a transição da China comunista para uma economia capitalista.

O CAPITALISMO NA CHINA

A China atual não é a China das gerações passadas; a expectativa é de que ela venha a ser a maior economia do mundo até 2020. (A Fig. 9.3 mostra as maiores economias do mundo nos últimos 20 anos.) Neste país em que a vida das pessoas já foi dominada pelo Partido Comunista, atualmente poucos dão-se ao trabalho de acompanhar o que se passa no Partido. Depois de uma década de rápido crescimento econômico, a maioria dos chineses está mais interessada em comprar bens de consumo de última geração. Ironicamente, foi a decisão das autoridades do partido de transformar a economia da China, abrindo-a para o capitalismo, que reduziu a antiga influência onipotente da instituição.

Hoje, os empreendedores que sobreviveram aos primeiros anos de transição incluem-se entre os capitalistas mais ricos do país – alguns deles com assentos em conselhos consultivos do governo. A crescente economia de mercado que eles fomentaram acarretou em significativa desigualdade entre os trabalhadores chineses, sobretudo entre os trabalhadores urbanos e os rurais. Embora a investida rumo a um desenvolvimento voltado para o mercado esteja desacelerando, ainda ocorrem questionamentos sobre a acumulação de riqueza por poucos (Sicular et al., 2006).

Os capitalistas chineses enfrentaram a competição com corporações multinacionais, que agora, graças a reformas econômicas promovidas pelo governo, conseguem operar na China com mais facilidade. A General Motors (GM) começou a interessar-se pelo país em 1992, contando poder usar a mão de obra barata do país para fabricar carros para o mercado externo. Porém, empresas de capital estrangeiro, como a GM, vendem cada vez mais para o mercado chinês. Em 2009,

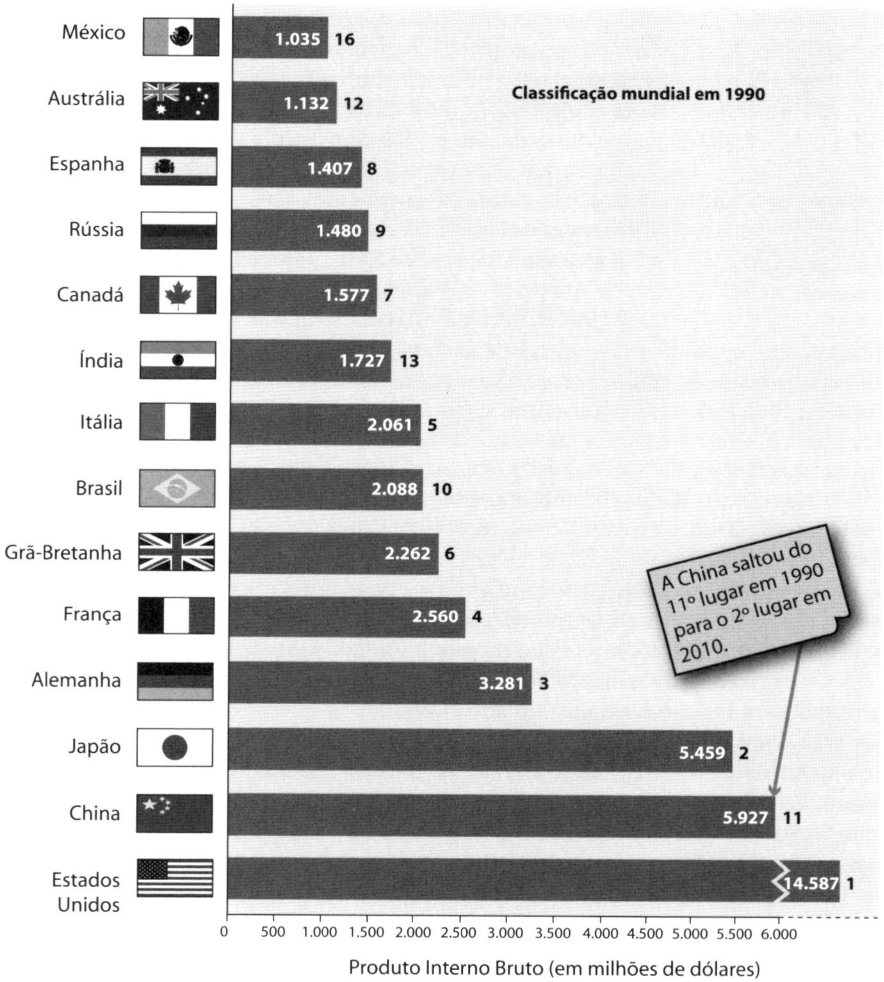

Figura 9.3 As maiores economias do mundo.

os chineses já compravam mais automóveis do que a população dos Estados Unidos (Terlep, 2011).

O afrouxamento do controle estatal sobre a economia significou, para os trabalhadores chineses, um aumento da mobilidade ocupacional, rigidamente limitada nos primeiros tempos de mandato do Partido Comunista. Os novos mercados criados pelo empreendedorismo privado permitem que trabalhadores ambiciosos progridam na carreira trocando de emprego ou até mesmo de cidade. Porém, muitos trabalhadores urbanos de meia-idade perderam o emprego para migrantes ru-

Use a sua imaginação sociológica

A que você atribui o crescimento tão acelerado da economia chinesa?

rais que saem em busca de melhores salários. Além disso, as fábricas de propriedade privada que fornecem desde cadeiras dobráveis de jardim a ferramentas mecânicas para corporações multinacionais oferecem oportunidades limitadas e intensas jornadas de trabalho. A média salarial, para uma semana de seis dias, não chega a 400 dólares mensais. Embora baixos, os salários na China ainda são o dobro dos salários na Indonésia, nas Filipinas e no Vietnã, onde as multinacionais vêm abrindo fábricas (*The Economist*, 2010b).

O maciço crescimento econômico da China traz consigo graves problemas sociais. Como muitas empresas não priorizam a segurança, os índices de acidentes de trabalho são elevados. As péssimas condições de trabalho contribuem para a alta rotatividade da mão de obra. Como a China não tem um sistema de pensões, os aposentados são obrigados a sair em busca de outros meios de sustento. As áreas urbanas costumam ser poluídas e os problemas ambientais são colossais (Barboza, 2008; French, 2008).

Para o trabalhador comum, a filiação ao partido tornou-se menos importante que no passado. Por sua vez, a competência e a experiência gerenciais estão em alta. O sociólogo Xiaowei Zang (2002), de Hong Kong, fez um *survey* com 900 trabalhadores de uma importante cidade industrial e constatou que os membros do partido ainda levam vantagem em empresas públicas e estatais, com salários superiores aos dos demais trabalhadores. Porém, na esfera privada, o importante é a experiência de serviço ou a experiência gerencial ou empreendedora. Como pode-se esperar, ser homem e ter boa escolaridade também ajuda.

O avanço das mulheres na força de trabalho tem sido mais lento que o dos homens. A tradicional estrutura familiar patriarcal relega as mulheres chinesas a papéis subalternos. Sob o mandato do Partido Comunista, elas conseguiram obter ganhos relevantes no emprego, na renda e na escolaridade, embora não com a rapidez prometida. Para as mulheres da China rural, o crescimento de uma economia de mercado deu-lhes a opção entre trabalhar em uma fábrica ou em uma fazenda. Mesmo assim, a despeito de mudanças econômicas recentes, surgem pesquisas demonstrando que as mulheres chinesas ganham salários inferiores aos dos homens empregados nos mesmos setores (Wang e Cai, 2006).

ECONOMIAS EM TRANSIÇÃO

Como destacam os defensores do modelo da elite do poder, a tendência das sociedades capitalistas tem sido a concentração da propriedade por parte das megacorporações, sobretudo das multinacionais. A economia dos Estados Unidos, assim como a da China, vem passando por mudanças importantes, em parte devido a crescente interligação e dependência da economia global. Examinaremos, nos próximos itens, dois desdobramentos dessa tendência nos Estados Unidos: a desindustrialização e a mudança de perfil da força de trabalho, em contraposição a uma tendência inversa – a ascensão do microfinanciamento nos países em desenvolvimento. Como essas tendências demonstram, qualquer mudança na economia traz implicações sociais e políticas.

O microfinanciamento

De certa forma, o ***microfinanciamento*** é uma pequena solução para um grande problema. Trata-se de um empréstimo de pequenas quantias de dinheiro aos pobres para que eles consigam viabilizar a sua saída da pobreza. Os mutuários usam o dinheiro para abrir pequenos negócios na economia informal – comprar fio para tecer, vacas para produzir leite, ou ferramentas, equipamentos e bambu para fabricar tamboretes. Os produtos fabricados são vendidos no comércio local. Os microcréditos oscilam entre 20 e 600 dólares. Os beneficiários são pessoas que normalmente não teriam acesso aos serviços bancários.

O microfinanciamento, às vezes chamado de "financiar os sem banco", foi idealizado pelo economista Muhammad Yunus, de Bangladesh. Em 1976, durante uma devastadora epidemia de fome em Bangladesh, Yunus fundou o Grameen Bank. A ideia ocorreu-lhe ao tirar um dinheiro do bolso para emprestar a um grupo de aldeãos que veio pedir-lhe ajuda. Operando em auditórios locais ou em pontos de encontro, o Grameen beneficiou, até hoje, cerca de 7 milhões de mutuários. A ideia alastrou-se e chegou a ser adotada por mais de mil organizações multinacionais e bancos com fins lucrativos. Segundo estimativas recentes, o microfinanciamento estende-se a 91 milhões de pessoas em 100 países (Microfinance Information Exchange, 2011; Yunus, 2010).

Embora o microfinanciamento tenha beneficiado muitas famílias, os críticos afirmam que muitos emprestadores aproveitam-se dos pobres. Sobretudo na Índia, a extensão de microempréstimos a projetos financeiramente questionáveis e com reduzida chance de êxito deixou alguns mutuários endividados. No outro extremo, alguns emprestadores colheram lucros extraordinários, tanto para si quanto para os bancos de investimento que criaram.

A mudança no perfil da força de trabalho

Nos Estados Unidos a força de trabalho está em constante mutação. Durante a Segunda Guerra Mundial, com a mobilização de homens para combater no exterior, as mulheres ingressaram maciçamente na força de trabalho. E, com a escalada do movimento dos direitos civis, abriram-se diversas oportunidades de emprego para as minorias. O ativo recrutamento de mulheres e de minorias para o trabalho, conhecido como *ação afirmativa*, ajudou as minorias a subirem os degraus da escada ocupacional. Recentemente, verificou-se um progressivo crescimento numérico dos imigrantes na força de trabalho dos Estados Unidos.

Embora as previsões nem sempre sejam confiáveis, os sociólogos e os especialistas no setor do trabalho preveem o aumento do contingente de mulheres e de minorias raciais e étnicas na composição da força de trabalho. Em 1960, a força de trabalho tinha duas vezes mais homens do que mulheres. Porém, no período de 1988 a

2018, a expectativa é de que as mulheres representem 52% dos novos trabalhadores. A dinâmica no caso das minorias é ainda mais notável, pois o número de trabalhadores negros, latinos e de origem asiática continua crescendo em ritmo mais acelerado que o de trabalhadores brancos. Como mostra a Figura 9.4, os trabalhadores nascidos fora dos Estados Unidos são, eu sua maioria, originários de países em desenvolvimento (Toossi, 2009).

A força de trabalho é, cada vez mais, um reflexo da diversidade da população, com o ingresso das minorias étnicas na força de trabalho e a transição dos imigrantes e dos filhos de imigrantes de empregos precários ou informais para postos de maior visibilidade e responsabilidade. O impacto dessa mudança no perfil da força de trabalho não é meramente estatístico. A maior diversificação aumenta a probabilidade de que as relações entre os trabalhadores venham a transcender as linhas de gênero, raça e etnia. Os interacionistas assinalam que as pessoas passarão a supervisionar e a ser supervisionadas por pessoas muito diferentes delas.

A desindustrialização

O que ocorre quando uma empresa decide que é mais rentável transferir as suas operações de uma comunidade onde está estabelecida há muito tempo para outra região do país, ou para fora do país? As pessoas perdem o emprego; as lojas perdem a clientela; o encolhimento da base fiscal leva o governo local a cortar serviços. Esse processo devastador repetiu-se várias vezes na última década.

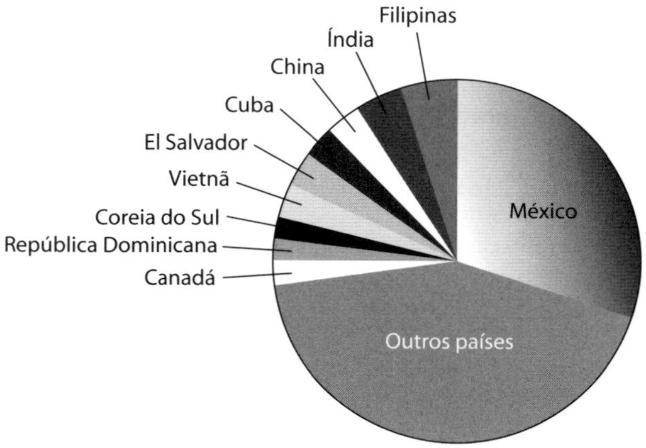

Figura 9.4 Países de origem da população em idade economicamente ativa nascida fora dos Estados Unidos.

Fonte: 2004 Bureau of Labor Statistics data in Mosisa, 2006, p. 48.

O termo ***desindustrialização*** refere-se ao retraimento sistemático e generalizado dos investimentos em atividades básicas da produção, como fábricas e usinas. A desindustrialização das megacorporações não significa necessariamente que elas se recusam a investir em novas oportunidades econômicas. Na realidade, com a mudança das metas e dos locais de investimento e o progressivo avanço tecnológico na automação da produção, reduz-se a necessidade de mão de obra. Primeiro, as fábricas são transferidas do centro da cidade para a periferia. O passo seguinte pode ser transferi-las das periferias urbanas dos estados do Nordeste e do Meio-Oeste para os estados do Sul dos Estados Unidos, onde as leis trabalhistas restringem mais a atuação dos sindicatos. Por fim, a corporação pode simplesmente transferir a operação para *fora* dos Estados Unidos, para um país em que os salários são mais baixos. A General Motors, por exemplo, optou por investir bilhões de dólares na construção de uma fábrica na China, em vez de construí-la em Kansas City ou no México (Lynn, 2003).

Use a sua imaginação sociológica

Que evidências de desindustrializção ou de enxugamento você vê na sua comunidade? Que reviravoltas econômicas acarretaram essas mudanças?

Há casos em que a desindustrialização, a despeito de implicar uma relocação, apresenta-se como uma reestruturação produtiva, com as empresas empenhando-se em reduzir custos para fazer frente à crescente concorrência global. Quando ocorre uma reestruturação, o impacto sobre a hierarquia burocrática das organizações formais pode ser significativo. Uma grande corporação pode optar por vender ou simplesmente abandonar divisões produtivas e eliminar escalões gerenciais julgados desnecessários. Podem ocorrer congelamentos salariais e cortes de benefícios – tudo em nome da "reestruturação". A crescente automação também prenuncia o fim do trabalho na forma como nós o concebemos.

O termo ***enxugamento*** foi introduzido em 1987 e designa a redução da força de trabalho efetuadas pela empresa em nome da desindustrialização. Visto da perspectiva do conflito, o alvoroço que o enxugamento suscitou em meados da década de 1990 refletia a continuada importância da classe social nos Estados Unidos. Os teóricos do conflito observam que, entre os operários, a perda de empregos é, há muito tempo, sinal de desindustrialização. Mas, quando começaram a ser demitidos grandes contingentes de gerentes de classe média e de outros funcionários com remunerações relativamente elevadas, a imprensa resolveu manifestar a sua grande preocupação com o enxugamento.

A prolongada crise econômica iniciada em 2008 acelerou os processos de desindustrialização e de enxugamento. Com o aprofundamento da recessão, muitas fábricas foram fechadas em caráter provisório ou até mesmo permanente, deixando diversos trabalhadores sem emprego. Com o fechamento dessas fábricas e postos de trabalho extinguiu-se qualquer esperança de restauração ou de expansão da indústria pesada, inclusive a de fabricação de automóveis. A concordata da Chrysler e da General Motors atingiu em cheio os estados do Meio-Oeste dos Estados Unidos.

Os custos sociais da desindustrialização e do enxugamento são inimagináveis. O fechamento de uma fábrica acarreta desemprego na comunidade, com impacto potencialmente devastador tanto no nível micro quanto no nível macro. No nível micro, o indivíduo desempregado e a sua família precisam adequar-se à perda de poder aquisitivo. É preciso abrir mão de pintar ou de reformar a casa, de pagar o seguro-saúde, de poupar para a aposentadoria, de até mesmo de pensar em ter outro filho. Isso pode afetar tanto a felicidade conjugal quanto a coesão familiar. Embora muitos trabalhadores dispensados reingressem na força de trabalho remunerada, eles frequentemente se veem obrigados a aceitar postos de trabalho menos atraentes com salário menor e menos benefícios.

A SOCIOLOGIA É IMPORTANTE

A sociologia é importante pois nos induz a ter uma visão crítica das instituições sociais que moldam a nossa vida.

- Qual era o currículo oculto nas escolas de ensino fundamental e médio que você frequentou? Os alunos eram distribuídos em grupos? No seu entender, as expectativas dos professores influenciavam no desempenho acadêmico dos alunos?
- Você conhece alguém que tenha perdido o emprego em função do fechamento de uma fábrica, do enxugamento de uma repartição ou da transferência de empregos para o exterior? A economia de custo que a transferência de empregos dos Estados Unidos para o exterior proporciona aos seus consumidores compensa as perdas dos trabalhadores norte-americanos?

A sociologia é importante pois realça a luta entre os poderosos e os indefesos.

- Analise a sua escola ou o seu local de trabalho em termos de poder e de autoridade. Quem governa, e com que tipo de autoridade? Que modelo (elite do poder ou pluralista) é mais adequado à sua estrutura de poder?
- No seu entender, a divisão do poder e da autoridade no Brasil é justa? Caso a resposta seja não, que instituição social você considera mais necessitada de reforma? Como você procederia para mudá-la?

RECURSOS DO CAPÍTULO

Resumo

Assim como a família e a religião, as instituições sociais da **educação**, do governo e da economia são universais culturais, encontrados sob diversas formas em todas as culturas humanas. Este capítulo examinou quatro perspectivas sociológicas sobre a educação; as escolas como organizações formais; as formas de **autoridade** e de **poder** público; dois **sistemas econômicos** básicos; e algumas tendências que vêm transformando os Estados Unidos e as economias do planeta.

1. Os funcionalistas ressaltam que as escolas exercem *funções* tanto *latentes* quanto *manifestas*. As funções latentes (veladas) incluem a transmissão da cultura, a promoção da integração política e social, a manutenção do controle social e o estímulo à mudança social.
2. Os teóricos do conflito observam que as escolas têm um **currículo oculto** que respalda os padrões sociais convencionais. Eles acusam as escolas de *agrupar* os alunos de acordo com a classe social e de perpetuar o tratamento desigual das mulheres.
3. Os interacionistas detectaram um **efeito da expectativa do professor**, segundo o qual os pressupostos dos professores quanto à capacidade dos alunos pode afetar o seu desempenho acadêmico.
4. Atualmente, a organização da maioria das escolas dos Estados Unidos enquadra-se nos moldes burocráticos. As escolas deixam evidentes todas as cinco características básicas da burocracia descritas por Max Weber.
5. As escolas são organizações sociais complexas. Os professores arcam com o estresse decorrente do conflito de papéis inerente ao seu cargo – ser ao mesmo tempo educador e disciplinador.
6. Em qualquer sistema político há três fontes básicas de **poder**: **força**, **influência** e **autoridade**. Max Weber identificou três tipos ideais de autoridade: **tradicional**, **racional-legal** e **carismática**.
7. Para os defensores do **modelo da elite** de estrutura nacional de poder, os Estados Unidos são governados por um pequeno grupo de indivíduos chamado **elite do poder**, que compartilha interesses econômicos e políticos comuns. Para os defensores do **modelo pluralista**, o poder é compartilhado em escala mais ampla por grupos antagônicos.
8. Embora os **sistemas econômicos** variem conforme o grau de regulação da atividade econômica imposto pelo governo, todos eles privilegiam os dois princípios fundamentais do **capitalismo**: a propriedade privada e a motivação do lucro. Faz alguns anos, o governo da China passou a estimular a atividade capitalista.

9. Os sistemas econômicos socialistas visam a acabar com a exploração econômica e atendem às necessidades da população mediante a regulação e a estatização pelo governo. Marx acreditava que o **comunismo** seria um desdobramento possível do **socialismo.**
10. As economias do planeta estão mudando. Nos países em desenvolvimento, o **microfinanciamento** vem melhorando a vida de milhões de pessoas carentes. Nos Estados Unidos, os trabalhadores enfrentam a **desindustrialização** e os empregadores vêm treinando uma força de trabalho cada vez mais diversificada.

Palavras-chave

autoridade, 254
autoridade carismática, 255
autoridade racional-legal, 255
autoridade tradicional, 255
capitalismo, 261
comunismo, 263
credencialismo, 247
currículo oculto, 246
desindustrialização, 269
educação, 243
efeito da expectativa do professor, 249
elite do poder, 257
enxugamento, 269
força, 254
influência, 254
laissez-faire, 261
microfinanciamento, 267
modelo da elite, 256
modelo pluralista, 259
monopólio, 261
nivelamento, 247
poder, 254
política, 253
sistema econômico, 260
socialismo, 262

CAPÍTULO 10

POPULAÇÃO, COMUNIDADE, SAÚDE E MEIO AMBIENTE

DEMOGRAFIA: O ESTUDO DAS POPULAÇÕES

COMO SURGIRAM AS COMUNIDADES?

A URBANIZAÇÃO E SUAS CONSEQUÊNCIAS

SAÚDE E DOENÇA: PERSPECTIVAS SOCIOLÓGICAS

EPIDEMIOLOGIA SOCIAL

MEIO AMBIENTE: O MUNDO E O NOSSO LUGAR NO MUNDO

Em meados de julho de 2010, três meses após o começo do vazamento de óleo no Golfo do México, a National Commission on the BP Deepwater Horizon Oil Spill and Offshore Drilling (comissão encarregada de analisar o vazamento de óleo da plataforma *offshore Deepwater Horizon*, da British Petroleum) reuniu-se pela primeira vez em Nova Orleans. Os acontecimentos no Golfo do México ainda estavam em curso quando os membros da comissão deram início às suas deliberações. No litoral, pequenos empresários e trabalhadores da indústria pesqueira e da indústria de turismo enfrentavam as consequências do vazamento para a sua própria sobrevivência e para a região como um todo. Os trabalhadores da indústria petrolífera, ainda sob o impacto de uma moratória decretada pelo governo que suspendia a extração de petróleo em toda a área do Golfo, indagavam-se se ainda teriam algum futuro no petróleo. Todos batalhavam para pôr comida na mesa e pagar suas contas.

Na sala da comissão, surgiam fortes divergências tanto em relação ao escopo do problema quanto às consequências do vazamento. As estimativas sobre a quantidade de óleo que jorrava do poço eram variadas. Porém, sabia-se que a extensão da contaminação era muito maior que a do vazamento do *Exxon Valdez* na costa do Alasca, 20 anos antes. A catástrofe ambiental iniciou-se em abril com uma explosão cinematográfica em uma plataforma da BP, seguida de um incêndio devastador. Onze trabalhadores morreram na explosão. Desde então, os norte-americanos assistiam impotentes aos fracassos da BP em tentar vedar o poço danificado. Embora o vazamento tenha ocorrido a uma grande distância da costa em águas extremamente profundas, as manchas de óleo não tardaram a chegar às praias dos estados do Alabama, da Luisiana, do Mississippi, da Flórida e do Texas. As fotos das praias imundas e das aves encharcadas de óleo inundaram os noticiários.

O que havia causado o catastrófico acidente? Que impacto ele teria no meio ambiente e no bem-estar das comunidades do Golfo do México – na saúde das pessoas, na economia, na população? Por meses, essas e outras questões de difícil resposta foram debatidas pelos membros da comissão. Veremos, neste capítulo, como as comunidades, a população e a saúde de uma região dependem do meio ambiente, e como a recíproca também é verdadeira: a saúde do meio ambiente depende das pessoas e das comunidades.

Iniciaremos o capítulo com o debate sobre o perigo da superpopulação, tema que vem ocupando algumas das melhores cabeças do mundo desde o final do século XVIII. Para entender melhor o debate, veremos alguns conceitos básicos desenvolvidos pelos pesquisadores em seus estudos das populações. Em seguida, olharemos as comunidades, a saúde e o meio ambiente a partir de uma perspectiva sociológica, observando a sua interdependência e a sua interligação com as questões populacionais.

DEMOGRAFIA: O ESTUDO DAS POPULAÇÕES

As questões populacionais atraem o interesse tanto dos cientistas naturais quanto dos cientistas sociais. O biólogo explora a natureza da reprodução e os fatores que afetam a ***fecundidade***, a escala em que uma sociedade se reproduz. O patologista clínico examina e analisa tendências nas causas de óbito. Geógrafos, historiadores e psicólogos também trazem contribuições distintivas para o entendimento das populações. Já os sociólogos enfocam os fatores *sociais* que influenciam as taxas e as tendências populacionais.

Os sociólogos têm consciência de que as normas, os valores e os padrões de uma sociedade afetam profundamente elementos demográficos variados, como a fecundidade e a *mortalidade* (taxa de óbitos). A fecundidade é influenciada pela idade com que as pessoas iniciam a vida sexual e pelo uso de anticoncepcionais – ambos, por sua vez, refletem os valores sociais e religiosos que norteiam cada cultura. A mortalidade é moldada por meio dos índices de nutrição, de aderência à imunização e de disponibilidade de saneamento básico, e também pelo compromisso nacional com o atendimento de saúde e a educação em saúde. A migração de um país para outro pode depender de laços conjugais e de parentesco, da tolerância racial e religiosa em sociedades diversas e de como as pessoas avaliam as suas oportunidades de emprego.

O estudo científico da população é designado formalmente pelo termo ***demografia***. Os demógrafos usam alguns componentes, entre eles o tamanho, a composição e a distribuição territorial da população, para entender as consequências sociais da mudança demográfica. No esforço de elaborar previsões populacionais, eles estudam variações geográficas e tendências históricas. Analisam, também, a estrutura da população – a idade, o gênero, a raça e a etnia de seus integrantes. Esse tipo de análise foi popularizado por Thomas Malthus.

A tese de Malthus e a resposta de Marx

O reverendo Thomas Robert Malthus (1766–1834) estudou na Cambridge University e dedicou o resto de sua vida ao ensino de história e de economia política. Crítico ferrenho de duas das principais instituições da sua época – a igreja e a escravatura –, Malthus deixou como principal legado aos pensadores contemporâneos a sua obra *Ensaio sobre o princípio da população*, publicada em 1798 e considerada, até hoje, polêmica.

De acordo com sua tese, a população do planeta cresce de forma mais acelerada que a oferta de alimento disponível. O argumento é que, enquanto a oferta de alimento cresce em progressão aritmética (1, 2, 3, 4 e assim por diante), a população multiplica-se em progressão geométrica (1, 2, 4, 8 e assim por diante). Na análise de Malthus, o hiato entre a oferta de alimentos e a população continuará aumentando com o passar do tempo. A oferta de alimentos irá aumentar, mas não o suficiente para atender às necessidades de uma população mundial em expansão.

Embora defensor do controle populacional para eliminar o hiato entre o crescimento populacional e a oferta de alimentos, Malthus fazia oposição explícita aos meios artificiais de controle da natalidade, pois eles não eram sancionados pela religião. Para Malthus, um meio adequado de controle populacional era postergar o casamento. Segundo ele, os casais precisavam responsabilizar-se pelo número de filhos que decidissem gerar; sem essa restrição, o mundo iria enfrentar fome, pobreza e miséria generalizadas (Malthus et al., [1824] 1960; W. Petersen, 1979).

Karl Marx criticou duramente as teses populacionais de Malthus. Para ele, o cerne do problema estava na natureza das relações econômicas nas sociedades industriais da Europa. Marx não concordava com a noção malthusiana de que a população mundial é a causa dos males sociais. Na opinião de Marx, não havia qualquer relação especial entre a população mundial e a oferta de recursos. Se uma sociedade está bem ordenada, raciocinava ele, os aumentos populacionais deveriam levar a maior riqueza, e não à fome e à miséria.

Naturalmente, Marx não acreditava que o capitalismo operasse nessas condições ideais. Argumentava que o capitalismo destinava recursos ao financiamento de prédios e de ferramentas em vez de investir em uma distribuição mais equitativa de alimentos, moradias e outras necessidades básicas. A importância da obra de Marx para o estudo da população está na associação estabelecida entre o superpovoamento e a desigualdade na distribuição dos recursos. A preocupação de Marx com os escritos de Malthus também atesta a relevância da população na esfera política e econômica.

Os *insights* de Malthus e de Marx quanto às questões populacionais foram incorporados à chamada *visão neo-malthusiana*. Paul Ehrlich (1968; Ehrlich e Ehrlich, 1990), autor de *The Population Bomb* (*A bomba demográfica*), e outros neo-malthusianos concordam com Malthus: o crescimento da população mundial excede o crescimento dos recursos naturais. Mas, ao contrário do teórico britânico, in-

Use a sua imaginação sociológica

Você mora em um país tão populoso que recursos básicos como comida, água e espaço estão se tornando escassos. Como você irá agir? Como você enfrentará a crise caso trabalhe na área de planejamento social do governo? Ou caso você seja um político?

sistem que são necessárias medidas de controle da natalidade para regular a escalada demográfica. Condenam as nações desenvolvidas que, a despeito das reduzidas taxas de natalidade, consomem uma fatia desproporcionalmente grande dos recursos mundiais – acusação fundada no pensamento marxista. Embora um tanto pessimistas quanto ao futuro, esses teóricos ressaltam que o controle da natalidade e o bom senso no uso dos recursos são cruciais para controlar o crescimento demográfico mundial (Tierney, 1990; Weeks, 2008).

O estudo da população hoje

O relativo equilíbrio entre nascimentos e óbitos não é menos importante hoje do que era na época de Malthus e de Marx. O sofrimento mencionado por Malthus é certamente uma realidade para muita gente, sujeita à fome e à pobreza crônica. A desnutrição continua sendo a principal causa de doença e de morte infantil nos países em desenvolvimento. Quase 18% das crianças morrem antes dos 5 anos de idade – índice 11 vezes superior ao das nações desenvolvidas. As guerras e as grandes migrações agravam os problemas populacionais e de oferta de alimentos. Na Bósnia, no Iraque e no Sudão, por exemplo, os conflitos provocaram imensas disparidades na distribuição de alimentos, suscitando preocupações regionais com a desnutrição e a fome. Combater a fome no mundo talvez implique reduzir a natalidade humana e aumentar drasticamente a oferta mundial de alimentos.

Na maioria dos países, o ***censo*** é o principal mecanismo de coleta de informações sobre a população, e consiste, basicamente, na contagem da população. A Constituição dos Estados Unidos exige a realização de um censo a cada 10 anos para determinar a representação parlamentar. Essa investigação periódica é suplementada por ***estatísticas vitais***, ou seja, registros de nascimentos, óbitos, casamentos e divórcios reunidos mediante um sistema de registro mantido por órgãos públicos. Além desses, outros *surveys* públicos fornecem informações atualizadas sobre empreendimentos comerciais, tendências educacionais, a expansão industrial, práticas agrícolas e a situação de grupos como crianças, idosos, minorias raciais e pais solteiros.

Ao conduzirem um censo nacional e outros tipos de pesquisa, os demógrafos aplicam muitas das competências e técnicas descritas no Capítulo 1, como questionários, entrevistas e amostragens. O rigor das projeções demográficas depende do rigor de uma série de estimativas que os demógrafos têm que fazer. Primeiro, é preciso determinar tendências demográficas anteriores e estipular uma população base a partir da data inicial do período coberto pela previsão. Em seguida, é preciso determinar taxas de nascimentos e de óbitos junto com estimativas de flutuações futuras. Ao projetarem as tendências demográficas nacionais, os demógrafos também precisam levar em conta a migração, pois pode ser que o número de indivíduos que entram e que saem do país seja significativo.

Elementos demográficos

Os demógrafos comunicam os fatos demográficos em uma linguagem derivada dos elementos básicos da vida humana – nascimento e óbito. A ***taxa de natalidade*** (mais especificamente, a *taxa bruta de natalidade*) é o número de nascidos vivos para cada 1 mil habitantes em um dado ano. Por exemplo: nos Estados Unidos, em 2010, foram 14 nascidos vivos para cada mil habitantes. A taxa de natalidade espelha os padrões reais de procriação de uma determinada sociedade.

A ***taxa de fecundidade total (TFT)*** é um instrumento que permite aos demógrafos projetar o crescimento futuro de uma sociedade. A TFT representa a média de nascidos vivos por mãe, pressupondo que esta não foge às taxas de fecundidade atuais. A TFT dos Estados Unidos em 2010 foi de 2 nascidos vivos por mulher – nada alta, se comparada aos mais de 7,4 nascidos vivos por mãe em um país em desenvolvimento como o Níger.

A mortalidade, assim como a fecundidade, é medida por diferentes métodos. A ***taxa de óbitos*** (também conhecida como *taxa bruta de óbitos*) representa o número de óbitos para cada mil habitantes em um dado ano. Em 2012, a taxa de óbitos nos Estados Unidos foi de 8 por mil habitantes. A ***taxa de mortalidade infantil*** representa o número de óbitos de crianças com até 1 ano de idade por mil crianças nascidas vivas em um dado ano. Esse parâmetro específico é um indicador importante do nível de atendimento de saúde da sociedade; ele reflete a nutrição pré-natal, os procedimentos obstétricos e os resultados da triagem neonatal. A taxa de mortalidade infantil também é utilizada como um indicador do crescimento demográfico futuro, pois as crianças que chegam à idade adulta irão contribuir para o crescimento demográfico. A Figura10.1 compara as taxas de mortalidade infantil em alguns países.

Outro parâmetro de saúde usado pelos demógrafos é a ***expectativa de vida*** – o número mediano de anos que uma pessoa é capaz de viver nas condições de mortalidade correntes. Essa cifra costuma representar a expectativa de vida *ao nascer*. Hoje, no Japão, a expectativa de vida ao nascer é de 83 anos – ligeiramente superior à dos Estados Unidos, de 79 anos. Por sua vez, a expectativa de vida em Lesoto, um país da África, não passa de 51 anos (Haub e Kaneda, 2012).

A ***taxa de crescimento*** de uma sociedade representa a diferença entre nascimentos e óbitos somada à diferença entre *imigrantes* (os que entram no país para fixar residência permanente) e *emigrantes* (os que deixam o país em caráter permanente) por mil habitantes. Para o mundo como um todo, a taxa de crescimento resume-se à diferença entre nascimentos e óbitos por mil habitantes, pois a imigração e a emigração necessariamente empatam na escala mundial. Em 2012, a taxa de crescimento dos Estados Unidos foi de 0,5% – metade da taxa estimada de crescimento mundial (Haub e Kaneda, 2012).

O que sugerem essas taxas de crescimento quanto ao futuro do planeta? Teria Malthus razão ao escrever que a população mundial irá, inevitavelmente, superar, em número, os recursos disponíveis para nossa alimentação? Antes de arriscar uma resposta, vejamos como a produção agrícola mudou com o passar do tempo. O próximo item traz um breve histórico das comunidades, abrangendo os seus métodos de produção, dos primórdios da civilização aos dias atuais.

COMO SURGIRAM AS COMUNIDADES?

As primeiras comunidades

A ***comunidade*** é uma unidade de organização social, geográfica ou política, que transmite às pessoas uma sensação de pertencimento. Como surgiu este arranjo social? Durante a maior parte da história da humanidade, as pessoas, para sobreviver,

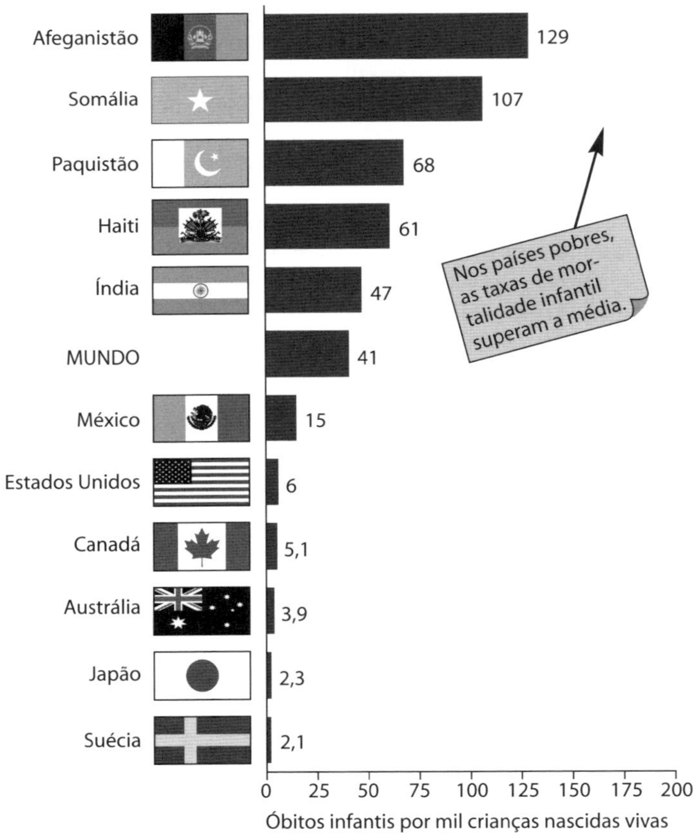

Figura 10.1 Taxas de mortalidade infantil em países selecionados.
Fonte: Haub e Kaneda, 2012.

usavam ferramentas e conhecimentos muito rudimentares. Para suprir suas necessidades de alimentação, caçavam, coletavam frutos e vegetais, pescavam e pastoreavam. Comparadas às sociedades industriais, as primeiras civilizações eram muito mais dependentes do meio ambiente e muito menos capazes de interferir nesse ambiente em benefício próprio. Talvez por isso os povos primitivos se agrupassem em bandos nômades nas primeiras comunidades de que se tem relatos.

O surgimento das sociedades de olericultura, em que as pessoas cultivavam os alimentos em vez de meramente coletarem frutos e vegetais, acarretou mudanças radicais na organização social humana. Não era mais necessário mudar de lugar à procura de alimento. Como o cultivo das lavouras exigia a permanência em locais específicos, começaram a surgir comunidades mais estáveis e duradouras. Conforme crescia a sofisticação das técnicas agrícolas, desenvolvia-se uma divisão de trabalho cooperativo envolvendo terceiros e membros da família. Gradualmente, as pessoas passaram a produzir mais alimentos que o necessário para consumo próprio. Podiam, então, em um possível esquema de permuta, ceder os alimentos a terceiros que estivessem envolvidos em atividades não agrícolas.

Essa transição da subsistência para o *superavit* foi um passo fundamental para o aparecimento das cidades. As pessoas produziam bens suficientes para atender tanto às suas próprias necessidades quanto às de terceiros não envolvidos nas atividades agrícolas. A princípio, o *superavit* limitava-se aos produtos agrícolas, mas pouco a pouco passou a abranger todo tipo de bens e de serviços. Os moradores urbanos passaram a depender de membros da comunidade que fornecessem produtos artesanais e meios de transporte, que coletassem informações e assim por diante (Nolan e Lenski, 2009).

Com essas mudanças sociais, a divisão do trabalho tornou-se ainda mais sofisticada e ampliaram-se as oportunidades de recompensas e privilégios diferenciados. Por todos ocuparem-se das mesmas tarefas, a estratificação limitava-se ao gênero, à idade e talvez à habilidade na execução da tarefa (p. ex., um bom caçador conquistaria um respeito especial da comunidade). O *superavit*, todavia, permitia a expansão dos bens e dos serviços, acarretando em maior diferenciação, em uma hierarquia ocupacional e na desigualdade social. Portanto, o *superavit*, além de ter sido condição prévia para o estabelecimento das cidades, foi também responsável pela divisão dos membros da comunidade em classes sociais (ver Cap. 5). A capacidade de produzir bens para outras comunidades demarca, pois, uma virada fundamental na organização social humana.

Cidades pré-industriais

Estima-se que os primeiros assentamentos permanentes que não dependiam do cultivo agrícola remontam a cerca de 10 mil anos antes da era cristã. Pelos padrões atuais, estas primeiras comunidades dificilmente se caracterizariam como cidades. Normalmente, a chamada ***cidade pré-industrial*** reunia em seu perímetro apenas alguns milhares de moradores e caracterizava-se por um sistema de classe relativamente fechado e pela mobilidade restrita. Nessas primeiras cidades, o *status* costumava derivar de características atribuídas, como origem da família, e a educação era restrita aos integrantes da elite. Todos os habitantes dependiam de cerca de 100 mil agricultores, além do próprio trabalho agrícola em tempo parcial, para gerar o *superavit* agrícola necessário. A cidade de Ur, na Mesopotâmia, tinha cerca de 10 mil habitantes e área inferior a 1 km^2, incluídos os canais, o templo e o porto.

Por que essas primeiras cidades eram tão pequenas e poucas? A urbanização restrita devia-se a alguns fatores essenciais:

- *A dependência da força animal (dos seres humanos e dos animais de carga) como única fonte de energia para a produção econômica.* Esse fator limitava a capacidade dos seres humanos de usar e de alterar o meio ambiente físico.
- *O modesto nível de* superavit *produzido pelo setor agrícola.* Possivelmente, o sustento de um único morador urbano exigia de 50 a 90 agricultores (K. Davis, [1949] 1995).
- *As dificuldades de transportar e de armazenar alimentos e outros bens.* Mesmo a melhor das colheitas podia perder-se em função desses problemas.
- *Os empecilhos para a realização de deslocamentos até a cidade.* Para muitos camponeses, o deslocamento era inviável, tanto do ponto de vista físico quanto econômico. As técnicas rudimentares de armazenagem dos alimentos tornavam impensável uma viagem de algumas semanas.
- *Os riscos da vida urbana.* Uma sociedade com a população concentrada em uma pequena área ficava exposta ao ataque de forasteiros e mais suscetível aos efeitos devastadores das pestes e dos incêndios.

Outra condição prévia à existência urbana era uma organização social sofisticada. O fato de as cidades aproximarem as pessoas no processo de troca de bens e serviços conferia importância à especialização dos papéis sociais. Uma organização social desenvolvida garantia que essas relações fossem bem definidas e aceitas coletivamente.

Cidades industriais e pós-industriais

Os avanços na tecnologia agrícola geraram mudanças radicais na vida comunitária, mas o processo de industrialização também. A *Revolução Industrial*, iniciada na metade do século XVIII, privilegiou a aplicação de fontes de energia não animal. Os efeitos da industrialização no estilo de vida das pessoas e na estrutura das comunidades foram amplos. Assentamentos urbanos emergentes tornaram-se centros não só industriais, mas também bancários, financeiros e de administração fabril.

O sistema fabril que se desenvolveu durante a Revolução Industrial levou a uma divisão de trabalho muito mais refinada que a existente nas primeiras cidades pré-industriais. Por sua vez, a grande quantidade de empregos novos criados pela Revolução Industrial produziu um conjunto complexo de relações entre os trabalhadores. Portanto, a ***cidade industrial*** não era apenas mais populosa que as suas antecessoras pré-industriais; baseava-se em princípios muito diferentes de organização social (ver Tab. 10.1).

Comparadas às cidades pré-industriais, as cidades industriais tinham um sistema de classe mais aberto e maior mobilidade. Com as iniciativas empreendidas em cidades industriais por grupos de defesa dos direitos das mulheres, sindicatos trabalhistas e outros ativistas políticos, o ensino formal começou a ser estendido a filhos de famílias pobres e da classe operária. Embora características atribuídas como gênero, raça e etnia continuassem sendo importantes, um indivíduo talentoso ou competente tinha chances de melhorar a sua posição social. Nestes e em outros sentidos, a cidade industrial era um mundo genuinamente diferente da comunidade urbana pré-industrial.

Um novo tipo de comunidade urbana surgiu nas últimas décadas do século XX. A ***cidade pós-industrial*** é uma cidade em que a globalização financeira e o fluxo eletrônico de informações dominam a economia. A produção é descentralizada e, com frequência, localizada fora dos centros urbanos, mas o controle é

Recapitulando

Tabela 10.1 Comparação entre tipos de cidades

Cidades pré-industriais (até o final do século XVIII)	Cidades industriais (do século XVIII a meados do século XX)	Cidades pós-industriais (a partir do fim do século XX)
Sistema de classe fechado – influência maciça da classe social de origem	Sistema de classe aberto – mobilidade baseada nas características adquiridas	Riqueza baseada na capacidade de obter e de usar a informação
Atividade econômica controlada por guildas e por poucas famílias	Concorrência relativamente aberta	Predomínio do poderio empresarial
Primórdios da divisão do trabalho na manufatura de bens	Apurada especialização na fabricação de bens	Dissolução do senso de localização, surgimento das redes transnacionais
Influência maciça da religião sobre as normas sociais	Influência da religião limitada a certas áreas à medida que avança a secularização da sociedade	Religião mais fragmentada; maior abertura em relação a novos credos religiosos
Baixa padronização de preços, pesos e medidas	Padronização imposta pelo costume e pela lei	Visões conflitantes dos padrões prevalecentes
População em larga escala analfabeta, comunicação oral	Surge a comunicação por cartazes, folhetos e jornais	Surgem extensas redes eletrônicas de comunicação
Escolas limitadas às elites e destinadas a perpetuar os seus privilégios	Ensino formal franqueado às massas e visto como um meio de promover a ordem social	Crescente importância dos quadros profissionais, científicos e técnicos

Fonte: Baseado em E. Phillips, 1996, p. 132-135; Sjoberg, 1960, p. 323-328.

centralizado em corporações multinacionais cuja influência extrapola as fronteiras urbanas e até mesmo nacionais. A mudança social é uma constante da cidade pós-industrial. A reestruturação econômica e geográfica parece ocorrer a cada década, talvez até com mais frequência. No mundo pós-industrial, as cidades são forçadas a concorrer entre si de modo cada vez mais acirrado pelas oportunidades econômicas, o que agrava a condição da pobreza urbana (E. Phillips, 1996; D. Smith e Timberlake, 1993).

Use a sua imaginação sociológica

Que aparência teria a cidade ideal do futuro? Descreva a sua arquitetura, o seu transporte público, seus bairros, escolas e locais de trabalho. Que tipos de pessoas morariam e trabalhariam ali?

Segundo o sociólogo Louis Wirth (1928, 1938), um assentamento relativamente grande e permanente leva a padrões de comportamento urbano singulares, a que ele deu o nome de ***urbanismo***. Wirth identificou três fatores cruciais que contribuem para o urbanismo: o porte numérico, a densidade e a heterogeneidade da população. Para ele, uma consequência comum do urbanismo é a insensibilidade dos moradores ao que se passa ao seu redor e uma atenção limitada aos grupos primários com os quais mantêm algum vínculo emocional.

Atualmente, na maior parte do mundo, a população concentra-se nas áreas urbanas. Quais são os efeitos da urbanização sobre as pessoas que se agrupam em cidades? Veremos no próximo item o modo como a urbanização molda tanto os bairros onde moram os norte-americanos quanto o bem-estar econômico da população em países em desenvolvimento.

A URBANIZAÇÃO E SUAS CONSEQUÊNCIAS

O censo de 1990 foi o primeiro a demonstrar que mais da metade da população dos Estados Unidos vive em áreas urbanas com pelo menos 1 milhão de habitantes. Apenas em quatro estados (Maine, Mississippi, Vermont e Virgínia Ocidental) mais de metade dos moradores habita áreas rurais. Nitidamente, a urbanização tornou-se um aspecto central da vida nos Estados Unidos (Bureau of the Census, 2009a).

A urbanização ocorre também no resto do mundo. Em 1900, apenas 10% da população mundial habitava áreas urbanas, mas, em 2005, essa proporção já chegava a cerca de 50%. Em 2025, o número de moradores urbanos pode atingir 5 bilhões (Koolhaas et al., 2001, p. 3; United Nations Population Division, 2004b).

Ao longo do século XIX e no início do século XX, a rápida urbanização atingiu primordialmente cidades da Europa e da América do Norte. No entanto, desde a Segunda Guerra Mundial, a "explosão" urbana chegou aos países em desenvolvimento. O crescimento desenfreado evidencia-se na multiplicação de "favelas", áreas da periferia ocupadas pelos mais pobres.

A tendência à urbanização é tão importante que alguns sociólogos dedicaram-se a estudar os seus efeitos. Examinaremos nos próximos itens duas perspectivas antagônicas sobre a urbanização: a visão funcionalista, também denominada *ecologia urbana*, e a visão do conflito, ou *nova sociologia urbana*.

A perspectiva funcionalista: ecologia urbana

A *ecologia humana* é a área de estudos que se interessa pelas relações entre as pessoas e seu espaço geográfico e ambiente físico em que vivem. Faz tempo que a ecologia humana interessa-se pelo modo como o meio ambiente molda a vida das pessoas (p. ex., os rios podem ser um empecilho à expansão residencial) e pelo modo como as pessoas influem no seu entorno ambiental (p. ex., o ar-condicionado acelerou o crescimento de grandes áreas metropolitanas no Sudoeste dos Estados Unidos). A ***ecologia urbana*** enfoca essas mesmas relações no contexto urbano. Embora a abordagem ecológica urbana examine a mudança social nas cidades, ela possui um viés funcionalista, pois realça as contribuições dos diferentes elementos urbanos para a estabilidade social.

Use a sua imaginação sociológica

Pense na sua movimentação geográfica cotidiana do ponto de vista da ecologia urbana. Como os seus deslocamentos são afetados por construções e obstruções de caráter não natural?

Ecologistas urbanos pioneiros como Robert Park (1916, 1936) e Ernest Burgess (1925) concentraram-se na vida urbana, mas inspiraram-se nas abordagens utilizadas por ecologistas para o estudo de comunidades vegetais e animais. Com poucas exceções, os ecologistas urbanos baseiam suas pesquisas na ***teoria das zonas concêntricas***, idealizada por Burgess na década de 1920 (ver Fig. 10.2a). Valendo-se da cidade de Chicago como exemplo, a teoria de Burgess propõe-se a descrever o uso do solo nas cidades industriais. No núcleo da cidade fica o centro comercial e financeiro. Esses terrenos altamente valorizados são ocupados por grandes lojas de departamento, hotéis, teatros e instituições financeiras. No entorno do centro urbano situam-se zonas dedicadas a outros

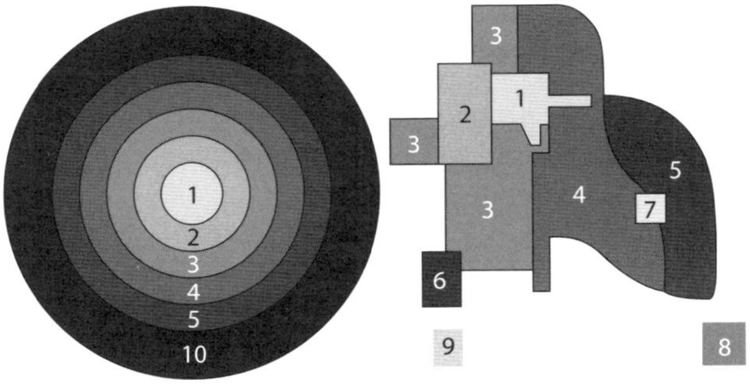

a. Teoria das zonas concêntricas

b. Teoria dos vários núcleos

1. Centro comercial e financeiro
2. Indústria leve atacadista
3. Área residencial de classe baixa
4. Área residencial de classe média
5. Área residencial de classe alta
6. Indústria pesada
7. Área comercial periférica
8. Subúrbio residencial
9. Subúrbio industrial
10. Zona de circulação dos *commuters* (migrantes diários)

Figura 10.2 Teorias ecológicas de crescimento urbano.
Fonte: Harris e Ullman, 1945, p. 13.

tipos de uso territorial. Segundo esta teoria, com o passar do tempo, a cidade cresce irradiando-se do centro para a periferia.

Vale notar que a criação de zonas é um processo *social* e não uma obra exclusiva da natureza. Famílias e firmas de negócios disputam os terrenos mais valiosos; em geral, ganha quem tem mais dinheiro e mais poder. A teoria das zonas concêntricas é, pois, um modelo de crescimento urbano dinâmico. Com o avanço do crescimento urbano, cada zona recua, afastando-se do centro comercial e financeiro.

Com o seu viés funcionalista e a sua ênfase na estabilidade, a teoria das zonas concêntricas minimizou ou ignorou certas tensões existentes nas áreas metropolitanas. Por exemplo: os ecologistas urbanos não tinham uma visão crítica do crescente avanço dos mais afluentes sobre as terras situadas na periferia da cidade. A chegada de afro-americanos a bairros de brancos na década de 1930 chegou a ser descrita com termos como "invasão" e "sucessão". Além disso, os ecologistas urbanos não deram maior importância às desigualdades de gênero, implantando ligas masculinas de *softball* e de golfe em parques urbanos, mas sem estipular qualquer programação para as mulheres. Por conseguinte, a abordagem ecológica urbana é criticada por ter deixado de lado questões de gênero, raça e classe.

Em meados do século XX, a população urbana já trespassava o tradicional perímetro da cidade. Os ecologistas urbanos não tinham mais como limitar o seu foco ao crescimento do centro da cidade, pois grandes contingentes de moradores urbanos abandonavam as cidades e mudavam-se para os subúrbios. Para contemplar o surgimento de outros "centros" em algumas áreas metropolitanas, Chauncy D. Harris e Edward Ullman (1945) apresentaram a ***teoria dos vários núcleos*** (ver Fig. 10.2b). Na visão de Harris e Ullman, o crescimento urbano não se expande, exclusivamente, do centro comercial e financeiro para a periferia. Na verdade, a área metropolitana pode ter muitos centros de desenvolvimento, sendo que cada um deles reflete uma determinada atividade ou necessidade urbana. Assim, uma cidade pode ter um polo financeiro, uma zona industrial, uma orla aquática, um centro de lazer e assim por diante. Certos tipos de firmas de negócios e certos tipos de moradias certamente se aglutinarão em torno de cada núcleo (Squires, 2002).

A proliferação de *shopping centers* suburbanos é um exemplo do fenômeno metropolitano dos vários núcleos. A princípio, o comércio varejista concentrava-se todo no centro comercial e financeiro da cidade. Cada bairro residencial tinha suas mercearias, padarias e açougues, mas as pessoas deslocavam-se até o centro da cidade para comprar nas lojas de departamentos. No entanto, com a expansão das áreas metropolitanas e com o adensamento populacional nos subúrbios, cada vez mais gente passou a comprar perto de casa. Em todo o território dos Estados Unidos, o *shopping* suburbano é um importante polo varejista e social.

Use a sua imaginação sociológica

Você avançou para um futuro em que não há centros urbanos – apenas subúrbios espalhados e comunidades rurais isoladas. Quais são os efeitos econômicos e sociais da ausência de um centro na cidade?

Em um aprimoramento da teoria dos vários núcleos, os ecologistas urbanos contemporâneos começaram a estudar o que o jornalista Joel Garreau (1991) chamou de "*edge cities*" ("centros urbanos periféricos", em tradução livre). Essas comunidades, que se desenvolveram nas periferias de importantes áreas metropolitanas, são centros sociais e econômicos com identidade própria. Não importa o parâmetro de mensuração – gabarito dos prédios, disponibilidade de espaço para escritórios, presença de instalações de saúde ou de lazer e, naturalmente, a população –, as *edge cities* configuram-se mais como cidades independentes do que como subúrbios de grande porte (Lang e LeFurgy, 2007).

Independentemente de terem *edge cities* ou vários núcleos, as áreas metropolitanas têm se caracterizado pelo desenvolvimento espraiado e pelo crescimento desgovernado. O exemplo mais extremo nesses últimos anos é Las Vegas. Em 2009, o tamanho da cidade já era nove vezes superior ao de 1950, e o número de habitantes saltou de menos de 25 mil para aproximadamente 600 mil. As consequências sociais de um crescimento tão rápido são igualmente extremas – escassez de bancos de alimentos e de moradias a preços acessíveis, pressão excessiva sobre o abastecimento de água, atendimento de saúde precário, trânsito infernal. As cidades da atualidade são muito diferentes das cidades pré-industriais de mil anos atrás.

A perspectiva do conflito: nova sociologia urbana

Os sociólogos de hoje assinalam que o crescimento metropolitano não é governado pela rede viária aquática e ferroviária, como poderia sugerir uma interpretação puramente ecológica. De acordo com a perspectiva do conflito, as comunidades são criações humanas que refletem necessidades, escolhas e decisões das pessoas – embora algumas influenciem mais que outras nestas decisões. Apoiando-se na teoria do conflito, os proponentes de uma abordagem que recebeu o nome de ***nova sociologia urbana*** levam em conta a interação das forças locais, nacionais e mundiais e o efeito delas no espaço geográfico local, com grande ênfase no impacto da atividade econômica global (Gottdiener e Hutchison, 2010).

Os novos sociólogos urbanos observam que os ecologistas esquivam-se de examinar as forças sociais, de natureza essencialmente econômica, que nortearam o crescimento urbano. Por exemplo, os centros comerciais e financeiros podem ser ou melhorados ou abandonados, conforme a concessão, ou não, de consideráveis isenções fiscais aos incorporadores feitas pelos formuladores das políticas urbanas. Nos Estados Unidos, o *boom* suburbano do pós-Segunda Guerra foi turbinado por políticas habitacionais federais que canalizaram capitais de investimento para a construção de moradias unifamiliares, em vez de subsidiar os aluguéis urbanos. Analogamente, contrapondo-se à sugestão de alguns observadores de que o crescimento das *sun-belt cities* (cidades situadas na faixa de clima mais ameno e ensolarado do Sul e do Sudoeste dos Estados Unidos) decorre de um "clima propício aos negócios", os novos sociólogos urbanos alegam que a expressão é um eufemismo para as políticas antitrabalhistas e para os fortes subsídios estatais, tanto locais quanto estaduais (Gottdiener e Feagin, 1988; M. Smith, 1988).

A nova sociologia urbana inspira-se na perspectiva do conflito, mais especificamente na ***análise dos sistemas mundiais*** do sociólogo Immanuel Wallerstein (ver Capítulo 5). Ele afirma que certas nações industrializadas (como os Estados Unidos, Japão e Alemanha) ocupam uma posição dominante no *centro* do sistema econômico global. Os países em desenvolvimento pobres da Ásia, da África e da América Latina ocupam a *periferia* da economia global, onde são controlados e explorados pelas nações industrializadas centrais.

Aplicando a análise dos sistemas mundiais, os novos sociólogos urbanos pensam a urbanização por uma perspectiva global. Para eles, as cidades não são entidades independentes e autônomas, mas sim o resultado de processos decisórios dirigidos ou influenciados pelas classes dominantes e pelas nações industrializadas centrais. Os novos sociólogos urbanos observam que as cidades em crescimento acelerado dos países em desenvolvimento foram moldadas, primeiro pelo colonialismo, e, depois, por uma economia global controlada por nações centrais e corporações multinacionais (Gottdiener e Feagin, 1988; D. Smith, 1995).

Como vimos neste livro, nenhuma abordagem teórica oferece necessariamente e por si só a única perspectiva válida para o estudo de questões tão variadas como desvio, raça e etnia. Como mostra a Tabela 10.2, a ecologia urbana e a nova sociologia urbana oferecem meios muito diferentes de ver a urbanização, mas ambos enriquecem o nosso entendimento sobre este complexo fenômeno. A urbanização afeta nitidamente o bem-estar dos que vivem nas cidades norte-americanas, inclusive no que tange à saúde e à qualidade de vida. Nos dois próximos itens discutiremos, por um prisma sociológico, os conceitos de saúde e de doença, bem como a distribuição do atendimento de saúde e a saúde relativa de grupos sociais diferentes.

Mapeando as perspectivas

Tabela 10.2 Perspectivas sociológicas sobre urbanização

	Ecologia urbana	**Nova ecologia urbana**
Perspectiva teórica	Funcionalista	Conflito
Foco primordial	Relação das áreas urbanas com a sua posição espacial e com o ambiente físico	Relação das áreas urbanas com as forças globais, nacionais e locais
Principal fator de mudança	Inovações tecnológicas, como novos meios de transporte	Concorrência econômica e monopolização do poder
Iniciador das ações	Indivíduos, bairros, comunidades	Empreendimentos imobiliários, bancos e outras instituições financeiras, grandes grupos multinacionais
Disciplinas afins	Geografia, arquitetura	Ciência política, economia

SAÚDE E DOENÇA: PERSPECTIVAS SOCIOLÓGICAS

No preâmbulo ao Estatuto de 1946 da Organização Mundial da Saúde, define-se ***saúde*** como um "estado de pleno bem-estar físico, mental e social, e não mera ausência de doença e enfermidade" (Leavell e Clark, 1965, p. 14). Imaginemos a saúde em uma ponta e a morte na outra ponta de um *continuum*. Nesta definição, a ponta "saúde" representa mais um ideal do que uma condição exata. Ao longo do *continuum*, as pessoas definem-se como "saudáveis" ou como "doentes" por meio de critérios estabelecidos por elas mesmas ou por parentes, amigos, colegas de trabalho, médicos. A saúde e a doença, em outras palavras, são construídas socialmente; têm raízes culturais e definem-se pela autodeclaração – as pessoas declaram-se ou saudáveis ou doentes – e por um vasto leque de partes interessadas, inclusive prestadores de atendimento de saúde, a indústria farmacêutica e até mesmo os fornecedores de produtos alimentícios (Conrad e Barker, 2010). Como a saúde é construída socialmente, podemos investigar sua variação em situações ou em culturas diferentes. Quem controla as definições de saúde e de doença na sociedade norte-americana, e com que objetivos? Por que você pode considerar-se doente ou bem quando os outros acham o contrário? Quais as consequências de se ver (ou de ser visto) como doente ou como deficiente? Neste item, nos apoiaremos em quatro perspectivas sociológicas – funcionalismo, teoria do conflito, interacionismo e teoria da rotulagem –, a fim de conhecermos melhor o contexto social que molda as definições de saúde e o tratamento da doença.

A perspectiva funcionalista

A doença implica rupturas em nossas interações sociais, tanto no trabalho quanto em casa. De acordo com a perspectiva funcionalista, é preciso controlar o "estar doente" para que as pessoas não sejam liberadas simultaneamente de suas responsabilidades sociais. Os funcionalistas argumentam que uma definição excessivamente ampla de doença perturbaria o funcionamento da sociedade.

A "doença" exige que a pessoa assuma um papel social, mesmo que passageiro. O ***papel de doente*** tem a ver com as expectativas sociais quanto às atitudes e ao comportamento de alguém tido como doente. O sociólogo Talcott Parsons (1951, 1975), conhecido por suas contribuições à teoria funcionalista, esboçou o comportamento exigido de pessoas "doentes". Embora isentados das suas responsabilidades cotidianas normais e inocentados pelo seu estado, os "doentes" são obrigados a empenhar-se na própria cura, o que inclui a busca de atendimento profissional competente. Essa obrigação emana da noção comum de que a doença é disfuncional, pois pode minar a estabilidade social. Tentar curar-se é especialmente importante nos países em desenvolvimento. As sociedades industriais modernas e automatizadas conseguem absorver uma proporção maior de doentes e de deficientes do que sociedades agrárias ou de olericultura, em que a disponibilidade de trabalhadores é muito mais crítica (Conrad, 2009b).

Segundo a teoria de Parsons, os médicos atuam como "porteiros" para o papel de doente – ou confirmam que o paciente está "doente" ou dão o paciente como

Use a sua imaginação sociológica

Descreva algumas situações que você tenha testemunhado que ilustrem as diferentes definições do "papel de doente".

"recuperado". O doente passa, então, a depender do médico, que pode controlar recompensas valiosas (não apenas o tratamento da doença, mas as ausências justificadas no trabalho e na escola). Parsons sugere que a relação médico-paciente assemelha-se à relação pais-filho. Como os pais, o médico ajuda o paciente a ingressar na sociedade como um adulto pleno e funcional (Weitz, 2009).

O conceito do papel de doente não está imune a críticas. Primeiro, as opiniões dos pacientes quanto ao próprio estado de saúde podem estar relacionadas ao seu gênero, idade, classe social e grupo étnico. Por exemplo, enquanto os mais jovens podem não detectar os sintomas de uma doença grave, os mais velhos podem hipervalorizar qualquer indisposição física. Segundo, o papel de doente talvez se aplique melhor a pessoas com doenças passageiras do que a vítimas de doenças crônicas e prolongadas. Por fim, até os fatores mais simples, como ter ou não ter um emprego, parecem afetar a disposição para assumir o papel de doente – assim como o impacto da socialização afeta uma ocupação ou atividade específica. Por exemplo, desde crianças os atletas aprendem a definir certas indisposições como "lesões esportivas" e não se julgar "doentes"por isso. De qualquer forma, os sociólogos deixaram de servir-se do modelo de Parsons na análise funcionalista da relação entre a doença e as expectativas sociais dos doentes (Curry, 1993).

A perspectiva do conflito

Os teóricos do conflito observam que a medicina assumiu uma preeminência que vai muito além de abonar a falta de um aluno à escola ou de um funcionário ao trabalho. O sociólogo Eliot Freidson (1970, p. 5) traçou uma analogia entre a posição da medicina e a das religiões oficiais no passado – a posse de um monopólio oficializado do direito de definir saúde e doença e de tratar a doença. *Medicalização da sociedade* é um termo designado pelos teóricos do conflito para o papel cada vez mais amplo da medicina como uma das principais instituições de controle social (Conrad, 2009a; McKinlay e McKinlay, 1977; Zola, 1972, 1983).

"Medicalização" da sociedade. O controle social envolve técnicas e estratégias para regular o comportamento, a fim de fazer cumprir normas e valores distintivos de uma cultura. Costuma-se imaginar o controle social informal como aquele que ocorre no seio da família e em grupos de pares, e o controle social formal como aquele exercido por agentes autorizados como policiais, juízes, administradores de escolas e empregadores. No entanto, segundo a perspectiva do conflito, a medicina não é uma mera "profissão que cura", é também um mecanismo de regulação.

Como a medicina manifesta o seu controle social? Em primeiro lugar, o campo da medicina expandiu muito o seu domínio de *expertise* nas últimas décadas. Os médicos examinam diversas questões, como sexualidade (e homossexualidade), velhice, obesidade, desenvolvimento infantil, alcoolismo e dependência de drogas. A sociedade tolera essa expansão das fronteiras da medicina na esperança de que, a exemplo do que ocorreu com o controle de certas doenças infecciosas, os especialistas possam contribuir com novas "curas milagrosas" de problemas humanos complexos.

O efeito social dessa expansão da medicalização é que, uma vez que se aplica um *modelo médico* ao exame de um problema, ou seja, uma vez que os peritos médicos ganham influência para propor e avaliar políticas públicas relevantes, as "pessoas comuns" ficam excluídas da discussão e do processo decisório. Fica também mais difícil enxergar esses problemas como produtos de fatores sociais, culturais ou psicológicos, mais do que de simples fatores físicos ou clínicos (Caplan, 1989; Conrad, 2009a).

Em segundo lugar, a medicina atua como agente de controle social ao defender a sua jurisdição exclusiva sobre muitos procedimentos de atendimento em saúde. Para salvaguardar esta jurisdição, chega a alijar profissionais da área da saúde, como os quiropráticos e as enfermeiras parteiras, da esfera da medicina aceita como tal. As parteiras, a despeito do seu pioneirismo na profissionalização do parto, são mostradas nos Estados Unidos e no México como usurpadoras do reinado "legítimo" da obstetrícia. As enfermeiras parteiras lutam para obter o credenciamento e, com isso, a respeitabilidade profissional, mas os médicos continuam exercendo o poder para manter como subalterna essa ocupação (Scharnberg, 2007).

Desigualdades na saúde. A medicalização da sociedade é apenas uma das preocupações dos teóricos do conflito. Como vimos aqui desde o início do livro, os teóricos do conflito, ao analisarem qualquer questão, buscam determinar quem se beneficia, quem sofre e quem domina à custa dos outros. De acordo com a perspectiva do conflito, há desigualdades significativas na prestação de assistência em saúde nos Estados Unidos. Por exemplo, as áreas carentes e as áreas rurais tendem a ser mal assistidas, pois a assistência médica está concentrada entre os mais ricos.

De forma similar, de uma perspectiva global, saltam aos olhos as desigualdades na prestação do atendimento em saúde. Os Estados Unidos têm aproximadamente 27 vezes mais médicos por mil habitantes do que a maioria dos países africanos e asiáticos. A situação desses países é agravada pelo *brain drain* (fuga de cérebros) – trabalhadores, profissionais liberais e técnicos qualificados que são extremamente necessários em seus países de origem, mas acabam emigrando para os Estados Unidos e para outros países industrializados. O ***brain drain*** trouxe para os Estados Unidos médicos, enfermeiras e outros profissionais da área da saúde vindos de países como Índia, Paquistão e de vários estados africanos. Para os teóricos do conflito, a imigração vinda do Terceiro Mundo é mais uma ferramenta utilizada por nações industrializadas centrais para melhorar a sua qualidade de vida à custa dos países em desenvolvimento. Um dos prejuízos para os países em desenvolvimento é a expectativa de vida mais baixa. Na África e em boa parte da América Latina e da Ásia, a expectativa de vida é muitíssimo inferior à das nações industrializadas (Bureau of the Census, 2010a; World Bank, 2009).

Use a sua imaginação sociológica

Do ponto de vista sociológico, qual seria o maior desafio à redução das desigualdades na área da saúde?

Os teóricos do conflito ressaltam que as desigualdades na saúde têm consequências nítidas. De acordo com a perspectiva do conflito, as drásticas diferenças entre as taxas de mortalidade no mundo (ver Fig. 10.1) refletem, pelo menos em parte, a desigualdade da distribuição dos recursos de saúde conforme a riqueza ou a pobreza das nações. A taxa de mortalidade é um indicador importante do nível de atendimento em saúde da sociedade: ela reflete a nutrição pré-natal, os procedimentos de parto e os testes de rotina realizados em recém-nascidos. No entanto, a despeito da riqueza dos Estados Unidos, pelo menos 44 países, entre eles Canadá, Grã-Bretanha e Japão, apresentam taxas de mortalidade infantil mais baixas. Os teóricos do conflito assinalam que, ao contrário dos Estados Unidos, esses países oferecem alguma forma de atendimento em saúde bancada pelo governo a todos os cidadãos, o que resulta em maior oferta e em maior utilização da assistência pré-natal (Mathews e MacDorman, 2011).

A perspectiva interacionista

Para os interacionistas, os pacientes não são passivos – com frequência, são eles que tomam a iniciativa de buscar os serviços de um profissional da saúde. O foco interacionista, ao examinar a saúde, a doença, e a medicina como instituição social, é o estudo micro dos papéis desempenhados pelos profissionais da saúde e pelos pacientes. Os interacionistas têm particular interesse em como os médicos aprendem a desempenhar o seu papel ocupacional. Segundo Brenda L. Beagan (2001), o jargão técnico que os estudantes de medicina incorporam na faculdade é a base do seu roteiro como médicos iniciantes. O jaleco branco contribui para um ar confiante e profissional e, ao mesmo tempo, para identificá-los como médicos para os pacientes e para os demais integrantes da equipe. Beagan constatou que muitos estudantes de medicina esforçam-se para projetar a imagem de competência que julgam ser um requisito do cargo.

Às vezes, o papel ativo que os pacientes desempenham no atendimento em saúde é *descumprir* a orientação médica. Por exemplo, alguns deixam de tomar o medicamento muito antes do que deveriam. Outros tomam deliberadamente a dose errada, e outros sequer chegam a providenciar o medicamento. Essa rebeldia é, em parte, consequência da prevalência da automedicação na sociedade norte-americana; há muita gente habituada ao autodiagnóstico e à automedicação. Por outro lado, a intromissão ativa dos pacientes em seus problemas de saúde pode, às vezes, ser *positiva*. Há pacientes que leem trabalhos sobre técnicas de prevenção de doenças, buscam manter uma alimentação saudável e nutritiva, acompanham atentamente eventuais efeitos colaterais da medicação e ajustam a dosagem conforme os efeitos colaterais percebidos.

A perspectiva da rotulagem

A teoria da rotulagem ajuda-nos a entender por que determinados indivíduos são *vistos* como desviantes, "maus elementos" ou criminosos, ao passo que outros, de comportamento semelhante, não o são. Os teóricos da rotulagem também sugerem que o qualificativo "saudável" ou "doente" geralmente pressupõe uma definição social estabelecida por terceiros. Assim como policiais, juízes e outros reguladores do controle social têm poder para definir certas pessoas como criminosos, os profissionais da saúde (em especial os médicos) têm poder para definir certas pessoas como "doentes". Assim como ocorre com os rótulos alusivos à não conformidade ou à criminalidade, os rótulos associados à doença comumente redefinem o modo como os outros nos tratam e o modo como nós nos vemos. A sociedade norte-americana atribui consequências graves a rótulos que sugerem uma saúde física ou mental aquém da perfeição (Becker, 1963; C. Clark, 1983; H. Schwartz, 1987).

Um exemplo histórico ilustra o extremo a que chegou a rotulagem do comportamento social como doença. No século XIX, com o recrudescimento do clamor contra a escravização de africanos nos Estados Unidos, as autoridades médicas contribuíram com novas racionalizações da prática opressora. Médicos de renome publicaram artigos afirmando que o desvio da cor da pele dos africanos em relação à alvura da pele "saudável" devia-se ao fato de os africanos sofrerem de hanseníase congênita. Além disso, os constantes esforços dos escravos africanos para fugir de seus donos brancos foram classificados como um exemplo da "doença" da drapetomania ("fugas desatinadas"). A prestigiosa revista *New Orleans Medical and Surgical Journal* sugeriu que o remédio para a "doença" era tratar os escravos com bondade, como se fossem crianças. Aparentemente, as autoridades médicas não acolheriam a hipótese de que talvez fosse saudável, física e mentalmente, fugir da escravidão ou aderir a uma rebelião de escravos (T. Szasz, 2010).

Segundo os teóricos da rotulagem, diversas experiências de vida podem ou não ser consideradas doenças. Recentemente, a síndrome pré-menstrual, os transtornos pós-traumáticos e a hiperatividade foram "rotulados" como transtornos clínicos descritos. Ainda se discute na comunidade médica se a síndrome da fadiga crônica é uma doença clínica.

A Tabela 10.3 recapitula as quatro abordagens sociológicas à doença e à saúde que acabamos de descrever. Há, entre elas, alguns temas comuns. Primeiro: a saúde ou a doença é mais que uma condição orgânica, pois está sujeita à interpretação dos outros. O impacto da cultura, da família e dos amigos e a prática médica atestam que saúde e doença não são ocorrências puramente biológicas, mas também sociológicas. Segundo: considerando que os membros de uma sociedade (especialmente das sociedades industriais) compartilham o mesmo sistema de atendimento de saúde, a saúde é, então, uma questão coletiva e social. Embora possa ser definida como o estado de pleno bem-estar de um indivíduo, a saúde também é consequência do meio ambiente social, como veremos no próximo item (Cockerham, 2012).

Use a sua imaginação sociológica

Descreva uma ocasião em que conhecidos seus tenham divergido quanto à aplicação social de um rótulo clínico. Qual era o rótulo e qual foi o motivo das divergências?

Mapeando as perspectivas

Tabela 10.3 Perspectivas sociológicas sobre saúde e doença

	Funcionalista	Conflito	Interacionista	Rotulagem
Ênfase principal	Controle do número de pessoas consideradas doentes	"Hipermedicalização" Desigualdades brutais na assistência de saúde	Relação médico/paciente Interação da equipe médica	Definição de doença e de saúde
Fatores de controle	O médico como "porteiro"	A prática médica Desigualdades sociais	A prática médica	A prática médica
Propo-nentes	Talcott Parsons	Paul Starr Thomas Szasz Irving Zola	Doug Maynard	Thomas Szasz

EPIDEMIOLOGIA SOCIAL

Epidemiologia social é o estudo da distribuição da doença, da incapacitação, e do estado geral de saúde de toda uma população. Os primeiros epidemiologistas concentraram-se no estudo científico das epidemias, em especial no modo como as doenças surgiram e se disseminaram. A epidemiologia social contemporânea é muito mais abrangente; interessa-se não só pelas epidemias, mas também por doenças não epidêmicas, lesões, dependência de drogas e alcoolismo, suicídio e doenças mentais. Os epidemiologistas assumiram um novo papel: o de rastrear o bioterrorismo. Em 2001, mobilizaram-se para rastrear o surto de antraz e preparar-se para qualquer eventualidade de uso terrorista da varíola ou de outros micróbios letais. Eles apoiam-se no trabalho de diversos cientistas e pesquisadores, como médicos, sociólogos, autoridades da saúde pública, biólogos, veterinários, demógrafos, antropólogos, psicólogos e meteorologistas, entre outros.

Os pesquisadores da epidemiologia social costumam fazer uso de dois conceitos: *incidência* e *prevalência*. A ***incidência*** é o número de novos casos de um transtorno específico ocorridos em uma determinada população em um prazo específico, geralmente um ano. Por exemplo, a incidência de aids nos Estados Unidos em 2010 foi de 48.079 casos. A ***prevalência***, por sua vez, é o total do número de casos de um transtorno específico ocorridos em um dado intervalo de tempo. A prevalência de HIV/aids nos Estados Unidos no ano de 2010 foi de aproximadamente 800 mil casos.

Ao serem traduzidas em taxas, ou como o número de registros de um transtorno por 100 mil habitantes, as cifras de incidência são chamadas de ***taxas de morbidez***. (O termo ***taxa de mortalidade*** refere-se à incidência de *óbitos* em determinada população.) As taxas de morbidez são úteis para os sociólogos porque revelam que uma doença específica ocorre com mais frequência em um segmento populacional do que em outro. Como veremos, classe social, raça, etnia, gênero e idade são fatores capazes de afetar as taxas de morbidez da população.

Classe social

É nítida a associação entre a classe social e as diferentes taxas de morbidez e de mortalidade. Estudos demonstram de modo consistente que as taxas de mortalidade e de deficiências são mais elevadas nas classes mais baixas.

Por que esta relação entre classe e saúde? A má qualidade da alimentação e da habitação e o estresse decorrente de viver em moradias precárias e superlotadas contribuem para a pouca saúde de boa parte da população de baixa renda. Em certos casos, a educação precária pode levar a uma falta de noção dos cuidados necessários à manutenção de uma boa saúde. Certamente, os problemas financeiros são significativos nos problemas de saúde da população menos afluente.

O mais preocupante no diz respeito às diferenças de classe social é que elas parecem ser cumulativas. A insuficiência ou a ausência de assistência de saúde na infância ou na juventude provavelmente aumentará as chances de doenças no futuro. Quanto mais se prolongar a barreira imposta pela baixa renda a uma assistência à saúde adequada, mais difícil será o tratamento das doenças (Pampel et al., 2010; Phelan et al., 2010).

Outro motivo para a associação entre classe e doença é que os pobres – muitos deles pertencentes a minorias raciais e étnicas – possuem menos condições de custear um atendimento médico de qualidade. Como mostra a Figura 10.3, a probabilidade de ter seguro-saúde é maior entre os mais ricos do que entre os pobres,

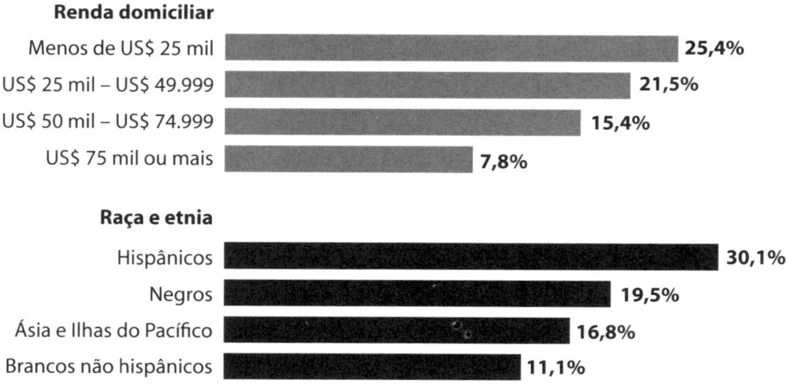

Figura 10.3 Percentual da população sem seguro-saúde.
Fonte: Dados de 2011 em DeNavas-Walt et al., 2012, p. 22, 26.

> **Pense nisto**
> Você conhece alguém que não tenha seguro-saúde? Caso conheça, como isso afeta as decisões dessa pessoa no que diz respeito ao tratamento médico?

seja em função do poder aquisitivo, seja por ter um emprego que garante esta cobertura. A situação vem deteriorando-se com o passar do tempo, pois a cobertura proporcionada pelo empregador (a forma mais comum de seguro-saúde nos Estados Unidos) apresentou queda contínua entre 2000 e o final de 2009. Em 2008, 46,3 milhões de pessoas declararam não ter direito ao atendimento em saúde por não poder custeá-lo; em 2009, esse número saltou para 50,7 milhões. Além disso, segundo informação dos farmacêuticos, as pessoas vinham comprando somente os medicamentos "mais necessários" ou em quantidades pequenas, por exemplo, de quatro em quatro comprimidos. Mesmo para as crianças – muitas delas com direito a um seguro-saúde subsidiado pelo governo –, a cobertura varia muito: de 98,5% no Estado de Massachusetts a 81,6% no Estado de Nevada.

Em 2010, como resposta aos milhões de pessoas desprovidas de seguro-saúde, o congresso norte-americano aprovou a Patient Protection and Affordable Care Act. A partir de 2014, esta legislação – a reforma mais importante na área da saúde desde a aprovação do Medicare em 1965 – irá ajudar as pessoas doentes ou que perderam o emprego a custear o atendimento médico. Até lá, os casos de alto risco terão cobertura imediata. Em 2019, aproximadamente 95% dos cidadãos e dos residentes legais não cobertos pelo Medicare deverão contar com algum seguro-saúde. Nos próximos anos, os pesquisadores se ocuparão de avaliar o efeito da legislação nas desigualdades no atendimento em saúde.

Use a sua imaginação sociológica

O custo dos serviços de saúde afeta de alguma maneira o seu atendimento médico?

Por fim, na visão de Karl Marx e dos teóricos do conflito contemporâneos, sociedades capitalistas preocupam-se mais com maximizar lucros do que com a saúde e a segurança dos trabalhadores industriais. Por conseguinte, as agências governamentais não criam medidas para regulamentar as condições no local de trabalho e os trabalhadores são vitimados por muitas lesões e doenças de trabalho que poderiam ser prevenidas. Como veremos no final deste capítulo, as pesquisas também mostram que as classes mais baixas são mais vulneráveis à poluição ambiental do que as classes mais ricas, tanto no trabalho quanto em casa.

Raça e etnia

O perfil de saúde de muitas minorias raciais e étnicas reflete a desigualdade social existente nos Estados Unidos. As pesquisas demonstram que as classes mais baixas e as minorias raciais e étnicas são mais vulneráveis à poluição ambiental do que os cidadãos afluentes. A classe oprime, mas a raça oprime mais: enquanto os brancos em ascensão geralmente conseguem escapar dos centros de poluição, a mobilidade residencial dos negros, mesmo a dos mais abastados, tende a ser restrita. As más condições econômicas e ambientais em que vivem grupos afro-americanos, hispânicos, de origem indígena, entre outros, manifestam-se nas elevadas taxas de morbidez e de mortalidade. É verdade que alguns problemas, como a anemia falciforme entre os negros, são de origem comprovadamente genética, mas, na maioria dos casos, os fatores ambientais contribuem para as taxas diferenciadas de morbidez e de óbito.

Como já vimos, a mortalidade infantil é considerada um indicador primordial do nível de assistência à saúde. Verifica-se, nos Estados Unidos, uma grande disparidade entre as taxas de mortalidade infantil dos afro-americanos e dos brancos. Em geral, a taxa de óbitos infantis chega a ser mais que o dobro entre os negros. Os afro-americanos representam 15% de todos os nascidos vivos no país, contra 29% dos óbitos infantis. As taxas de mortalidade infantil entre porto-riquenhos e norte-americanos de origem indígena são inferiores às dos afro-americanos, mas superiores às dos brancos (MacDorman et al., 2005; MacDorman e Mathews, 2009).

O *establishment* médico não está imune ao racismo. Infelizmente, os meios de comunicação, que costumam abrir espaço para formas óbvias de racismo, como os crimes de ódio, ignoram as formas mais insidiosas presentes em instituições sociais como o *establishment* médico. Mesmo quando dispõem de seguro-saúde, as minorias recebem um atendimento médico de qualidade inferior. Negros, "latinos" e norte-americanos de origem indígena, mesmo tendo acesso ao atendimento, são tratados de modo desigual devido ao preconceito racial e às diferenças de qualidade entre os diversos planos de saúde. Estudos clínicos de âmbito nacional demonstram que, mesmo descontadas as diferenças de renda e de cobertura de seguro, as minorias raciais e étnicas têm menos chances de receber a assistência à saúde padrão e o tratamento que garante a sobrevida em condições como a infecção pelo HIV (Centers for Disease Control and Prevention, 2011b; Long e mais, 2009).

Orientando-se pela perspectiva do conflito, o sociólogo Howard Waitzkin (1986) sugere que as tensões raciais contribuem para os problemas médicos dos negros. Na visão de Waitzkin, o estresse causado pelo preconceito e pela discriminação racial ajuda a explicar as taxas mais elevadas de hipertensão entre afro-americanos (e hispânicos) do que entre brancos. Acredita-se que a hipertensão – duas vezes mais comum em negros do que em brancos – seja um fator relevante para as altas taxas de mortalidade dos negros em decorrência de doenças cardíacas e renais e de derrame cerebral (Centers for Disease Control and Prevention, 2011b).

Alguns norte-americanos de origem mexicana e muitos outros "latinos" seguem crenças culturais que os tornam menos propensos a recorrer ao sistema médico convencional. Possivelmente, interpretam as suas doenças segundo práticas folclóricas tradicionais, como o ***curandeirismo*** (modalidade holística de prevenção e cura de doenças). O *curandeirismo* afeta a sua forma de recorrer à assistência de saúde e até de definir a doença. É provável que a maioria dos hispânicos raramente recorra a *curandeiros*; mas é possível que 20% deles usem remédios caseiros. Alguns hispânicos definem as doenças de acordo com as crenças folclóricas, como é o caso do "susto" ou do "ataque". Como essas queixas costumam ter fundamentos biológicos, é preciso que o médico tenha sensibilidade e cuidado para lidar com elas, diagnosticando-as e tratando-as de modo adequado e preciso. Seria um erro atribuir a precária assistência à saúde oferecida aos "latinos" às diferenças culturais. É muito mais provável que eles compareçam a uma clínica ou a um pronto-socorro em busca de um atendimento de urgência do que para fazer um acompanhamento preventivo de rotina com um médico de família (Centers for Disease Control and Prevention, 2011b; Durden e Hummer, 2006; Trotter e Chavira, 1997).

Gênero

Um grande *corpus* de pesquisa indica que, comparadas aos homens, as mulheres, embora tendam a viver mais, apresentam maior prevalência de doenças. Há variações – por exemplo, os homens são mais propensos às doenças parasitárias e as mulheres à diabetes –, mas, em grupo, as mulheres parecem ter uma saúde mais precária que a dos homens.

A aparente contradição entre a saúde precária e a maior longevidade das mulheres merece explicação e os pesquisadores desenvolveram uma teoria. As menores taxas de tabagismo (reduzindo o risco de doença cardíaca, câncer de pulmão e enfisema), de consumo de álcool (reduzindo o risco de acidentes de carro e cirrose hepática) e de emprego em ocupações de risco explicam cerca de um terço da maior longevidade das mulheres. Alguns estudos clínicos sugerem ainda que as diferenças de morbidez podem, na realidade, ser menos pronunciadas do que os dados indicam. Segundo os pesquisadores, a probabilidade de as mulheres irem em busca de tratamento e ter um diagnóstico de doença que constará dos dados analisados pelos epidemiologistas é muito maior do que entre os homens.

Use a sua
imaginação sociológica

Qual fator pesa mais na qualidade do atendimento de saúde: a raça ou o gênero?

De acordo com a perspectiva do conflito, as mulheres são especialmente vulneráveis à medicalização da sociedade, com tudo, do parto à beleza, sendo cada vez mais tratado no contexto da medicina. Essa medicalização talvez contribua para as elevadas taxas de morbidez das mulheres, se comparadas às dos homens. Ironicamente, embora a medicalização tenha afetado particularmente as mulheres, as pesquisas clínicas costumam excluí-las. Médicas e pesquisadoras denunciam que o cerne dessas práticas de pesquisa abriga o sexismo e insistem na necessidade de estudos sobre questões femininas (Centers for Disease Control and Prevention, 2011b; Rieker e Bird, 2000).

Idade

A saúde é a maior preocupação dos idosos. Nos Estados Unidos, a maioria dos idosos declara ter pelo menos uma doença crônica, mas apenas algumas dessas doenças acarretam risco de vida ou exigem assistência médica. Ao mesmo tempo, os problemas de saúde podem ter efeitos significativos na qualidade de vida dos idosos. Nos Estados Unidos, quase metade dos idosos tem artrite e muitos têm deficiências visuais ou auditivas capazes de interferir nos seus afazeres cotidianos.

Os idosos também são especialmente vulneráveis a certos tipos de problemas mentais. O mal de Alzheimer, principal causa de demência nos Estados Unidos, atinge um número estimado de 5,4 milhões de idosos – ou 13% deste segmento populacional. Embora alguns portadores de Alzheimer manifestem apenas sintomas leves, o risco de problemas graves atrelados à doença cresce substancialmente conforme a idade (Alzheimer's Association, 2012).

Não espanta que os idosos (a partir dos 75 anos) tenham cinco vezes mais probabilidade de recorrer aos serviços de saúde que os jovens (dos 15 aos 24 anos). Essa desproporção do uso do sistema de saúde norte-americano pelos idosos é uma questão crucial em todas as discussões sobre o custo da saúde e as possíveis reformas do sistema (Bureau of the Census, 2011a).

Em suma, para ampliar o acesso à saúde e reduzir as disparidades, as autoridades federais de saúde precisam superar as desigualdades cujas raízes não estão na idade, mas sim na classe social, na raça, na etnia e no gênero. Como se isso não bastasse, é preciso enfrentar a disparidade geográfica dos recursos de saúde.

A disparidade geográfica dos recursos é apenas uma das formas com que o meio ambiente afeta o nosso bem-estar. A nossa qualidade de vida, seja nas cidades, nos subúrbios ou em áreas rurais, está intimamente ligada ao meio ambiente. Veremos, no último item deste capítulo, como a explosão dos níveis populacionais e dos padrões de consumo pode ter uma influência negativa no nosso entorno natural e na saúde de comunidades inteiras.

MEIO AMBIENTE: O MUNDO E O NOSSO LUGAR NO MUNDO

A expansão urbana vem embrenhando-se pelos campos e florestas que circundam as cidades norte-americanas e substituindo-os por empreendimentos residenciais e *shoppings*. As novas construções perturbam a vida selvagem e ameaçam o abastecimento de água, e os carros que os moradores usam diariamente para chegar ao trabalho engarrafam as vias expressas, contribuindo para a poluição atmosférica e o aquecimento global.

Nos últimos anos, o aquecimento global, manifestado pela retração das calotas polares e pela crescente fúria das tempestades tropicais ao cruzarem águas oceânicas mais quentes que o normal, vem atraindo cada vez mais a atenção pública. As atividades humanas contribuíram para o aquecimento do planeta, documentado neste último meio século, e responsável pela alteração da composição química da atmosfera e pela ampliação do efeito estufa por meio de gases, como dióxido de carbono, metano e óxido nítrico. A identificação científica dos problemas ambientais pode não ser difícil; o difícil é encontrar soluções social e politicamente aceitáveis. Abordaremos, nos próximos itens, algumas questões ambientais identificáveis e examinaremos o que os sociólogos têm a dizer a respeito.

Questões ambientais

No mundo inteiro, admite-se a necessidade de enfrentar os desafios ambientais. Mas, nos Estados Unidos, os respondentes dos *surveys* não veem as questões ambientais como o problema mais relevante e com frequência torcem o nariz para as soluções propostas. Infelizmente, enquadrar as questões ambientais na categoria "problemas" pode ser um empecilho para que as pessoas vejam a deterioração ambiental como um subproduto tanto de práticas institucionais quanto do comportamento humano. Assim, em um *survey* nacional de 2011 realizado nos Estados Unidos, 41% dos respondentes expressaram dúvidas quanto às evidências científicas de aquecimento global e 43% classificaram como exagero a gravidade da situação climática. Apenas 9% dos respondentes contavam testemunhar, ainda em vida, os efeitos do aquecimento global (J. Jones e Saad, 2011).

Discutiremos, ainda neste capítulo, o enorme desafio do aquecimento global. Mas, primeiro, discutiremos a poluição do ar e da água, que presumivelmente contribui para o aquecimento global. Finalizando este item, discutiremos o impacto da globalização.

Poluição do ar. Mais de 1 bilhão de pessoas estão expostas a níveis de poluição atmosférica potencialmente prejudiciais à saúde. Infelizmente, em cidades do mundo todo, os moradores passaram a aceitar com naturalidade o ar poluído e o *smog*.* A poluição atmosférica urbana é causada principalmente pelas emissões de gases por automóveis, por usinas elétricas e pela indústria pesada. O *smog*, além de prejudicar a visibilidade, pode causar problemas incômodos, como irritação na vista, e fatais, como câncer de pulmão. Esses problemas são especialmente graves nos países em desenvolvimento.

As pessoas aceitam mudar o seu comportamento, mas não de modo permanente. Durante os Jogos Olímpicos de 1984, em Los Angeles, os moradores cederam aos pedidos para que eles adotassem o transporte solidário e escalonassem os seus horários de trabalho, a fim de aliviar o trânsito congestionado e melhorar a qualidade do ar respirado pelos atletas. Essas mudanças provocaram uma notável queda de 12% nos níveis de ozônio. Mas, encerradas as olimpíadas, as pessoas retomaram o seu comportamento normal e os níveis de ozônio voltaram a subir. O mesmo ocorreu nos Jogos Olímpicos de 2008, quando a China adotou medidas drásticas para garantir que os altos índices de poluição atmosférica de Pequim não prejudicassem o evento. Interromperam-se as obras de construção na cidade, fábricas e usinas poluentes ficaram fechadas e as vias de trânsito eram varridas e borrifadas com água várias vezes por dia. A solução temporária, porém, não conseguiu resolver o persistente problema da China (A. Jacobs, 2010).

Em circunstâncias normais – quando as cidades não estão reduzindo as suas emissões em prol de acontecimentos esportivos mundiais –, a poluição atmosférica é um problema grave. Hoje, metade da população do planeta habita países com níveis perigosamente elevados de poluição atmosférica, seja em momentos específicos, seja o ano todo. As soluções vão dos esforços da comunidade para despoluir as usinas de energia e reforçar o controle dos padrões de qualidade do ar até os esfor-

* N. de R. T.: *Smog*, do inglês *smoke* (fumaça) mais *fog* (neblina), é o termo usado para definir o acúmulo da poluição do ar em grandes centros urbanos que forma uma grande neblina de fumaça na atmosfera, próximo à superfície.

ços individuais, como sair menos de carro ou gastar menos eletricidade (American Lung Association, 2011).

Poluição da água. Em todo o território dos Estados Unidos, o lixo descartado pelas indústrias e pelos governos locais polui córregos, rios e lagos. Diversas reservas de água tornaram-se impróprias para beber, pescar e nadar. A poluição dos oceanos é um problema cada vez mais preocupante. Essa poluição decorre do despejo regular de lixo e agrava-se com os mega e os minivazamentos de óleo. Quando o petroleiro *Exxon Valdez* encalhou em Prince William Sound, no Estado do Alasca, em 1989, a sua carga de mais de 400 milhões de litros de óleo cru vazou na enseada e atingiu a costa, contaminando mais de 2 mil quilômetros de litoral. Cerca de 11 mil pessoas juntaram-se em um mutirão de limpeza que custou mais de 2 bilhões de dólares. Os vazamentos de óleo dos petroleiros são acontecimentos corriqueiros. Estima-se que o vazamento da plataforma *Deepwater Horizon* da British Petroleum no Golfo do México (ver no início deste capítulo) foi no mínimo *16 vezes maior* que o vazamento do *Exxon Valdez* (ITOPF, 2006; Shapley, 2010).

Os problemas com o abastecimento de água são menos dramáticos do que grandes acidentes ou catástrofes, porém, são mais comuns em muitas regiões do mundo. A pesada e disseminada poluição das águas superficiais e dos lençóis d'água por cidades, indústrias, agricultores e mineradores contribui para agravar a situação. No Egito, os resíduos agrícolas e industriais correm para o rio Nilo. Todo ano, cerca de 17 mil crianças egípcias morrem de diarreia e desidratação após contato com a água poluída do rio (Hengeveld, 2012).

Aquecimento global. Valendo-se de modelos computacionais complexos, os cientistas fizeram centenas de projeções de ***aquecimento global***. O termo designa a elevação significativa das temperaturas da superfície terrestre que ocorre quando gases industriais como o dióxido de carbono transformam a atmosfera do planeta em uma verdadeira estufa. As *emissões de gás estufa*, como metano, óxido nítrico e ozônio, além do dióxido de carbono, retêm o calor na baixa atmosfera. Basta um grau a mais de aquecimento na temperatura média da superfície do planeta para aumentar as chances de incêndios, redução do leito de rios e lagos, expansão dos desertos e de chuvas torrenciais, e tufões e furacões (Giddens, 2011; Lynas, 2008).

A despeito da intensificação das preocupações científicas com o aquecimento global, a mudança climática segue com prioridade baixa na lista de preocupações dos formuladores de políticas. O problema soa abstrato e as autoridades de muitos países acreditam que o real impacto de qualquer ação ao seu alcance depende da atuação decisiva de outras nações. O Protocolo de Kyoto objetivava a redução das emissões globais de gases do efeito estufa, que possivelmente contribuem para o aquecimento global e para a mudança climática. Por enquanto, 190 países assinaram o acordo, mas os Estados Unidos não – os que se opõem ao protocolo alegam que isso colocaria o país em desvantagem no mercado global.

Em seus textos sobre o meio ambiente global, os ativistas costumam afirmar: "estamos todos juntos neste barco". Embora estejamos todos juntos neste barco, o fato é que, em termos globais, os países mais vulneráveis tendem a ser os mais pobres. Os países em desenvolvimento têm maior probabilidade que os outros de ter economias baseadas em recursos limitados ou em um pequeno número de cultivos vulneráveis à seca, às enchentes e às flutuações da demanda mundial (Nordhaus e Shellenberger, 2007; Revkin, 2007).

Podemos olhar o aquecimento global pela perspectiva da análise dos sistemas mundiais. Historicamente, as nações centrais são as maiores emissoras de gases causadores do efeito estufa. Mas a fabricação foi transferida para nações semiperiféricas e periféricas, onde as emissões de gás estufa estão aumentando. Ironicamente, muitas forças que agora clamam por uma redução de atividades humanas que contribuam para o aquecimento global estão localizadas em nações centrais, que contribuíram de maneira desproporcional para o problema. Nós queremos os nossos cachorros-quentes, mas denunciamos a destruição das florestas tropicais para abrir pastos para os rebanhos. Nós queremos roupas e brinquedos baratos, mas condenamos os países em desenvolvimento por dependerem de usinas termelétricas. A ex-

"Dois podem viver de um jeito tão carbono-neutro quanto um"

Para combater o aquecimento global, cada vez mais gente empenha-se em zerar as emissões líquidas de carbono, seja evitando as emissões quando possível (p. ex., saindo a pé, e não de carro), seja recorrendo a compensações (como o plantio de árvores).

pectativa é de que a geração de energia a carvão cresça de 2 a 4% por ano durante décadas a fio, triplicando entre 2010 e 2050 e desbancando o petróleo como principal fonte de energia mundial (L. Smith, 2011).

Quais são as causas desta crise ambiental global? Para alguns observadores, como Paul Ehrlich e Anne Ehrlich, a pressão do crescimento da população mundial é o principal fator de deterioração do meio ambiente. Segundo eles, o controle populacional é fundamental para prevenir a fome generalizada e a destruição ambiental. A Tabela 10.4 mostra a dramática escalada do crescimento populacional nos dois últimos séculos.

O biólogo Barry Commoner contra-argumenta que a principal causa dos problemas ambientais é o crescente uso de inovações tecnológicas lesivas ao meio ambiente, como plásticos, detergentes, fibras sintéticas, pesticidas, herbicidas, adubos químicos, entre outras. Os teóricos do conflito veem a espoliação do meio ambiente pela lente da análise dos sistemas mundiais. Os interacionistas, por sua vez, enfatizam os esforços de indivíduos e de grupos informados para reduzir a sua pegada de carbono – leia-se, os gases do efeito estufa produzidos no dia a dia ou pela vida afora – mediante uma escolha criteriosa dos bens que costumam consumir (Carbon Trust, 2012; Commoner, 1990, 2007; Ehrlich e Ellison, 2002).

O impacto da globalização. A globalização pode ser tanto positiva quanto negativa para o meio ambiente. Pelo lado negativo, ela pode gerar uma corrida para o abismo, com empresas poluentes transferindo-se para países com padrões ambientais menos rigorosos. De modo semelhante, a globalização permite às multinacionais apropriar-se dos recursos dos países em desenvolvimento visando ao lucro de curto prazo. Do México à China, a industrialização que costuma acompanhar a globalização aumentou todos os tipos de poluição.

Tabela 10.4 Tempo estimado para cada aumento sucessivo de 1 bilhão de pessoas na população mundial

Patamar populacional	Tempo transcorrido para atingir o novo patamar populacional	Patamar atingido no ano de
Primeiro bilhão	História da humanidade até 1800	1804
Segundo bilhão	123 anos	1927
Terceiro bilhão	32 anos	1959
Quarto bilhão	15 anos	1974
Quinto bilhão	12 anos	1986
Sexto bilhão	13 anos	1999
Sétimo bilhão	13 anos	2012
Oitavo bilhão	15 anos	2027
Nono bilhão	18 anos	2045

Fonte: Bureau of the Census, 2008b.

Use a sua imaginação sociológica

Quando você para e pensa em todos os problemas enfrentados pela nossa sociedade, com que frequência você se lembra do aquecimento global? E os seus amigos, pensam muito nisso?

Mas o impacto da globalização também pode ser positivo. À medida que caem as barreiras ao fluxo de bens, serviços e seres humanos, as corporações multinacionais ganham um forte incentivo para calcular o custo dos recursos naturais. O uso excessivo ou o desperdício não tem muita lógica, sobretudo quando essess recursos correm o risco de se esgotar (Gallagher, 2009; Kwong, 2005).

Um reflexo da interação entre globalização e meio ambiente é o surgimento dos chamados *refugiados ambientais*. A Europa, em especial, começa a assistir ao influxo desses imigrantes vindos de países em desenvolvimento. Segundo um relatório da União Europeia, o aquecimento global pode ser visto como um "potencializador das ameaças" que exacerba as secas prolongadas e a escassez de terra cultivável e, com isso, a pobreza, a pouca saúde e as más condições de vida. Vistos pela perspectiva da análise dos sistemas mundiais, os países periféricos podem sucumbir aos problemas ambientais, precipitando migrações para nações industriais ou conflitos que provocam o deslocamento em massa das suas populações. "A Europa precisa estar preparada para um aumento substancial da pressão migratória" desses refugiados ambientais, conclui o relatório (L. Brown, 2011).

Em contraposição aos efeitos negativos da globalização, é preciso assinalar o poder de geração de novos empregos das chamadas indústrias verdes. Instalar painéis solares, climatizar casas, fermentar biocombustíveis, construir carros híbridos, cultivar alimentos orgânicos, fabricar peças de vestuário orgânicas, montar gigantescas turbinas eólicas – tudo isso entra na categoria dos *empregos de colarinho verde*. No entanto, os céticos questionam quantos empregos desses serão criados e até que ponto eles irão compensar as perdas de postos de trabalho em indústrias poluentes como as de petróleo, gás e mineração de carvão (S. Greenhouse, 2008b; R. Pinderhughes, 2008).

Ecologia humana

Já vimos que o interesse da ecologia humana são as influências recíprocas entre as pessoas e o meio ambiente. Como afirmou Barry Commoner (1971, p. 39), "está tudo conectado com tudo". Os ecologistas da área analisam tanto o modo como o meio ambiente físico molda a vida das pessoas quanto o modo como as pessoas influem no meio ambiente ao seu redor.

Existem diversos exemplos da interligação das pessoas com o meio ambiente. Por exemplo, a pesquisa científica relacionou a presença de poluentes no meio ambiente físico com a saúde e com o comportamento das pessoas. A crescente prevalência de asma, de intoxicação por chumbo e de câncer foi associada às interferências do homem no meio ambiente. Da mesma forma, associou-se o aumento dos diagnósticos de melanoma (câncer de pele) ao aquecimento global. Por fim, as mudanças ecológicas nos nossos alimentos e na nossa dieta foram associadas à obesidade e à diabetes precoce.

Na perspeciva "está tudo relacionado com tudo", a ecologia humana ressalta o custo benefício inerente a toda decisão que interfira no meio ambiente. Perante os desafios ambientais do século XXI, é preciso que os ambientalistas e os formuladores de políticas públicas definam como é possível atender às necessidades humanas de alimento, vestuário e teto e, ao mesmo tempo, preservar o meio ambiente.

A perspectiva do conflito sobre as questões ambientais

Recorremos, no Capítulo 5, à análise dos sistemas mundiais para mostrar como uma crescente parcela dos recursos humanos e dos recursos naturais dos países em desenvolvimento está sendo redistribuída para os países industrializados centrais. O processo apenas intensifica a destruição dos recursos naturais nas regiões mais pobres do mundo. De acordo com a perspectiva do conflito, as nações menos afluentes estão sendo forçadas a explorar suas jazidas minerais, suas florestas e suas reservas pesqueiras para quitar dívidas pendentes com as nações industrializadas. Os pobres partem para o único meio de sobrevivência à disposição deles: cultivam as encostas, queimam as florestas tropicais e sobrecarregam as pastagens (World Bank, 2010b).

O Brasil é um exemplo desta mútua influência entre os problemas econômicos e a destruição ambiental. A cada ano abrem-se mais de 20 mil quilômetros quadrados de floresta para a lavoura e a pecuária. A eliminação da floresta equatorial afeta os padrões climáticos do planeta, reforçando o gradativo aquecimento da Terra. Esses padrões socioeconômicos e suas danosas consequências ambientais evidenciam-se não apenas na América Latina, mas também em muitas regiões da África e da Ásia.

Os teóricos do conflito conhecem bem as implicações ambientais das políticas de uso do solo no Terceiro Mundo, mas argumentam que focar nos países em desenvolvimento é etnocentrismo. Segundo eles, quem é mais culpado pela deterioração ambiental: as populações paupérrimas e "com fome de comida" ou as nações industrializadas "com fome de energia"? Esses teóricos assinalam que os países industrializados da América do Norte e da Europa representam apenas 12% da população mundial, mas são responsáveis por 60% do consumo mundial. O dinheiro que os seus habitantes gastam a cada ano em cruzeiros marítimos daria para abastecer com água potável toda a população mundial. O que se gasta em sorvete na Europa daria para vacinar todas as crianças do mundo. De acordo com os teóricos do conflito, a ameaça mais séria ao meio ambiente vem, pois, da classe consumidora global (Gardner et al., 2004; Shah, 2009).

Allan Schnaiberg (1994) aprimora essa análise desviando-se da tese de que os consumidores mais ricos seriam os causadores dos problemas ambientais. Na visão de Schnaiberg, devido à necessidade intrínseca de acumular lucros, o sistema capitalista cria uma "esteira de produção", que implica a geração de uma demanda por produtos, a obtenção de recursos naturais a um custo mínimo e a fabricação de produtos da forma mais rápida e mais barata possível – não importando as consequências ambientais de longo prazo.

Modernização ecológica

Os críticos do modelo ecológico humano e do modelo do conflito alegam que esses modelos estão ancorados no passado. Para eles, os adeptos dessas abordagens acabaram atolando-se nas práticas vigentes. O foco dos proponentes da ***modernização ecológica***, abordagem surgida na década de 1980, volta-se para o alinhamento das boas práticas ambientais com os interesses econômicos próprios mediante constante adaptação e reestruturação (Mol, 2010; Mol e Sonnenfeld, 2000; Mol et al., 2009).

A modernização ecológica pode ocorrer tanto no nível macro quanto no nível micro. No nível macro, adaptar e reestruturar pode significar a reintegração de resíduos industriais ao processo produtivo. No nível micro, pode significar a reformulação dos estilos de vida individuais, inclusive os padrões de consumo descritos no início deste item. De certa forma, os praticantes da modernização ecológica procuram refutar a noção difundida de que ter consciência ambiental é "voltar à natureza" ou "conquistar a autossuficiência". No entender deles, quaisquer mudanças nos padrões de produção e de consumo, mesmo as modestas, podem aumentar a sustentabilidade ambiental (York et al., 2010).

Do ponto de vista dos países em desenvolvimento, muitos apelos pela redução dos gases do efeito estufa visam injustamente países que mal começaram a se industrializar.

Justiça ambiental

No segundo semestre de 1982, cerca de 500 afro-americanos participaram de um protesto de seis semanas contra um perigoso aterro sanitário no Estado da Carolina do Norte. As manifestações e as ações na justiça contra as perigosas substâncias cancerígenas prolongaram-se até 2002, quando, finalmente, se deu início à descontaminação do local. Essa luta de 20 anos poderia ser vista como mais um episódio do movimento conhecido como "*not in my backyard*" ("no meu quintal, não"). Hoje, porém, a luta em Warren County é vista como um ponto de virada no ambientalismo contemporâneo: o início do movimento pela justiça ambiental (Bullard, 1993; McGurty, 2000; North Carolina Department of Environment and Natural Resources, 2008).

A ***justiça ambiental*** é uma estratégia jurídica baseada em alegações de que as minorias raciais e as classes mais baixas são submetidas a riscos ambientais de forma desproporcional. Alguns observadores proclamaram a justiça ambiental como os "novos direitos civis do século XXI" (Kokmen, 2008, p. 42). Desde que se iniciou o movimento pela justiça ambiental, ativistas e pensadores encontraram outras disparidades ambientais que coincidem com as linhas de raça e de classe social. Em geral, os pobres e os negros têm muito mais chances de sofrer as consequências do meio ambiente construído pelo ser humano, como a poluição atmosférica advinda de vias expressas e de incineradores.

O movimento pela justiça ambiental globalizou-se por vários motivos. Em muitos países, os ativistas detectaram padrões semelhantes na localização dos famigerados lixões. Esses grupos começaram a montar redes transnacionais para compartilhar as suas táticas e os seus expedientes. Essa abordagem unificada é inteligente, pois as entidades infratoras geralmente são corporações multinacionais (ver Cap. 5); é difícil influir na atuação delas ou até mesmo processá-las. Como já foi assinalado, o debate do aquecimento global costuma voltar suas críticas contra países em desenvolvimento como a China e a Índia e não contra gigantes industriais estabelecidos, com longos históricos de emissão de gás estufa (Mohai et al., 2009; Shah, 2009).

Os sociólogos, no seu trabalho sobre os seres humanos e suas intervenções no meio ambiente, deram ênfase tanto à interligação entre os seres humanos e o meio ambiente quanto à linha de fissura de raça e de classe social. Os cientistas adotaram diferentes abordagens, com divergências acirradas quanto aos prováveis desfechos da mudança ambiental. Quando correm o risco de afetar a política do governo e as regras econômicas, tais divergências adquirem elevado grau de politização.

A SOCIOLOGIA É IMPORTANTE

A sociologia é importante pois explica a relação entre os padrões populacionais e a comunidade onde você vive.

- Em que tipo de comunidade – urbana, suburbana ou rural – você mora? É uma comunidade que cresce, ou cuja população está encolhendo? A que se deve o crescimento ou o declínio da sua comunidade?
- Analise a cidade mais próxima de você pelo ponto de vista de um sociólogo urbano. A economia dela é industrial ou pós-industrial? Que teoria descreve melhor a sua expansão: a teoria das zonas concêntricas ou a teoria dos vários núcleos? Essa cidade possui algum vínculo com a economia global?

A sociologia é importante pois sublinha a relação entre raça, etnia e classe social e a qualidade de vida.

- Avalie a saúde das pessoas na sua comunidade. Na sua opinião, ela é melhor, igual ou pior do que a média? Quantas pessoas da sua comunidade possuem baixa renda ou são integrantes de minorias? E quantas são desprovidas de assistência à saúde ou de seguro-saúde?
- Descreva o meio ambiente na sua comunidade. Há algum fator de risco para a saúde? Caso haja, será que alguns dos problemas de saúde da comunidade poderiam ter alguma relação com esses fatores de risco?

RECURSOS DO CAPÍTULO

Resumo

O tamanho, a composição e a distribuição da população mundial têm significativa influência nas **comunidades**, na **saúde** e no meio ambiente. Este capítulo apresentou o estudo científico da população – a **demografia**. Acompanhamos a expansão das comunidades desde a pré-história até os dias atuais, e examinamos a urbanização pelas perspectivas funcionalista e do conflito. Analisamos a relação entre a saúde das pessoas, a sua distribuição geográfica e os grupos sociais a que pertencem. Olhamos, também, a relação entre a nossa saúde e o meio ambiente.

1. Thomas Robert Malthus afirmou que a população mundial crescia de modo mais acelerado do que a oferta de alimentos disponível e que a disparidade entre população e ofertas se alargaria com o passar do tempo. Para Karl Marx, no

entanto, a principal causa dos males sociais era o capitalismo e não o crescimento populacional.

2. A principal ferramenta para a obtenção de **estatísticas vitais** sobre a população da maioria dos países é o **censo**.
3. As primeiras **comunidades** estáveis desenvolveram-se quando os seres humanos tornaram-se agricultores e a sua produção superavitária permitiu que alguns deles habitassem **cidades pré-industriais**. Milhares de anos depois, a mecanização da produção inaugurou a era das **cidades industriais**, grandes núcleos populacionais dominados por fábricas. No século XX, a globalização e o fluxo de informação eletrônico deram origem à era das **cidades pós-industriais**, caracterizadas pela presença de grandes prédios de escritórios em vez das fábricas.
4. A **ecologia urbana** é uma visão funcionalista da urbanização que foca nos inter-relacionamentos dos moradores urbanos com o meio ambiente. Os ecologistas urbanos desenvolveram duas teorias de expansão urbana: a **teoria das zonas concêntricas** e a **teoria dos vários núcleos**.
5. A **nova sociologia urbana**, uma visão da urbanização pela lente do conflito, enfoca a influência recíproca entre as forças econômicas globais, nacionais e locais e o seu efeito nas cidades do mundo todo. Essa escola de pensamento usa a **análise dos sistemas mundiais** de Immanuel Wallerstein.
6. A medicina é vista pelos funcionalistas, teóricos do conflito e teóricos da rotulagem como uma instituição de definição e de controle social. Os médicos são vistos pelos funcionalistas como porteiros do **papel de doente** e pelos teóricos do conflito como proponentes da medicalização da sociedade.
7. A **epidemiologia social** é o estudo da doença, da deficiência e da **saúde** em toda uma população. Estudos epidemiológicos demonstraram que as taxas de **mortalidade** e de deficiência são mais elevadas nas classes mais baixas do que na classe alta. Da mesma forma, as taxas de **morbidez** e de mortalidade são mais elevadas nas minorias raciais e étnicas do que entre os brancos.
8. Segundo os teóricos do conflito, a mais séria ameaça ao meio ambiente vem dos países industrializados do Ocidente, que consomem uma quantiaa desproporcional dos recursos do planeta.
9. Para reduzir a ameaça ao meio ambiente, os proponentes da **modernização ecológica** recomendam um alinhamento do interesse econômico próprio com as boas práticas ambientais mediante um processo constante de adaptação e de reestruturação.
10. As minorias raciais e as classes mais baixas estão mais expostas aos riscos ambientais do que outros grupos, em um padrão social que suscitou reivindicações em prol da **justiça ambiental.**

Palavras-chave

análise dos sistemas mundiais, 286
aquecimento global, 299
brain drain (fuga de cérebros), 289
censo, 276
cidade industrial, 280
cidade pós-industrial, 281
cidade pré-industrial, 279
comunidade, 278
curandeirismo, 295
demografia, 274
ecologia humana, 283
ecologia urbana, 283
epidemiologia social, 292
estatísticas vitais, 276
expectativa de vida, 277
fecundidade, 274
incidência, 292
justiça ambiental, 305
modernização ecológica, 304
nova sociologia urbana, 285
papel de doente, 287
prevalência, 292
saúde, 286
taxa de crescimento, 277
taxa de fecundidade total (TFT), 277
taxa de morbidez, 292
taxa de mortalidade infantil, 277
taxa de mortalidade, 292
taxa de natalidade, 277
taxa de óbitos, 277
teoria das zonas concêntricas, 283
teoria dos vários núcleos, 284
urbanismo, 282

CAPÍTULO 11

MOVIMENTOS SOCIAIS, MUDANÇA SOCIAL E TECNOLOGIA

MOVIMENTOS SOCIAIS
TEORIAS DA MUDANÇA SOCIAL
RESISTÊNCIA À MUDANÇA SOCIAL
A TECNOLOGIA E O FUTURO

Quem governa os Estados Unidos e quem o governará no futuro? A elite – o 1% da população no topo da pirâmide –, ou todos os demais – os assim chamados 99%?

Em 2011 e 2012, durante uma profunda e duradoura recessão, a pergunta foi o tópico central do movimento *Occupy Wall Street*. O movimento começou na cidade canadense de Vancouver com a sugestão dos editores da revista *Adbusters* de se organizar um protesto contra a "tirania das grandes corporações" no Sul da ilha de Manhattan. Espelhando as últimas novidades tecnológicas, o apelo à ação foi uma postagem no Twitter que se encerrava com o *link* "#occupywallstreet".

Em 7 de setembro de 2011, primeiro dia do movimento, 2 mil manifestantes reuniram-se na cidade de Nova York. Dizendo-se porta-vozes da vasta maioria dos norte-americanos, afirmavam estar ali para representar "os 99%" – aqueles que, com a quebra do mercado de ações, haviam perdido o emprego, a casa ou as economias que lhes permitiriam aposentar-se. Nas semanas seguintes, o movimento se alastraria por todo o território norte-americano, e pelo planeta, onde milhões de pessoas também sofriam com a crise financeira global (Peralta, 2011; M. Scherer, 2011).

Como reagiram os norte-americanos ao novo movimento? As opiniões foram variadas, do sarcástico comentário de Rudy Giuliani, ex-prefeito de Nova York, – "Que tal ocupar um emprego"? –, ao paralelo traçado pelo sociólogo Craig Calhoun com as manifestações estudantis na China. A reação da polícia de Nova York ao *Occupy Wall Street*, escreveu Calhoun, "fez lembrar o governo chinês expulsando os manifestantes de Tiananmen". Os norte-americanos de origem indígena observaram que há cinco séculos as suas terras estavam ocupadas sem maiores alardes por parte de manifestantes brancos. E os sem-teto ficaram atônitos com a repentina preocupação com os manifestantes que dormiam pelos parques da cidade (Calhoun, 2011; Lawler, 2011).

Mais que qualquer coisa, o que os manifestantes do *Occupy Wall Street* queriam mudanças. Para divulgar a sua mensagem, recorreram aos *sites* das redes sociais, que começam a rivalizar com as grandes nações em termos de número de "habitantes" (ver Fig. 11.1). Como já vimos, a introdução de novas tecnologias provoca *mudança social*.

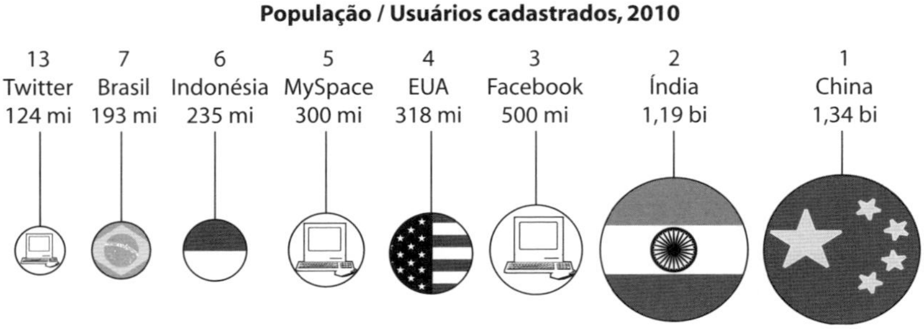

Figura 11.1 Sociedades mais numerosas, reais e virtuais.

Nota: Paquistão, Bangladesh, Nigéria, Rússia e Japão ocupam do 8º ao12º lugar.

Fonte: O autor, baseado em dados extraídos de Haub e Kaneda, 2012; McGrath, 2010; Figura adaptada de *The Economist, "The future is another country"* © *The Economist Newspaper* Limited, Londres, 24 de julho de 2010.

Pode-se definir ***mudança social*** como uma alteração significativa da cultura e dos padrões de conduta ao longo do tempo (Moore, 1967). A existência das redes sociais pode ter enorme influência no comportamento das pessoas. Examinaremos, neste capítulo, o processo de mudança social, dando ênfase especial ao impacto dos avanços tecnológicos. Começaremos pelos movimentos sociais, que com frequência fomentam a mudança. Prosseguiremos com as diferentes perspectivas sociológicas sobre mudança e observaremos como os interesses próprios tentam barrá-las. Por fim, veremos o papel da tecnologia como agente de mudança social – da navegação na *web* e da terceirização de postos de serviço para o exterior à censura e à engenharia genética.

MOVIMENTOS SOCIAIS

Os movimentos sociais são a fonte mais poderosa de mudança social. Embora fatores como o meio ambiente, a população, a tecnologia e a desigualdade social também sejam fontes de mudança, o que a ocasiona é o esforço *coletivo* de indivíduos organizados em movimentos sociais.

Os sociólogos usam o termo ***movimento social*** para designar uma atividade coletiva organizada a fim de desencadear ou de resistir a uma mudança fundamental em um determinado grupo ou sociedade existente (Benford, 1992). Herbert Blumer (1955, p. 19) reconheceu a importância dos movimentos sociais ao defini-los como "iniciativas coletivas para implantar uma nova ordem de vida".

Em muitos países, os movimentos sociais tiveram um impacto significativo na história e na evolução da estrutura social, como atestam as iniciativas dos abolicionistas, das sufragistas, dos militantes dos direitos civis e dos ativistas que se opuseram à guerra do Vietnã. A cada movimento social, os participantes deflagraram a mudança social driblando os canais tradicionais e exercendo notável influência sobre as políticas públicas. No Leste Europeu, esforços coletivos contribuíram para a deposição, de certa forma pacífica, do regime comunista em nações que muitos observadores consideravam "imunes" à mudança (Ramet, 1991).

Embora a existência de conflito esteja implícita nos movimentos sociais, as suas atividades também podem ser analisadas pela perspectiva funcionalista. Mesmo quando se frustram, os movimentos contribuem para formar a opinião pública. A princípio, as ideias de Margaret Sanger e de outros defensores do controle da natalidade foram consideradas "radicais", mas os anticoncepcionais são hoje amplamente acessíveis nos Estados Unidos.

Como os movimentos sociais não estão sujeitos a fronteiras, os acontecimentos globais têm profunda influência sobre eles, até mesmo no caso de movimentos nacionalistas. Os movimentos sociais têm ganhado imediata dimensão internacional. Organizações globais, sejam elas grandes corporações como o McDonald's ou entidades públicas como a Organização Mundial do Comércio, tornam-se alvos fáceis graças à mobilização internacional. Mas o ativismo global não é novidade; ele remete aos escritos de Karl Marx, cuja intenção era mobilizar os oprimidos nos países industrializados. Atualmente, a internet propicia o ativismo em rede. A participação no ativismo transnacional é agora muito mais comum do que no passado, e tornou-se mais rápido atear fogo às paixões.

Como e por que surgem os movimentos sociais? É claro que as pessoas às vezes irritam-se com o atual estado das coisas. Mas, o que as leva a organizarem-se em um esforço coletivo para trabalhar pela mudança? Examinaremos, neste item, duas explicações diferentes sobre o porquê da mobilização das pessoas: a abordagem da privação relativa e a abordagem da mobilização dos recursos. Também trataremos do papel de gênero nos movimentos sociais, tantas vezes subestimado, e analisaremos mudanças recentes na natureza dos movimentos sociais.

Use a sua imaginação sociológica

Que movimentos sociais são mais presentes na sua instituição de ensino? E na comunidade onde você mora?

A abordagem da privação relativa

Em uma sociedade, as pessoas que se sentem mais frustradas e insatisfeitas com as suas condições sociais e econômicas de vida não são necessariamente aquelas que estão "em pior situação". Há tempos os cientistas sociais reconhecem que o mais importante é o modo como as pessoas *percebem* a sua própria situação. Karl Marx assinalou que o peso da penúria era importante na percepção dos trabalhadores quanto à sua condição de oprimido, mas que sua postura *relativa* à classe governante capitalista também era importante (Marx e Engels, [1847] 1955).

O termo ***privação relativa*** é definido como a percepção consciente da existência de uma discrepância negativa entre as expectativas legítimas e as circunstâncias presentes (J. Wilson, 1973). Em outras palavras, a vida não é tão boa como se esperava. Esse estado pode caracterizar-se mais pela escassez das necessidades básicas do que pela completa carência delas (como vimos no Cap. 5, ao distinguirmos pobreza absoluta e pobreza relativa). A pessoa que vivencia a privação relativa fica insatisfeita pois se sente rebaixada em relação a algum grupo de referências. Nesse sentido, operários que moram em casas geminadas com quintal pequeno – mesmo sem estarem exatamente no patamar mais baixo da escada econômica – podem sentir-se privados de direitos e de bens se comparados a gerentes de grandes corporações e profissionais liberais que moram em subúrbios exclusivos e luxuosos.

Além da sensação de privação relativa, é preciso a presença de outros dois elementos para que a insatisfação se torne um movimento social. Primeiro, é preciso que as pessoas sintam-se no *direito* de terem aquilo que almejam, que se julguem merecedoras de ter mais do que têm. Os sociólogos da Oxford University compilaram dados sobre 404 militantes extremistas de 31 países. Os pesquisadores constataram que muitos deles eram indivíduos com elevado grau de escolaridade. Porém, essas pessoas relativamente afortunadas sentiam-se prejudicadas por aquilo que entendiam ser governos corruptos ou equivocados. Segundo, é preciso que as pessoas que se sentem prejudicadas percebam que não há como alcançar aquilo que almejam pelos métodos convencionais. Essa crença pode ser justificada ou injustificada. De qualquer modo, o grupo não se mobilizará para aderir a um movimento social a não ser que os seus integrantes compartilhem a percepção de que o *único* meio de reverter a privação relativa é mediante a ação coletiva (*The Atlantic*, 2008; Gambetta e Hertog, 2007).

Os críticos dessa abordagem assinalam que nem sempre é preciso um recrudescimento das sensações de privação para as pessoas partirem para a ação. Alegam, também, que a abordagem não explica por que certas sensações de privação culminam em movimentos sociais, ao passo que outras circunstâncias semelhantes não mobilizam esforço coletivo algum para reformular a sociedade. Devido a essas questões, há um crescente interesse dos sociólogos pelas forças necessárias para deflagrar o surgimento de movimentos sociais (Alain, 1985; Finkel e Rule, 1987; Orum e Dale, 2009).

Use a sua imaginação sociológica

O que poderia provocar a sensação de privação em pessoas que estão bem de vida?

A abordagem da mobilização de recursos

Para pôr em campo um movimento social, não basta querer. Dinheiro, influência política, acesso aos meios de comunicação, pessoal, tudo ajuda. O termo ***mobilização de recursos*** designa o modo como o movimento social utiliza esses recursos. O êxito de um movimento por mudanças dependerá, em boa parte, dos recursos de que o movimento dispõe e da sua eficácia em mobilizá-los. Em outras palavras, recrutar adesões e coordenar os recursos é fundamental para o crescimento e o êxito de um movimento social (Gamson, 1989; Tilly, 1964, 2003; Walder, 2009).

Outro fator crucial na mobilização dos insatisfeitos para os movimentos sociais é a liderança. São frequentes os movimentos que têm à frente uma figura carismática, como o Dr. Martin Luther King Jr. Segundo a descrição elaborada por Max Weber em 1904, *carisma* é a qualidade que distingue um indivíduo das pessoas comuns. Porém, o carisma pode desfazer-se de uma hora para outra, o que explica a fragilidade de certos movimentos sociais (Morris, 2000).

Muitos movimentos sociais são mobilizados por pessoas de dentro das instituições. Por exemplo, em 2009, durante o debate nacional do projeto de reforma do sistema de saúde do governo Obama, as empresas seguradoras incentivavam os funcionários a comparecerem às assembleias organizadas pela Casa Branca. Os gerentes distribuíam "dicas" que incluíam uma lista de dúvidas a serem levantadas pelos funcionários e sugestões sobre como dar um tom pessoal aos comentários, fazendo menção aos próprios problemas de saúde (Walker, 2010).

Por que certas pessoas aderem a um movimento social e outras, em situação semelhante, não o fazem? Algumas pessoas são recrutadas. Karl Marx sabia da importância do recrutamento quando convocou os trabalhadores a se *darem conta* do seu *status* de oprimido e a desenvolverem uma consciência de classe compartilhada. Marx insistia que o desenvolvimento de um movimento social (mais especificamente, a revolução do proletariado) exigia líderes capazes de aguçar a consciência dos oprimidos. Caberia a esses líderes ajudar os trabalhadores a superarem a ***falsa consciência***, ou seja, atitudes que não refletem a posição objetiva dos trabalhadores, para, então, organizarem o movimento revolucionário. Nessa mesma linha, os sociólogos que adotam a abordagem da mobilização dos recursos salientam que um dos desafios enfrentados pelas ativistas dos movimentos de liberação feminina do fim da década de 1960 e do início da década de 1970 foi convencer as mulheres que elas estavam sendo privadas dos seus direitos e de recursos socialmente valorizados.

Use a sua imaginação sociológica

Que aspectos dos tradicionais papéis de gênero explicam os papéis classicamente desempenhados pelas mulheres e pelos homens nos movimentos sociais?

Gênero e movimentos sociais

Os sociólogos salientam que o gênero é um elemento significativo para se entender o desenvolvimento dos movimentos sociais. Em uma sociedade dominada pelos homens, as mulheres têm dificuldades para assumir posições de liderança nos movimentos sociais organizados. Apesar de as mulheres prestarem serviços voluntários nesses movimentos, o trabalho delas nem sempre é reconhecido, e as suas vozes não são tão fáceis de se ouvir como as dos homens. Além disso, o preconceito de gênero mascara a real extensão da influência das mulheres. As análises tradicionais do sistema sociopolítico tendem a focar nos corredores do poder de instituições dominadas por homens, como os legislativos e os conselhos de administração das corporações, e a negligenciar áreas de predominância feminina, como o lar, os grupos comunitários, as redes religiosas. No entanto, os esforços para influenciar os valores familiares, a criação dos filhos, as relações entre os pais e as escolas, e os valores espirituais têm clara importância para a cultura e para a sociedade (Ferree e Merrill, 2000; Noonan, 1995).

Os especialistas em movimentos sociais perceberam recentemente que o gênero pode afetar até mesmo o modo como são encarados os esforços organizados para deflagrar ou para resistir à mudança. Por exemplo, a ênfase no uso da racionalidade e da lógica fria na perseguição das metas contribui para encobrir a importância da paixão e da emoção nos movimentos sociais bem-sucedidos. É difícil encontrar qualquer movimento – trabalhista, pelo direito ao voto, pelos direitos dos animais – em que a paixão não integre o ímpeto que constrói o consenso. Mas os apelos por um estudo mais sério do papel da emoção são frequentemente vistos como restritos ao movimento feminista, pois a emoção é tradicionalmente tida como um atributo feminino (Ferree e Merrill, 2000; V. Taylor, 1999, 2004).

Novos movimentos sociais

A partir do fim da década de 1960, cientistas sociais europeus observaram mudanças tanto na composição quanto nos alvos dos movimentos sociais emergentes. No passado, as questões econômicas monopolizavam os movimentos sociais geralmente liderados por sindicatos ou por associações de classe. No entanto, muitos movimentos sociais que entraram em ação nas últimas décadas – inclusive o movimento feminista contemporâneo, o movimento pacifista e o movimento ambientalista – não têm raízes na classe social, como tinham os clássicos protestos trabalhistas do século passado nos Estados Unidos e na Europa (Tilly, 1993, 2004).

O termo ***novo movimento social*** designa uma atividade coletiva organizada que contempla valores e identidades sociais, além de reivindicações por melhor qualidade de vida. É possível que esses movimentos tenham relação com o desenvolvimento de identidades coletivas. Muitos deles têm plataformas complexas que vão além de uma questão única e podem, inclusive, extrapolar as fronteiras nacionais. Alguns novos movimentos sociais, como o movimento feminista e o movimento de defesa dos direitos dos *gays* e lésbicas, são representativos para parcelas importantes escolarizadas e de classe média.

Os novos movimentos sociais não costumam ver o governo como um aliado na luta por uma sociedade melhor. Embora não busquem derrubar o governo, esses movimentos podem criticar, protestar, ou importunar as autoridades públicas. Os pesquisadores constataram que seus participantes demonstram pouca disposição para acatar a autoridade estabelecida, inclusive a científica ou a técnica. Essa característica é especialmente flagrante nos movimentos ambientalista e contra a energia nuclear, cujos ativistas apresentam os seus próprios especialistas para contrapor-se aos especialistas do governo ou de grandes negócios (Garner, 1996; Polletta e Jasper, 2001; A. Scott, 1990).

O movimento ambientalista é um dos muitos novos movimentos a ter adotado um foco globalizado. Empenhados em reduzir a poluição do ar e da água, em frear o aquecimento global e em proteger as espécies animais ameaçadas, os ativistas ambientais perceberam que não basta estabelecer rigorosas medidas regulatórias em um único país. De modo semelhante, os líderes sindicais e os defensores dos direitos humanos não têm como lidar com a exploração do trabalho semiescravo em um país em desenvolvimento quando a corporação multinacional pode simplesmente transferir a fábrica para outro país, com salários ainda menores. Enquanto os movimentos sociais tradicionais tendem a enfatizar a mobilização dos recursos no nível local, os novos movimentos sociais adotam uma perspectiva mais abrangente e global do ativismo social e político.

A Tabela 11.1 recapitula as três abordagens sociológicas que contribuíram para a teoria dos movimentos sociais. Cada uma delas ampliou a nossa compreensão do desenvolvimento dos movimentos sociais. Mas, em um sentido mais abrangente, o que causa a mudança social? Veremos, no próximo item, como os sociólogos usaram algumas das principais perspectivas teóricas para analisar e interpretar o processo de mudança social.

Use a sua imaginação sociológica

Tente imaginar uma sociedade totalmente desprovida de movimentos sociais. Quais seriam as condições de existência dessa sociedade? Você gostaria de viver nela?

TEORIAS DA MUDANÇA SOCIAL

A virada do milênio é uma boa oportunidade para se pensar a *mudança social*, que já definimos como uma alteração significativa da cultura e dos padrões de conduta ao longo do tempo. A mudança pode ser lenta, a ponto de passar quase despercebida àqueles que são afetados por ela, mas também pode ser vertiginosa. Como mostra a Tabela 11.2, algumas mudanças ocorridas na sociedade norte-americana no último século e meio foram relativamente lentas ou tênues; outras foram rápidas ou de grande magnitude.

Explicar a mudança social é um desafio no mundo diversificado e complexo que habitamos. Teóricos de várias disciplinas tentaram analisar a mudança social. Em certos casos, analisaram acontecimentos históricos em busca de entender melhor as mudanças contemporâneas. Iremos rever três abordagens teóricas à mudança – as teorias evolucionista, funcionalista e do conflito – antes de abordarmos a mudança social global.

Recapitulando

Tabela 11.1 Contribuições à teoria do movimento social

Abordagem	Ênfase
Abordagem da privação relativa	Os movimentos sociais tendem a surgir quando expectativas otimistas são frustradas.
Abordagem da mobilização dos recursos	O êxito dos movimentos sociais depende de que recursos estão disponíveis e com que eficácia eles são usados.
Teoria do novo movimento social	Os movimentos sociais surgem quando as pessoas sentem-se motivadas por questões de valor e de identidade social.

Tabela 11.2 Estados Unidos: um país em transição

População	**1850**	**1940**	**1960**	**2011**
Total (em milhões)	23,2	132,1	180,7	316,3
Percentual com idade inferior a 15 anos	41%	25%	31%	20%
Escolaridade	**1850**	**1940**	**1960**	**2008**
Percentual com ensino médio incompleto	88%	18%	13%	13%
Percentual na faixa etária de 19-24 anos cursando o ensino superior	Menos de 1%	8%	40%	40%
Participação na força de trabalho	**1850**	**1940**	**1960**	**2009**
(Faixa etária: 20-30 anos)				
Homens	94%	88%	86%	82%
Mulheres	22%	39%	74%	73%
Saúde	**1850**	**1940**	**1960**	**2007**
Médicos por 100 mil habitantes	176	133	150	273
Expectativa de vida ao nascer (em anos)	38	63	70	78,3
Tecnologia	**1870**	**1940**	**1960**	**2007**
Número de *copyrights* concedidos	5.600	176.997	243.926	636.400
Número de patentes concedidas	12.127	42.238	47.170	244.300
Família	**1890**	**1940**	**1960**	**2008**
Média de idade no primeiro casamento				
Homens	26	24	23	28
Mulheres	22	22	20	26
Número de filhos por família	3,25	2,7	3,65	2,09

Nota: Os dados são comparáveis, embora as definições variem. Períodos em que ocorrem mudanças de definição nos Estados Unidos: 1850-1940 e 1940-1960. Os primeiros dados sobre o número de filhos por família são de 1905.
Fonte: O autor, baseado em dados federais reunidos em Bureau of the Census, 2011a, Tables 104, 165, 223, 229, 587, 774, 778, 780; Sutch e Carter, 2006, p. 1-28/29, 391, 401-402, 440, 541, 685, 697, 709, 2-441/442, e 3-424/425, 427/428.

Pense nisto
Das mudanças sociais apresentadas nesta tabela, qual lhe causa maior surpresa? Que categoria, no seu entender, sofrerá maiores alterações nos próximos 20 anos?

Teoria evolucionista

O trabalho pioneiro de Charles Darwin (1809-1882) sobre a evolução das espécies contribuiu para as teorias de mudança social do século XIX. A abordagem de Darwin enfatiza uma progressão constante de formas de vida sucessivas. Por exemplo, os seres humanos surgiram em uma etapa mais tardia da evolução e representam uma forma de vida mais complexa do que os répteis. Teóricos sociais que buscaram uma analogia com esse modelo biológico deram origem à ***teoria evolucionista***, em que a sociedade é vista caminhando em uma direção específica. Os primeiros teóricos evolucionistas concordavam que a sociedade progredia para um patamar mais elevado. Como era de se esperar, concluíram, de forma etnocêntrica, que o seu comportamento e a sua cultura eram mais adiantados que os de civilizações anteriores.

Auguste Comte (1798-1857), um dos fundadores da sociologia, foi um teórico evolucionista da mudança social. Via o pensamento das sociedades humanas progredindo, da mitologia para o método científico. De modo semelhante, Émile Durkheim ([1893] 1933) assegurava que a sociedade avançava de formas mais simples para formas mais complexas de organização social.

Hoje, a teoria evolucionista exerce influências variadas sobre os sociólogos. Por exemplo, ela incentivou os sociobiologistas a investigar os elos comportamentais entre os seres humanos e os animais. Influenciou também a ecologia humana, o estudo da interação mútua das comunidades com o seu meio ambiente (Maryanski, 2004).

A perspectiva funcionalista

O foco dos sociólogos funcionalistas incide não no que faz um sistema mudar, mas no que *mantém* o sistema. Essa afirmação pode dar a impressão de que os funcionalistas pouco têm a oferecer de valor ao estudo da mudança social. Porém, como demonstra o trabalho do sociólogo Talcott Parsons, os funcionalistas fizeram uma contribuição sem igual para essa área da investigação sociológica.

Na visão de Parsons (1902-1979), um dos principais proponentes da teoria funcionalista, a sociedade encontra-se em um estado de equilíbrio natural. Por "equilíbrio", entende-se que a sociedade tende à estabilidade. Para Parsons, greves trabalhistas prolongadas ou insurreições civis constituiriam rupturas temporárias no *status quo*, mais do que alterações importantes na estrutura social. Portanto, no seu ***modelo de equilíbrio***, a ocorrência de mudanças em parte da sociedade requer ajustes em outras partes. Se os ajustes não são feitos, o equilíbrio da sociedade estará em risco.

Para Parsons (1966), adotando uma abordagem evolucionista, quatro processos de mudança social eram inevitáveis. O primeiro, de *diferenciação*, diz respeito à crescente complexidade da organização social. A mudança de "curandeiro" para médico, enfermeiro e farmacêutico é um exemplo de diferenciação no ramo da saúde. Segue-se, então, uma *melhoria adaptativa*, com maior especialização das instituições sociais. A ramificação dos médicos em obstetras, clínicos, cirurgiões e assim por diante é um exemplo de melhoria adaptativa.

O terceiro processo identificado por Parsons é a *inclusão* social de grupos até então excluídos em função do gênero, da raça e da classe social de origem. As escolas de medicina trabalharam a inclusão aceitando um número cada vez maior de mulheres e de afro-americanos. Por fim, sugeriu Parsons, as sociedades vivenciam a *generalização do valor*, ou seja, o desenvolvimento de novos valores que toleram e legitimam uma gama mais abrangente de atividades. A aceitação da medicina alternativa e preventiva é um exemplo de generalização do valor – ou seja, a nossa sociedade ampliou a sua visão de saúde. Todos os quatro processos identificados por Parsons reforçam o consenso: o pacto em torno da natureza dos valores e da organização sociais (B. Johnson, 1975; Wallace e Wolf, 1980).

Embora a abordagem de Parsons incorpore explicitamente a noção de progresso continuado intrínseca à abordagem evolucionista, o equilíbrio e a estabilidade são os temas dominantes no modelo de Parsons. A sociedade pode mudar, mas mantém a estabilidade por meio de novas formas de integração. Por exemplo, em vez dos laços de parentesco que proviam a coesão social no passado, a sociedade desenvolve leis, processos jurídicos e novos sistemas de crenças e de valores.

A perspectiva do conflito

A perspectiva funcionalista minimiza a importância da mudança: ela privilegia a persistência da vida social e vê a mudança como um meio de manter o equilíbrio social. Em contrapartida, os teóricos do conflito alegam que a persistência das práticas e das instituições sociais deve-se à capacidade dos grupos mais poderosos de preservarem o *status quo*. A mudança tem relevância por ser necessária à correção das injustiças e das desigualdades sociais.

Karl Marx acatou o argumento evolucionista de que o desenvolvimento das sociedades segue uma trajetória específica. No entanto, ao contrário de Comte e de Spencer, não considerou cada etapa sucessiva como um aprimoramento inevitável da etapa anterior. Segundo Marx, a sociedade passa por uma série de etapas, explorando, em cada uma delas, uma classe de pessoas: os escravos, na antiguidade; os servos, no feudalismo; a classe trabalhadora, na sociedade capitalista moderna. Em última instância, por meio de uma revolução socialista liderada pelo proletariado, a sociedade humana caminhará para a etapa final do desenvolvimento: uma sociedade comunista sem classes, ou uma "comunidade de indivíduos livres", conforme descrita por Marx em 1867, em *O capital* (ver Bottomore e Rubel, 1956, p. 250).

Como já vimos, o desenvolvimento da sociologia sofreu significativa influência de Marx. O pensamento dele contribuiu com *insights* sobre instituições como a economia, a família, a religião e o governo. A visão marxista de mudança social é sedutora pois não limita as pessoas ao papel de reagir com passividade aos ciclos ou às mudanças inevitáveis da cultura material. Pelo contrário, a teoria marxista proporciona uma ferramenta aos que querem tomar as rédeas do processo histórico e libertar-se da injustiça. Em contraste com a ênfase dos funcionalistas sobre a estabilidade, Marx afirma que o conflito é um aspecto normal e desejável da mudança social. É preciso estimular a mudança como um instrumento de eliminação da desigualdade social (Lauer, 1982).

O sociólogo Ralf Dahrendorf (1959), adepto à perspectiva do conflito, observou que o contraste entre a ênfase da perspectiva funcionalista na estabilidade e o foco da perspectiva do conflito na mudança reflete a natureza contraditória da sociedade. As sociedades humanas são estáveis e duradouras, mas também vivenciam conflitos graves. Dahrendorf constatou que, a despeito de suas muitas áreas de divergência, as abordagens funcionalista e do conflito eram, em última instância, compatíveis. Parsons de fato mencionou novas funções decorrentes da mudança social e Marx reconheceu que a mudança era necessária para viabilizar um funcionamento mais equitativo das sociedades.

A Tabela 11.3 recapitula as diferenças entre as três principais teorias da mudança social.

Mudança social global

Vivemos um momento histórico privilegiado para pensar a mudança social global. Discursando como presidente da American Sociological Association, Maureen Hallinan (1997) chamava a atenção dos presentes para alguns acontecimentos políticos recentes: a derrocada do comunismo; os atentados terroristas em várias partes do mundo; o desmantelamento do sistema de bem-estar social nos Estados Unidos; a revolução e a fome na África e no Leste Europeu; a disseminação da aids; a revolução digital. Meses depois do discurso de Hallinan, houve a primeira comprovação de clonagem de um animal complexo: a ovelha Dolly.

Há como prever a mudança nesta era de constante mudança social, política e econômica? Algumas mudanças tecnológicas parecem óbvias, mas a derrocada dos governos comunistas na antiga União Soviética e no Leste Europeu no início da década de 1990 pegou as pessoas de surpresa. Porém, antes da derrocada soviética, o sociólogo Randall Collins (1986, 1995), da linha teórica do conflito, captara uma sequência de acontecimentos cruciais que havia escapado à maioria dos observadores.

Em seminários que remontavam a 1980 e em um livro publicado em 1986, Collins afirmara que a expansão soviética havia acarretado uma sobrecarga excessiva sobre os recursos, inclusive com gastos militares descabidos. Tamanha sobrecarga pressionaria a estabilidade do regime. Além disso, segundo a teoria geopolítica, nações que ocupam o centro de uma região geográfica, como era o caso da União Soviética, tendem a fragmentar-se em unidades menores com o passar do tempo.

Mapeando as perspectivas

Tabela 11.3 Perspectivas sociológicas sobre a mudança social

Evolucionista	A mudança social impele a sociedade em uma determinada direção, geralmente de uma posição a simples para uma mais complexa.
Funcionalista	A mudança social precisa contribuir para a estabilidade da sociedade. São necessários pequenos ajustes para acomodar a mudança social.
Conflito	A mudança social pode corrigir desigualdades e injustiças sociais.

Use a sua imaginação sociológica

Qual é, na sua opinião, a teoria de mudança social mais convincente? Por quê?

Collins previu que a coincidência de crises sociais em diversas fronteiras precipitaria o colapso da União Soviética.

E foi exatamente o que aconteceu. Em 1979, o sucesso da Revolução Iraniana provocou um surto de fundamentalismo islâmico no vizinho Afeganistão e em repúblicas soviéticas com extensa população muçulmana. Ao mesmo tempo, crescia a resistência ao governo comunista tanto, em países do Leste Europeu, quanto na própria União Soviética. Collins previu que a ascensão de uma forma dissidente de comunismo dentro da União Soviética talvez facilitasse a derrocada do regime. A partir do fim da década de 1980, o líder soviético Mikhail Gorbachev optou por não recorrer ao poderio militar e a outros tipos de repressão para aniquilar os dissidentes do Leste Europeu. Ele sugeriu planos de democratização e de reformas sociais da sociedade soviética e parecia disposto a redesenhar a União Soviética como uma federação flexível de estados com autonomia relativa. Mas, em 1991, seis repúblicas da periferia ocidental declararam independência. Meses depois, a União Soviética desintegrava-se formalmente, dando origem à Rússia e a uma série de outras nações independentes.

No seu pronunciamento, Hallinan (1997) alertou que era preciso superar os modelos restritivos de mudança social – tanto a visão linear da teoria evolucionista quanto os pressupostos de equilíbrio da teoria funcionalista. Ela e outros sociólogos basearam-se na "teoria do caos" desenvolvida por matemáticos para tratar acontecimentos erráticos como parte integrante da mudança. Hallinan assinalou que realmente ocorrem reviravoltas e guinadas caóticas importantes e que os sociólogos precisam aprender a prever a sua ocorrência, como fez Collins com o colapso da União Soviética. Basta imaginar, por exemplo, a drástica mudança social não linear que resultará das grandes inovações nas áreas das comunicações e da biotecnologia, tópico ainda a ser discutido neste capítulo.

RESISTÊNCIA À MUDANÇA SOCIAL

É provável que os esforços para promover mudança social suscitem resistências. Muita gente assusta-se com a desenfreada inovação científica e tecnológica. Além disso, certos indivíduos e grupos têm interesse em manter o seu *status quo*.

O economista social Thorstein Veblen (1857-1929) cunhou o termo ***interesses próprios*** para designar as pessoas ou os grupos que irão sofrer com eventuais mudanças sociais. Por exemplo, em 2010, o presidente Obama propôs descontinuar o projeto Constellation da NASA, cuja principal meta era levar os seres humanos de volta à Lua. Embora a decisão de abandonar os voos espaciais tripulados tenha deixado muita gente frustrada, a grande oposição restringiu-se a 27 parlamentares – todos representando distritos dos estados do Alabama e do Texas, onde os grandes fornecedores do projeto estavam sediados. Ironicamente, muitos desses parlamentares faziam oposição ostensiva a projetos do governo federal que envolvessem grandes dispêndios. Em geral, os detentores de uma parcela exorbitante da riqueza, do *status* e do poder, como os congressistas e os representantes dos altos negócios, têm interesses próprios na preservação do *status quo* (Friedman, 2010; Veblen, 1919).

Fatores econômicos e culturais

Os fatores econômicos pesam muito na resistência à mudança social. Por exemplo, cumprir à risca os elevados padrões de segurança para os produtos e para os trabalhadores pode implicar gastos significativos para os fabricantes. Os teóricos do conflito afirmam que a resistência das organizações em cumprir padrões de segurança rigorosos é comum no capitalismo. A resistência à mudança social pode ser traduzida em uma ausência no trabalho ou em pressões para o governo flexibilizar as regras.

As comunidades também defendem os seus interesses próprios, muitas vezes em nome da "proteção do valor patrimonial". O clamor "no meu quintal, não" costuma ser ouvido em manifestações contra a instalação de aterros, de presídios, de usinas nucleares e até mesmo de ciclovias e de moradias coletivas para portadores de deficiências. A comunidade-alvo talvez sequer questione a necessidade do serviço – insiste apenas que ele seja levado para outro lugar. "No meu quintal, não" tornou-se uma postura tão generalizada que é quase impossível para os formuladores de políticas encontrarem locais aceitáveis para instalar, por exemplo, depósitos de lixo contaminado (Jasper, 1997).

Uma campanha equivalente surgiu no cenário mundial – "no planeta Terra, não". Os participantes desse movimento levantam diversas questões: da exploração econômica à proliferação nuclear, dos direitos trabalhistas à erradicação da pobreza e da doença. As manifestações, essencialmente de antiglobalização, ocorrem em encontros internacionais.

Use a sua imaginação sociológica

Que tipo de mudança você julga ser a mais difícil de aceitar? E a mais fácil?

Os fatores culturais, assim como os econômicos, geralmente configuram uma resistência à mudança. William F. Ogburn (1922) estabeleceu uma distinção entre aspectos materiais e não materiais. A *cultura material* abrange invenções, artefatos e tecnologia; a *cultura não material* abrange ideias, normas, comunicações e organização social. Na música, por exemplo, os instrumentos tocados e os CDs gravados pelos músicos são aspectos da cultura material; o estilo de tocar, como o *rap*, e as regras de ritmo e de volume do som são aspectos da cultura não material. Ogburn assinalou que é impossível criar métodos para controlar e empregar uma tecnologia nova antes que ela tenha sido introduzida. Portanto, a cultura não material é uma resposta a mudanças na cultura material. Ele introduziu o termo ***defasagem cultural*** para designar a fase de desajuste enquanto a cultura não material ainda busca adaptar-se às novas condições materiais. Um exemplo de defasagem cultural são as questões suscitadas pelo crescimento rápido e descontrolado da internet – se é necessário regulamentá-la e, neste caso, até que ponto.

Em certos casos, as mudanças na cultura material podem provocar tensões nas relações entre instituições sociais. Por exemplo, surgiram nas últimas décadas novos meios de controle da natalidade. Famílias grandes não são mais uma necessidade econômica e não são mais endossadas por normas sociais. Mas certos credos religiosos, entre eles o catolicismo romano, continuam exaltando-as e desaprovam a maioria dos métodos para restringir o tamanho das famílias, como os anticoncepcionais e o aborto. Essa disparidade entre os valores configura uma defasagem entre aspectos da cultura material (tecnologia) e da cultura não material (crenças religiosas). A difusão do controle da natalidade e das informações sobre planejamento familiar podem gerar conflitos entre a religião e outras instituições sociais, como o governo e o sistema de ensino (Riley et al., 1994a, 1994b).

Resistência à tecnologia

As inovações tecnológicas são exemplos de mudanças na cultura material que costumam encontrar resistências. A *Revolução Industrial,* ocorrida na Inglaterra entre 1760 e 1830, foi uma revolução científica focada na aplicação de fontes de energia não animal às tarefas de trabalho. Com o desenrolar da revolução, as sociedades passaram a depender de novas invenções que facilitassem a produção agrícola e industrial, e de novas fontes de energia, como o vapor. Em certos setores, a introdução de máquinas movidas a vapor reduziu a necessidade de mão de obra e permitiu que os donos de fábricas reduzissem os salários dos trabalhadores.

Em certos países, houve forte resistência à Revolução Industrial. Na Inglaterra, a partir de 1811, artesãos mascarados radicalizaram: invadiram fábricas e destruíram parte do novo maquinário. Esses rebeldes, conhecidos como ***ludditas,*** foram caçados pelo governo e subsequentemente banidos ou enforcados. Na França, trabalhadores enfurecidos também tentaram destruir as máquinas fabris alvejando-as com os seus *sabots* (tamancos), o que deu origem ao termo *sabotagem.* Embora a resistência dos ludditas e dos operários franceses tenha tido pouco fôlego e resultado em fracasso, eles simbolizaram a resistência à tecnologia nos dois últimos séculos.

Estaremos agora em meio a uma terceira Revolução Industrial, com um grupo de ludditas contemporâneos assumindo a resistência? Muitos sociólogos acreditam que estamos vivendo em uma *sociedade pós-industrial.* É difícil precisar em que momento exato inaugurou-se esta era. Acredita-se que tenha sido na década de 1950, quando o setor de serviços passou a concentrar a maioria dos trabalhadores das sociedades industriais, desbancando a fabricação de bens.

Assim como os ludditas resistiram à Revolução Industrial, há, em muitos países, pessoas que resistem às mudanças tecnológicas pós-industriais. O termo neo-ludditas designa aqueles que desconfiam das inovações tecnológicas e que questionam a incessante corrida da industrialização, a crescente destruição do mundo natural e agrário, e a mentalidade de "descarte" do capitalismo contemporâneo, que resulta na poluição ambiental (Volti, 2010).

Surgiu, nos Estados Unidos, uma nova gíria: *urban amish* (*amish* urbano), designando aqueles que resistem a dispositivos tecnológicos que se incorporaram ao dia a dia, como os telefones celulares. Esse pessoal insiste que, independentemente dos supostos benefícios da tecnologia industrial e pós-industrial, ela implica custos sociais e pode pôr em risco tanto o futuro da espécie humana quanto do planeta (Bauerlein, 1996; Rifkin, 1995; Sale, 1996; Slack e Wise, 2007; Snyder, 1996; Urban Dictionary, 2012).

Já outros irão resistir às novas tecnologias pelas dificuldades de manejá-las ou pela suspeita de que elas só complicarão a vida. Ambas as objeções aplicam-se em especial às novas tecnologias de informação e de comunicação. Seja o TiVo, seja o iPhone, seja a última novidade em câmeras fotográficas, muitos consumidores ficam ressabiados com essas "engenhocas" supostamente indispensáveis.

Em 2007, o Pew Research Center divulgou um relatório que classifica os residentes dos Estados Unidos em 10 categorias conforme o uso das tecnologias de informação e de comunicação (TICs; ver Tab. 11.4). De acordo com o relatório, cer-

Tabela 11.4 Um Perfil da Comunicação

Onívoros (*Omnivores*): 8% dos norte-americanos adultos inserem-se entre os participantes mais ativos da sociedade da informação, consumindo em alta escala bens e serviços de informação e usando-os como plataforma de participação e expressão.

Os conectados (*The Connectors*): 7% da população adulta cerca-se de tecnologias e usa-as para conectar-se com pessoas e com conteúdos digitais. Eles tiram proveito de seus aparelhos móveis e participam ativamente da vida *on-line*.

Veteranos condescendentes (*Lackluster Veterans*): 8% dos norte-americanos adultos formam um grupo sem grande entusiasmo pela própria coleção de modernos TICs. Poucos apreciam a intrusão desses dispositivos em sua vida ou acreditam que eles contribuem para a sua produtividade pessoal.

Ligados na produtividade (*Productivity Enhancers*): 9% dos norte-americanos adultos conseguem fazer coisas mirabolantes com a tecnologia de informação, tanto em casa quanto no trabalho.

Viciados em celular (*Mobile Centrics*): 10% da população tem forte apego aos seus telefones celulares e desfrutam de uma série de aplicativos móveis.

Conectados, mas atolados (*Connected but Hassled*): 9% dos norte-americanos adultos encaixam-se neste grupo. Investiram alto em tecnologia, mas a conectividade é, para eles, uma dor de cabeça.

Aventureiros de primeira viagem (*Inexperienced Experimenters*): 8% dos adultos não têm tantos TICs quanto os outros; julgam-se competentes ao lidar com a tecnologia, e com maior acesso a ela, poderiam ir bem mais longe.

Bom, mas tem limite (*Light but Satisfied*): 15% dos adultos conhecem o básico da tecnologia de informação; raramente fazem uso dela e não a consideram parte importante da sua vida.

Indiferentes (*Indifferent*): 11% dos adultos têm à mão um bom acervo de tecnologia, mas ela não ocupa um lugar central no seu dia a dia.

Desconectados (*Off the Net*): 15% da população, especialmente norte-americanos idosos, está fora da moderna rede de informação.

Nota: Extraído do *survey* Pew Internet and American Life Project, aplicado em abril de 2006.
Fonte: Horrigan, 2007, p. vii.

Pense nisto
Em que categoria você se incluiria?

ca de 30% da população adulta insere-se nas 4 categorias do topo, dos "Onívoros" ("*Omnivores*") – que usam esses aparelhos para se expressarem – aos "Ligados na produtividade" ("*Productivity Enhancers*") – que os usam para agilizar os seus afazeres. Os usuários do meio, que representam cerca de 20% da população, usam as novas tecnologias, mas não têm o mesmo entusiasmo por elas. Estes vão dos "Viciados em celular" ("*Mobile Centrics*") – que têm forte apego aos seus telefones celulares – aos "Conectados, mas atolados" ("*Connected but Hassled*"). Quase metade da população nacional não possuem ou tem poucos dispositivos tecnológicos; quando tem, não é escrava delas. Os mais jovens são mais propensos a acolher a mudança tecnológica. Os mais velhos tendem ou à indiferença ou à irritação com as novas tecnologias.

Vale a pena ter essas preocupações em mente ao nos voltarmos para o nosso futuro tecnológico e o seu possível impacto na mudança social.

A TECNOLOGIA E O FUTURO

A ***tecnologia*** é a informação cultural sobre os possíveis usos dos recursos materiais do meio ambiente para atender aos desejos e às necessidades humanas. Os avanços tecnológicos – como o avião, o automóvel, a televisão, a bomba atômica e, mais recentemente, o computador, o fax e o celular – trouxeram notáveis mudanças às nossas culturas, aos padrões de socialização, às instituições sociais e às interações sociais cotidianas. As inovações tecnológicas surgem e são aceitas com extraordinária rapidez.

Nos países industriais, as tecnologias de consumo deram, só no transcurso da geração passada, uma enorme guinada. Não compramos mais aparelhos eletrônicos para durar pelo menos 10 anos. A nossa expectativa ao comprá-los é que em no máximo 3 anos será preciso trocá-los por uma tecnologia inteiramente nova, seja um aparelho portátil ou uma mesa.

Examinaremos, nos próximos itens, diversos aspectos do nosso futuro tecnológico e analisaremos o seu impacto na mudança social, inclusive as tensões que isso poderá acarretar. Focaremos nos recentes desdobramentos da tecnologia digital – em particular os seus efeitos sobre a terceirização global e a censura – e na biotecnologia.

A tecnologia digital

Presenciamos, na última década, uma explosão da tecnologia digital no mundo todo. Seus efeitos são especialmente notáveis na internet, a maior rede mundial de computadores. Em 2012, a internet contava com 2,3 bilhões de usuários, contra apenas 50 milhões em 1996 (Internet World Stats, 2012).

A internet evoluiu a partir de um sistema de processamento de dados construído em 1962 pelo Departamento de Defesa dos Estados Unidos para permitir que os estrategistas e os pesquisadores das forças armadas dessem prosseguimento à sua atividade governamental mesmo em caso de destruição de parte do sistema nacional de comunicações por um ataque nuclear. Era difícil, na geração passada, ter acesso à internet sem estar vinculado a uma universidade ou a um laboratório de pesquisa do governo. Hoje, no entanto, praticamente qualquer pessoa pode acessar a internet se dispuser de linha telefônica, computador e *modem*. As pessoas compram e vendem carros, negociam ações, leiloam peças, pesquisam novos medicamentos, votam, procuram antigos amigos, entre outras possibilidades diversas, tudo *on-line*. Já examinamos, no Capítulo 3, o impacto da internet sobre a interação social e a criação de novos mundos virtuais.

Infelizmente, nem todos – especialmente os menos benefiados – podem trafegar pela via expressa da comunicação. Além disso, o padrão de desigualdade é global. Os países centrais descritos por Immanuel Wallerstein em sua análise dos sistemas mundiais detêm o monopólio virtual da tecnologia da informação; os países periféricos da Ásia, da África e da América Latina dependem dos países centrais tanto para a tecnologia quanto para as informações veiculadas por ela. Por exemplo, a América do Norte, a Europa e alguns poucos países industrializados de outras regiões detêm todos os servidores de internet – computadores diretamente conectados à rede mundial.

Recentemente, alguns países em desenvolvimento começaram a usufruir da facilidade com que se pode transferir informações – sobretudo de negócios – ao redor do mundo e de modo instantâneo, como veremos no próximo item.

Terceirização global para o exterior. Em países semiperiféricos como a Índia, onde um segmento cada vez mais amplo da força de trabalho fala inglês e tem fluência no uso do computador, as corporações multinacionais vêm abrindo novos escritórios e novos postos de trabalho altamente qualificados e no setor de serviços, vitaminando a economia local. Trata-se de uma abordagem comercial antiga; faz anos que as empresas norte-americanas *terceirizam* certos tipos de trabalho. Por exemplo, empresas de médio porte, como lojas de móveis e lavanderias comerciais, costumam terceirizar as suas entregas para transportadoras externas. A nova tendência de ***terceirizar para o exterior*** avança mais um passo nessa prática, transferindo outros tipos de trabalho para fornecedores no estrangeiro.

Hoje, até mesmo grandes empresas recorrem a firmas estrangeiras, muitas delas situadas em países em desenvolvimento. A terceirização para o exterior tornou-se a última novidade tática na estratégia de aumento de lucros por meio da redução dos custos. É significativo que a transferência do trabalho de um país para outro não esteja mais circunscrita à indústria de transformação. Graças ao avanço das telecomunicações, também estão sendo exportados postos de trabalho administrativos e altamente qualificados. A Tabela 11.5 lista as ocupações com mais chance de serem terceirizadas para o exterior.

Em 2012, denúncias sobre as condições de trabalho nas fábricas da Apple na China chamaram atenção para o fato de que o sucesso financeiro da empresa havia sido construído com mão de obra terceirizada. Houve épocas em que a Apple fabricava os seus computadores nos Estados Unidos. Hoje, a empresa ainda emprega aproximadamente 43 mil trabalhadores contratados em regime de tempo integral nos Estados Unidos e mais 20 mil contratados no estrangeiro. Contudo, a

Tabela 11.5 Ocupações mais suscetíveis à terceirização para o exterior

Classificação	Ocupação
1	Programação de computador
2	Digitação de dados
3	Desenho técnico elétrico e eletrônico
4	Desenho técnico mecânico
5	Pesquisa em ciência da computação e informática
6	Ciência atuarial
7	Matemática
8	Estatística
9	Outras ciências matemáticas
10	Edição de filme e vídeo

Fonte: Dados do Bureau of Labor Statistics citados em Hira, 2008; Moncarz et al., 2008.

Apple mantém contratados no exterior outros 700 mil trabalhadores, mantidos em regime de curto prazo para projetar e para fabricar os seus produtos. (Duhigg e Bradsher, 2012).

Como tende a melhorar a eficiência operacional dos negócios, a terceirização para o exterior pode ser tida como funcional para a sociedade. Ela também reforça a interdependência econômica na produção de bens e serviços, tanto em empresas localizadas no outro lado da cidade quanto em qualquer ponto do planeta. Ainda assim, os teóricos do conflito alegam que este aspecto da globalização aprofunda a desigualdade social. Embora a transferência de trabalho de alta tecnologia para países em desenvolvimento ajude a reduzir os custos da empresa, o impacto na mão de obra técnica e de serviços dentro do território nacional é nitidamente catastrófico. Com certeza, a tendência assusta a mão de obra de classe média. Visto que a terceirização para o exterior aumenta a eficiência, alguns economistas opõem-se aos esforços para barrar a prática, recomendando que se ofereça assistência aos trabalhadores dispensados.

Use a sua imaginação sociológica

Você conhece alguém cujo emprego tenha sido transferido para o estrangeiro? Caso conheça, ela conseguiu algum emprego equivalente na mesma cidade, ou precisou mudar-se para outro lugar? E quanto tempo essa pessoa passou desempregada?

A terceirização para o exterior também tem um lado nefasto para os estrangeiros. Embora a terceirização seja uma fonte importante de emprego para a classe média alta dos países em desenvolvimento, a tendência surtiu pouco ou nenhum impacto positivo sobre centenas de milhões de outros trabalhadores estrangeiros. É difícil prever o impacto de longo prazo da terceirização para o exterior sobre os países em desenvolvimento. Outra prática, o *microfinanciamento,* vem surtindo um impacto mais positivo sobre as classes mais baixas de países em desenvolvimento (Goering, 2008; Waldman, 2004a, 2004b, 2004c).

Privacidade e censura na aldeia global. Em locais públicos, no trabalho e na internet, dispositivos de vigilância rastreiam cada movimento nosso, seja um toque no teclado ou um saque no caixa eletrônico. As novas tecnologias ameaçam tanto a nossa privacidade quanto a nossa liberdade de expressão; além disso, expõem-nos a novas formas de criminalidade.

Nos últimos anos, a perda acidental de algumas megabases de dados fez recrudescerem as preocupações com o uso criminoso de informações pessoais. Em 2006, por exemplo, o roubo de um computador portátil da casa de um funcionário do órgão do governo norte-americano que se ocupa dos veteranos de guerra comprometeu os nomes, os números do seguro social e as datas de nascimento de 26,5 milhões de veteranos. Infelizmente, as tecnologias que facilitam o compartilhamento de informações também deram origem a novos tipos de crimes.

Do ponto de vista sociológico, os complexos tópicos da privacidade e da censura podem ser considerados exemplos de defasagem cultural. Como de costume, a cultura material (tecnologia) está mudando mais rapidamente do que a cultura não material (as normas de controle do uso da tecnologia). Com frequência, o resultado é um "vale-tudo" no uso das novas tecnologias.

A Lei Patriótica dos Estados Unidos, que visava proteger a população contra o terrorismo, despertou temores quanto a uma potencial invasão da privacidade dos cidadãos.

A legislação referente à vigilância das comunicações eletrônicas nem sempre protege o direito à privacidade dos cidadãos. Em 1986, o governo federal norte-americano aprovou a Electronic Communications Privacy Act, que baniu a escuta telefônica a não ser com a permissão do procurador-geral do país e de um juiz federal. O mesmo nível de proteção, porém, não se estendia a telegramas, faxes e mensagens eletrônicas. Em 2001, um mês depois dos atentados terroristas de 11 de setembro, o congresso norte-americano aprovou a Lei Patriótica dos Estados Unidos, que afrouxou os controles jurídicos à vigilância por parte dos agentes da ordem pública. As agências federais de segurança têm agora mais liberdade para coletar dados eletrônicos, inclusive recibos de cartões de crédito e extratos bancários. Em 2005, os norte-americanos souberam que a Agência Nacional de Segurança vinha secretamente monitorando chamadas telefônicas com a cooperação de grandes empresas de telecomunicações. Quatro anos depois, um tribunal federal sancionou a legalidade de escuta telefônica sem mandado judicial (Eckenwiler, 1995; Lichtblau, 2009; Vaidhyanathan, 2008).

A visão dos sociólogos sobre o uso e o abuso das novas tecnologias varia conforme a sua perspectiva teórica. Os funcionalistas adotam uma visão positiva da internet, assinalando a sua função manifesta de facilitar a comunicação. Para a perspectiva funcionalista, a internet cumpre a função latente de franquear a comunicação com as massas às pessoas com menos recursos – dos grupos de ódio aos grupos de pressão organizados. Em contrapartida, os teóricos do conflito ressaltam o risco de que os grupos mais poderosos de uma sociedade venham a usar a tecnologia para violar a privacidade dos poderosos de países desenvolvidos. Com efeito, autoridades da República Popular da China tentaram censurar grupos de discussão na rede e postagens na *web* que criticassem o governo. De acordo com os defensores das liberdades civis, os mesmos abusos podem ocorrer nos Estados Unidos se os cidadãos não protegerem o seu direito à privacidade (Magnier, 2004).

Use a sua
imaginação sociológica

Você nutre convicções sólidas sobre a privacidade das suas comunicações eletrônicas? Em caso de risco à sua segurança, você abriria mão da sua privacidade?

Outra fonte de controvérsia é o uso disseminado de aparelhos de GPS para rastrear carros e até mesmo pessoas, e o rastreamento eletrônico dos dispositivos de comunicação móvel. A tecnologia permite que você "tuíte" os seus amigos dando a sua localização exata. Mas será que outros, incluindo o governo deveriam ter acesso a essa informação? Em outras palavras, será que a Quarta Emenda da Constituição dos Estados Unidos, que resguarda o seu direito à privacidade, respalda a possibilidade de se rastrear a sua localização exata a qualquer momento? A questão continua suscitando divergências na opinião pública e nas decisões dos tribunais. É mais um exemplo de defasagem cultural – o tempo que a sociedade leva para conciliar uma nova tecnologia com os valores e comportamentos culturais tradicionais (Zipp, 2009).

Na verdade, as preocupações com a privacidade parecem menores do que antes da era da informação. Os jovens que cresceram utilizando a internet parecem aceitar a existência dos "*cookies*" e "*spywares*" a que se expõem ao navegarem na rede. Habituaram-se a ter as suas conversas em salas eletrônicas de bate-papo monitoradas por adultos. Muitos não hesitam em fornecer informações pessoais a estranhos que encontram na rede virtual. Não espanta aos professores de faculdade constatar o pouco caso de seus estudantes com as implicações políticas do seu direito à privacidade (Turkle, 2004).

A biotecnologia e o fundo genético

A biotecnologia é mais uma área em que os avanços tecnológicos impulsonaram a mudança social global. Dentre os recentes avanços científicos importantes, mas controversos, no campo da biotecnologia, estão a seleção sexual de embriões, a modificação genética de organismos, a clonagem de ovelhas e de vacas. O conceito de "McDonaldização" de George Ritzer aplica-se a todo o campo da biotecnologia. Assim como o conceito de *fast-food* alastrou-se pela sociedade, nenhuma etapa da vida parece estar imune à intervenção médica ou terapêutica. Muitos aspectos da biotecnologia são encarados pelos sociólogos como desdobramentos da recente tendência à medicalização da sociedade, discutida no Capítulo 10. Por meio da manipulação genética, a medicina vem expandindo ainda mais os seus domínios (Clarke et al., 2003; Human Genome Project, 2012).

Um feito notável da biotecnologia – e uma consequência imprevista da guerra moderna – é o progresso no tratamento de traumatismos. Para atender os enormes contingentes de soldados que sobreviveram a ferimentos graves no Iraque e no Afeganistão, médicos e terapeutas das Forças Armadas desenvolveram próteses controladas eletronicamente. As inovações incluem membros artificiais que respondem a impulsos nervosos acionados pelo cérebro e que restituem aos amputados a capacidade de movimentar pernas, braços e até os dedos, um por um. Sem dúvida, essas aplicações da ciência dos computadores à reabilitação dos feridos serão estendidas à população civil (J. Ellison, 2008; Gailey, 2007).

Use a sua imaginação sociológica

Tente imaginar o mundo daqui a 100 anos. É um mundo em que a tecnologia favorece ou ameaça o bem-estar das pessoas? De que forma?

Outro feito assombroso da biotecnologia é a viabilidade de usar a engenharia genética para modificar os traços físicos ou o comportamento humano. A mistura genética de peixes e de plantas já criou culturas de batata e de tomates resistentes à geada. Mais recentemente, genes humanos foram implantados em porcos para produzir rins com características humanas destinados ao transplante de órgãos. Há mais de 80 anos, quando escreveu sobre defasagem cultural, dificilmente William F. Ogburn poderia prever tais desdobramentos científicos. No entanto, avanços como estes ou mesmo o sucesso das ovelhas clonadas são mais uma ilustração da rapidez com que a cultura material é capaz de mudar e da lentidão com que cultura não material absorve essas mudanças.

Embora afirme trazer apenas benefícios para os seres humanos, a biotecnologia atual precisa ser submetida a um monitoramento constante. Os avanços biotecnológicos suscitaram muitas indagações políticas e éticas difíceis, como a conveniência de se manipular o fundo genético e, com isso, acarretar possíveis alterações ambientais imprevistas e indesejadas. A controvérsia acirra-se especialmente no caso dos alimentos geneticamente modificados (AGMs); a desconfiança surgiu na Europa, difundindo-se por outras partes do mundo. A lógica subjacente à tecnologia é aumentar a produção de alimentos e tornar a agricultura mais econômica. Mas, para os críticos, tudo, dos cereais matinais feitos com grãos transgênicos aos tomates transgênicos, é, como eles dizem, "*frankenfood*" ("comida Frankenstein"). Os participantes do movimento antitransgênicos opõem-se às interferências na natureza e preocupam-se com os possíveis efeitos dos AGMs na saúde. Entre seus defensores estão não apenas empresas de biotecnologia, mas também aqueles que veem na tecnologia um meio para ajudar a alimentar as populações em acelerada expansão da África e da Ásia (J. Petersen, 2009; World Health Organization, 2009).

Em contrapartida, tecnologias menos dispendiosas e controversas elaboradas por países desenvolvidos podem fazer avançar a agricultura onde ela é mais necessária – no mundo em desenvolvimento. Vejamos o caso dos telefones celulares. À diferença da maior parte das tecnologias novas, os países *menos* desenvolvidos são os que mais usam telefones celulares. Relativamente baratos e menos dependentes da infraestrutura de comunicações do que os computadores, os telefones celulares são comuns nas áreas mais pobres do planeta. Em Uganda, agricultores os utilizam para conferir a previsão meteorológica e os preços das *commodities*. Na África do Sul, trabalhadores braçais os utilizam para procurar trabalho. Os pesquisadores da London Business School constataram uma correlação nos países em desenvolvimento de um aumento de 10% no uso do telefone celular com um aumento de 0,6% no PIB (Bures, 2011).

A SOCIOLOGIA É IMPORTANTE

A sociologia é importante pois ajuda você a entender a mudança social com a qual se defronta.

- Você teve ocasião de participar de algum movimento social? Caso tenha tido, que tipo de mudança social você imaginava apoiar? E quanto ao movimento, que recursos ele tentou mobilizar? E que interesses próprios resistiram a ele?
- Você já vivenciou alguma defasagem cultural? Pessoalmente, ou observando outras pessoas? Que tipo de mudança gerou a defasagem – uma tecnologia nova ou algum outro tipo de mudança? Você notou alguma diferença intergerações na forma como as pessoas reagiram à mudança? Percebeu alguma resistência à mudança?
- As novas tecnologias já o ajudaram de modo relevante? Como? Você vê as novas tecnologias como uma vantagem ou como uma ameaça para a sociedade? Explique.

RECURSOS DO CAPÍTULO

Resumo

Movimentos sociais são formas de comportamento coletivo que buscam promover uma **mudança social**, ou seja, uma mudança relevante na cultura e nos padrões de comportamento ao longo do tempo. Este capítulo examinou os movimentos sociais, as teorias sociológicas de mudança social, a resistência à mudança social e o impacto da **tecnologia** na mudança social.

1. Um grupo não se mobilizará como **movimento social** a não ser que os seus participantes acreditem que a ação coletiva é o único meio de pôr fim à sua **privação relativa**.
2. O êxito de um movimento social depende da eficácia na **mobilização de recursos.** Cada vez mais, os movimentos sociais recorrem à **tecnologia** – como a internet – para mobilizar os seus recursos.
3. Os primeiros defensores da **teoria evolucionista** da mudança social acreditavam que a sociedade progredia de modo constante e inevitável para patamares cada vez mais elevados.

4. Talcott Parsons, eminente defensor da teoria funcionalista, acreditava que a **mudança social** sempre restituiria a sociedade a um estado natural de equilíbrio. Já para os teóricos do conflito, a mudança presta-se mais à correção das desigualdades e das injustiças sociais.
5. Em geral, os que detêm uma parcela desmesurada da riqueza, do *status* e do poder, chamada de **interesses próprios**, irão resistir à mudança social e empenhar-se para preservar o *status quo*.
6. Há um período de desajuste, conhecido como **defasagem cultural,** em que uma cultura não material busca adaptar-se a novas condições materiais.
7. A internet, a maior rede de computadores do mundo, revolucionou as comunicações e as transações comerciais do planeta.
8. Embora os países em desenvolvimento tenham pouco acesso a novas tecnologias, algumas nações semiperiféricas passaram a beneficiar-se da **terceirização para o exterior** de empregos qualificados no setor de serviços até então existentes somente nos países centrais.
9. As novas tecnologias digitais, de vídeo e de GPS comprometem a nossa privacidade e facilitam a censura governamental.
10. Os avanços da biotecnologia trouxeram benefícios para os seres humanos e, ao mesmo tempo, suscitaram difíceis questionamentos éticos quanto à engenharia genética.

Palavras-chave

defasagem cultural, 321
falsa consciência, 313
interesses próprios, 320
ludditas, 322
mobilização de recursos, 312
modelo de equilíbrio, 317
movimento social, 310
mudança social, 310
novo movimento social, 314
privação relativa, 311
tecnologia, 324
teoria evolucionista, 316
terceirizar para o exterior, 325

APÊNDICE
CARREIRAS EM SOCIOLOGIA

Nas últimas duas décadas, o número de universitários formados em sociologia nos Estados Unidos apresentou crescimento contínuo (ver Fig. 1). Examinaremos, neste apêndice, algumas das opções disponíveis para esses alunos após concluírem a graduação.

Como se dá o primeiro contato dos estudantes com a perspectiva sociológica sobre a sociedade? Alguns talvez cursem uma matéria de sociologia no ensino mé-

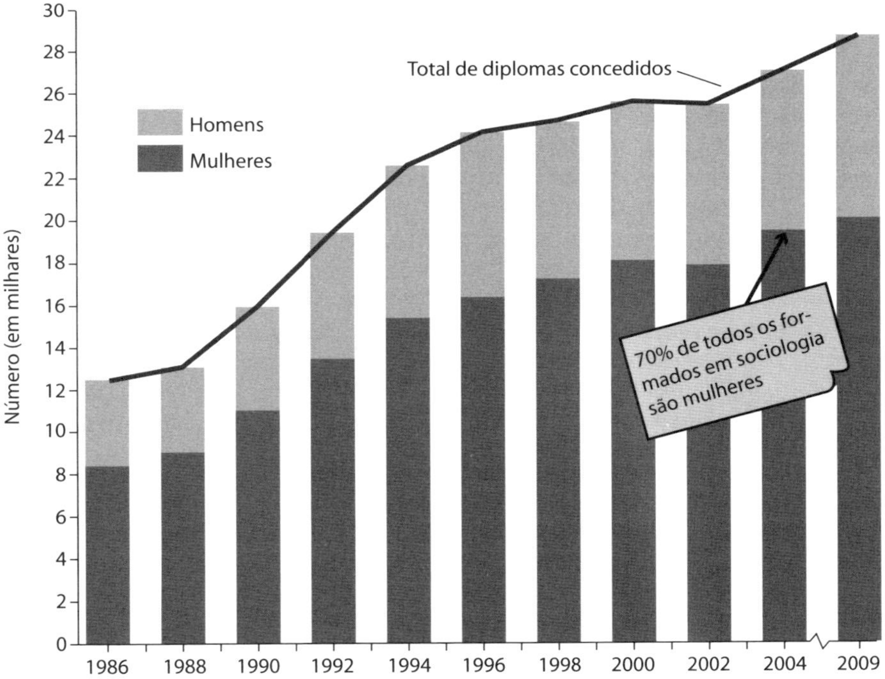

Figura 1 Diplomas de sociologia concedidos nos Estados Unidos por gênero.
Fonte: National Center for Education Statistics, 2011, p. 429, Table 286.

dio. Outros talvez estudem sociologia em um *community college**, onde se concentram 40% de todas as matrículas de ensino superior nos Estados Unidos. De fato, muitos futuros sociólogos começaram a desenvolver a sua imaginação sociológica em *community colleges*.

Um diploma de graduação em sociologia não é apenas um excelente preparo para uma futura pós-graduação em sociologia. Ele também proporciona uma sólida base em ciências humanas que habilita para cargos iniciais em administração, serviço social, fundações, organizações comunitárias, entidades sem fins lucrativos, forças policiais e diversos cargos públicos. Uma série de áreas – como *marketing*, relações públicas e radioteledifusão – exige, atualmente, competências investigativas e familiaridade com os diversos grupos presentes no ambiente multiétnico e multinacional. Além disso, um diploma de sociologia exige competência na comunicação oral e escrita, nas relações interpessoais, na solução de problemas e no pensamento crítico – competências valorizadas no mercado de trabalho e que podem representar, para os formados em sociologia, uma vantagem sobre pessoas com formação mais técnica. Embora poucas ocupações exijam, especificamente, um diploma de graduação em sociologia, trata-se de uma base acadêmica que pode representar um importante trunfo para o ingresso em uma extensa gama de ocupações.

A Figura 2 resume as ocupações de quem concluiu a graduação com uma licenciatura em sociologia. A figura mostra quais áreas, como organizações sem fins lucrativos, educação, administração e governo, oferecem aos formados em sociologia excelentes oportunidades de carreira. Os estudantes de graduação com uma boa noção da carreira que desejam seguir fazem bem em matricular-se em cursos de sociologia nas especialidades que mais convêm aos seus interesses. Por exemplo, os estudantes que pretendem trabalhar com planejamento de saúde podem cursar uma disciplina de sociologia médica; os que buscam uma colocação como assistente de pesquisa em ciências sociais podem fazer cursos de estatística e de metodologia. Estágios em agências de planejamento municipal ou em organizações de pesquisa de opinião proporcionam aos estudantes de sociologia mais um meio de se preparar para a carreira. Os estudos demonstram que os alunos que fizeram estágio têm menos dificuldades para conseguir emprego, conseguem empregos melhores e desfrutam de mais satisfação no trabalho do que os alunos que não fizeram estágio. Por fim, os alunos devem estar preparados para mudanças de área nos seus cinco primeiros anos de trabalho depois de formados – por exemplo, de vendas e *marketing* para gestão.

---

*N. de R. T.: Nos Estados Unidos, as *community colleges* são instituições de ensino que oferecem cursos de ensino superior com dois anos de duração, ao final dos quais os alunos recebem um diploma chamado de *associate's degree*. Muitos estudantes optam por cursar os dois primeiros anos da graduação em *community colleges* e depois migrar para universidades tradicionais, devido ao custo reduzido dessas instituições se comparado ao das universidades.

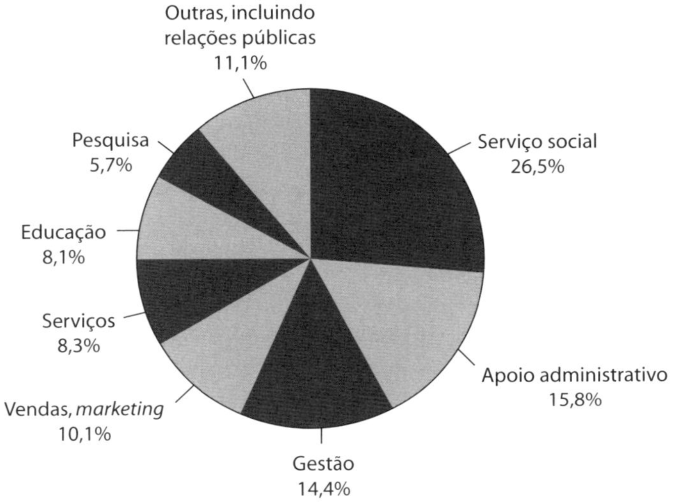

Figura 2 Ocupações dos formados em sociologia.
Nota: Com base em um levantamento norte-americano realizado no início de 2007 com 1.800 formados no ano de 2005.
Fonte: Tabela 1 em Spalter-Roth e Van Vooren, 2008a.

Muitos universitários julgam que a área de assistência social é a mais próxima à sociologia. Tradicionalmente, os assistentes sociais cursavam a graduação em sociologia e em áreas afins, como psicologia e aconselhamento. Após um estágio prático, os assistentes sociais costumavam prosseguir com um mestrado em serviço social para habilitar-se a cargos administrativos ou de supervisão. No entanto, alguns estudantes optam pelo bacharelado em assistência social (quando há esta opção). O bacharelado prepara os graduados para cargos diretos no serviço social, quer trabalhando com casos, quer trabalhando com grupos.

Muitos estudantes dão continuidade à sua formação sociológica após o bacharelado. Mais de 250 universidades norte-americanas oferecem programas de pós-graduação em sociologia que incluem mestrado e doutorado. Esses programas variam muito no que se refere a especializações, requisitos para os cursos, custos e oportunidades de ensino e pesquisa disponíveis para os pós-graduandos. Cerca de 71% dos pós-graduados são mulheres (American Sociological Association, 2005, 2010a).

O ensino superior é uma importante fonte de empregos para sociólogos com pós-graduação. Cerca de 83% dos recém-doutores em sociologia buscam empregos em instituições de ensino superior. Esses sociólogos lecionam não apenas para futuros sociólogos comprometidos com a disciplina, mas também para estudantes de medicina, de enfermagem, de direito, para agentes policiais, entre outros (American Sociological Association, 2005).

USE A SUA IMAGINAÇÃO SOCIOLÓGICA

Você sabia que Michelle Obama é formada em sociologia pela Princeton University? Foi com esse diploma de graduação que ela conseguiu entrar na Escola de Direito de Harvard. Leia sua monografia de conclusão de curso em www.politico.com/news/stories/0208/8642.html.

Os sociólogos que são docentes do ensino superior podem usar o seu conhecimento e a sua formação para influenciar nas políticas públicas. O sociólogo Andrew Cherlin (2003), por exemplo, manifestou-se no debate da proposta de financiamento federal para estimular o casamento entre beneficiários da previdência. Citando os resultados de dois de seus estudos, Cherlin questionou a potencial eficácia de uma política como esta no fortalecimento de famílias de baixa renda. Como muitas mães solteiras optam por casar-se com outro que não o pai dos seus filhos – muitas vezes com bons motivos –, estes filhos com frequência crescem em famílias reconstituídas. A pesquisa de Cherlin demonstra que os filhos criados em famílias reconstituídas não se saem melhor do que os filhos de famílias monoparentais. No entender de Cherlin, por trás do empenho do governo em promover tais casamentos há a motivação política de promover valores sociais tradicionais em uma sociedade diversificada.

Para quem concluiu uma graduação em sociologia e está interessado em seguir a carreira acadêmica, o caminho para obter um doutorado pode ser longo e difícil. O doutorado simboliza a competência para fazer pesquisa original; o candidato precisa elaborar uma tese, ou seja, um estudo com o mesmo escopo de um livro. Um doutorando tem pela frente de quatro a sete anos de trabalho intensivo, incluindo o prazo de conclusão da tese. Mas nem isso é garantia de uma cátedra em sociologia.

A boa notícia é a expectativa de que nos próximos 10 anos haverá um crescimento da demanda de docentes devido aos altos índices de aposentadorias de docentes da geração pós-guerra, além de um crescimento lento, mas contínuo, do contingente de universitários nos Estados Unidos. No entanto, qualquer um que se lance em uma carreira acadêmica precisa estar preparado para enfrentar considerável incerteza e concorrência no mercado de trabalho universitário (American Sociological Association, 2009).

É claro que nem todos que trabalham como sociólogos são docentes ou têm doutorado. Vejamos o governo, por exemplo. O Bureau of the Census depende de pessoas com formação em sociologia para interpretar os dados para outras agências do governo e para o público em geral. Praticamente toda agência recorre à pesquisa de levantamento – área em que os estudantes de sociologia podem especializar-se – para avaliar qualquer coisa, desde necessidades de uma comunidade à moral dos funcionários da própria agência. Além disso, quem tem formação em sociologia pode pôr em prática o seu conhecimento acadêmico em áreas como liberdade condicional, ciências da saúde, desenvolvimento comunitário e serviços recreativos.

Algumas pessoas que trabalham no governo ou na indústria privada têm mestrado em sociologia; outras têm bacharelado.

Atualmente, cerca de 15% dos membros da American Sociological Association aplicam as suas competências sociológicas fora do mundo acadêmico, quer em agências de serviços sociais, quer no *marketing* de firmas comerciais. Há cada vez mais oportunidades de emprego para sociólogos com pós-graduação em empresas, na indústria, em hospitais e em organizações sem fins lucrativos. Os estudos demonstram que muitos sociólogos com pós-graduação estão trocando de carreira, da área de serviços sociais para as áreas de negócios e de comércio. Para alguém com um diploma de graduação, a especialização em sociologia é um excelente preparo para o ingresso em diversos ramos do mundo dos negócios (Spalter-Roth e Van Vooren, 2008b).

Seja cursando algumas disciplinas de sociologia, seja concluindo uma graduação ou pós-graduação em sociologia, você se beneficiará das competências desenvolvidas nesta disciplina relativamente ao pensamento crítico. Os sociólogos distinguem-se pela capacidade de analisar, interpretar e atuar em diversas situações de trabalho, o que representa uma vantagem em qualquer carreira. Além disso, devido à acelerada evolução tecnológica e à expansão da economia global, todo mundo precisará adaptar-se a uma mudança social substantiva, inclusive no âmbito da própria carreira. A sociologia oferece um rico quadro conceitual capaz de conferir flexibilidade ao desenvolvimento da sua carreira e de ajudar você a tirar partido de novas oportunidades de emprego.

GLOSSÁRIO

Abordagem da administração científica: O mesmo que teoria clássica das organizações formais.

Abordagem da reação social: O mesmo que teoria da rotulagem.

Abordagem das relações humanas: Abordagem ao estudo das organizações formais que privilegia o papel das pessoas, da comunicação e da participação na burocracia, e que tende a enfocar grupos informais.

Abordagem do curso da vida: Orientação experimental em que os sociólogos e outros cientistas sociais estudam os fatores sociais que influenciam a vida das pessoas do nascimento ao óbito.

Abordagem dramatúrgica: Visão de interação social popularizada por Erving Goffman que observa as pessoas como se elas fossem atores de teatro.

Ação afirmativa: Esforços proativos para recrutar membros de grupos subalternos ou mulheres para empregos, promoções e oportunidades educacionais.

Administração da impressão: Termo usado por Erving Goffman para designar a alteração da apresentação do *self* no intuito de modular a aparência e agradar a determinados públicos.

Amostra: Seleção de um segmento estatisticamente representativo de uma população como um todo.

Amostra aleatória: Amostra na qual todos os membros da população têm a mesma probabilidade de serem incluídos.

Análise de conteúdo: Registro objetivo e codificação sistemática de dados orientados por alguma lógica subjacente.

Análise dos sistemas mundiais: A economia global como um sistema interdependente de países com desigualdades econômicas e políticas.

Análise secundária: Variedade de técnicas experimentais que recorrem a informações e a dados previamente coletados e de domínio público.

Anomia: Termo de Émile Durkheim para designar a sensação de perda de rumo que permeia uma sociedade quando o controle social do comportamento individual perde a eficácia.

Aquecimento global: O aumento significativo das temperaturas da superfície terrestre associado ao efeito de gases industriais, como o dióxido de carbono, que transformam a atmosfera do planeta em uma verdadeira estufa.

***Argot*:** Dialeto usado pelos membros de uma subcultura.

Associação diferencial: Teoria do desvio proposta por Edwin Sutherland segundo a qual a transgressão à ordem resulta da exposição a atitudes complacentes com atos criminosos.

Autoridade carismática: Termo de Max Weber para designar o poder legitimado pelo excepcional apelo pessoal ou emocional de um líder sobre os seus seguidores.

Autoridade legal racional: Termo de Max Weber que designa o poder legitimado pela lei.

Autoridade tradicional: Poder legitimado pelo costume e pela prática consentida.

Autoridade: Poder previamente institucionalizado e reconhecido pelas pessoas sobre as quais é exercido.

Burguesia: Termo de Karl Marx para designar a classe capitalista ou os donos dos meios de produção.

Burocracia: Dispositivo das organizações formais que se vale de hierarquias e de regras na busca da eficiência.

Capital cultural: Bens de natureza não econômica, como "berço" e grau de instrução, que se refletem no conhecimento linguístico e artístico.

Capital social: O benefício coletivo das redes sociais, fundadas na confiança mútua.

Capitalismo: Sistema econômico em que os meios de produção são, em larga escala, de propriedade privada e cujo principal incentivo à atividade econômica é a acumulação de lucros.

Casta: Sistema hierárquico hereditário, em geral ditado pela religião, que tende a ser fixo e imutável.

Censo: Levantamento numérico, ou contagem, de uma população.

Cerimônia de degradação: Aspecto do processo de ressocialização que ocorre em instituições totais, em que as pessoas estão sujeitas a rituais humilhantes.

Choque cultural: Sensação de surpresa e de desnorteamento que acomete as pessoas ao se depararem com práticas culturais diferentes das suas.

Cidade industrial: Cidade caracterizada por porte relativamente grande, livre concorrência, sistema aberto de classes e alto grau de especialização no setor de transformação de bens.

Cidade pós-industrial: Cidade cuja economia é dominada pela globalização financeira e pelo fluxo de informações eletrônicas.

Cidade pré-industrial: Cidade de apenas alguns milhares de habitantes caracterizada por um sistema de classes relativamente fechado e por uma mobilidade social restrita.

Ciência: Acervo de conhecimentos obtidos com base na metodologia da observação sistemática.

Ciência natural: O estudo das características físicas da natureza e das suas formas de interação e mudança.

Ciência social: Estudo de aspectos variados da sociedade humana.

Classe: Termo de Max Weber para referir-se a um grupo de pessoas que compartilham de um nível de renda e de riqueza parecido.

Código de ética: Os padrões de conduta aceitável elaborados pelos e para os membros de uma profissão.

Colonialismo: Manutenção prolongada do domínio político, social, econômico e cultural exercido por uma potência estrangeira sobre um povo.

Comunicação não verbal: Mensagens emitidas pela postura corporal, pelas expressões faciais e pelos gestos.

Comunidade: Unidade geográfica ou política de organização social que proporciona às pessoas a sensação de pertencimento.

Comunismo: Sistema econômico em que toda propriedade é comunitária e em que não cabem distinções sociais baseadas na produtividade das pessoas.

Confiabilidade: Extensão em que uma medida produz resultados consistentes.

Conflito de papéis: Situação decorrente de expectativas entre duas ou mais posições sociais.

Conformidade: Postura de docilidade cega diante de pessoas cuja posição social não difere da nossa e que não possuem legitimidade para reger a nossa conduta.

Consciência de classe: Na visão de Karl Marx, percepção subjetiva de comunhão dos interesses e da necessidade de uma ação política coletiva para gerar a mudança social.

Contracultura: Subcultura que se contrapõe de modo deliberado e conspícuo a certos aspectos da cultura mais ampla.

Controle social: Técnicas e estratégias de prevenção social contra o comportamento desviante.

Controle social formal: Controle exercido por agentes autorizados, como policiais, médicos, administradores de escolas, empregadores, oficiais das Forças Armadas e gerentes de salas de cinema.

Controle social informal: Controle espontâneo exercido pelas pessoas para fazer cumprir as normas.

Corporação multinacional: Organização comercial sediada em um país, mas com atuação no mundo todo.

Correlação: Relação entre duas variáveis em que uma alteração em uma delas coincide com uma alteração na outra.

Costumes: Normas tidas como imprescindíveis ao bem-estar de uma sociedade.

Credencialismo: Elevação do nível mínimo de instrução exigido para ingresso em uma determinada atividade.

Crença religiosa: Preceito acatado pelos fiéis de determinada religião.

Crime: Violação do direito penal com aplicação de penalidades formais por parte de alguma autoridade do governo.

Crime de ódio: Delito cometido em função do preconceito contra raça, religião, grupo étnico, nacionalidade de origem ou orientação sexual.

Crime do colarinho branco: Atos ilegais cometidos na esfera dos negócios.

Crime organizado: O trabalho de um grupo que regula as relações entre diversos empreendimentos criminosos envolvidos em atividades ilegais variadas.

Crime sem vítima: Intercâmbio entre adultos de bens e serviços altamente cobiçados porém ilegais.

Crime transnacional: Crime que trespassa as fronteiras de vários países.

Crimes indexados: Os oito tipos de crime arrolados anualmente pelo FBI na publicação *Uniform Crime Reports*: homicídio, estupro, roubo, assalto com agravante, arrombamento, furto, roubo de veículo e incêndio premeditado.

Criminoso profissional: Pessoa cuja ocupação fixa é praticar crimes.

Cultura: A totalidade de costumes, conhecimentos, objetos materiais e comportamentos socialmente transmitidos e aprendidos.

Cultura material: Os aspectos físicos ou tecnológicos do nosso dia a dia.

Cultura não material: Hábitos, crenças, filosofias, governos e modelos de comunicação, além dos usos dados aos objetos materiais.

Curandeirismo: As tradicionais práticas holísticas e curativas da medicina popular latina.

Currículo oculto: Padrões de comportamento considerados adequados pela sociedade e sutilmente ensinados na escola.

Defasagem cultural: Termo de William F. Ogburn para referir-se à fase de desajuste em que uma cultura não material luta para adaptar-se a novas condições materiais.

Definição operacional: Explicação de um conceito abstrato com especificidade suficiente para permitir que o pesquisador avalie o conceito.

Demografia: O estudo científico da população.

Descendência bilateral: Sistema de parentesco que confere igual importância a ambos os ramos da ascedência da pessoa.

Descendência matrilinear: Sistema de parentesco que privilegia a família da mãe.

Descendência patrilinear: Sistema de parentesco que privilegia a família do pai.

Descoberta: O processo de divulgar ou de compartilhar a existência de determinado aspecto da realidade.

Desigualdade social: Condição em que os membros de uma sociedade desfrutam de diferentes graus de riqueza, prestígio ou poder.

Desindustrialização: Retração generalizada e sistemática dos investimentos em aspectos básicos da produtividade, como fábricas e usinas.

Deslocamento de meta: Obediência cega às normas oficiais em um contexto de burocracia.

Desvio: Comportamento que transgride os padrões de conduta ou as expectativas de um grupo ou de uma sociedade.

Difusão: O processo de propagação de um item cultural de um grupo para outro ou de uma sociedade para outra.

Discriminação: A negação de oportunidades e de direitos iguais a indivíduos e grupos baseada em alguma predisposição arbitrária.

Discriminação institucional: A negação de igualdade de direitos e oportunidades a indivíduos e grupos associada ao funcionamento normal de uma sociedade.

Disfunção: Elemento ou processo de uma sociedade com possibilidades reais de abalar o sistema social ou de reduzir sua estabilidade.

***Downsizing* (enxugamento):** Demissão de pessoal pela empresa em decorrência da desindustrialização.

Dupla consciência: Fragmentação da identidade em duas ou mais realidades sociais.

Ecologia humana: Área de estudo voltada para as interações das pessoas com o ambiente físico e geográfico.

Ecologia urbana: Área de estudo que dá ênfase às interações da população urbana com o seu entorno ambiental.

Educação: Processo de aprendizagem formal em que alguns ensinam de forma consciente e outros assumem o papel social de aluno.

Efeito da expectativa do professor: O possível impacto das expectativas de um professor quanto ao desempenho de um aluno sobre os resultados alcançados por este.

Efeito Hawthorne: Influência involuntária exercida pelos observadores ou pelos experimentos sobre os participantes da pesquisa.

Elite do poder: Termo usado por C. Wright Mills para designar um grupo restrito de lideranças militares, industriais e governamentais que controlam o destino dos Estados Unidos.

Entrevista: Conversa em que se buscam informações desejadas mediante a inquirição de uma pessoa face a face ou por telefone.

Epidemiologia social: Estudo da distribuição da doença, das deficiências e do estado geral de saúde de toda uma população.

Escravidão: Sistema imposto em que algumas pessoas são propriedade legal de outras.

Estatística vital: O cadastramento de todos os registros de nascimentos, óbitos, casamentos e divórcios por entidades do governo.

Estereótipo: Generalização que engloba todos os membros de um grupo desprezando as diferenças individuais existentes em seu seio.

Estigma: Rótulo atribuído pela sociedade para desqualificar os membros de um determinado grupo social.

Estima: Reputação construída por determinada pessoa no exercício de seu ofício.

Estratégia de pesquisa: Método ou plano detalhado para a obtenção científica de dados.

Estratificação: Estruturação hierárquica de grupos de pessoas que perpetua as desigualdades de poder e as compensações econômicas de uma sociedade.

Estrutura social: A forma como a sociedade organiza-se em relacionamentos previsíveis.

Ética protestante: Termo de Max Weber referindo-se à ética, pregada por João Calvino e seus seguidores, de disciplina no trabalho, de preocupações seculares e de racionalidade frente à vida.

Etnia simbólica: Ênfase preponderante em preocupações como culinária étnica ou questões políticas, em vez de em vínculos mais profundos com a própria herança étnica.

Etnocentrismo: Tendência a presumir que a própria cultura representa a norma e é superior a qualquer outra.

Etnografia: Estudo de todo um contexto social por meio de uma observação sistemática a longo prazo.

Evolução sociocultural: Tendências sociais de longo prazo resultantes da interação entre continuidade, inovação e seleção.

Expectativa de vida: Provável média de anos de vida de uma pessoa considerando-se os índices de mortalidade correntes.

Experiência religiosa: Sensação ou noção de estar em contato direto com a realidade suprema, como uma divindade, ou de estar tomado por uma emoção religiosa.

Experimento: Situação simulada que permite ao pesquisador manipular as variáveis.

Expressividade: Preocupação com a preservação da harmonia e com o quadro emocional intrafamiliar.

Falsa consciência: Termo usado por Karl Marx para designar a postura assumida pelos membros de uma classe sem o respaldo efetivo da realidade objetiva.

Família: Conjunto de pessoas unidas por laços de sangue, de casamento (ou de algum outro relacionamento aceito por consenso) ou de adoção que compartilham da responsabilidade de procriar e cuidar de membros da sociedade.

Família estendida: Família em que pais e filhos coabitam com parentes – como avós, tias ou tios – em uma mesma casa.

Família igualitária: Padrão de autoridade em que os cônjuges são considerados iguais.

Família nuclear: Casal de cônjuges e seus filhos solteiros coabitando em mesmo domicílio.

Fecundidade: O grau de procriação de uma sociedade.

Feminização da pobreza: Tendência ao aumento progressivo da cota de mulheres na população pobre dos Estados Unidos.

Força: Uso real ou ameaça de uso da coerção para impor aos outros o próprio arbítrio.

Formação racial: Processo sócio-histórico no qual as categorias raciais são criadas, coibidas, modificadas e destruídas.

Fuga de cérebros [*brain drain*]: A imigração para os Estados Unidos e outros países industrializados de técnicos, profissionais e trabalhadores qualificados que viviam em situação de extrema penúria nos seus países de origem.

Função latente: Função inconsciente ou não deliberada; intenção oculta.

Função manifesta: Função consciente, manifesta e aberta.

Fundamentalismo: Ênfase na obediência à doutrina e na interpretação literal dos textos sagrados.

Gemeinschaft: Termo usado por Ferdinand Tönnies para descrever uma comunidade pequena, normalmente rural e fortemente unida por vínculos pessoais.

Gesellschaft: Termo usado por Ferdinand Tönnies para descrever uma comunidade de grande porte e impessoal, geralmente urbana, pouco comprometida com o grupo ou com valores consensuais.

Globalização: Integração mundial de políticas públicas e culturas, de movimentos sociais e de mercados financeiros por meio do comércio e do intercâmbio de ideias.

Grupo: Qualquer número de pessoas que se pautem por normas, valores e expectativas semelhantes e que mantenham uma interação regular.

Grupo-controle: Os participantes de uma experiência em que o pesquisador omite a variável independente.

Grupo de referência: Qualquer grupo que sirva de parâmetro para a autoavaliação da pessoa e do seu comportamento.

Grupo de *status*: Termo usado por Max Weber para referir-se a pessoas de prestígio ou de estilo de vida equivalentes, independentemente da posição de classe.

Grupo étnico: Grupo que se diferencia dos demais devido à nacionalidade de origem ou a distinções culturais.

Grupo experimental: Os participantes do experimento expostos a uma variável independente introduzida pelo pesquisador.

Grupo primário: Grupo restrito caracterizado pela associação e pela cooperação estreita e pessoal.

Grupo racial: Grupo que é excluído dos demais em função de diferenças físicas evidentes.

Grupo secundário: Grupo formal e impessoal destituído de maior intimidade social ou compreensão mútua.

Guerra cultural: Polarização da sociedade perante elementos controvertidos da cultura.

Hipótese: Enunciado especulativo sobre a relação entre duas ou mais variáveis.

Hipótese de contato: Perspectiva interacionista segundo a qual o contato inter-racial entre pessoas de mesma posição social envolvidas em tarefas cooperativas reduz o preconceito.

Homofobia: Temor e preconceito em relação à homossexualidade.

Ideologia dominante: Conjunto de práticas e crenças culturais que ajudam a preservar interesses políticos, econômicos e sociais poderosos.

Imaginação sociológica: Noção do relacionamento entre o indivíduo e a sociedade como um todo, tanto no presente quanto no passado.

Incapacidade treinada: Tendência dos funcionários burocráticos a um grau de especialização que os impede de enxergar problemas óbvios.

Incidência: Número de novas ocorrências de determinado transtorno em determinada população e em prazo previamente determinado, geralmente de um ano.

Indústria cultural: A indústria mundial de meios de comunicação que padroniza os bens e serviços demandados pelos consumidores.

Influência: Poder obtido pelo uso da persuasão.

***In-group*:** Grupo ou categoria a que as pessoas acreditam pertencer.

Inovação: O processo de introdução de um novo objeto ou ideia descoberto ou inventado.

Instituição social: Padrão organizado de crenças e de comportamento centrado nas necessidades sociais básicas.

Instituição total: Termo cunhado por Erving Goffman para designar instituições como prisões, Forças Armadas, hospitais psiquiátricos e conventos, que submetem a pessoa a uma autoridade única e regulam todos os aspectos da vida dela.

Instrumentalidade: O ato de se privilegiar tarefas, focar em metas mais distantes e interessar-se pelo relacionamento externo da própria família com outras instituições sociais.

Interação social: O modo como as pessoas reagem entre si.

Interesses próprios: Termo de Thorstein Veblen que designa as pessoas e os grupos que têm a perder com a mudança social e que, portanto, têm interesse em manter o *status quo*.

Internalização do papel: Processo em que a pessoa se coloca mentalmente na posição de outra e age a partir desse ponto de vista imaginado.

Invenção: Combinação de elementos culturais já existentes em configuração até então inédita.

Jim Crow: Leis do Sul dos Estados Unidos que mantinham os afro-americanos em posição subalterna.

Jornada dupla: O duplo ônus – trabalhar fora e cuidar da casa e dos filhos – que muitas mulheres enfrentam e que poucos homens compartilham de modo equitativo.

Justiça ambiental: Estratégia jurídica baseada na tese de que as ameaças ambientais acometem em escala desproporcional as minorias raciais e as classes mais baixas.

Justiça diferenciada: Modos discrepantes de exercer o controle social sobre grupos distintos.

***Laissez-faire*:** Forma de capitalismo caracterizada pela livre competição nos negócios e intervenção mínima do governo na economia.

Lei: Controle social exercido pelo governo.

Levantamento: Estudo, em geral mediante entrevista ou questionário, que fornece aos pesquisadores informações sobre como as pessoas pensam e agem.

Língua: Sistema abstrato de palavras e seus respectivos símbolos e significados cobrindo todos os aspectos de uma cultura; inclui gestos e outras formas de comunicação não verbal.

Lógica causal: Relação entre uma condição ou variável e uma consequência específica, com um evento levando ao outro.

Ludditas (ou luddistas): Artesãos rebelados que, na Inglaterra do século XIX, destruíram o novo maquinário fabril em um movimento de resistência à Revolução Industrial.

Macrossociologia: Investigação sociológica que privilegia fenômenos de grande porte ou civilizações inteiras.

Masculinidades múltiplas: Os diversos papéis de gênero masculinos, como o do *gay* efeminado que cuida e dá carinho, que os homens podem desempenhar em paralelo ao seu papel mais tradicional de dominação das mulheres.

Matriarcado: Sociedade em que as mulheres têm a palavra final nas decisões familiares.

Matriz de dominação: Impacto cumulativo da opressão por motivo de raça, gênero, classe, religião, orientação sexual, necessidades especiais e idade.

McDonaldização: Processo pelo qual os princípios da lanchonete de *fast-food* passaram a dominar certos setores da sociedade no mundo inteiro.

Método científico: Roteiro organizado e sistemático que assegura máxima objetividade e consistência na investigação de um problema.

Método objetivo: Técnica que categoriza os indivíduos por classes conforme critérios como ocupação, escolaridade, renda e local de residência.

Microfinanciamento: Empréstimo de pequenas quantias aos pobres, visando permitir que eles saiam da pobreza por conta própria.

Microssociologia: Investigação sociológica que privilegia o estudo de grupos pequenos, frequentemente por meios experimentais.

Mobilidade horizontal: Passagem de uma posição social a outra dentro de um mesmo escalão.

Mobilidade intergeração: Mudança de posição social dos filhos em relação aos pais.

Mobilidade intrageração: Mudança de posição social na vida adulta.

Mobilidade social: Transição de indivíduos de grupos de uma posição para outra dentro do sistema de estratificação da sociedade.

Mobilidade vertical: Transição de uma posição social para outra de hierarquia distinta.

Mobilização de recursos: Os meios pelos quais um movimento social utiliza-se de recursos como dinheiro, influência política, acesso aos meios de comunicação e quadro de pessoal.

Modelo da elite: Visão na qual a sociedade é regida por um pequeno grupo de indivíduos que compartilham dos mesmos interesses econômicos.

Modelo de equilíbrio: Visão funcionalista de Talcott Parsons segundo a qual a sociedade tende a um estado de estabilidade ou de equilíbrio.

Modelo pluralista: Visão da sociedade segundo a qual o acesso de múltiplos grupos concorrentes a autoridades do governo bloqueia a supremacia de um só grupo.

Modernização: Processo abrangente de transição de instituições tradicionais ou menos desenvolvidas de países em desenvolvimento para instituições características de sociedades mais avançadas.

Modernização ecológica: O alinhamento entre boas práticas ambientais e interesse econômico próprio mediante contínua adaptação e reestruturação.

Monogamia: Forma de casamento exclusiva entre uma mulher e um homem.

Monogamia em série: Forma de casamento em que a pessoa pode ter vários cônjuges ao longo da vida, mas apenas um de cada vez.

Monopólio: Controle do mercado por uma única empresa.

Movimento social: Atividade coletiva e organizada de uma sociedade ou de um grupo a fim de deflagrar ou de resistir a uma mudança importante.

Mudança social: Transformação gradual e significativa de padrões comportamentais e culturais.

Neocolonialismo: Dependência continuada de ex-colônias em relação a países estrangeiros.

Nivelamento: Prática que separa os estudantes em turmas com conteúdos curriculares específicos atendendo a critérios como notas de provas, entre outros.

Norma: Padrão de comportamento estabelecido e mantido pela sociedade.

Norma formal: Norma, em geral escrita, especificando estrita punição aos transgressores.

Norma informal: Norma de conhecimento geral, mas sem registro preciso.

Nova sociologia urbana: Abordagem à urbanização que privilegia a ação recíproca entre forças locais, nacionais e mundiais e o efeito dessas forças na geografia local, com ênfase especial no impacto da atividade econômica global.

Novo movimento social: Atividade coletiva organizada que privilegia valores e identidades sociais e melhoras na qualidade de vida.

Obediência: Submissão a autoridades de hierarquia superior.

Observação: Técnica de pesquisa em que o investigador coleta informações fazendo o acompanhamento testemunhal e meticuloso de um grupo ou de uma comunidade.

Oportunidades de vida: Termo de Max Weber para referir-se às oportunidades pessoais de prover-se de bens materiais, condições de vida favoráveis e experiências de vida positivas.

Organização formal: Grupo criado com finalidade específica e estruturado para maximizar a eficiência.

***Out-group*:** Grupo ou categoria do qual as pessoas não se julgam pertencentes.

Outro generalizado: Termo usado por George Herbert Mead para referir-se às atitudes, aos pontos de vista e às expectativas da sociedade que norteiam o comportamento de uma criança.

Outros significativos: Termo usado por George Herbert Mead referindo-se às pessoas mais importantes no desenvolvimento do *self*, como pais, amigos e professores.

Papel de doente: Expectativas da sociedade quanto às atitudes e ao comportamento de uma pessoa tida como doente.

Papel de gênero: Expectativas quanto a comportamentos, posturas e atividades adequadas a homens ou a mulheres.

Papel social: Conjunto de expectativas em relação aos ocupantes de determinado *status* ou posição social.

Parentesco: A condição de estar vinculado a outras pessoas.

Patriarcado: Sociedade em que os homens dão a última palavra nas decisões familiares.

Perfilhamento racial: Qualquer arbitrariedade por parte de uma autoridade com base na raça, na etnia ou na nacionalidade de origem e não no comportamento da pessoa.

Personalidade: Características, atitudes, necessidades e comportamentos que distinguem as pessoas entre si.

Perspectiva do conflito: Abordagem sociológica que postula como a melhor explicação para a conduta social a tensão entre os grupos pelo poder ou pela alocação de recursos, como habitação, dinheiro, acesso a serviços e representação política.

Perspectiva feminista: Abordagem sociológica que vê na desigualdade de gênero o eixo de todo comportamento e organização.

Perspectiva funcionalista: Abordagem sociológica que destaca o modo como os componentes de uma sociedade são estruturados para manter a sua estabilidade.

Perspectiva interacionista: Abordagem sociológica que faz generalizações sobre as formas cotidianas de interação social.

Pesquisa de vitimização: Levantamento com pessoas comuns para saber se elas foram vítimas de crime.

Pesquisa qualitativa: Pesquisa que confia mais nas observações que o cientista faz em campo ou em ambientes naturais do que nas estatísticas.

Pesquisa quantitativa: Pesquisa que coleta e apresenta os dados sob forma numérica.

Pobreza absoluta: Padrão de pobreza baseado em um piso de subsistência abaixo do essencial para sobreviver.

Pobreza relativa: Parâmetro flutuante de privação segundo o qual as pessoas da base da pirâmide social, independentemente do seu estilo de vida, são consideradas em desvantagem em relação ao país como um todo.

Poder: Capacidade de impor aos outros o próprio arbítrio.

Poliandria: Forma de poligamia em que uma mulher pode ter vários maridos ao mesmo tempo.

Poligamia: Forma de casamento em que uma pessoa pode ter vários cônjuges ao mesmo tempo.

Poligenia: Forma de poligamia em que um homem pode ter várias mulheres ao mesmo tempo.

Política: Segundo Harold D. Lasswell, "quem consegue o quê, quando e como".

Preconceito: Atitude negativa perante toda uma categoria de pessoas, em geral um grupo racial ou étnico.

Prestígio: O respeito e a admiração que uma ocupação suscita na sociedade.

Prevalência: Número total de ocorrências de um transtorno específico em um determinado intervalo.

Princípio de Peter: Princípio da vida organizacional formulado por Laurence J. Peter, em que todo funcionário dentro de uma hierarquia tende a ascender ao seu grau de incompetência.

Privação relativa: Consciência relativa da assimetria negativa entre as expectativas legítimas e a realidade corrente.

Privilégio do branco: Direitos ou imunidades concedidos como favor ou como benefício especial pelo mero fato de a pessoa ser branca.

Proletariado: Termo de Karl Marx que designa a classe trabalhadora na sociedade capitalista.

Questionário: Formulário impresso ou manuscrito usado para obter informações de um respondente.

Racismo: Crença na supremacia da própria raça e na inferioridade inerente a todas as demais.

Racismo "daltônico": Uso do princípio da neutralidade racial para preservar um estado de desigualdade social.

Rede social: Série de relacionamentos sociais que cria canais diretos de uma pessoa com outras e, por meio destas, canais indiretos com um círculo de pessoas ainda mais extenso.

Relativismo cultural: Avaliação do comportamento de uma população pela perspectiva da sua própria cultura.

Religião: Na formulação de Émile Durkheim, sistema unificado de crenças e de práticas associadas ao sagrado.

Renda: Salários e vencimentos.

Ressocialização: O processo de substituir comportamentos pregressos por novos padrões de comportamento no contexto de uma mudança de vida.

Riqueza: Termo inclusivo que abrange todo o patrimônio material de uma pessoa, como imóveis, ações e outros ativos.

Rito de passagem: Marco da transição simbólica entre duas posições sociais.

Ritual religioso: Prática exigida ou esperada dos fiéis de uma religião.

Sanção: Penalidade ou recompensa pelo comportamento frente a uma norma social.

Saúde: De acordo com a definição da Organização Mundial da Saúde, condição de pleno bem-estar físico, mental e social, e não somente a mera ausência de doença ou enfermidade.

***Self*:** Segundo George Herbert Mead, identidade singular que diferencia as pessoas entre si.

***Self* espelho:** Conceito usado por Charles Horton Cooley para salientar que o *self* é fruto das nossas interações sociais com os outros.

Sexismo: Ideologia que postula a superioridade de um dos sexos.

Símbolo: Gesto, objeto ou linguagem que constitui a base da comunicação humana.

Sistema aberto: Sistema social em que o *status* adquirido influi na posição do indivíduo.

Sistema de classe: Hierarquia social baseada na posição econômica, em que as características adquiridas podem influenciar na mobilidade social.

Sistema econômico: Instituição social em que são produzidos, distribuídos e consumidos os bens e serviços.

Sistema fechado: Sistema social com pouca ou nenhuma chance de mobilidade individual.

Sistema feudal: Sistema de estratificação em que camponeses eram obrigados a trabalhar a terra que membros da nobreza lhes arrendavam em troca de proteção militar e de outros serviços. Também chamado de feudalismo.

Socialismo: Sistema econômico em que os meios de produção e de distribuição são de propriedade coletiva, e não de propriedade privada.

Socialização: Processo de assimilação de atitudes, valores e comportamentos adequados aos membros de uma determinada cultura.

Socialização antecipatória: Processos de socialização em que a pessoa "treina" para futuros cargos, ocupações ou relações sociais.

Sociedade: Número razoavelmente elevado de pessoas que habitam um mesmo território, que são relativamente independentes de estranhos e que participam de uma cultura comum.

Sociedade agrária: A forma de sociedade pré-industrial mais avançada em termos de uso da tecnologia, cujos membros ocupam-se da produção de alimentos, com a produtividade das colheitas aumentada graças ao uso de inovações tecnológicas como o arado.

Sociedade de caçadores e coletores: Sociedade pré-industrial em que as pessoas subsistem dos alimentos e das fibras encontrados na natureza.

Sociedade de olericultura: Sociedade pré-industrial em que as pessoas plantam sementes e cultivam lavouras em vez de subsistir apenas dos alimentos disponíveis na natureza.

Sociedade industrial: Sociedade em que a produção de bens e serviços é mecanizada.

Sociedade pós-industrial: Sociedade cujo sistema econômico é essencialmente voltado para o processamento e o controle da informação.

Sociedade pós-moderna: Sociedade com tecnologia sofisticada e atração por bens de consumo e por imagens veiculadas pelos meios de comunicação de massa.

Sociobiologia: Estudo sistemático de como a biologia afeta o comportamento social humano.

Sociologia: Estudo científico do comportamento social e dos grupos humanos.

Sociologia aplicada: Uso da disciplina da sociologia com o objetivo específico de gerar aplicações práticas para o comportamento humano e para as organizações.

Sociologia básica: Investigação sociológica que visa aprofundar o conhecimento de aspectos fundamentais dos fenômenos sociais. Também chamada de sociologia pura.

Sociologia clínica: Uso da disciplina da sociologia com a finalidade específica de alterar relacionamentos sociais ou de reestruturar instituições sociais.

Solidariedade mecânica: Consciência coletiva que privilegia a solidariedade de grupo, típica de sociedades com mínima de divisão de trabalho.

Solidariedade orgânica: Consciência coletiva baseada na interdependência mútua, característica de sociedades com uma divisão de trabalho complexa.

***Status*:** Termo usado pelos sociólogos para referir-se a qualquer posição social estabelecida no contexto de um grupo numeroso ou de uma sociedade.

***Status* adquirido:** Posição social alcançada pela pessoa por meio de esforço próprio.

***Status* atribuído:** Posição social que a sociedade atribui a uma pessoa, desconsiderando os seus talentos ou suas características distintivas.

***Status* mestre:** *Status* que prevalece sobre os demais *status* e que, portanto, determina a posição geral de uma pessoa na sociedade.

***Status* socioeconômico:** Parâmetro de classe social baseado na renda, no grau de instrução e na ocupação.

Subcultura: Segmento da sociedade que compartilha um padrão de usos, normas e tradições distinto e diferenciado do padrão da sociedade como um todo.

Taxa de crescimento: O saldo entre nascimentos e óbitos, mais o saldo entre imigrantes e emigrantes por grupo de mil habitantes.

Taxa de fecundidade total (TFT): Média de crianças nascidas vivas, presumindo-se que a totalidade das mães enquadra-se nas taxas recentes de fecundidade.

Taxa de morbidez: Incidência de doenças em uma determinada população.

Taxa de mortalidade: Incidência de óbitos em uma determinada população.

Taxa de mortalidade infantil: Número anual de óbitos de crianças de até um ano de idade por grupo de mil crianças nascidas vivas.

Taxa de natalidade: Número de nascidos vivos por grupo de mil habitantes em determinado ano. Também chamada de taxa bruta de natalidade.

Taxa de óbitos: Número de mortos por grupo de mil habitantes em determinado ano. Também chamada de taxa bruta de óbitos.

Tecnologia: Informações culturais sobre os possíveis usos de recursos materiais do meio ambiente para satisfazer as necessidades e os anseios humanos.

Tensão do papel: Situação provocada pelo conflito de expectativas e demandas imposto pela posição social ocupada pela pessoa.

Teoria: Em sociologia, um conjunto de afirmações que buscam explicar problemas, ações ou comportamentos.

Teoria clássica: Abordagem ao estudo das organizações formais segundo a qual a motivação dos trabalhadores estaria quase que exclusivamente ligada a compensações econômicas.

Teoria da dependência: Abordagem à estratificação global que postula que os países industrializados exploram os países em desenvolvimento em benefício próprio.

Teoria da desorganização social: Teoria segundo a qual o recrudescimento do crime e do desvio resulta da ausência ou do colapso das relações de comunidade ou de instituições sociais como família, escola, igreja e governo local.

Teoria da exploração: Teoria marxista que vê a subordinação racial nos Estados Unidos como manifestação do sistema de classes inerente ao capitalismo.

Teoria da modernização: Visão funcionalista de que a modernização e o desenvolvimento resultarão na melhora de vida dos habitantes de países em desenvolvimento.

Teoria da rotulagem: Teoria que busca explicar por que certas pessoas são consideradas desviantes.

Teoria das zonas concêntricas: Teoria de crescimento urbano concebida por Ernest Burgess que vê o crescimento como uma série de anéis irradiando-se a partir de um distrito comercial central.

Teoria do desenvolvimento cognitivo: Teoria de Jean Piaget que afirma que a evolução do pensamento infantil passa por quatro etapas de desenvolvimento.

Teoria do desvio da anomia: Teoria de Robert Merton que explica o desvio como uma adaptação de objetivos socialmente prescritos ou de normas que regem o seu cumprimento, ou ambos.

Teoria dos vários núcleos: Teoria do crescimento urbano desenvolvida por Chauncey D. Harris e Edward Ullman que vê o crescimento em múltiplos centros de desenvolvimento, cada um deles reflexo de determinadas necessidades ou atividades urbanas.

Teoria evolutiva: Teoria da mudança social segundo a qual a sociedade caminha em uma direção definida.

Terceirização para o exterior: Transferência do trabalho para fornecedores estrangeiros.

Teto de vidro: Barreira invisível que inibe a promoção funcional de um indivíduo qualificado por questões de gênero, raça ou etnia.

Tipo ideal: Construto ou modelo pelo qual se avaliam casos reais.

Transmissão cultural: Escola da criminologia que sustenta que a conduta criminal é aprendida por meio das interações sociais.

Universal cultural: Prática genérica comum a todas as culturas.

Urbanismo: Termo usado por Louis Wirth para descrever discrepâncias entre os padrões de comportamento social da população urbana.

Uso: Norma que rege o comportamento habitual e cuja transgressão não gera grande apreensão.

Validade: Grau em que uma medida ou escala reflete o fenômeno em estudo.

Valor: Noção coletiva do que é considerado bom, desejável e adequado – ou nefasto, indesejável e inadequado – em uma cultura.

Variável: Característica ou traço mensurável que muda quando as circunstâncias mudam.

Variável de controle: Fator mantido constante para testar o impacto relativo de uma variável independente.

Variável dependente: Dentro de uma relação causal, a variável sujeita à influência de outra variável.

Variável independente: Em uma relação causal, a variável que, quando alterada, gera ou afeta a mudança de uma segunda variável.

***Verstehen*:** Palavra alemã que significa "compreensão" ou *insight* e que Max Weber usou para mostrar aos sociólogos a importância de levar em conta os sentidos subjetivos que se agregam às ações das pessoas.

CRÉDITOS

CRÉDITOS DE TEXTO

Capítulo 1: P. 26 Figure 1–2 Author's analysis of *General Social Survey.* 2012. James A. Davis et al. 2012. Used by permission of National Opinion Research Center.

Capítulo 2: P. 61 Cartoon by Scott Arthur Masear. Reprinted by permission of www.CartoonStock.com. P. 67 Figure 2–3 This information was reprinted with permission from the Henry J. Kaiser Family Foundation. The Kaiser Family Foundation, a leader in health policy analysis, health journalism and communication, is dedicated to filling the need for trusted, independent information on the major health issues facing our nation and its people. The Foundation is a non-profit private operating foundation, based in Menlo Park, California. P. 66 Cartoon STAHLER © 2010 Jeff Stahler. Reprinted by Universal Uclick for UFS. All rights reserved.

Capítulo 3: P. 84 Cartoon TOLES © 2000 The Washington Post. Reprinted with permission of Universal Uclick. All rights reserved. P. 94 Cartoon by Chris Wildt. Reprinted by permission of www.CartoonStock.com.

Capítulo 4: P. 110 Table 4–1 from Robert K. Merton. 1968. *Social Theory and Social Structure.* Adapted by permission of Free Press, a Division of Simon & Schuster, Inc. Copyright © 1967, 1968 by Robert K. Merton. Copyright renewed 1985 by Robert K. Merton. All rights reserved. P. 119 Cartoon by Sidney Harris, © ScienceCartoonsPlus.com.

Capítulo 5: P. 132 Cartoon © Pat Bagley, PoliticalCartoons.com. P. 147 Cartoon © 2007 Joel Pett. All rights reserved.

Capítulo 6: P. 174 Cartoon ED STEIN © 2006. Reprinted with permission by Universal Uclick for UFS. All rights reserved. P. 181 Cartoon © 2012 Jimmy Margulies. P. 190 Cartoon by Kirk Anderson. Used by permission of Kirk Anderson, www.kirktoons.com.

Capítulo 7: P. 192 Table 7–1 from Joyce McCarl Nielsen, et al. 2000. "Gendered Heteronormativity: Empirical Illustrations in Everyday Life," *Sociological Quarterly* 41 (No. 2):287. © 2000. Reprinted by permission of Blackwell Publishing Ltd., www.interscience.wiley.com.

Capítulo 8: P. 222 Cartoon by Harley Schwadron. Reprinted with permission.

Capítulo 9: P. 246 Signe Wilkinson Editorial Cartoon used with the permission of Signe Wilkinson, The Washington Post Writers Group and the Cartoonist Group. All rights reserved. P. 250 Figure 9–2 (bottom) from G. William Domhoff. 2010. *Who Rules America*, 6e:116. © 2010 by The McGraw-Hill Companies, Inc. Reproduced by permission of the publisher.

Capítulo 10: P. 275 Figure 10–2 from Chauncy D. Harris & Edward Ullman. 1945. "The Nature of Cities" in *Annals of the American Academy of Political and Social Science*, Volume 242, November 1945. P. 291 Cartoon by Joseph Farris. Reprinted by permission of Miller-McCune and Joseph Farris. P. 295 Signe Wilkinson Editorial Cartoon used with the permission of Signe Wilkinson, The Washington Post Writers Group and the Cartoonist Group. All rights reserved.

Capítulo 11: P. 300 Figure 11–1 adapted from *The Economist*, "Social networks and statehood: The future is another country." © The Economist Newspaper Limited, London, July 24, 2010. P. 313 Table 11–4 adapted from John B. Horrigan, *A Typology of Information and Communication Technology Users*, May 7, 2007, p. 5–11, www.pewinternet.org/Reports/2007/A-Typology-of-Information-and--Communication-Technology-Users.aspx. Pew Internet & American Life Project. P. 317 Cartoon by Harley Schwadron. Reprinted with permission.

CRÉDITOS DE IMAGEM

Capítulo 1: Corbis RF/ Photolibrary; **Capítulo 2**: Imagesource/PictureQuest; **Capítulo 3**: C Squared Studios/Getty Images; **Capítulo 4**: © image 100/Corbis; **Capítulo 5**: © Lissa Harrison; **Capítulo 6**: © Joes Louis Pelaez, Inc./Getty Images; **Capítulo 7**: Mike Watson Images/Alamy/RF; **Capítulo 8:** PhotosIndia.com/Getty Images; **Capítulo 9**: © Erica Simone Leeds; **Capítulo 10**: U.S. Coast Guard photo by Petty Officer 3rd Class Patrick Kelley; **Capítulo 11**: © Dave Moyer.

REFERÊNCIAS

Abercrombie, Nicholas, Stephen Hill, and Bryan Turner. 1980. *The Dominant Ideology Thesis.* London: George Allen Unwin.

__________, Bryan S. Turner, and Stephen Hill, eds. 1990. *Dominant Ideologies.* Cambridge, MA: Unwin Hyman.

Aberle, David E., A. K. Cohen, A. K. Davis, M. J. Leng, Jr., and F. N. Sutton. 1950. "The Functionalist Prerequisites of a Society" *Ethics* 60 (January): 100–111.

Addams, Jane. 1910. *Twenty Years at Hull-House.* New York: Macmillan.

__________. 1930. *The Second Twenty Years at Hull-House.* New York: Macmillan. Adler, Patricia A., and Peter Adler. 2007. "The Demedicalization of Self-Injury: From Psychopathology to Sociological Deviance." *Journal of Contemporary Ethnography* 36 (October):537–570.

__________, and __________. 2008b. "The Cyber Worlds of Self-Injurers: Deviant Communities, Relationships, and Selves." *Symbolic Interaction* 31 (1):33–56.

__________, and __________. *The Tender Cut: Inside the Hidden World of Self-Injury.* New York: New York University Press.

__________, __________, and John M. Johnson. 1992. "Street Corner Society Revis- ited." *Journal of Contemporary Ethnography* 21 (April):3–10.

Adorno, Theodor. [1971] 1991. *The Culture Industry.* London: Routledge. Alain, Michel. 1985. "An Empirical Validation of Relative Deprivation." *Human Relations* 38 (8):739–749.

Alba, Richard D. 1990. *Ethnic Identity: The Transformation of White America.* New Haven, CT: Yale University Press.

Allen, Bem P. 1978. *Social Behavior: Fact and Falsehood.* Chicago: Nelson-Hall.

Allport, Gordon W. 1979. *The Nature of Prejudice.* 25th Anniv. ed. Reading, MA: Addison-Wesley.

Alon, Sigal. 2009. "The Evolution of Class Inequality in Higher Education: Competition, Exclusion, and Adaptation." *American Sociological Review* 74 (October):731–755.

Alzheimer's Association. 2012. "2012 Alzheimer's Disease Facts and Figures." Accessed March 25 (www.alzheimers_disease_facts_and_figures.asp). *The Atlantic.* 2008. "Engineers for Osama." 301 (January/February):26. American Academy of Cosmetic Surgery. 2010. "New Survey Indicates More Than 17 Million Cosmetic Procedures Performed Last Year in U.S." Chicago: AACS.

American Community Survey. 2010. "2009 American Community Survey." Accessible at www.census.gov/acs/www/.

__________. 2011. "2010 American Community Survey." Accessible at www.census.gov/acs/www/.

American Lung Association. 2011. "State of the Air 2011." Accessed March 26, 2012 (www.state-oftheair.org).

American Psychological Association. 2008. "Being Gay Is Just as Healthy as Being Straight." Accessed February 25 (www.apa.org).

__________. 2005. "Need Today's Data Yesterday." Accessed December 17 (www.asanet.org).

__________. 2010a. *2010 Guide to Graduate Departments of Sociology.* Washington, DC: ASA. American Sociological Association. 2009. *Code of Ethics.* Reprinted 2008. Washington, DC: ASA.

Andersen, Margaret. 2007. *Thinking About Women: Sociological Perspectives on Sex and Gender.* 7th ed. New York: Allyn and Bacon.

Ansell, Amy E. 2008. "Color Blindness." Pp. 320–321, in *Encyclopedia of Race, Ethnicity, and Society,* vol. 1, edited by Richard T. Schaefer. Thousand Oaks, CA: Sage.

Armer, J. Michael, and John Katsillis. 1992."Modernization Theory." Pp. 1299–1304 in *Encyclopedia of Sociology,* vol. 4, edited by Edgar F. Borgatta and Marie L. Borgatta. New York: Macmillan.

Association of Theological Schools. 2011."2010–2011 Annual Data Tables: Table 2-12A." Accessed March 28 (www.ats.edu/Resources/Publications/ Documents/AnnualDataTables/201011AnnualDataTables.pdf).

Azumi, Koya, and Jerald Hage. 1972. *Organizational Systems.* Lexington, MA: Heath.

Babad, Elisha Y., and P. J. Taylor. 1992. "Transparency of Teacher Expectancies Across Language, Cultural Boundaries." *Journal of Educational Research* 86:120–125.

Barboza, David. 2008. "Reform Stalls in Chinese Factories." *New York Times,* January 5, pp. B1, B6.

Barton, Bernadette. 2006. *Stripped: Inside the Lives of Exotic Dancers.* New York: New York University Press.

Bauerlein, Monika. 1996. "The Luddites Are Back." *Utne Reader* (March/ April):24, 26.

Bauman, Kurt J. 1999. "Extended Measures of Well-Being: Meeting Basic Needs." *Current Population Reports,* ser. P-70, no. 67. Washington, DC: U.S. Government Printing Office.

Beagan, Brenda L. 2001. "'Even If I Don't Know What I'm Doing I Can Make It Look Like I Know What I'm Doing': Becoming a Doctor in the 1990s." *Canadian Review of Sociology and Anthropology* 38:275–292.

Becker, Howard S., ed. 1964. *The Other Side: Perspectives on Deviance.* New York: Free Press.

Becker, Howard. 1963. *The Outsiders: Studies in the Sociology of Deviance.* New York: Free Press.

Beisel, Nicola, and Tamara Kay. 2004. "Abortion, Race, and Gender in Nineteenth- Century America." *American Sociological Review* 69(4):498–518.

Bell, Daniel. 1953. "Crime as an American Way of Life." *Antioch Review* 13 (Summer):131–154.

__________. [1973] 1999. *The Coming of Post-Industrial Society.* Special Anniv. ed. New York: Basic Books.

Bell, Wendell. 1981."Modernization." Pp. 186–187 in *Encyclopedia of Sociol- ogy.* Guilford, CT: DPG Publishing.

Beller, Emily. 2009. "Bringing Intergenerational Social Mobility Research into the Twenty-First Century: Why Mothers Matter." *America Sociological Review* 74 (August):507–528.

Benford, Robert D. 1992. "Social Movements." Pp. 1880–1887 in *Encyclopedia of Sociology,* vol. 4, edited by Edgar F. Borgatta and Marie Borgatta. New York: Macmillan.

Bergen, Raquel Kennedy. 2006. *Marital Rape: New Research and Directions.* Harrisburg, PA: VAW Net.

Berger, Peter, and Thomas Luckmann. 1966. *The Social Construction of Real- ity.* New York: Doubleday.

Berman, Paul. 2003. *Terror and Liberalism.* New York: W.W. Norton.

Best, Joel. 2004. *Deviance: Career of a Concept.* Belmont, CA: Wadsworth Thomson.

Bhagat, Chetan. 2007. *One Night at the Call Centre.* London: Black Swan. Billitteri, Thomas, J. 2009. "Middle-Class Squeeze." *CQ Researcher* 19 (March 6):201–224.

Black, Donald. 1995. "The Epistemology of Pure Sociology." *Law and Social Inquiry* 20 (Summer):829–870.

Blank, Rebecca M. 2011. *Changing Inequality.* Berkeley: University of California Press.

Blau, Peter M., and Otis Dudley Duncan. 1967. *The American Occupational Structure.* New York: Wiley.

Blauner, Robert. 1972. *Racial Oppression in America.* New York: Harper and Row.

Blumer, Herbert. 1955. "Collective Behavior." Pp. 165–198 in *Principles of Sociology*, 2nd ed., edited by Alfred McClung Lee. New York: Barnes and Noble.

Boellstorff, Tom. 2008. *Coming of Age in Second Life: An Anthropologist Explores the Virtually Human.* Princeton, NJ: Princeton University Press. Bonilla-Silva, Eduardo. 2004. "From Bi-Racial to Tri-Racial: Towards a New System of Racial Stratification in the USA." *Ethics and Racial Studies* 27 (November):931–950.

__________. 2006. *Racism Without Racists.* Lanham, MD: Rowman and Littlefield. Borrelli, Christopher. 2010. "Second Life Talk Given Both Locally, Virtually." *Chicago Tribune*, November 8, sec. 3, p. 1.

Bottomore, Tom, and Maximilien Rubel, eds. 1956. *Karl Marx: Selected Writ- ings in Sociology and Social Philosophy.* New York: McGraw-Hill.

Bourdieu, Pierre, and Jean-Claude Passerson. 1990. *Reproduction in Educa- tion, Society and Culture*, 2nd ed. London: Sage. Originally published as *La reproduction.*

Bowles, Samuel, and Herbert Gintis. 1976. *Schooling in Capitalistic America: Educational Reforms and the Contradictions of Economic Life.* New York: Basic Books.

Brannigan, Augustine. 1992. "Postmodernism." Pp. 1522–1525 in *Encyclope- dia of Sociology*, vol. 3, edited by Edgar F. Borgatta and Marie L. Borgatta. New York: Macmillan.

Bray, James H., and John Kelly. 1999. *Stepfamilies: Love, Marriage, and Par- enting in the First Decade.* New York: Broadway Books.

Breines, Winifred. 2007. "Struggling to Connect: White and Black Feminism in the Movement Years." *Contexts* 6 (Winter):18–24.

Brennan Center. 2006. *Citizens Without Proof.* New York: Brennan Center for Justice, New York University School of Law.

Brewer, Rose M., and Nancy A. Heitzeg. 2008. "The Racialization of Criminal Punishment." *American Behavioral Scientist* 51 (January):625–644.

Brimmer, Andrew F. 1995. "The Economic Cost of Discrimination against

Black Americans." Pp. 9–29 in *Economic Perspectives in Affirmative Action*, edited by Margaret C. Simms. Washington, DC: Joint Center for Political and Economic Studies.

Brint, Steven. 1998. *Schools and Societies.* Thousand Oaks, CA: Pine Forge Press.

Britannica Online. 2011. "Worldwide Adherents of All Religions by Six Conti- nental Areas. Mid-2010." Accessed March 28.

Brown, David K. 2001. "The Social Sources of Educational Credentialism: Status Cultures, Labor Markets, and Organizations." *Sociology of Education* 74 (Extra Issue):19–34.

Brown, Lester R. 2011. *World on the Edge: How to Prevent Environmental and Economic Collapse.* New York: W.W. Norton.

Browne, Irene, ed. 2001. *Latinas and African American Women at Work: Race, Gender, and Economic Inequality.* New York: Russell Sage Foundation. Buchmann, Claudia, Thomas A. DiPrete, and Anne McDaniel. 2008. "Gender Inequalities in Education." *Annual Review of Sociology* 34:319–337.

Bullard, Robert, D. 1993. *Dumping in Dixie: Race, Class, and Environmentalist Quality.* 2nd ed. Boulder, CO: Westin Press.

Burawoy, Michael. 2005. "For Public Sociology." *American Sociological Review* 70 (February):4–28.

Burch, Audra D. S. 2012. "After Trayvon Martin, Hoodie Goes from Fashion Statement to Socio-Political One." *Miami Herald*, March 26. Accessed at http://miamiherald.com/2012/03/24/2712545/after-trayvon-martin-hoodie- goes.html.

Bureau of the Census. 1975. *Historical Statistics of the United States, Colonial Times to 1970.* Washington, DC: U.S. Government Printing Office.

__________. 2004a. *Statistical Abstract of the United States, 2004–2005.* Washington, DC: U.S. Government Printing Office.

__________. 2008b. "Total Midyear Population for the World: 1900–2050." (Data updated 3-27-2008.) Accessed April 9 (www.census.gov).

__________2009a. *Statistical Abstract of the United States 2010.* Washington, DC: U.S. Government Printing Office.

Bureau of the Census. 2010a. *Statistical Abstract of the United States 2011.* Washington, DC: U.S. Government Printing Office.

__________. 2010b. "America's Families and Living Arrangements: 2010." Released January. Accessed at www.census.gov/population/www/socdemo/ hh-fam/cps2010.html.

__________. 2011a. *Statistical Abstract of the United States 2012.* Accessed at www.census.gov/compedia/statab/.

__________. 2011d. *Current Population Survey, Annual Social and Economic Supplements.* Washington, DC: U.S. Government Printing Office.

__________. 2012a. *Statistical Abstract of the United States 2013.* Accessible at www.census.gov/.

__________. 2012b. "Selected Economic Characteristics." *2006–2010 American Community Survey.* American Indian and Alaska Native Tables. Table DP03. Accessible at http://factfinder2.census.gov.

__________. 2012c. "Graphs on Historical Voting Trends." February 15. Accessed at www.census.gov/newsroom/releases/archives/voting/cb12-tps08.html.

__________. 2012d. "Census Bureau Releases Estimates of Undercount and Over- count in the 2010 Census." News Release CB12-95, May 22. Accessed at www.census.gov/newroom/ releases/archives/2010_census/cb12-95.html.

Bures, Frank. 2011. "Can You Hear Us Now?" *Utne Reader* (March–April): 8–9, 11.

Burger, Jerry M. 2009. "Replicating Milgram: Would People Still Obey Today?" *American Psychologist* 64 (January):1–11.

Burgess, Ernest W. 1925. "The Growth of the City." Pp. 47–62 in *The City,* edited by Robert E. Park, Ernest W. Burgess, and Roderick D. McKenzie. Chicago: University of Chicago Press.

Burns, Melinda. 2010. "Workfare and the Low-Wage Woman." *Miller-McClune* (November/December):76–81.

Butler, Daniel Allen. 1998. *"Unsinkable": The Full Story.* Mechanicsburg, PA: Stackpole Books.

Calhoun, Craig. 2011. "Evicting the Public." Possible Futures: A Project of the Social Science Research Project. November 19. Accessed January 26, 2012 (www.possiblefutures.org/2011/11/19/evicting-the-public-why-has- occupying-public-spaces-brought-such-heavy-handed-repression).

Cameron, Deborah. 2007. *The Myth of Mars and Venus.* Oxford: Oxford Uni- versity Press.

Caplan, Ronald L. 1989. "The Commodification of American Health Care." *Social Science and Medicine* 28 (11):1139–1148.

Carbon Trust. 2012. "About the Carbon Trust." Accessed March 27 (www.carbontrust.co.uk/about--carbon-trust/pages/default.aspx).

Castells, Manuel. 2010a. *The Rise of the Network Society.* 2nd ed. With a new preface. Malden, MA: Wiley-Blackwell.

__________. 2010b. *The Power of Identity.* 2nd ed. With a new preface. Malden, MA: Wiley-Blackwell.

__________. 2010c. *End of Millennium.* 2nd ed. With a new preface. Malden, MA: Wiley-Blackwell.

Catalyst. 2011. "No News Is Bad News: Women's Leadership Still Stalled in

Corporate America." Accessed February 22, 2012 (www.catalyst.org/ press-release/199/no-news-is--bad-news-womens-leadership-still-stalled-in- corporate-america).

Center for Community Initiatives. 2012. "Magnolia Project 2011 Reports." Accessed November 2 (www.unf.edu/coas/cci/magnilia/2011_Reports.aspx).

__________. 2012. "Magnolia Grant Objectives 2012." Accessed April 11 (http:// aries.unfcsd.unf.edu/Magnolia/2012/objectives2012.php).

Centers for Disease Control and Prevention. 2011b. *Health Disparities and Inequalities Report—United States, 2011.*

Chambliss, William. 1973. "The Saints and the Roughnecks." *Society* 11 (November/December):24–31.

Chase-Dunn, Christopher, and Peter Grimes. 1995. "World-Systems Analysis." Pp. 387–417 in *Annual Review of Sociology,* 1995, edited by John Hagan. Palo Alto, CA: Annual Reviews.

__________, Yukio Kawano, and Benjamin D. Brewer. 2000. "Trade Globalization Since 1795: Waves of Integration in the World System." *American Socio- logical Review* 65 (February):77–95.

Chin, Ko-lin. 1996. *Chinatown Gangs: Extortion, Enterprise, and Ethnicity.* New York: Oxford University Press.

Christakis, Nicholas A., and James Fowler. 2009. *Connected: The Amazing Power of Social Networks and How They Shape Our Lives.* New York: Harper.

Chu, Kathy. 2010. "Vietnam's Market Grows Up." *USA Today,* August 23, p. B3.

Chung, Esther K., Leny Mathew, Amy C. Rothkopt, Irma T. Elo, James C.

Cayne, and Jennifer F. Culhane. 2009. "Parenting Attitudes and Infant Spanking: The Influence of Childhood Experiences." *Pediatrics* 124 (August):278–286.

Clark, Candace. 1983. "Sickness and Social Control." Pp. 346–365 in *Social Interaction: Readings in Sociology,* 2nd ed., edited by Howard Robboy and Candace Clark. New York: St. Martin's Press.

Clarke, Adele E., Janet K. Shim, Laura Maro, Jennifer Ruth Fusket, and Jennifer R. Fishman. 2003. "Bio Medicalization: Technoscientific Transfor- mations of Health, Illness, and U.S. Biomedicine." *American Sociological Review* 68 (April):161–194.

Coates, Rodney. 2008. "Covert Racism in the USA and Globally." *Sociology*

Compass 2:208–231.

Cockerham, William C. 2012. *Medical Sociology.* 12th ed. Upper Saddle River, NJ: Prentice Hall.

Cole, Mike. 1988. *Bowles and Gintis Revisited: Correspondence and Contra- diction in Educational Theory.* Philadelphia: Falmer.

Coleman, Isobel. 2004. "The Payoff from Women's Rights." *Foreign Affairs* 83 (May/June):80–95.

Coleman, James William. 2006. *The Criminal Elite: Understanding White- Collar Crime.* 6th ed. New York: Worth.

Collins, Patricia Hill. 2000. *Black Feminist Thought: Knowledge, Conscious- ness, and the Politics of Empowerment.* Revised 10th Anniv. 2nd ed. New York: Routledge.

Collins, Randall. 1975. *Conflict Sociology: Toward an Explanatory Sociology.* New York: Academic.

__________. 1980. "Weber's Last Theory of Capitalism: A Systematization." *Ameri- can Sociological Review* 45 (December):925–942.

__________. 1986. *Weberian Sociological Theory.* New York: Cambridge University Press.

__________. 1995. "Prediction in Macrosociology: The Case of the Soviet Col- lapse." *American Journal of Sociology* 100 (May):1552–1593.

Collura, Heather. 2007. "Roommate Concerns Fed by Facebook." *USA Today,* August 8, p. 6D.

Commission on Civil Rights. 1976. *A Guide to Federal Laws and Regulations Prohibiting Sex Discrimination.* Washington, DC: U.S. Government Printing Office.

__________. 1981. *Affirmative Action in the 1980s: Dismantling the Process of Discrimination.* Washington, DC: U.S. Government Printing Office. Commoner, Barry. 1971. *The Closing Circle.* New York: Knopf.

__________. 1990. *Making Peace with the Planet.* New York: Pantheon.

__________. 2007. "At 90, an Environmentalist from the 70's Still Has Hope." *New York Times,* June 19, p. D2.

Conley, Dalton. 2010. *Being Black, Living in the Red.* 10th Anniv. ed. Berkeley: University of California Press.

Connell, R.W. 1987. *Gendered Power: Society, the Person, and Sexual Politics.* Stanford, CA: Stanford University Press.

__________. 2002. *Gender.* Cambridge, UK: Polity Press.

__________. 2005. *Masculinities.* 2nd ed. Berkeley: University of California Press. Conrad, Peter, and Kristin K. Barker. 2010. "The Social Construction of Illness: Key Insights and Policy Implications." *Journal of Health and Social Behav- ior* 51 (No. 5):567–579.

Conrad, Peter. 2009a. *The Medicalization of Society: On the Transformation of Human Conditions into Treatable Disorders.* 11th ed. Baltimore, MD: Johns Hopkins University.

__________. 2009b. *The Sociology of Health and Illness: Cultural Perspectives.* 8th ed. New York: Worth.

Contee, Cheryl. 2012. "A Tale of Two Hoodies." May 23. Accessed at http:// thegrio.com/2012/05/23/a--tale-of-two-hoodies-mark-zuckerberg-vs- trayvon-martin/.

Cooley, Charles. H. 1902. *Human Nature and the Social Order.* New York: Scribner.

Coontz, Stephanie. 2006. "A Pop Quiz on Marriage." *New York Times,* February 19, p. 12.

Cooper, Richard T. 1998. "Jobs Outside High School Can Be Costly, Report Finds." *Los Angeles Times,* November 6, p. A1.

Corbett, Christianne, Catherine Hill, and Andresse St. Rose. 2008. *Where the Girls Are: The Facts About Gender Equity in Education.* Washington, DC: American Association of University Women.

Coser, Lewis A. 1977. *Masters of Sociological Thought: Ideas in Historical and Social Context.* 2nd ed. New York: Harcourt Brace Jovanovich.

Couch, Carl. 1996. *Information Technologies and Social Orders.* Edited with an introduction by David R. Maines and Shing-Ling Chien. New York: Aldine de Gruyter.

Cox, Oliver C. 1948. *Caste, Class, and Race: A Study in Social Dynamics.* Detroit: Wayne State University Press.

Crabtree, Steve. 2010. "Religiosity Highest in World's Poorest Nations." August 31. Accessible at www.gallup.com.

Cross, Simon, and Barbara Bagilhole. 2002. "Girls' Jobs for the Boys? Men, Masculinity and Non--Traditional Occupations." *Gender, Work, and Organi- zation* 9 (April):204–226.

Crouse, Kelly. 1999. "Sociology of the Titanic." Teaching Sociology Listserv. May 24.

Cuff, E. C., W. W. Sharrock, and D.W. Francis, eds. 1990. *Perspectives in Soci- ology.* 3rd ed. Boston: Unwin Hyman.

Currie, Elliot. 1985. *Confronting Crime: An American Challenge.* New York: Pantheon.

__________. 1998. *Crime and Punishment in America.* New York: Metropolitan Books.

Curry, Timothy Jon. 1993. "A Little Pain Never Hurt Anyone: Athletic Career Socialization and the Normalization of Sports Injury." *Symbolic Interaction* 26 (Fall):273–290.

Dade, Corey. 2012. "The Fight Over Voter ID Laws Goes to the United Nations." March 9. Accessible at www.npr.org.

Dahl, Robert A. 1961. *Who Governs?* New Haven, CT: Yale University Press.

Dahrendorf, Ralf. 1959. *Class and Class Conflict in Industrial Sociology.* Stan- ford, CA: Stanford University Press.

Darwin, Charles. 1859. *On the Origin of Species.* London: John Murray. Davidson, James D., and Ralph E. Pyle. 2011. *Ranking Faiths: Religious Stratification in America.* Lanham, MD: Rowman and Littlefield.

Davies, Christie. 1989. "Goffman's Concept of the Total Institution: Criticisms and Revisions." *Human Studies* 12 (June):77–95.

Davis, Kingsley. 1940. "Extreme Social Isolation of a Child." *American Journal of Sociology* 45 (January):554–565.

__________. 1947. "A Final Note on a Case of Extreme Isolation." *American Jour- nal of Sociology* 52 (March):432–437.

__________. [1949] 1995. *Human Society.* Reprint, New York: Macmillan.

__________, and Wilbert E. Moore. 1945. "Some Principles of Stratification." *American Sociological Review* 10 (April):242–249.

De Anda, Roberto M. 2004. *Chicanas and Chicanos in Contemporary Society.* 2nd ed. Lanham, MD: Rowman and Littlefield.

Death Penalty Information Center. 2012. "Facts About the Death Penalty." Updated January 23, 2012. Accessible at www.deathpenaltyinfo.org.

Deegan, Mary Jo, ed. 1991. *Women in Sociology: A Bio-Bibliographical Sourcebook.* Westport, CT: Greenwood.

__________. 2003. "Textbooks, the History of Sociology, and the Sociological Stock of Knowledge." *Sociological Theory* 21 (November):298–305.

Deibert, Ronald J., John Palfrey, Rafal Rohozinski, and Jonathan Zittrain. 2008. *Access Denied: The Practice and Policy of Global Internet Filtering.* Cam- bridge, MA: MIT Press.

DeNavas-Walt, Carmen, Bernadette D. Proctor, and Jessica C. Smith. 2011. *Income, Poverty, and Heal- th Insurance Coverage in the United States: 2010.* Washington, DC: U.S. Government Printing Office.

DeNavas-Walt, Carmen, Bernadette D. Proctor, and Jessica C. Smith. 2012. *Income, Poverty, and Heal- th Insurance Coverage in the United States: 2011.* Washington, DC: U.S. Government Printing Office.

DeParle, Jason. 2007. "Migrant Money Flow: A $300 Billion Current." *New York Times,* November 18, Work section, p. 3.

Department of Justice. 2008. "Hate Crime Statistics, 2007." Accessible at www.Fbi.gov/ucr/ucr.htm.

__________. 2011a. "Crime in the United States, 2010." Accessed January 23, 2012 (www.fbi.gov/ about-us/cjis/ucr/crime-in-the-u.s/2010/ crime-in-the-u.s.-2010).

__________. 2011b. "About Hate Crime Statistics, 2010." Accessed January 23, 2012 (www.fbi.gov. about-us/cjis/ucr/hate-crime/2010).

Department of Labor. 1995a. *Good for Business: Making Full Use of the Nation's Capital.* Washington, DC: U.S. Government Printing Office.

__________. 1995b. *A Solid Investment: Making Full Use of the Nation's Human Capital.* Washington, DC: U.S. Government Printing Office. Deutsch, Francine M. 2007. "Undoing Gender." *Gender and Society* 21 (February):106–127.

Dickler, Jessica. 2011. "Dig Deep to Buy Titanic Visit." *Chicago Tribune,* June 3, p. 25.

Dobbin, Frank, and Jiwook Jung. 2011. "Corporate Board Gender Diversity and Stock Performan- ce: The Competence Gap or Institutional Investor Bias?" *North Carolina Law Review* 89 (No. 3):809–838.

Domhoff, G. William. 1978. *Who Really Rules? New Haven and Community Power Reexamined.* New Brunswick, NJ: Transaction.

__________. 2010. *Who Rules America?* 6th ed. New York: McGraw-Hill. Dougherty, Conor, and Miriam Jordan. 2012. "Minority Births Are New." *Wall Street Journal,* May 17, p. A4.

Dougherty, Kevin, and Floyd M. Hammack. 1992. "Education Organizations." Pp. 525, 541 in *Encyclo- pedia of Sociology,* vol. 2, edited by Edgar F. Borgatta and Marie L. Borgatta. New York: Macmillan.

DuBois, W. E. B. [1900] 1969. "To the Nations of the World." Pp. 19–23 in *An ABC of Color,* edited by W. E. B. DuBois. Reprint, New York: Interna- tional Publishers.

__________. [1899] 1995. *The Philadelphia Negro: A Social Study.* Reprint, Phila- delphia: University of Pennsylvania Press.

__________. [1903] 1961. *The Souls of Black Folks: Essays and Sketches.* Reprint, New York: Fawcett.

__________. [1903] 2003. *The Negro Church.* Reprint, Walnut Creek, CA: Alta Mira Press.

__________. [1935] 1962. *Black Reconstruction in America 1860–1880.* Reprint, New York: Atheneaum.

Duhigg, Charles, and Keith Bradsher. 2012. "How U.S. Lost Out on iPhone Work." *New York Times,* January 22, p. A1.

Duneier, Mitchell. 1994a. "On the Job, but Behind the Scenes." *Chicago Tri- bune,* December 26, pp. 1, 24.

__________. 1994b. "Battling for Control." *Chicago Tribune,* December 28, pp. 1, 8.

Durden, T. Elizabeth, and Robert A. Hummer. 2006. "Access to Healthcare Among Working-Aged Hispanic Adults in the United States." *Social Science Quarterly* 87 (December):1319–1343.

Durkheim, Émile. [1893] 1933. *Division of Labor in Society.* Translated by George Simpson. Reprint, New York: Free Press.

__________. [1895] 1964. *The Rules of Sociological Method.* Translated by Sarah A. Solovay and John H. Mueller. Reprint, New York: Free Press.

__________. [1897] 1951. *Suicide.* Translated by John A. Spaulding and George Simpson. Reprint, New York: Free Press.

__________. [1912] 2001. *The Elementary Forms of Religious Life.* A new translation by Carol Cosman. Reprint, New York: Oxford University Press.

Eby, Lillian T., Charleen P. Maher, and Marcus M. Butts. 2010. "The Inter- section of Work and Family Life: The Role of Affect." *Annual Review of Psychology* 61:599–622.

Eckberg, Douglas. 2006. "Crime, Law Enforcement, and Justice." Pp. 5-209–5-233 in *Historical Statistics of the United States,* edited by Richard Sutch and Susan Carter. New York: Cambridge University Press.

Eckenwiler, Mark. 1995. "In the Eyes of the Law." *Internet World* (August):74, 76–77.

Economic Mobility Project. 2009. *Findings from a National Survey and Focus Groups on Economic Mobility.* Washington, DC: Pew Charitable Trusts. *The Economist.* 2004. "Veil of Tears." January 15. *The Economist.* 2010b. "Plus One Country." (September 4):46.

__________. 2010c. "The Dark Side." (September 11):15.

Ehrenreich, Barbara. 2001. *Nickel and Dimed: On (Not) Getting By in America.* New York: Metropolitan.

Ehrlich, Paul R. 1968. *The Population Bomb.* New York: Ballantine.

__________, and Anne H. Ehrlich. 1990. *The Population Explosion.* New York: Simon & Schuster.

__________, and Katherine Ellison. 2002. "A Looming Threat We Won't Face." *Los Angeles Times,* January 20, p. M6.

El Nasser, Haya, and Paul Overberg. 2011. "Recession Reshapes Life in the USA." *USA Today,* September 12, p. 3A.

Ellison, Brandy. 2008. "Tracking." Pp. 301–304, vol. 2, in *Encyclopedia of Race, Ethnicity, and Society,* edited by Richard T. Schaefer. Thousand Oaks, CA: Sage.

Ellison, Jesse. 2008. "A New Grip on Life." *Newsweek* 152 (December 15):64. Ely, Robin J. 1995. "The Power of Demography: Women's Social Construction of Gender Identity at Work." *Academy of Management Journal* 38 (No. 3):589–634.

Engels, Friedrich. [1884] 1959. "The Origin of the Family, Private Property, and the State." Pp. 392–394, excerpted in *Marx and Engels: Basic Writings on Politics and Philosophy,* edited by Lewis Feuer. Reprint, Garden City, NY: Anchor.

Ennis, Sharon R., Merarys Rios-Vargas, and Nora G. Albert. 2011. "The His- panic Population: 2010." C2010BR-404. Accessed at www.census.gov/prod/ cen2010/briefs/c2010br-04.pdf.

Entine, Jon, and Martha Nichols. 1996. "Blowing the Whistle on Meaningless 'Good Intentions.'" *Chicago Tribune,* June 20, sec. 1, p. 21.

Epstein, Cynthia Fuchs. 1999. "The Major Myth of the Women's Movement." *Dissent* (Fall):83–111.

Etaugh, Claire. 2003. "Witches, Mothers and Others: Females in Children's Books." *Hilltopics* (Winter): 10–13.

Etzioni, Amitai. 1964. *Modern Organization.* Englewood Cliffs, NJ: Prentice Hall. European PWN. 2012. "Women on Boards: The Inside Story on Norway's 40% Target." Accessed February 22 (www.europeanpwn.net/index.php?article_id5150).

Faith, Nazila. 2005. "Iranian Cleric Turns Blogger in Campaign for Reform." *New York Times,* January 16, p. 4.

Farley, Melissa, and Victor Malarek. 2008. "The Myth of the Victimless Crime." *New York Times,* March 12, p. A27.

Farr, Grant M. 1999. *Modern Iran.* New York: McGraw-Hill.

Farrell, Amy, and Jack McDevitt. 2010. "Identifying and Measuring Racial

Profiling by the Police." *Sociology Compass* 4:77–88.

Favreault, Melissa. 2008. "Discrimination and Economic Mobility." Washington, DC: Economic Mobility Project. Also accessible at www.economicmobility.org/reports_and_research/literature_reviews?id50004. Featherman, David L., and Robert M. Hauser. 1978. *Opportunity and Change.* New York: Aeodus.

Ferber, Abby L., and Michael S. Kimmel. 2008. "The Gendered Face of Terror- ism." *Sociology Compass* 2:870–887.

Ferree, Myra Marx. and David A. Merrill. 2000. "Hot Movements, Cold Cogni- tion: Thinking about Social Movements in Gendered Frames." *Contempo- rary Society* 29 (May):454–462.

Feuer, Lewis S., ed. 1959. *Karl Marx and Friedrich Engels: Basic Writings on Politics and Philosophy.* Garden City, NY: Doubleday. Field, John. 2008. *Social Capital.* 2nd ed. London: Routledge.

Fields, Jason. 2004. "America's Families and Living Arrangements: 2003." *Current Population Reports,* ser. P-20, no. 553. Washington, DC: U.S. Government Printing Office.

Fine, Gary C. 2008. " Robbers Cave." Pp. 1163–1164, vol. 3, in *Encyclopedia of Race, Ethnicity, and Society,* edited by Richard T. Schaefer. Thousand Oaks, CA: Sage.

Finkel, Steven E., and James B. Rule. 1987. "Relative Deprivation and Related Psychological Theories of Civil Violence: A Critical Review." *Research in Social Movements* 9:47–69.

Fitzgerald, Kathleen J. 2008. "White Privilege." Pp. 1403–1405, vol. 3, in *Encyclopedia of Race, Ethnicity, and Society,* edited by Richard T. Schaefer. Thousand Oaks, CA: Sage.

Fitzpatrick, Maureen J., and Barbara J. McPherson. 2010. "Coloring within the Lines: Gender Stereotypes in Contemporary Coloring Books." *Sex Roles* 62:127–137.

Flacks, Richard. 1971. *Youth and Social Change.* Chicago: Markham. Fletcher, Connie. 1995. "On the Line: Women Cops Speak Out." *Chicago Tribune Magazine,* February 19, pp. 14–19.

Florida, Richard. 2011. "Why Crime Is Down in America's Cities." *The Atlantic* (July). Accessible at www.theatlantic.com.

Forbes. 2012. "Leaderboard: Billionaire Box Scares." 189 (March 26):34. Fonseca, Felicia. 2008. "Dine College on Quest to Rename Navajo Cancer Terms." *News from Indian Country* 22 (January 7):11.

Franke, Richard Herbert, and James D. Kaul. 1978. "The Hawthorne Experi- ments: First Statistical Interpretation." *American Sociological Review* 43 (October):623–643.

Freese, Jeremy. 2008. "Genetics and the Social Science Explanation of Individual Outcomes." *American Journal of Sociology* 114 (Suppl.): S1–S35.

Freidson, Eliot. 1970. *Profession of Medicine.* New York: Dodd, Mead. French, Howard W. 2004. "China's Textbooks Twist and Omit History." *New York Times,* December 6, p. A10.

__________. 2008. "Lines of Grinding Poverty, Untouched by China's Boom." *New York Times,* January 13, p. 4.

Fridlund, Alan J., Paul Erkman, and Harriet Oster. 1987. "Facial Expressions of Emotion: Review of Literature 1970–1983." Pp. 143–224 in *Nonverbal Behavior and Communication,* 2nd ed., edited by Aron W. Seigman and Stanley Feldstein. Hillsdale, NJ: Lawrence Erlbaum Associates.

Friedman, Louis. 2010. "NASA's Down to Earth Problem." *Star-Telegram* (Ft. Worth), March 28. Accessible at www.star-telegram.com.

Furstenberg, Frank, and Andrew Cherlin. 1991. *Divided Families: What Hap- pens to Children When Parents Part.* Cambridge, MA: Harvard University Press.

Gailey, Robert. 2007. "As History Repeats Itself, Unexpected Developments Move Us Forward." *Journal of Rehabilitation Research and Development* 44 (No. 4):vii–xiv.

Galea, Sandro *[sic],* Melissa Tracy, Katherine J. Hoggatt, Charles DiMag- gio, and Adam Karpati. 2011. "Estimated Deaths Attributed to Social Factors in the United States." *American Journal of Public Health* 101 (August):1456–1465.

Gallagher, Kevin P. 2009. "Economic Globalization and the Environment." *Annual Review of Environmental Resources* 34:279–304. Gallup. 2011a. "Religion." Accessed March 27 (www.gallup.com).

Gallup Opinion Index. 1978. "Religion in America, 1977–1978." 145 (January). Gambetta, Diego, and Steffen Hertog. 2007. "Engineers of Jihad." Sociology Working Papers (University of Oxford) 2007–10. Accessed June 2008 (www.sociology.ox.ac.uk/swp.html).

Gamson, Joshua. 1989. "Silence, Death, and the Invisible Enemy: AIDS Activism and Social Movement 'Newness.'" *Social Problems* 36 (October):351–367.

Gans, Herbert J. 1995. *The War against the Poor: The Underclass and Antipov- erty Policy.* New York: Basic Books.

Garcia-Moreno, Claudia, Henrica A. F. M. Jansen, Mary Ellsberg, Lori Heise, and Charlotte Watts. 2005. *WHO Multi-Country Study on Women's Health and Domestic Violence against Women.* Geneva, Switzerland: World Health Organization.

Garfinkel, Harold. 1956. "Conditions of Successful Degradation Ceremonies."*American Journal of Sociology* 61 (March):420–424.

Garner, Roberta. 1996. *Contemporary Movements and Ideologies.* New York: McGraw-Hill.

Garreau, Joel. 1991. *Edge City: Life on the New Frontier.* New York: Doubleday.

Gauette, Nicole. 1998. "Rules for Raising Japanese Kids." *Christian Science Monitor,* October 14, pp. B1, B6.

Gecas, Viktor. 2004. "Socialization, Sociology of." Pp. 14525–14530 in *Inter- national Encyclopedia of the Social and Behavioral Sciences,* edited by Neil J. Smelser and Paul B. Baltes. Cambridge, MA: Elsevier.

General Social Survey. 2012. "GSS General Social Survey." Accessed January25 (www3.norc.org/GSS1Website).

Gentleman, Amelia. 2006. "Bollywood Captivated by the Call Centre Culture."

Guardian Weekly, June 2, p. 17.

Gerth, H. H., and C. Wright Mills. 1958. *From Max Weber: Essays in Sociol- ogy.* New York: Galaxy.

Giddens, Anthony. 2011. *The Politics of Climate Change.* 2nd ed. Cambridge, UK: Polity.

Giddings, Paul J. 2008. *Ida: A Sword among Lions.* New York: Amistad. Gilley, Brian Joseph. 2006. *Becoming Two-Spirit: Gay Identity and Social Acceptance in Indian Country.* Lincoln: University of Nebraska Press. Gillum, Jack. 2011. "How *USA Today* Analyzed Border Crime Trends." *USA Today,* July 16, p. 7A.

Gilsdorf, Ethan. 2010. "A Virtual World That Breaks Real Barriers." *Christian Science Monitor,* September 6, pp. 36–37.

Giordano, Peggy C. 2003. "Relationships in Adolescence." Pp. 257–281 in *Annual Review of Sociology, 2003,* edited by Karen S. Cook and John Hagan. Palo Alto, CA: Annual Reviews.

Giroux, Henry A. 1988. *Schooling and the Struggle for Public Life: Critical Pedagogy in the Modern Age.* Minneapolis: University of Minnesota Press. Goering, Laurie. 2008. "Outsourced to India: Stress." *Chicago Tribune,* April 20, pp. 1, 18.

Goffman, Erving. 1959. *The Presentation of Self in Everyday Life.* New York: Doubleday.

__________. 1961. *Asylums: Essays on the Social Situation of Mental Patients and Other Inmates.* Garden City, NY: Doubleday.

__________. 1963. *Stigma: Notes on Management of Spoiled Identity.* Englewood Cliffs, NJ: Prentice Hall.

Gomez, Alan, Jack Gillum, and Kevin Johnson. 2011. "On U.S. Side, Cities Are Havens from Drug Wars." *USA Today,* July 15, pp. 1A, 6A–7A.

Gottdiener, Mark, and Joe R. Feagin. 1988. "The Paradigm Shift in Urban Soci- ology." *Urban Affairs Quarterly* 24 (December):163–187.

__________, and Ray Hutchison. 2010. *The New Urban Sociology.* 4th ed. Boulder, CO: Westview.

Gough, Margaret, and Alexandra Killewald. 2011. "Unemployment in Families: The Case of Housework." *Journal of Marriage and Family* 73 (October):1085–1100.

Gould, Larry A. 2002. "Indigenous People Policing Indigenous People: The Potential Psychological and Cultural Costs." *Social Science Journal* 39:171–188.

Government Accountability Office. 2003. "Women's Earnings: Work Patterns Partially Explain Difference Between Men's and Women's Earnings." Wash- ington, DC: U.S. Government Printing Office.

Gramsci, Antonio. 1929. *Selections from the Prison Notebooks.* Antonio Gramsci. Edited and translated by Quintin Hoare and Geoffrey Nowell Smith. London: Lawrence and Wishort.

Grattet, Ryken. 2011. "Societal Reactions to Deviance." *Annual Review of Sociology* 37:185–204.

Greeley, Andrew M. 1989. "Protestant and Catholic: Is the Analogical Imagina- tion Extinct?" *American Sociological Review* 54 (August):485–502.

Greenhouse, Steven. 2008b. "Millions of Jobs of a Different Collar." *New York Times,* March 26.

Groza, Victor, Daniela F. Ileana, and Ivor Irwin. 1999. *A Peacock or a Crow: Stories, Interviews, and Commentaries on Romanian Adoptions.* Euclid, OH: Williams Custom Publishing.

Guo, Guang, Michael E. Roettger, and Tianji Cai. 2008. "The Integration of Genetic Propensities into Social-Control Models of Delinquency and Violence among Male Youths." *American Sociological Review* 73 (August):543–568.

Hacker, Andrew. 1964. "Power to Do What?" Pp. 134–146 in *The New Sociol- ogy,* edited by Irving Louis Horowitz. New York: Oxford University Press.

Hallinan, Maureen T. 1997. "The Sociological Study of Social Change." *Ameri- can Sociological Review* 62 (February):1–11.

Hamm, Steve. 2007. "Children of the Web." *BusinessWeek,* July 2, pp. 50–56, 58.

Harding, David J. 2009. "Violence, Older Peers, and the Socialization of Adolescent Boys in Disadvantaged Neighborhoods." *American Sociological Review* 74 (June):445–464.

Harris, Chauncey D., and Edward Ullman. 1945. "The Nature of Cities." *Annals of the American Academy of Political and Social Science* 242 (November):7–17.

Haub, Carl, and Mary Mederius Kent. 2010. *2010 World Population Data Sheet.* Washington DC: Population Reference Bureau.

__________, and Toshiko Kaneda. 2012. *2012 World Population Data Sheet.* Wash- ington, DC: Population Reference Bureau.

Haviland, William A., Harald E. L. Prins, Dana Walrath, and Bunny McBride. 2008. *Cultural Anthropology—The Human Challenge.* 12th ed. Belmont, CA: Wadsworth.

__________, 2011. *Cultural Anthropology—The Human Challenge.* 13th ed. Belmont, CA: Thomson Higher Education.

Heckert, Druann, and Amy Best. 1997. "Ugly Duckling to Swan: Labeling Theory and the Stigmatization of Red Hair." *Symbolic Interaction* 20 (4):365–384.

Hedley, R. Alan. 1992. "Industrialization in Less Developed Countries." Pp. 914–920 in *Encyclopedia of Sociology,* vol. 2, edited by Edgar F. Bor- gatta and Marie L. Borgatta. New York: Macmillan.

Heilman, Madeline E. 2001. "Description and Prescription: How Gender Ste- reotypes Prevent Women's Ascent up the Organizational Ladder." *Journal of Social Issues* 57 (4):657–674.

Hendershott, Anne. 2002. *The Politics of Deviance.* San Francisco, CA: Encounter Books.

Hengeveld, Rob. 2012. *Wasted World: How Our Consumption Challenge the Planet.* Chicago: University of Chicago Press.

Hewlett, Sylvia Ann, and Carolyn Buck Luce. 2005. "Off-Ramps and On- Ramps: Keeping Talented Women on the Road to Success." *Harvard Busi- ness Review* (March):43–53.

Hill, Michael R., and Susan Hoecker-Drysdale, eds. 2001. *Harriet Martineau: Theoretical and Methodological Perspectives.* New York: Routledge.

Hira, Ron. 2008. "An Overview of the Offshoring of U.S. Jobs." Pp. 14–15 in Marlene A. Lee and Mark Mather, "U.S. Labor Force Trends," *Population Bulletin* 63 (June).

Hitlin, Steven, and Jane Allyn Piliavin. 2004. "Values: Reviving a Dormant Concept." Pp. 359–393 in *Annual Review of Sociology, 2004,* edited by Karen S. Cook and John Hagan. Palo Alto, CA: Annual Reviews.

Hochschild, Arlie Russell. 1990. "The Second Shift: Employed Women Are Putting in Another Day of Work at Home." *Utne Reader* 38 (March/April): 66–73.

__________. 2005. *The Commercialization of Intimate Life: Notes from Home and Work.* Berkeley: University of California Press.

__________, with Anne Machung. 1989. *The Second Shift: Working Parents and the Revolution at Home.* New York: Viking Penguin.

Hoeffel, Elizabeth M., Sonya Rastogi, Myoung Ouk Kim, and Hasan Shahid. 2012. *The Asian Population: 2010.* C2010BR-11. Washington, DC: U.S. Government Printing Office.

Homans, George C. 1979. "Nature versus Nurture: A False Dichotomy." *Con- temporary Sociology* 8 (May):345–348. hooks, bell. 1994. "Black Students Who Reject Feminism." *The Chronicle of Higher Education,* 60 (July 13): A44.

Horkheimer, Max, and Theodor Adorno. [1944] 2002. *Dialectic of Enlighten- ment.* Reprint, Palo Alto, CA: Sanford University Press.

Horrigan, John B. 2007. *A Typology of Information and Communication Technology Users.* Washington, DC: Pew Internet and American Life Project.

Howard, Judith A. 1999. "Border Crossings between Women's Studies and Sociology." *Contemporary Sociology* 28 (September):525–528.

Howard, Michael C. 1989. *Contemporary Cultural Anthropology.* 3rd ed. Glen- view, IL: Scott, Foresman.

Hughes, Everett. 1945. "Dilemmas and Contradictions of Status." *American Journal of Sociology* 50 (March):353–359.

Hughlett, Mike. 2008. "Sitting Pretty." *Chicago Tribune,* September 14, sec. 5, pp. 1, 7.

Human Genome Project. 2012. "Human Genome Project Information." Accessed April 4 (www.ornl.gov/sci/techresources/Human_Genome/home.shtml).

Humes, Karen R., Nicholas A. Jones, and Roberto R. Ramirez. 2011. *Overview of Race and Hispanic Organization.* 2010 Census Briefs. C2010 BR-02.

Hunter, Herbert M., ed. 2000. *The Sociology of Oliver C. Cox: New Perspec- tives: Research in Race and Ethnic Relations,* vol. 2. Stamford, CT: JAI Press.

Hunter, James Davison. 1991. *Culture Wars: The Struggle to Define America.* New York: Basic Books.

Huntington, Samuel P. 1993. "The Clash of Civilizations?" *Foreign Affairs* 72 (Summer):22–49.

Hurn, Christopher J. 1985. *The Limits and Possibilities of Schooling*. 2nd ed. Boston: Allyn and Bacon.

Hyde, Janet Shibley. 2005. "The Gender Similarities Hypothesis." *American Psychologist* 60 (No. 6):581–592.

Igo, Sarah E. 2007. *The Average American: Surveys, Citizens, and the Making of a Mass Public*. Cambridge, MA: Harvard University Press.

Inglehart, Ronald, and Wayne E. Baker. 2000. "Modernization, Cultural Change, and the Persistence of Traditional Values." *American Sociological Review* 65 (February):19–51.

International Crime Victim Survey. 2004. *Nationwide Surveys in the Industrial- ized Countries*. Accessed February 20 (www.ruljis.leidenuniv.nl/group/jfcr/ www/icvs).

International Gay and Lesbian Human Rights Commission. 2010. Home page. Accessed February 11 (www.iglhrc.org). International Institute for Democracy.

Internet Crime Complaint Center. 2011. *The 2010 Internet Crime Report*. Washington, DC: National White Collar Crime Center. Accessed at www.ic3.gov/media/annualreport/2010_IC3Report.pdf.

Internet World Stats. 2012. "Usage and Population Statistics" and "Internet World Users by Language." Updated March 28. Accessed March 29 (www.internetworldstats.com).

Isaacs, Julia B. 2007a. *Economic Mobility of Families Across Generations*. Washington, DC: Economic Mobility Project, Pew Charitable Trusts.

__________. 2007b. *Economic Mobility of Men and Women*. Washington, DC: Eco- nomic Mobility Project.

__________, Isabel V. Sawhill, and Ron Haskins. 2008. *Getting Ahead or Losing Ground: Economic Mobility in America*. Washington, DC: Pew Charitable Trusts.

ITOPF. 2006. "Statistics: International Tanker Owners Pollution Federation Limited." Accessed May 2 (www.itopf.com/stats.html). Jackson, Philip W. 1968. *Life in Classrooms*. New York: Holt.

Jacobe, Dennis. 2008. "Half of Public Favors the Environment over Growth." Accessed April 9 (www.gallup.com).

Jacobs, Andres. 2010. "As China's Economy Grows, Pollution Worsens Despite New Efforts to Control It." *New York Times*, July 29, p. A4.

Jain, Saranga, and Kathleen Kurz. 2007. *New Insights on Preventing Child Marriage: A Global Analysis of Factors and Programs*. Washington, DC: International Center for Research on Women.

Jäntti, Markus. 2009. "Mobility in the United States in Comparative Perspec- tives." *Focus* 26 (Fall).

Japan Aisaika Organization. 2012. "Aisaika Organization Prospectus." Accessed January 15 (www.aisaika.org/en/prospectus.html).

Jasper, James M. 1997. *The Art of Moral Protest: Culture, Biography, and Cre- ativity in Social Movements*. Chicago: University of Chicago Press.

Jenkins, Richard. 1991. "Disability and Social Stratification." *British Journal of Sociology* 42 (December):557–580.

Jensen, Gary F. 2003. "Social Disorganization Theory in R. A. Wright." *Ency- clopedia of Criminology*. New York: Fitzroy Dearborn.

Joas, Hans, and Wolfgang Knöbl. 2009. *Social Theory: Twenty Introductory Lectures*. Cambridge, UK: Cambridge University Press.

Johnson, Benton. 1975. *Functionalism in Modern Sociology: Understanding Talcott Parsons*. Morristown, NJ: General Learning.

Johnson, Will. 2009. "Genie: The Wild Child." Accessed August 4, 2010 (http://knol.google.com/k/genie-the-wild-child-chapter-2#).

Jones, Jeff, and Lydia Saad. 2011. "Gallup News Service." *Gallup Poll Social Series: Environment*. March 3–6, 2011.

Kahn, Joseph. 2006. "Where's Mao? Chinese Revise History Books." *New York Times,* September 1, pp. A1, A6.

Kambayashi, Takehiko. 2008. "Japanese Men Shout the Oft-Unsaid 'I Love You.'" *Christian Science Monitor,* February 13. Katovich, Michael A. 1987. Correspondence. June 1.

Katz, Michael. 1971. *Class, Bureaucracy, and the Schools: The Illusion of Educational Change in America.* New York: Praeger.

Kennickell, Arthur B. 2009. *Ponds and Streams: Wealth and Income in the U.S., 1989 to 2007.* Washington, DC: Federal Reserve Board.

Kerbo, Harold R. 2006. *World Poverty: The Roots of Global Inequality and the Modern World System.* New York: McGraw-Hill.

__________. 2012. *Social Stratification and Inequality.* 8th ed. New York: McGraw-Hill.

Kimmel, Michael. 2006. "A War Against Boys?" *Dissent* (Fall):65–70.

__________. 2008. *The Gendered Society.* 3rd ed. New York: State University of New York at Stony Brook.

King, Meredith L. 2007. *Immigrants in the U.S. Health Care System.* Washing- ton, DC: Center for American Progress.

Kitchener, Richard F. 1991. "Jean Piaget: The Unknown Sociologist." *British Journal of Sociology* 42 (September):421–442.

Kleiner, Art. 2003. "Are You In with the In Crowd?" *Harvard Business Review* 81 (July):86–92.

Kleinknecht, William. 1996. *The New Ethnic Mobs: The Changing Face of Organized Crime in America.* New York: Free Press.

Knudsen, Morten. 2010. "Surprised by Method—Functional Method and Sys- tem Theory." *Forum: Qualitative Social Research* 11 (September): article 12.

Kochhar, Rakesh. 2008. *Latino Workers in the Ongoing Recession: 2007–2008.* Washington, DC: Pew Hispanic Center.

Kohut, Andrew, et al. 2005. *American Character Gets Mixed Reviews: 16-Nation Pew Global Attitudes Survey.* Washington, DC: Pew Global Project Attitudes.

__________. 2007. *Global Unease with Major World Powers: Rising Environmental Concern in 47-Nation Survey.* Washington, DC: Pew Global Project Attitudes. Kokmen, Leyla. 2008. "Environmental Justice for All." *Utne Reader* (March–April):42–46.

Koolhaas, Rem, et al. 2001. *Mutations.* Barcelona, Spain: Actar.

Kottak, Conrad. 2011. *Anthropology: Appreciating Human Diversity.* 14th ed. New York: McGraw-Hill.

Kwong, Jo. 2005. "Globalization's Effects on the Environment." *Society* 42 (January/February):21–28.

Landtman, Gunnar. [1938] 1968. *The Origin of Inequality of the Social Class.* New York: Greenwood (original edition 1938, Chicago: University of Chicago Press).

Lang, Robert E., and Jennifer B. LeFurgy. 2007. *Boomburbs: The Rise of America's Accidental Crisis.* Washington, DC: Brookings Institution. Lasswell, Harold D. 1936. *Politics: Who Gets What, When, How.* New York: McGraw-Hill.

Lauer, Robert H. 1982. *Perspectives on Social Change.* 3rd ed. Boston: Allyn and Bacon.

Laumann, Edward O., John H. Gagnon, Robert T. Michael, and Stuart Michaels. 1994b. *The Social Organization of Sexuality: Sexual Practices in the United States.* Chicago: University of Chicago Press.

Lawler, Kristen. 2011. "Fear of a Slacker Revolution Futures: A Project of the Social Science Research Project." December 1. Accessed January 26, 2012 (www.possible-futures.org/2011/12/01/fear-slacker-revolution-occupy-wall-street-cultural-politics-class-struggle/).

Leavell, Hugh R., and E. Gurney Clark. 1965. *Preventive Medicine for the Doctor in His Community: An Epidemiologic Approach.* 3rd ed. New York: McGraw-Hill.

Lengermann, Patricia Madoo, and Jill Niebrugge-Brantley. 1998. *The Women Founders: Sociology and Social Theory, 1830–1930.* Boston: McGraw-Hill.

Lenhart, Amanda, Mary Madden, Aaron Smith, Kristen Purcell, Kathryn Zick- uhr, and Lee Rainie. 2011. *Teens, Kindness, and Cruelty on Social Network Sites.* Washington, DC: Pew Research Center's Internet and American Life Project.

Lenski, Gerhard. 1966. *Power and Privilege: A Theory of Social Stratification.* New York: McGraw-Hill.

Lichtblau, Eric. 2009. "Telecom Companies Win Dismissal of Wiretap Suits." *New York Times,* June 4, p. A14.

Lindsey, Linda L. 2005. *Gender Roles: A Sociological Perspective.* Upper Saddle River, NJ: Prentice Hall.

Linn, Susan, and Alvin F. Poussaint. 1999. "Watching Television: What Are Children Learning about Race and Ethnicity?" *Child Care Information Exchange* 128 (July):50–52.

Lipson, Karen. 1994. "'Nell' Not Alone in the Wilds." *Los Angeles Times,* December 19, pp. F1, F6.

Lofquist, Daphne. 2011. *Same-Sex Couple Households.* ACSBR/10-03. Washington, DC: U.S. Government Printing Office.

Long, Sharon K., and Paul B. Masi. 2009. *Access to and Affordability of Care in Massachusetts as of Fall 2008: Geographic and Racial/Ethnic Differ- ences.* Washington, DC: Urban Institute.

Lukacs, Georg. 1923. *History and Class Consciousness.* London: Merlin. Lynas, Mark. 2008. *Six Degrees: Our Future on a Hotter Planet.* Washington, DC: National Geographic.

Lynn, Barry C. 2003. "Trading with a Low-Wage Tiger." *The American Pros- pect* 14 (February):10–12.

MacDorman, Marian F., and T. J. Mathews. 2009. "Behind International Rank- ings of Infant Mortality: How the United States Compares with Europe." *NCHS Date Brief* (No. 23, November).

MacDorman, Marian, et al. 2005. "Explaining the 2001–2002 Infant Mortality Increase: Data from the Linked Death/Infant Death Data Set." *National Vital Statistics Reports* 53 (January 24).

Machalek, Richard, and Michael W. Martin. 2010. "Evolution, Biology and Society: A Conversation for the 21st-Century Sociology Classroom." *Teach- ing Sociology* 38 (1):35–45.

Mack, Raymond W., and Calvin P. Bradford. 1979. *Transforming America: Pat- terns of Social Change.* 2nd ed. New York: Random House.

Magnier, Mark. 2004. "China Clamps Down on Web News Discussion." *Los Angeles Times,* February 26, p. A4.

Malaby, Thomas M. 2009. *Making Virtual Worlds: Linden Lab and Second Life.* Ithaca, NY: Cornell University.

Malcolm X, with Alex Haley. 1964. *The Autobiography of Malcolm X.* New York: Grove.

__________, with __________. [1964] 1999. *The Autobiography of Malcolm X.* Revised with epilogue by Alex Haley and afterword by Ossie Davis. New York: One World, Ballantine Books.

Males, Mike, and Meda-Chesney Lind. 2010. "The Myth of Mean Girls." *New York Times,* April 2, p. A21.

Malthus, Thomas Robert, Julian Huxley, and Frederick Osborn. [1824] 1960. *Three Essays on Population.* Reprint, New York: New American Library. Marable, Manning. 2011. *Malcolm X: A Life of Reinvention.* New York: Viking. Martin, Karin A. 2009. "Normalizing Heterosexuality: Mothers' Assumptions, Talk, and Strategies with Young Children." *American Sociological Review* 74 (April):190–207.

Martin, Susan E. 1994. "Outsider Within the Station House: The Impact of Race and Gender on Black Women Politics." *Social Problems* 41 (August):383–400.

Martineau, Harriet. [1837] 1962. *Society in America.* Edited, abridged, with an introductory essay by Seymour Martin Lipset. Reprint, Garden City, NY: Doubleday.

__________. [1838] 1989. *How to Observe Morals and Manners.* Philadelphia: Leal and Blanchard. Sesquentennial edition, edited by M. R. Hill, Transaction Books.

Marubbio, M. Elise. 2006. *Killing the Indian Maiden: Images of Native Ameri- can Women in Film.* Lexington: University Press of Kentucky.

Marx, Karl. [1844] 1964. "Contribution to the Critique of Hegel's Philosophy of Right." In *On Religion,* Karl Marx and Friedrich Engels. Reprint, New York: Schockern Books.

__________, and Engels, Friedrich. [1847] 1955. *Selected Work in Two Volumes.* Reprint, Moscow: Foreign Languages Publishing House.

Maryanski, Alexandra R. 2004. "Evaluation Theory." Pp. 257–263 in *Ency- clopedia of Social Theory,* edited by George Ritzer. Thousand Oaks, CA: Sage.

Masuda, Takahiko, Phoebe C. Ellsworth, Batja Mesquita, Janxin Leu, Shigehito Tanida, and Ellen Van de Veerdonk. 2008. "Attitudes and Social Cognition— Placing the Face in Context: Cultural Differences in the Perception of Facial Emotion." *Journal of Personality and Social Psychology* 94 (No. 3):365–381.

Mathews, T. J., and Marian MacDorman. 2011. "Infant Mortality Statistics." *National Vital Statistics Reports* 59 (No. 6).

Matsushita, Yoshiko. 1999. "Japanese Kids Call for a Sympathetic Ear." *Chris- tian Science Monitor,* January 20, p. 15.

McCormack, Mark. 2010. "Changing Masculinities in Youth Cultures." *Quali- tative Sociology* 33:111–115.

McFarland, Andrew S. 2007. "Neopluralism." *Annual Review of Political Sci- ence* 10:45–66.

McGrath, Kristin. 2010. "Status Update: Facebook Logs 500 Million Mem- bers." *USA Today* (July 22), p. 3D.

McGregor, Jena. 2012. "The Art of Mark Zuckerberg's Hoodie." *Washington Post,* May 10. Accessible at www.washingpost.com.

McGurty, Eileen Maura. 2000. "Warren County, NC, and the Emergence of the Environmental Justice Movement: Unlikely Coalitions and Shared Meanings in Local Collective Action." *Society and Natural Resources* 13:373–387.

McIntosh, Peggy. 1988. "White Privilege and Male Privilege: A Personal Account of Coming to See Correspondence Through Work and Women's Studies." Working Paper No. 189, Wellesley College Center for Research on Women, Wellesley, MA.

McKinlay, John B., and Sonja M. McKinlay. 1977. "The Questionable Contri- bution of Medical Measures to the Decline of Mortality in the United States in the Twentieth Century." *Milbank Memorial Fund Quarterly* 55 (Summer): 405–428.

McNeil, Donald G. 2004. "Plan to Battle AIDS Worldwide Is Falling Short." *New York Times,* March 28, pp. 1, 14.

Mead, George H. 1934. In *Mind, Self and Society,* edited by Charles W. Morris. Chicago: University of Chicago Press.

__________. 1964a. In *On Social Psychology,* edited by Anselm Strauss. Chicago: University of Chicago Press.

__________. 1964b. "The Genesis of the Self and Social Control." Pp. 267–293 in *Selected Writings: George Herbert Mead,* edited by Andrew J. Reck. India- napolis: Bobbs-Merrill.

Mead, Margaret. [1935] 2001. *Sex and Temperament in Three Primitive Societ- ies.* Reprint, New York: Perennial, HarperCollins.

Mehl, Matthias R., Simine Vazire, Nairán Ramírez-Esparza, Richard B. Slatcher, and James W. Pennebacker. 2007. "Are Women Really More Talk- ative Than Men?" *Science* 317 (July 6):82.

Merton, Robert. 1968. *Social Theory and Social Structure.* New York: Free Press.

__________, and Alice S. Kitt. 1950. "Contributions to the Theory of Reference Group Behavior." Pp. 40–105 in *Continuities in Social Research: Studies in the Scope and Methods of the American Soldier,* edited by Robert K. Merton and Paul L. Lazarsfeld. New York: Free Press.

Messner, Michael A., and Cheryl Cooky. 2010. *Gender in Televised Sports: News and Highlights Shows, 1989–2009.* Los Angeles: Center for Feminist Research, University of Southern California.

Microfinance Information Exchange. 2011. "MIX Market." Accessed May 24 (www.themix.org).

Milgram, Stanley. 1963. "Behavioral Study of Obedience." *Journal of Abnor- mal and Social Psychology* 67 (October):371–378.

__________. 1975. *Obedience to Authority: An Experimental View.* New York: Harper and Row.

Miller, Laura. 2008. "The Rise of the Superclass." Accessed May 2 (www.salon.com/books/review/2008/03/14/superclass/print.html).

Mills, C. Wright. [1959] 2000a. *The Sociological Imagination.* 40th Anniv. Ed. New afterword by Todd Gitlin. New York: Oxford University Press.

__________. [1956] 2000b. *The Power Elite.* New edition. Afterword by Alan Wolfe. New York: Oxford University Press.

Mohai, Paul, David Pellow, and J. Timmons Roberts. 2009. "Environmental Justice." *Annual Review of Environmental Research* 34:405–430.

__________, and Robin Saha. 2007. "Racial Inequality in the Distribution of Haz- ardous Waste: A National-Level Reassessment." *Social Problems* 54 (No. 3):343–370.

Mol, A. J. 2010. "Ecological Modernization as a Social Theory of Environmen- tal Reform." Pp. 63–71 in *The International Handbook of Environmental Sociology,* 2nd ed., edited by Michael R. Redcraft and Graham Woodgate. Cheltenham, UK: Edward Elgar.

__________, and D. A. Sonnenfeld, eds. 2000. *Ecological Modernization around the World.* Portland, OR: Frank Cass.

__________, __________, and G. Spaargaren, eds. 2009. *The Ecological Modernization Reader.* London: Routledge.

Moncarz, Roger J., Michael G. Wolf, and Benjamin Wright. 2008. "Service- Providing Occupations, Offshoring, and the Labor Market." *Monthly Labor Review* (December):71–86.

Moore, Wilbert E. 1967. *Order and Change: Essays in Comparative Sociology.* New York: Wiley.

Morris, Aldon. 2000. "Reflections on Social Movement Theory: Criticisms and Proposals." *Contemporary Sociology* 29 (May):445–454.

Morse, Arthur D. 1967. *While Six Million Died: A Chronicle of American Apathy.* New York: Ace.

Mosisa, Abraham T. 2006. "Foreign-Born Workforce, 2004: A Visual Essay." *Monthly Labor Review* (July):48–55.

Mosley, J., and E. Thomson. 1995. Pp. 148–165 in *Fatherhood: Contemporary Theory, Research and Social Policy,* edited by W. Marsiglo. Thousand Oaks, CA: Sage.

Mueller, G. O. 2001. "Transnational Crime: Definitions and Concepts." Pp. 13–21 in *Combating Transnational Crime: Concepts, Activities, and Responses,* edited by P. Williams and D. Vlassis. London: Franklin Cass. Murdock, George P. 1945. "The Common Denominator of Cultures." Pp. 123–142 in *The Science of Man in the World Crisis,* edited by Ralph Linton. New York: Columbia University Press.

__________. 1949. *Social Structure.* New York: Macmillan.

__________. 1957. "World Ethnographic Sample." *American Anthropologist* 59 (August):664–687.

Murray, Velma McBride, Amanda Willert, and Diane P. Stephens. 2001. "The Half-Full Glass: Resilient African American Single Mothers and Their Chil- dren." *Family Focus,* June, pp. F4–F5.

Nakao, Keiko, and Judith Treas. 1994. "Updating Occupational Prestige and Socioeconomic Scores: How the New Measures Measure Up." *Sociological Methodology* 24:1–72.

Nash, Manning. 1962. "Race and the Ideology of Race." *Current Anthropology* 3 (June):285–288.

National Advisory Commission on Criminal Justice. 1976. *Organized Crime.* Washington, DC: U.S. Government Printing Office.

National Center for Education Statistics. 2011. "Average Undergraduate Tuition and Fees." Accessed March 29 (http://nces.ed.gov/ programs/digest/d09/ tables/dt09_335.asp).

National Organization for Men Against Sexism. 2012. Home page. Accessed February 22 (www.nomas.org).

Navarro, Mirey. 2005. "When You Contain Multitudes." *New York Times,* April 24, pp. 1, 2.

Neuman, Lawrence W. 2009. *Understanding Research.* Boston: Allyn and Bacon.

Nielsen, Joyce McCarl, Glenda Walden, and Charlotte A. Kunkel. 2000. "Gendered Heteronormativity: Empirical Illustrations in Everyday Life." *Sociological Quarterly* 41 (No. 2):283–296.

Nixon, Darren. 2009. "'I Can't Put a Smiley Face On': Working-Class Mascu- linity, Emotional Labor and Service Work in the 'New Economy.'" *Gender, Work and Organization* 16 (No. 3):300–322.

Nolan, Patrick, and Gerhard Lenski. 2009. *Human Societies: An Introduction to Macrosociology.* 11th ed. Boulder, CO: Paradigm.

Noonan, Rita K. 1995. "Women Against the State: Political Opportunities and Collective Action Frames in Chile's Transition to Democracy." *Sociological Forum* 10:81–111.

Nordhaus, Ted, and Michael Shellenberger. 2007. *Break Through: From the Death of Environmentalism to the Politics of Possibility.* Boston: Houghton Mifflin.

Norris, Pippa, and Ronald Inglehart. 2004. *Sacred and Secular: Religion and Politics Worldwide.* Cambridge, UK: Cambridge University Press. North Carolina Department of Environment and Natural Resources. 2008. "Warren County PCB Landfill Fact Sheet." Accessed April 9 (www.wastenotnc.org/WarrenCo_Fact_Sheet.htm).

Nossiter, Adam. 2012. "Late for School After a Long Journey for a Drop to Drink." *New York Times,* May 22, p. A10.

O'Connor, Anne-Marie. 2004. "Time of Blogs and Bombs." *Los Angeles Times,* December 27, pp. E1, E14–E15.

O'Donnell, Mike. 1992. *A New Introduction to Sociology.* Walton-on-Thames, UK: Thomas Nelson and Sons.

Office of Immigration Statistics. 2011. "Yearbook of Immigration Statistics: 2010." Accessed at www.dhs.gov/files/statistics/publications/LPR10.shtm. Ogburn, William F. 1922. *Social Change with Respect to Culture and Original Nature.* New York: Huebsch (reprinted 1966, New York: Dell).

__________, and Clark Tibbits. 1934. "The Family and Its Functions." Pp. 661–708 in *Recent Social Trends in the United States,* edited by Research Committee on Social Trends. New York: McGraw--Hill.

Ogunwole, Stella V. 2006. *We the People: American Indians and Alaska Natives in the United States.* Censr-28. Washington, DC: U.S. Government Printing Office.

Okano, Kaori, and Motonori Tsuchiya. 1999. *Education in Contemporary Japan: Inequality and Diversity.* Cambridge, UK: Cambridge University Press.

Oliver, Melvin L., and Thomas M. Shapiro. 2006. *Black Wealth/White Wealth: New Perspectives on Racial Inequality.* 2nd ed. New York: Routledge.

Omi, Michael, and Howard Winant. 1994. *Racial Formation in the United States.* 2nd ed. New York: Routledge.

Orfield, Gary, and Chungmei Lee. 2007. *Historic Reversals, Accelerating Resegregation, and the Need for New Integration Strategies.* Los Angeles: Civil Rights Project, UCLA.

Organisation for Economic Co-operation and Development. 2012b. "Gender Equality and Social Institutions in Afghanistan." Accessed February 22 (http://genderindex.org/country/Afghanistan).

Orum, Anthony M., and John G. Dale. 2009. *Political Sociology: Power and Participation in the Modern World.* 3rd ed. New York: Oxford University Press. Pager, Devah. 2003. "The Mark of a Criminal Record." *American Journal of Sociology* 108 (March):937–975.

__________. 2007. *Marked: Race, Crime, and Finding Work in an Era of Mass Incarceration.* Chicago: University of Chicago Press.

_________, Bruce Weston, and Bart Bonikowski. 2009. "Discrimination in a Low- Wage Labor Market: A Field Experiment." *American Sociological Review* 74 (October):777–799.

Pampel, Fred C., Patrick M. Krueger, and Justin T. Denney. 2010. "Socio- economic Disparities in Health Behaviors." *Annual Review of Sociology* 36:349–370.

Park, Robert E. 1916. "The City: Suggestions for the Investigation of Human Behavior in the Urban Environment." *American Journal of Sociology* 20 (March):577–612.

_________. 1936. "Succession, an Ecological Concept." *American Sociological Review* 1 (April):171–179.

Parsons, Talcott. 1951. *The Social System.* New York: Free Press.

_________. 1966. *Societies: Evolutionary and Comparative Perspectives.* Engle- wood Cliffs, NJ: Prentice Hall.

_________. 1975. "The Sick Role and the Role of the Physician Recon- sidered." *Milbank Medical Fund Quarterly Health and Society* 53 (Summer):257–278.

_________, and Robert Bales. 1955. *Family: Socialization and Interaction Process.* Glencoe, IL: Free Press.

Passel, Jeffery S., and D'Vera Cohn. 2011. *Unauthorized Immigrant Population National and State Trends, 2010.* Washington, DC: Pew Research Center. Passero, Kathy. 2002. "Global Travel Expert Roger Axtell Explains Why." *Biography,* July, pp. 70–73, 97–98.

Patel, Reena. 2010. *Working the Night Shift: Women in India's Call Center Industry.* Stanford, CA: Stanford University Press.

Pattillo-McCoy, Mary. 1999. *Black Picket Fences: Privilege and Peril among the Black Middle Class.* Chicago: University of Chicago Press.

Peralta, Eyder. 2011. "Who Are the 1 Percent? Gallup Finds They're a Lot Like the 99 Percent." December 5. Accessed December 12 (www.wbur.org/npr/143143332/who-are-the-1-percent--gallup-finds-theyre-a-lot-like- the-99-percent).

Perrow, Charles. 1986. *Complex Organizations.* 3rd ed. New York: Random House.

Peter, Laurence J., and Raymond Hull. 1969. *The Peter Principle.* New York: Morrow.

Petersen, John L. 2009. "How 'Wild Cards' May Reshape Our Future." *Futurist* (May/June):19–20.

Petersen, William. 1979. *Malthus.* Cambridge, MA: Harvard University Press. Pew Hispanic Center. 2011. "The Mexican-American Boom: Births Overtake Immigration." Washington, DC: Pew Hispanic Center.

Pew Social and Demographic Trends. 2011. "Twenty-to-One: Wealth Caps Rise to Record Highs Between Whites, Black and Hispanics." Washington, DC: Pew Research Center.

Phelan, Jo C., Bruce G. Lint, and Parisha Tehranifar. 2010. "Social Conditions as Fundamental Causes of Health Inequalities: Theory, Evidence, and Policy Implications." *Journal of Health and Social Behavior* 51 (No. 5):528–540.

Phillips, E. Barbara. 1996. *City Lights: Urban–Suburban Life in the Global Society.* New York: Oxford University Press.

Phillips, Susan A. 1999. *Wallbangin': Graffiti and Gangs in L.A.* Chicago: University of Chicago Press.

Piaget, Jean. 1954. *The Construction of Reality in the Child.* Translated by Margaret Cook. New York: Basic Books.

Picca, Leslie Houts, and Joe Feagin. 2007. *Two Faces of Reason: Frontstage and Backstage.* New York: Routledge.

Pinderhughes, Dianne. 1987. *Race and Ethnicity in Chicago Politics: A Reex- amination of Pluralist Theory.* Urbana: University of Illinois Press.

Pinderhughes, Raquel. 2008. "Green Collar Jobs." Accessed June 29 (www.urbanhabitat.org/node/528).

Polletta, Francesca, and James M. Jasper. 2001. "Collective Identity and Social Movements." Pp. 283–305 in *Annual Review of Sociology, 2001,* edited by Karen S. Cook and Leslie Hogan. Palo Alto, CA: Annual Reviews.

Population Reference Bureau. 1996. "Speaking Graphically." *Population Today* 24 (June/July).

Preston, Jennifer. 2011. "Facebook Page for Jesus with Highly Active Fans." *New York Times,* September 5, p. B3.

Pryor, John H., Linda DeAngelo, Laura Palucki Blake, Sylvia Hurtado, and Serge Tran. 2011. *The American Freshman: National Norms Fall 2011.* Los Angeles: Higher Education Research Institute, UCLA.

__________. Sylvia Hurtado, Victor B. Saenz, José Luis Santos, and William S. Korn. 2007. *The American Freshman: Forty Year Trends.* Los Angeles: Higher Education Research Institute, UCLA.

Putnam, Robert. 1995. *Bowling Along: America's Declining Social Capital.* New York: Simon and Schuster.

Quillian, Lincoln. 2006. "New Approaches to Understanding Racial Prejudice and Discrimination." *Annual Review of Sociology* 32:299–328.

Quinney, Richard. 1970. *The Social Reality of Crime.* Boston: Little, Brown.

__________. 1974. *Criminal Justice in America.* Boston: Little, Brown.

__________. 1979. *Criminology.* 2nd ed. Boston: Little, Brown.

__________. 1980. *Class, State and Crime.* 2nd ed. New York: Longman. Ramet, Sabrina. 1991. *Social Currents in Eastern Europe: The Source and Meaning of the Great Transformation.* Durham, NC: Duke University Press. Ratnesar, Romesh. 2011. "The Menace Within." *Stanford Magazine* (July/ August). Accessible at www.stanfordalumni.org.

Raybon, Patricia. 1989. "A Case for 'Severe Bias.'" *Newsweek* 114 (October 2):11.

Rennison, Callie. 2002. *Criminal Victimization 2001. Changes 2000–2001 with Trends 1993–2001.* Washington, DC: U.S. Government Printing Office. Revkin, Andrew C. 2007. "Wealth and Poverty, Drought and Flood: Report from Four Fronts in the War on Warming." *New York Times,* April 3, pp. D4–D5.

Rideout, Victoria K., Ulla G. Foehr, and Donald F. Roberts. 2010. "Genera- tion M: Media in the Lives of 8–18 Year-Olds." Kaiser Family Foundation. Accessible at www.kff.org/entmedia/ mh012010pkg.cfm.

Riding, Alan. 1998. "Why 'Titanic' Conquered the World." *New York Times,* April 26, sec. 2, pp. 1, 28, 29.

Rieker, Patricia R., and Chloe E. Bird. 2000. "Sociological Explanations of Gender Differences in Mental and Physical Health." Pp. 98–113 in *Hand- book of Medical Sociology,* edited by Chloe E. Bird, Peter Conrad, and Allan Fremont. New York: Prentice Hall.

Rifkin, Jeremy. 1995. "Afterwork." *Utne Reader* (May/June):52–62.

Riley, Matilda White, Robert L. Kahn, and Anne Foner. 1994a. *Age and Struc- tural Lag.* New York: Wiley InterScience.

__________, Robert L. Kahn, and Anne Foner, in association with Karin A. Mock. 1994b. "Introduction: The Mismatch between People and Structures." Pp. 1–36 in *Age and Structural Lag,* edited by Matilda White Riley, Robert L. Kahn, and Anne Foner. New York: Wiley InterScience.

Ritzer, George. 2002. *McDonaldization: The Reader.* Thousand Oaks, CA: Pine Forge Press.

__________. 2011. *The McDonaldization of Society* 6. Thousand Oaks CA: Pine Forge Press.

Robertson, Roland. 1988. "The Sociological Significance of Culture: Some General Considerations." *Theory, Culture, and Society* 5 (February):3–23. Robison, Jennifer. 2002. "Feminism—What's in a Name?" Accessed February 25, 2007 (www. galluppoll.com).

Rose, Arnold. 1951. *The Roots of Prejudice.* Paris: UNESCO.

Rose, Peter I., Myron Glazer, and Penina Migdal Glazer. 1979. "In Controlled Environments: Four Cases of Intense Resocialization." Pp. 320–338 in *Socialization and the Life Cycle*, edited by Peter I. Rose. New York: St. Martin's Press.

Rosenberg, Douglas H. 1991. "Capitalism." Pp. 33–34 in *Encyclopedic Diction- ary of Sociology*, 4th ed., edited by Dushkin Publishing Group. Guilford, CT: Dushkin.

Rosenfeld, Richard. 2004. "The Case of the Unsolved Crime Decline." *Scien- tific American* (February).

__________, and Lenore Jacobson. 1968. *Pygmalion in the Classroom*. New York: Holt.

__________, and __________. 1992. *Pygmalion in the Classroom: Teacher Expectations and Pupils' Intellectual Development*. Newly expanded edition. Bancy Felin, UK: Crown House.

Rossides, Daniel W. 1997. *Social Stratification: The Interplay of Class, Race, and Gender*. 2nd ed. Upper Saddle River, NJ: Prentice Hall.

Roszak, Theodore. 1969. *The Making of a Counter-Culture*. Garden City, NY: Doubleday.

Rothkopf, David. 2008. *Superclass: The Global Power Elite and the World They Are Making*. New York: Farrar, Straus and Giroux.

Ruane, Janet M., and Karen A. Cerulo. 2004. *Second Thoughts: Seeing Con- ventional Wisdom Through the Sociological Eye*. Thousand Oaks, CA: Pine Forge Press.

Ryan, William. 1976. *Blaming the Victim*. Rev. ed. New York: Random House. Sabol, William J., Heather C. West, and Matthew Cooper. 2009. "Prisoners in 2008." *Bureau of Justice Statistics Bulletin* (December).

Sacks, Peter. 2007. *Tearing Down the Gates: Confronting the Class Divide in American Education*. Berkeley: University of California Press.

Sagarin, Edward, and Jose Sanchez. 1988. "Ideology and Deviance: The Case of the Debate over the Biological Factor." *Deviant Behavior* 9 (No. 1):87–99.

Said, Edward W. 2001. "The Clash of Ignorance." *The Nation* (October 22). Sale, Kirkpatrick. 1996. *Rebels against the Future: The Luddites and Their War on the Industrial Revolution* (with a new preface by the author). Reading, MA: Addison-Wesley.

Sampson, Robert J., and W. Byron Groves. 1989. "Community Structure and Crime: Testing Social- -Disorganization Theory." *American Journal of Sociol- ogy* 94 (January):774–802.

Samuelson, Paul A., and William D. Nordhaus. 2010. *Economics*. 19th ed. New York: McGraw-Hill.

Sanchanta, Mariko. 2010. "Starbucks Plans Major China Expansion." *Wall Street Journal*, April 13.

Sandefur, Rebecca L. 2008. "Access to Civil Justice and Race, Class, and Gen- der Inequality." *Annual Review of Sociology* 34:339–358.

Sanders, Edmund. 2004. "Coming of Age in Iraq." *Los Angeles Times*, August 14, pp. A1, A5.

Sanderson, Stephen K., Seth A. Abrutyn, and Kristopher R. Proctor. 2011. "Testing the Protestant Ethic Thesis with Quantitative Historical Data: A Research Note." *Social Forces* 89 (March):905–912.

Sawhill, Isabel, and John E. Morton. 2007. *Economic Mobility: Is the American Dream Alive and Well?* Washington, DC: Economic Mobility Project, Pew Charitable Trusts.

__________, and Ron Haskins. 2009. "If You Can Make It Here . . ." *Washington Post National Weekly Edition*, November 9, p. 27.

Schaefer, Richard T. 2008b. "'Power' and 'Power Elite.'" In *Encyclopedia of*

Social Problems, edited by Vincent Parrillo. Thousand Oaks, CA: Sage.

__________. 2012. *Racial and Ethnic Groups*. 13th ed. Upper Saddle River, NJ: Pearson.

Sayer, Liana C., Suzanne M. Bianchi, and John P. Robinson. 2004. "Are Parents Investing Less in Children? Trends in Mothers' and Fathers' Time with Children." *American Journal of Sociology* 110 (July):1–43.

Schaefer, Richard T., and William Zellner. 2011. *Extraordinary Groups*. 9th ed. New York: Worth.

Scharnberg, Kirsten. 2007. "Black Market for Midwives Defies Bans." *Chicago Tribune*, November 25, pp. 1, 10.

Scherer, Michael. 2011. "Introduction: Taking It to the Streets." Pp. 5–12 in *Occupy: What Is Occupy?* New York: Time Books.

Scherer, Ron. 2010b. "For Jobless, Online Friends Can Be Lifelines." *Christian Science Monitor,* March 25, p. 21.

Schlesinger, Traci. 2011. "The Failure of Race-Neutral Policies: How Manda- tory Terms and Sentencing Enhancements Increased Racial Disparities in Prison Admission Rates." *Crime & Delinquency* 57 (January):56–81. Published online 2008 (http://cad.sagepub.com/pap.dtl).

Schnaiberg, Allan. 1994. *Environment and Society: The Enduring Conflict.* New York: St. Martin's Press.

Schneider, Christopher. 2008. "Sexuality." Pp. 847–848 in *Encyclopedia of Social Problems,* edited by Vincent Parrillo. Los Angeles: Sage. Schulman, Gary I. 1974. "Race, Sex, and Violence: A Laboratory Test of the

Sexual Threat of the Black Male Hypothesis." *American Journal of Sociol- ogy* 79 (March):1260–1272.

Schur, Edwin M. 1965. *Crimes without Victims: Deviant Behavior and Public Policy.* Englewood Cliffs, NJ: Prentice Hall.

__________. 1968. *Law and Society: A Sociological View.* New York: Random House.

__________. 1985. "'Crimes without Victims': A 20 Year Reassessment." Paper pre- sented at the annual meeting of the Society for the Study of Social Problems.

Schwartz, Howard D., ed. 1987. *Dominant Issues in Medical Sociology.* 2nd ed. New York: Random House.

Schwartz, Shalom H., and Anat Bardi. 2001. "Value Hierarchies Cultures: Taking a Similarities Perspective." *Journal of Cross-Cultural Perspective* 32 (May):268–290.

Scott, Alan. 1990. *Ideology and the New Social Movements.* London: Unwin Hyman.

Scott, Gregory. 2001. "Broken Windows behind Bars: Eradicating Prison Gangs through Ecological Hardening and Symbolic Cleansing." *Corrections Man- agement Quarterly* 5 (Winter):23–36.

Scott, W. Richard, and Gerald F. Davis. 2007. *Organizations and Organizing: Rational, Natural and Open Systems Perspectives.* New York: Pearson.

Second Life. 2010. "Current User Metrics for Second Life." Accessed February 2, 2010 (http://secondlife.com/xmlhttp/secondlife/php).

Seidman, Steven. 2002. *Beyond the Closet: The Transformation of Gay and Lesbian Life.* New York: Routledge.

Sernau, Scott. 2001. *Worlds Apart: Social Inequalities in a New Century.* Thousand Oaks, CA: Pine Forge Press.

Shah, Anup. 2009. "Climate Justice and Equity." October 4. Accessed December 12 (www.globalissues.org/print/articles/231).

Shapiro, Thomas M., Tatjana Meschede, and Laura Sullivan. 2010. "The Racial Wealth Gap Increases Fourfold." *Research and Policy Brief.* Waltham, MA: Institute on Assets and Social Policy, Brandeis University.

Shapley, Dan. 2010. "So How Big Was the BP Oil Spill?" *The Daily Green,* May 28. Accessed August 2 (www.thedailygreen.com).

Shaw, Claude, and Henry D. McKay. 1942. *Juvenile Delinquency and Urban Areas.* Chicago: University of Chicago Press.

Sherman, Arloc. 2007. *Income Inequality Hits Record Levels, New CBO Data Show.* Washington, DC: Center on Budget and Policy Priorities.

Shin, Hyon B., and Robert A. Kominski. 2010. *Language Use in the United States: 2007.* Report ACS-12. Washington, DC: U.S. Government Printing Office. Short, Kathleen. 2012. The Research Supplemental Poverty Measure 2011. Current Population Reports P60–244. Washington, D.C.: U.S. Government Printing Office.

Sicular, Terry, Ximing Yue, Bjorn Gustafsson, and Shi Li. 2006. *The Urban- Rural Income Gap and Inequality in China.* Research Paper No. 2006/135, United Nations University–World Institute for Development Economic Research.

Sisson, Carmen K. 2007. "The Virtual War Family." *Christian Science Monitor,* May 29.

Sjoberg, Gideon. 1960. *The Preindustrial City: Past and Present.* Glencoe, IL: Free Press.

Slack, Jennifer Daryl, and J. Macgregor Wise. 2007. *Culture 1 Technology.* New York: Peter Lang.

Slavin, Barbara. 2007. "Child Marriage Rife in Nations Getting U.S. Aid." *USA Today,* July 17, p. 6A.

Sloan, Allan. 2009. "What's Still Wrong with Wall Street." *Time,* November 9, pp. 24–29.

Slug-Lines.com. 2011. "What's New." Accessed November 10 (www.slug- lines.com).

Smelser, Neil. 1963. *The Sociology of Economic Life.* Englewood Cliffs, NJ: Prentice Hall.

Smith, Craig S. 2006. "Romania's Orphans Face Widespread Abuse, Group

Says." *New York Times,* May 10, p. A3.

Smith, David A. 1995. "The New Urban Sociology Meets the Old: Rereading

Some Classical Human Ecology." *Urban Affairs Review* 20 (January):432–457.

__________, and Michael Timberlake. 1993. "World Cities: A Political Economy/ Global Network Approach." Pp. 181–207 in *Urban Sociology in Transition,* edited by Ray Hutchison. Greenwich, CT: JAI Press.

Smith, Lawrence C. 2011. *The World in 2050: Four Forces Shaping Civiliza- tion's Northern Future.* New York: Plume.

Southern Poverty Law Center. 2010. *Ten Ways to Fight Hate: A Community Response Guide.* Mon- tgomery, AL: SPLC.

Smith, Michael Peter. 1988. *City, State, and Market.* New York: Basil Blackwell. Smith, Tom W. 2009. *Religious Change around the World.* Chicago: NORC/ University of Chicago.

Snyder, Thomas D. 1996. *Digest of Education Statistics 1996.* Washington, DC: U.S. Government Printing Office.

Sorenson, John, Robert Winkle, Victoria Brewer, and Jones Marquart. 1999. "Capital Punishment and Deterrence: Examining the Effect of Executions on Murder in Texas." *Crime and Delinquency* 45:481–493.

Sorokin, Pitirim A. [1927] 1959. *Social and Cultural Mobility.* Reprint, New York: Free Press.

Spalter-Roth, Roberta, and Nicole Van Vooren. 2008b. "Skills, Reasons, and Jobs. What Happened to the Class of 2005." Washington, DC: American Sociological Association. Accessible at http:// asanet.org.

Spitzer, Steven. 1975. "Toward a Marxian Theory of Deviance." *Social Prob- lems* 22 (June):641–651.

Squires, Gregory D., ed. 2002. *Urban Sprawl: Causes, Consequences and Policy Responses.* Washington, DC: Urban Institute.

Stacey, Judith. 2011. *Unhitched.* New York: New York University Press. Sugimoto, Yoshio. 1997. *An Introduction to Japanese Society.* Cambridge, UK: Cambridge University Press.

Sullivan, Harry Stack. [1953] 1968. *The Interpersonal Theory of Psychiatry.* Edited by Helen Swick Perry and Mary Ladd Gawel. Reprint, New York: W.W. Norton.

Sullivan, Kevin. 2006. "Bridging the Digital Divide." *Washington Post National Weekly Edition* 25 (July 17):11–12.

Sumner, William G. 1906. *Folkways.* New York: Ginn.

Sutch, Richard, and Susan B. Carter. 2006. *Historical Statutes of the U.S.: Ear- liest Time to the Present.* Cambridge, UK: Cambridge University Press.

Sutherland, Edwin H. 1937. *The Professional Thief.* Chicago: University of Chicago Press.

__________. 1940. "White-Collar Criminality." *American Sociological Review* 5 (February):1–11.

__________. 1949. *White Collar Crime.* New York: Dryden.

__________. 1983. *White Collar Crime: The Uncut Version.* New Haven, CT: Yale University Press.

__________, Donald R. Cressey, and David F. Luckenbill. 1992. *Principles of Criminology.* 11th ed. New York: Rowman and Littlefield.

Swatos, William H., Jr., ed. 1998. *Encyclopedia of Religion and Society.* Lan- ham, MD: Alta Mira.

Swidler, Ann. 1986. "Culture in Action: Symbols and Strategies." *American Sociological Review* 51 (April):273–286.

Szasz, Thomas S. 2010. *The Myth of Mental Illness: Foundations of a Theory of Personal Conduct.* New York: HarperCollins.

Tannen, Deborah. 1990. *You Just Don't Understand: Women and Men in Con- versation.* New York: Ballantine.

Tavernise, Sabrina. 2012. "Whites Account for Under Half of Births in the U.S." *New York Times,* May 17, pp. A1, A20.

Taylor, Verta. 1999. "Gender and Social Movements: Gender Processes in Women's Self-Help Movements." *Gender and Society* 13:8–33.

__________. 2004. "Social Movements and Gender." Pp. 14348–14352 in *Interna- tional Encyclopedia of the Social and Behavioral Sciences.*

__________. Leila J. Rupp, and Nancy Whittier. 2009. *Feminist Frontiers.* 8th ed. New York: McGraw--Hill.

Terlep, Sharon. 2011. "Road Gets Bumpy for GM in China." *Wall Street Jour- nal,* September 16, pp. A1, A10.

Thomas, Gordon, and Max Morgan Witts. 1974. *Voyage of the Damned.* Green- wich, CT: Fawcett Crest.

Thomas, William I. 1923. *The Unadjusted Girl.* Boston: Little, Brown. Threadcraft, Shatema. 2008. "Welfare Queen." In *Encyclopedia of Race, Ethnicity and Society,* edited by Richard T. Schaefer. Thousand Oaks, CA: Sage.

Tierney, John. 1990. "Betting the Planet." *New York Times Magazine,* December 2, pp. 52–53, 71, 74, 76, 78, 80–81.

__________. 2003. "Iraqi Family Ties Complicate American Efforts for Change." *New York Times,* September 28, pp. A1, A22.

Tilly, Charles. 1964. *The Vendée.* Cambridge, MA: Harvard University Press.

__________. 1993. *Popular Contention in Great Britain 1758–1834.* Cambridge, MA: Harvard University Press.

__________. 2003. *The Politics of Collective Violence.* New York: Cambridge Uni- versity Press.

__________. 2004. *Social Movements, 1768–2004.* Boulder, CO: Paradigm. Toossi, Mitra. 2009. "Employment Outlook: 2008–2018." *Monthly Labor Review* (November):30–51.

Touraine, Alain. 1974. *The Academic System in American Society.* New York: McGraw-Hill.

Transactional Records Access Clearinghouse. 2009. "TRAC Monthly Bulletins by Topic, September 2009." Accessed February 11, 2010 (www.trac.syr.edu/tracreports/bulletins/white_collar_crime/monthly_ sep09/fil).

Trimble, Lindsey B., and Julie A. Kmec. 2011. "The Role of Social Networks in Getting a Job." *Sociology Compass* 5 (No. 2):165–178.

Trotter III, Robert T., and Juan Antonio Chavira. 1997. *Curanderismo: Mexican American Folk Healing.* Athens: University of Georgia Press.

Truman, Jennifer L. 2011. "Criminal Victimization Survey." *Bureau of Justice Statistics Bulletin* (September).

Tschorn, Adam. 2010. "Parkour Ready to Launch." *Chicago Tribune,* July 25, sec. 6, pp. 20–21.

Tuchman, Gaye. 1992. "Feminist Theory." Pp. 695–704 in *Encyclopedia of Sociology,* vol. 2, edited by Edgar F. Borgatta and Marie L. Borgatta. New York: Macmillan.

Tucker, Robert C., ed. 1978. *The Marx-Engels Reader.* 2nd ed. New York: W.W. Norton.

Turkle, Sherry. 2004. "How Computers Change the Way We Think." *Chronicle of Higher Education* 50 (January 30):B26–B28.

Tönnies, Ferdinand. [1887] 1988. *Community and Society.* Reprint, Rutgers, NJ: Transaction.

U.S. Office of Trade Representative. 2012. "Benefits of Trade." Accessed Janu- ary 29 (www.ustr.gove/about-us/benefits-trade).

UN Office for the Coordination of Humanitarian Affairs. 2006. "In-Depth: Run- ning Dry: The Humanitarian Impact of the Global Water Crisis." Accessed May 27, 2012 (www.irinnews.org/InDepthMain.aspx?InDepthId513&Rep ortId560537).

UNICEF. 2011. "At a Glance: Niger." Accessed May 27, 2012 (www.unicef.org/infobycountry/niger_57677.html).

United Nations Office on Drugs and Crime. 2012. *The Globalization of Crime: A Transnational Organized Crime Threat Assessment.* New York: UNODO.

United Nations Population Division. 2004b. "Population Division Homepage: World Percentage Urban." Accessed October 4 (http://esa.un.org/unpp/ p2kOdata.asp).

Urban Dictionary. 2012. "Urban Amish." Accessed March 29 (www.urban- dictionary.com/define.php?term 5 urban120amish).

Vaidhyanathan, Siva. 2008. "Generational Myth: Not All Young People Are Tech-Savvy." *Chronicle of Higher Education,* September 19, pp. B7–B9. van den Berghe, Pierre. 1978. *Race and Racism: A Comparative Perspective.* 2nd ed. New York: Wiley.

Van Gennep, Arnold. [1909] 1960. *The Rites of Passage.* Translated by Monika B. Vizedom and Gabrielle L. Caffee. Reprint, Chicago: University of Chi- cago Press.

Vaughan, R. M. 2007. "Cairo's Man Show." *Utne Reader* (March/April):94–95. Veblen, Thorstein. [1899] 1964. *Theory of the Leisure Class.* Reprint, New York: Macmillan. New York: Penguin.

__________. 1919. *The Vested Interests and the State of the Industrial Arts.* New York: Huebsch.

Volti, Rudi. 2010. *Society and Technological Change.* 6th ed. New York: Worth. Walder, Andrew G. 2009. "Political Sociology and Social Movements." *Annual Review of Sociology* 35:393–412.

__________, and Giang Hoang Nguyen. 2008. "Ownership, Organization, and Income Inequality: Market Transition in Rural Vietnam." *American Socio- logical Review* 73 (April):251–269.

Waldman, Amy. 2004a. "India Takes Economic Spotlight, and Critics Are Unkind." *New York Times,* March 7, p. 3.

__________. 2004b. "Low-Tech or High, Jobs Are Scarce in India's Boom." *New York Times,* May 6, p. A3.

__________. 2004c. "What India's Upset Vote Reveals: The High Tech Is Skin Deep." *New York Times,* May 15, p. A5.

Walker, Edward. 2010. "Activism Industry-Driven." *Contexts* (Spring):43–49.

Wallace, Ruth A., and Alison Wolf. 1980. *Contemporary Sociological Theory.* Englewood Cliffs, NJ: Prentice Hall.

Wallerstein, Immanuel. 1974. *The Modern World System.* New York: Academic Press.

__________. 1979a. *Capitalist World Economy.* Cambridge, UK: Cambridge Uni- versity Press.

__________. 1979b. *The End of the World as We Know It: Social Science for the Twenty-First Century.* Minneapolis: University of Minnesota Press.

__________. 2000. *The Essential Wallerstein.* New York: New Press.

__________. 2004. *World-Systems Analysis: An Introduction.* Durham, NC: Duke University Press.

__________. 2012. "Reflections on an Intellectual Adventure." *Contemporary Soci- ology* 41 (No. 1):6–12.

Wallis, Claudia. 2008. "How to Make Great Teachers." *Time* 171 (February 25):28–34.

Wang, Meiyan, and Fand Cai. 2006. *Gender Wage Differentials in China's Urban Labor Market.* Research Paper No. 2006/141. United Nations Uni- versity World Institute for Development Economics Research.

Weber, Max. [1913–1922] 1947. *The Theory of Social and Economic Organiza- tion.* Translated by A. Henderson and T. Parsons. Reprint New York: Free Press.

__________. [1904] 2009. *The Protestant Ethic and the Spirit of Capitalism.* 4th ed. Translation by Stephen Kalberg. Reprint New York: Oxford University Press. Weeks, John. 2008. *Population: An Introduction to Concepts and Issues.* 10th ed. Belmont, CA: Wadsworth.

__________. 2012. *Population: An Introduction to Concepts and Issues.* 11th ed. Belmont, CA: Cengage.

Weinberg, Daniel H. 2004. *Evidence from Census 2000 About Earnings by Detailed Occupation for Men and Women.* CENSR-15. Washington, DC: U.S. Government Printing Office.

__________. 2007. "Earnings by Gender: Evidence from Census 2000." *Monthly Labor Review* (July/ August):26–34.

Weitz, Rose. 2009. *The Sociology of Health, Illness, and Heath Care.* 5th ed. Belmont, CA: Cengage.

Wells-Barnett, Ida B. 1970. *Crusade for Justice: The Autobiography of Ida B.*

Wells. Edited by Alfreda M. Duster. Chicago: University of Chicago Press. Wentling, Tre, Elroi Windsor, Kristin Schilt, and Betsy Lucal. 2008. "Teaching Transgender." *Teaching Sociology* 36 (January):49–57.

West, Candace, and Don H. Zimmerman. 1987. "Doing Gender." *Gender and Society* 1 (June):125–151.

White House. 2012. "Remarks by the President on the Nomination of Dr. Jim Kim for World Bank President." March 23. Accessible at www.whitehouse.gov/photos-and-video/video/2012/03/23/ president-obama-nominated- jim-yong-kim-world-bank-president#transcript.

Whyte, William Foote. 1981. *Street Corner Society: Social Structure of an Ital- ian Slum.* 3rd ed. Chicago: University of Chicago Press.

Wilford, John Noble. 1997. "New Clues Show Where People Made the Great Leap to Agriculture." *New York Times,* November 18, pp. B9, B12. Wilkinson, Tracy. 2011. "Cuba: Now Open for Business." *Chicago Tribune,* August 15, p. 14.

Wills, Jeremiah B., and Barbara J. Risman. 2006. "The Visibility of Femi- nist Thought in Family Studies." *Journal of Marriage and Family* 68 (August):690–700.

Wilson, Edward O. 1975. *Sociobiology: The New Synthesis.* Cambridge, MA: Harvard University Press.

__________. 1978. *On Human Nature.* Cambridge, MA: Harvard University Press.

__________. 2000. *Sociobiology: The New Synthesis.* Cambridge, MA: Belknap Press, Harvard University Press.

Wilson, James Q. 2011. "Hard Times, Fewer Crimes." *Wall Street Journal,* May 28, pp. C1–C2.

Wilson, John. 1973. *Introduction to Social Movements.* New York: Basic Books. Wilson, William J. 1996. *When Work Disappears: The World of the New Urban Poor.* New York: Knopf.

__________. 1999. *The Bridge over the Racial Divide: Rising Inequality and Coali- tion Politics.* Berkeley: University of California Press.

Wimer, Christopher, Barbara Bergmann, David Betson, John Coder, and David B. Grusky. 2011. "The Future of U.S. Poverty Measurement." *Pathways* (Fall):20–25.

Winant, Howard B. 1994. *Racial Conditions: Politics, Theory, Comparisons.* Minneapolis: University of Minnesota Press.

__________. 2006. "Race and Racism: Towards a Global Future." *Ethnic and Racial Studies* 29 (September):986–1003.

Winslow, Robert W., and Sheldon X. Zhang. 2008a. *Criminology: A Global Perspective.* New York: Pearson Prentice Hall.

__________. 2008b. "Crime and Society: A Comparative Tour of the World." Accessed January 28 (www-rohan.sdsu.edu/faculty/rwinslow).

Winter, J. Allen. 2008. "Symbolic Ethnicity." Pp. 1288–1290, vol. 3, in *Ency- clopedia of Race, Ethnicity, and Society,* edited by Richard T. Schaefer. Thousand Oaks, CA: Sage.

Wirth, Louis. 1928. *The Ghetto.* Chicago: University of Chicago Press.

__________. 1931. "Clinical Sociology." *American Journal of Sociology* 37 (July):49–60.

__________. 1938. "Urbanism as a Way of Life." *American Journal of Sociology* 44 (July):1–24.

Wolf, Naomi. 1992. *The Beauty Myth: How Images of Beauty Are Used Against Women.* New York: Anchor.

Wood, Daniel B. 2012. "How Serious Crime Fell in US." *Christian Science Monitor,* January 16, p. 18.

World Bank. 2007. *World Development Indicators 2007.* Washington, DC: World Bank.

World Bank. 2009. *World Development Indicators 2009.* Washington, DC: World Bank.

__________. 2009. "Biotechnology (GM Foods)." Accessed May 11 (www.who.int/foodsafety/biotech/en/).

__________ 2010b. *World Development Report 2010: Development and Climate Change.* Washington, DC: World Bank.

__________. 2010. "Suicide Prevention." Accessed July 10 (www.who.int/mental_health/prevention/en/).

__________. 2012a. *World Development Indicators 2012.* Washington, DC: World Bank.

__________. 2012b. *Gender Equality and Development.* Washington, DC: World Bank.

Wortham, Robert A. 2008. "DuBois, William Edward Burghardt." Pp. 423–427, vol. 1, in *Encyclopedia of Race, Ethnicity, and Society,* edited by Richard T. Schaefer. Thousand Oaks, CA: Sage.

Wray, Matt, Matthew Miller, Jill Gurvey, Joanna Carroll, and Ichiro Kawachi. 2008. "Leaving Las Vegas: Exposure to Las Vegas and Risk of Suicide." *Social Science and Medicine* 67:1882–1888.

__________, Cynthia Colen, and Bernice Pescosolido. 2011. "The Sociology of Suicide." *Annual Review of Sociology* 37:505–528.

Wright, Erik Olin O. 2011. "The Classical Marxist Theory of the History of Capitalism's Future." October 3. Accessed January 20, 2012 (www.ssc. wisc.edu/~wright/621-2011/lecture%208%20 2011%20–%20Classical%20 Theory%20of%20Capitalisms%20future.pdf).

__________, David Hachen, Cynthia Costello, and Joy Sprague. 1982. "The American Class Structure." *American Sociological Review* 47 (December):709–726.

Yamagata, Hisashi, Kuang S. Yeh, Shelby Stewman, and Hiroko Dodge. 1997. "Sex Segregation and Glass Ceilings: A Comparative Statistics Model of Women's Career Opportunities in the Federal Government over a Quarter Century." *American Journal of Sociology* 103 (November):566–632.

Yunus, Muhammad. 2010. *Building Social Business.* New York: Perseus. Zang, Xiaowei. 2002. "Labor Market Segmentation and Income Inequality in Urban China." *Sociological Quarterly* 43 (No. 1):27–44.

Zeitzen, Miriam Koktvedgaard. 2008. *Polygamy: A Cross-Cultural Analysis.* Oxford, UK: Berg.

Zellner, William M. 1995. *Counter Cultures: A Sociological Analysis.* New York: St. Martin's Press.

Zimbardo, Philip G. 2007. "Revisiting the Stanford Prison Experiment: A Lesson in the Power of the Situation." *Chronicle of Higher Education* 53 (March 20):B6, B7.

__________, Robert L. Johnson, and Vivian McCann. 2009. *Psychology: Core Con- cepts.* 6th ed. Boston: Allyn and Bacon.

Zimring, Franklin E. 2007. *The Great American Crime Decline.* New York: Oxford University Press.

Zipp, Yvonne. 2009. "Courts Divided on Police Use of GPS Tracking." *Chris- tian Science Monitor,* May 15.

Zittrain, Jonathan, and John Palfrey. 2008. "Reluctant Gatekeepers: Corpo- rate Ethics on a Filtered Internet." Pp. 103–122 in *Access Denied,* edited by Ronald Deibert, John Palfrey, Rafal Rohozinski, and Jonathan Zittrain. Cambridge, MA: MIT Press.

Zola, Irving K. 1972. "Medicine as an Institution of Social Control." *Sociologi- cal Review* 20 (November):487–504.

__________. 1983. *Socio-Medical Inquiries.* Philadelphia: Temple University Press. Zweigenhaft, Richard L., and G. William Domhoff. 2006. *Diversity in the Power Elite: How It Happened, Why It Matters.* 3rd ed. New York: Rowman and Littlefield.

ÍNDICE

Nota: Número de página seguido da letra *f* remete a figura; número de página seguido da letra *t* remete a tabela.

F

G

H

N

O

Q

R

T